JN448133

LUKE & ACTS

이방인이 만난 예수

머리말

이미 마태복음과 요한복음을 출간한 나는 누가복음을 집필해야 할 이유를 발견하기 위해 여러 날을 기도하며 보냈다. 누가도 그의 복음서를 쓸 때에 같은 이유로 망설였을 것이다. 이미 마가복음과 마태복음이 교회에 회람되고 있었다. 마가는 오래전부터 베드로를 비롯한 여러 사도들에게서 예수님의 말씀과 행적들에 관한 풍부한 자료들을 모아온 터였다. 그리고 그 자료들을 간결하고 역동적인 글로 옮겨놓았다. 더구나 마태복음을 기록한 마태는 예수님의 사도였다. 또 다른 복음서를 기록할 필요가 있을까?

그런데도 누가는 그의 복음서를 기록하기로 했다. 왜 그랬을까. 마가와 마태가 유대인들이라면 누가는 헬라 사람, 곧 이방인이었다. 조상대대로 메시아를 기다리던 유대인들이 보는 예수님과 이방인이 보는 예수님은 그 관점이 조금 달랐다. 유대인들의 표현을 이방인들에게 사용하려면 어느 정도의 설명도 필요했다. 마가복음이 사건 중심의 책이라면, 마태복음은 제자들을 훈련시킬 목적으로 편집해놓은 교재였다. 그래서 마가복음은 사건의 연결성이 부족하고 마태복음은 사건의 순서가 바꾸어졌다.

누가는 이방인의 관점에서 예수님의 생애를 기록하고 싶은 열망을 가지고 있었다. 신구약 성경을 읽다보면 하나님과 예수님을 만난 이방인들에게 특별한 경험이 있었다. 그것은 바로 은혜의 경험이다. 여리고 성의 라합이 그랬고, 나오미의 며느리 룻이 그랬고, 문둥병을 앓고 있던 아람의 나아만 장군이 그랬고, 3년 가뭄 끝에 하나뿐인 아들과 함께 죽음의 문턱을 서성이던 사렙다의 과부가 그랬다. 그들은 모두 하나님의 놀라운 은혜를 경험했다. 이방인의 세계에서 찾아볼 수 없는 '구원의 은혜'였다. 그래서 누가복음은 은혜의 복음이다. 마태와 마가복음에는 없는, 오직 누가복음에만 나오는 이야기들마다 하나님의 은혜를 다루고 있다. 그리고 사도행전은 온 세계에 미칠 하나님의 은혜를 선포하고 있다.

'이방인이 만난 예수', 누가복음과 사도행전을 가슴으로 읽으면서 내 가슴에 걸어놓은 현판(懸板)이다. 누가는 이방인들을 위해 그의 복음서와 사도행전을 기록했다. 그와 같은 결론에 이르는 몇 가지 증거들이 있다. 첫째로, 누가는 이스라엘의 지명들에 대하여 가외(加外)의 설명을 한다. 예를 들면, '갈릴리의 가버나움 동네'(눅 4:31), '갈릴리 맞은편 거라사인의 땅'(눅 8:26), '유대인의 동네 아리마대 사람'(눅 23:51), 그리고 '예루살렘에서 이십오 리 되는 엠마오라 하는 마을'(눅 24:13)과 같은 표현이다. 모두가 이스라엘이 낯설게 느껴지는 사람들을 위한 지리적 설명이다.

둘째로, 누가는 예수님의 족보를 아담까지 연결함으로 구원의 범위를 온 세계로 확장했다. 마태는 아브라함까지 42세대를 기록했고 누가는 아담까지 77세대를 기록했다. 마태는 예수님이 아브라함과 다윗의 후손이라는 점을 강조한 반면, 누가는 하나님의 아들이라는 점을 강조했다. 특히 예수님의 족보 가장 윗자리에 있는 '그 위는 아담이요 그 위는 하나님이시니라'(눅 3:38)는 마지막 구절이 의미심장하다. 누가는 모든 인류가 다 '구원받아야 할 하나님의 자녀'라는 전제 아래 복음서와 사도행전을 기록했다.

셋째로, 누가는 어떤 사건을 설명할 때에 로마 황제나 총독의 이름을 열거한다. 예를 들면, '아구스도가 로마의 황제였던 때, 구레뇨가 수리아 총독이었을 때에 천하로 다 호적하라는 영을 내려 요셉과 마리아가 조상 다윗의 동네인 베들레헴을 방문해서 아기 예수를 낳았다'는 식의 설명이다(눅 2:1-2). 그렇게 함으로써 누가는 구원의 역사와 세계의 역사를 연결시켰다.

넷째로, 누가는 유대인들의 어휘를 헬라인들이 쉽게 이해할 수 있는 어휘로 바꾸었다. 예를 들면, 마가는 중풍병자를 데려온 사람들이 '지붕을 뜯어 구멍을 내고'라고 기록했다(막 2:4). 같은 내용을 누가는 '지붕에 올라가 기와를 벗기고'라고 표현했다(눅 5:19). 이스라엘 가옥의 지붕은 나뭇가지들을 엮어 덮은 후에 그 위에 진흙을 발라놓은 평평한 형태였다. 그러나 헬라와 로마의 가옥은 타일(tile)을 덮은 경사진 지붕을 가지고 있었다. 기와(tile, κέραμος)라는 단어는 성경에 단 한 번 여기에만 나온다.

다섯째로, 누가는 구원의 은혜를 강조했다. 그는 죄인들과 가난한 자, 여인들과 아이들, 그리고 유대사회에서 거절당한 자들에 관해 자주 기록하고 있다. 또 메시아를 통해 받는 축복에 사마리아인들과 이방인들을 등장시킨다. 누가는 죄의 용서를 특별히 강조하고 있다(3:3, 5:18-26, 6:37, 7:36-50, 11:4, 12:10, 17:3-4, 23:34, 24:47). 누가가 자주 사용하는 어휘 중의 하나가 구원이다. 이 단어는 마태복음에 13회, 마가복음에 11회 나오는 반면, 누가복음에는 20회, 사도행전에는 23

회나 나온다. 특별히 누가는 이사야의 글을 인용하면서 '모든 육체에게 미칠 구원'을 강조하고 있다. 둘을 비교해보자.

> (이사야의 글) "외치는 자의 소리여 이르되 너희는 광야에서 여호와의 길을 예비하라. 사막에서 우리 하나님의 대로를 평탄하게 하라. … 여호와의 영광이 나타나고 모든 육체가 그것을 함께 보리라. 이는 여호와의 입이 말씀하셨느니라"(사 40:3, 5).

> (누가의 인용) "선지자 이사야의 책에 쓴 바 '광야에서 외치는 자의 소리가 있어 이르되 너희는 주의 길을 준비하라. 그의 오실 길을 곧게 하라. … 모든 육체가 하나님의 구원하심을 보리라' 함과 같으니라"(눅 3:4, 5).

누가는 사도행전의 마지막 절에서도 구원을 강조하고 있다. 바울이 했던 말을 통해서다.

> "그런즉 하나님의 이 구원이 이방인에게로 보내어진 줄 알라. 그들은 그것을 들으리라 하더라"(행 28:28).

이제 누가의 개인적인 배경을 살펴보자. 누가, 그는 누구일까? 성경은 누가에 대하여 몇 가지 중요한 단서를 제공하고 있다. 바울의 편지에서 그의 이름이 세 번 나온다.

> "사랑을 받는 의사 누가와 또 데마가 너희에게 문안하느니라"(골 4:14).

"누가만 나와 함께 있느니라. 네가 올 때에 마가를 데리고 오라. 그가 나의 일에 유익하니라"(딤후 4:11).

"또한 나의 동역자 마가, 아리스다고, 데마, 누가가 문안하느니라"(몬 1:24).

첫째로, 누가는 이방인이었다. 골로새서 4장 7절 이하를 보면 바울이 여러 사람들의 이름을 나열하고 있다. 당시 바울은 로마에서 연금 상태로 지내고 있었다. 그때 바울 곁에 두기고라는 제자가 있었다. 그는 얼마 후 바울이 골로새 교회에 보낸 편지를 지니고 오네시모와 함께 떠났다. 뒤이어 할례파 몇 사람들의 이름이 나온다. 그들은 유대인으로서 할례와 다른 예식들을 지켰지만 이방인 그리스도인들에게는 강요하지 않았다. 그래서 바울은 '그들은 할례파이나 이들만은 하나님의 나라를 위하여 함께 역사하는 자들이니 이런 사람들이 나의 위로가 되었느니라'고 말했다(골 4:11). 이 할례파에 속한 사람들은 '아리스다고와 바나바의 생질 마가와 유스도라 하는 예수'였다. 그 다음에 바울을 시중들기 위해 골로새 교회가 파송한 에바브라, 그리고 누가와 데마의 이름이 나온다. 이들은 이방인으로서 예수님을 믿는 사람들이었다.

둘째로, 누가는 의사였다. 바울은 누가를 가리켜 '사랑을 받는 의사'라고 불렀다(골 4:14). 그래서일까. 누가는 바울이 핍박을 당하거나 곤란에 처할 때마다 그의 곁을 지켰다. 아마도 가시와 같은 질병 때문에 고통을 당하던 바울을 보살폈을 것이다. 누가는 여러 번 바울의 선교여행에 동행했다. 사도행전에 보면 누가가 자신을 포함하여 '우리'라고 기록한 곳이 몇 번 나온다. 첫 번째는 사도행전 16장이다. 바울이 환상을 보고 마게도냐로 건너갈 때다.

> "바울이 그 환상을 보았을 때 우리가 곧 마게도냐로 떠나기를 힘쓰니 이는 하나님이 저 사람들에게 복음을 전하라고 우리를 부르신 줄로 인정함이러라"(행 16:10).

누가는 바울이 빌립보에서 복음을 전하다가 박해를 당하는 모든 과정에 동행했다. 그러나 바울이 빌립보를 떠나 데살로니가와 베뢰아와 아덴을 거쳐 고린도에 이르는 여정에는 '우리'라는 말이 없다. 그러다가 마게도냐에서 예루살렘으로 올라가는 사도행전 20장부터 다시 '우리'가 등장한다. 소아시아의 드로아에는 소바더, 아리스다고, 가이오, 디모데, 그리고 두기고와 드로비모가 먼저 가서 바울 일행을 기다리고 있었다. 그 일행 중에 다시 누가가 등장한다.

> "우리는 무교절 후에 빌립보에서 배로 떠나 닷새 만에 드로아에 있는 그들에게 가서 이레를 머무니라"(행 20:6).

누가는 바울과 함께 예루살렘을 거쳐 로마로 압송되어가는 길에도 동행했다. 바울이 연금 상태에 있을 때뿐만 아니라 순교할 무렵에도 함께 있었다. 바울이 로마에서 디모데에게 보낸 마지막 편지의 마지막 장에 기록된 말씀이다.

> "(디모데야) 너는 어서 속히 내게로 오라. 데마는 이 세상을 사랑하여 나를 버리고 데살로니가로 갔고 그레스게는 갈라디아로, 디도는 달마디아로 갔고, 누가만 나와 함께 있느니라"(딤후 4:9-11).

셋째로, 누가는 어느 지역 출신일까? 바울은 길리기아 (지금의 터키 남부에 있는) 다소 사람이다. 디모데는 루스드라 태생으로 바울을 통해 예수님의 제자가 되었다. 소바더는 베뢰아 사람이고 아리스다고와 세군도는 데살로니가 사람이며, 가이오는 더베 사람이고, 두기고와 드로비모는 (소)아시아에서 온 사람들이다. 그러나 누가에 대한 기록은 없다. 어떤 사람들은 누가가 바울과 함께 빌립보에 갔기 때문에 마게도니아 사람이었으라고 생각한다. 반면에 교회의 전통은 누가를 안디옥 사람으로 보고 있다.

누가복음과 사도행전은 언제 어디에서 기록되었을까? 성경에 기록된 명확한 단서가 없다. 다만 사도행전은 바울이 순교하기 전(주후 64년 경)에 기록되었을 것이고 누가복음은 그로부터 수년 전(주후 60년 경)에 기록되었으리라고 추측할 뿐이다. 그렇다면 누가복음은 가이사랴에서, 그리고 사도행전은 로마에서 기록했을 것이다. 그러나 이마저도 역시 추측이다. 다만 분명한 것은 누가복음과 사도행전 둘 모두 초대교회에서 경전(經典)으로 받아들여졌다는 사실이다.

이번에 누가복음과 사도행전을 하나로 묶어서 출간했다. 그 이유는 간단하다. 첫째로, 두 책의 저자가 한 사람 누가이기 때문이다. 이 점에 대해서는 신학자들 사이에 이견이 없다. 둘째로, 두 책의 일차적 독자가 데오빌로 한 사람이기 때문이다. 셋째로, 사건의 연속성 때문이다. 누가복음에는 예수님의 행적이, 그리고 사도행전에는 예수님께서 세우신 사도들의 행적이 기록되어 있다. 그래서 누가복음과 사도행전에는 완전한 일관성이 있다.

'가슴으로 읽는 성경' 시리즈는 신학 도서가 아니다. 35년의 목회생활에서 은퇴한 후, 평신도들과 함께 열린 마음으로 성경을 읽어보려는 평범한 시도이다. 다행히 많은 독자들로부터 '이제 성경을 다시 읽어보고 싶다'는 반응을 접하고 있다. 고맙고 감사한 일이다. 이번에도 누가복음과 사도행전을 펴서 이 책과 함께 읽어보시기 바란다. 그러면 가슴이 따뜻해질 것이다.

특별히 바울 사도의 행적을 나타내는 선명한 지도를 그려주신 한일구(Haward Han) 교수님께 감사드린다.

여섯 번째의 책을 출간하도록 도와주신 쿰란출판사 대표 이형규 장로님과 직원 여러분들에게 다시 한 번 깊은 감사를 드린다. 책장을 넘길 때마다 여러분의 애정 어린 숨결이 느껴지곤 한다.

또 이 시리즈를 계속 출간할 수 있도록 충성스럽게 섬겨주신 TMF(감사선교재단)의 운영진 김영필 장로님, 안도성 장로님, 김미니 권사님, 그리고 여러 회원님들께 진심으로 감사를 드린다.

코로나19로 인한 팬데믹도 이제 서서히 물러가고 있다. 하나님의 크신 은혜다. 모두 건강하시고 기쁨이 충만한 날들을 살아가시기를 간절히 기원한다.

이제 우리 모두 누가의 가슴으로 누가복음과 사도행전을 읽어보자.

차례

가슴으로
읽는 6 LUKE &
성경 ACTS

제1부

누가복음

제1장

자세히 살펴보다

눅 1:1-4

누가복음과 사도행전 첫머리에 독특한 헌정사(獻呈辭)가 나온다.

"우리 중에 이루어진 사실에 대하여 처음부터 목격자와 말씀의 일꾼 된 자들이 전하여 준 그대로 내력을 저술하려고 붓을 든 사람이 많은지라. 그 모든 일을 근원부터 자세히 미루어 살핀 나도 데오빌로 각하에게 차례대로 써 보내는 것이 좋은 줄 알았노니 이는 각하가 알고 있는 바를 더 확실하게 하려 함이로라"(눅 1:1-4).

"데오빌로여 내가 먼저 쓴 글에는 무릇 예수께서 행하시며 가르치시기를 시작하심부터 그가 택하신 사도들에게 성령으로 명하시고 승천하신 날까지의 일을 기록하였노라"(행 1:1-2).

성경 66권 중에 이런 헌정사가 있는 책은 누가복음과 사도행전뿐이다. 데오빌로(Theophilus)라는 이름의 문자적 의미는 '하나님을 사랑하는 자(lover of God)'이다. 그래서 혹자는 누가가 불특정 다수의

'하나님을 사랑하는 자들'을 위해 두 책을 기록했으리라고 추측한다. 그러나 대다수의 학자들은 데오빌로가 로마 사회의 실존하는 귀족관료라는 데 동의한다. 물론 누가가 데오빌로 한 개인만을 위해 이 책들을 썼다는 말은 아니다. 그는 데오빌로처럼 예수님을 믿는 모든 이방인들을 위해 저술했을 것이다.

예수님과 3년 이상 함께 지내다가 세상으로 보내심을 받은 제자들을 성경은 '사도'(使徒)라고 부른다. 그들에게는 예수님에 관해 남기고 싶은 이야기들이 많았을 것이다. 사도들을 통해 예수님을 믿게 된 이들을 우리는 '속사도'(續使徒)라고 부른다. '사도들에 잇대어 보내심을 받은 또 다른 제자들'이라는 말이다. 그들은 스승으로부터 들었던 예수님에 관한 이야기들을 기록으로 남기고 싶었다. 단순한 이야기들이 아니다. 예수님을 통하여 하나님의 뜻이 성취된 이야기들이다. 누가는 그렇게 저술하려고 붓을 든 사람들이 많았다고 했다. 왜 없었겠는가.

기독교는 신화가 아니다. 예수님과 동행했던 제자들의 목격담으로부터 시작되었다. 그들은 자신들의 증언이 '사실에 틀림없다'는 증표로 목숨까지 내놓았다. 그 증언은 후대에 전해졌고, 뒤이어 믿음의 성도들도 피를 흘리며 그 진리를 증언했다. 그것이 기독교의 역사요 전승(傳承)이다.

누가는 '우리 중에'라는 구절을 통하여 그 자신이 제자들의 그룹에 들어 있음을 완곡하게 표현하고 있다. 물론 누가 자신이 예수님을 직접 만나본 적은 없었다. 그러나 '처음부터 목격자와 말씀의 일꾼 된 자들이 전하여 준 그대로 내력'을 기록했다. '내력'(來歷)은 단순히 역사적 사실뿐만 아니라 그 사실 속에 담겨 있는 깊은 의미까지 포함한다. 특히 누가는 모든 일을 근원부터 자세히 미루어 살펴보았다. 유대인들이라면 생략해도 무리가 없을 법한 이야기들을 누가는 이방인들의 이해를 돕기 위해 더 자세하게 살펴서 기록했다. 실제로 누가는 이방인들이 '잠깐만요' 하고 묻고 싶은 곳마다 멈추어 서서 설명을 덧붙이는 수고를 마다하지 않았다.

누가는 두 가지 원칙을 지키면서 그의 복음서와 사도행전을 집필했다. 그것은 곧 '자세히'와 '차례대로'였다. 그렇게 함으로써 누가는 자신이 만난 예수 그리스도를 다른 이방인들도 생생하게 만나기를 원했다. 그 대표적인 인물이 바로 데오빌로 각하다.

'각하'라는 칭호가 사도행전에 여러 번 나온다(23:26, 24:3, 26:25). 이 칭호는 총독이나 로마 관할 지역의 왕들에게만 붙여졌다. 데오빌로는 기독교에 대하여 이미 상당한 지식과 믿음을 지니고 있었다. 누가는 그의 지식과 믿음에 더 큰 확신을 심어주고 싶었다. 그뿐만 아니라 예수님을 영접하게 될 모든 이방인들도 '사실과 진실'에 터를 둔 확실한 믿음을 갖도록 도와주고 싶었다. 그 이방인들 가운데 우리도 포함된다. 우리는 그의 수고에 진심으로 감사해야 한다.

제2장

세례 요한과 예수님의 출생

눅 1:5-2:52

사가랴를 찾아온 천사

:: 눅 1:5-25::

마태는 예수님의 탄생 이야기를 마리아와 요셉의 약혼 이야기부터 시작한다. 그러나 누가는 마리아의 먼 친척인 엘리사벳의 남편 사가랴로부터 시작한다. 아무리 예수님에 대하여 자세히 살펴보았다 하더라도 그렇게까지 할 필요가 있을까? 어떤 이야기를 밑도 끝도 없이 불쑥 시작하면 듣는 사람의 입장에서는 신뢰성이 사라진다. 누가는 이방인들이 애매모호한 감정으로 예수님을 만나게 할 수 없었다. 할 수 있는 한 깊은 뿌리까지 찾아내어 예수님이 실제로 이 세상에 태어나신 하나님의 아들이심을 증거하고 싶었다. 그래서 사가랴와 엘리사벳을 예수님의 탄생에 관한 확실한 증인으로 무대에 먼저 등장시켰다.

사가랴와 엘리사벳은 아론의 후손들이다. 그들은 하나님 앞에 의인으로서 주의 계명과 규례대로 흠이 없는 삶을 살고 있었다. 그러나 자식이 없는 그들은 나이까지 많았다. 사가랴는 아비야 반열에 속한 제사장으로 하나님을 섬기기 위해 예루살렘 성전에 머물고 있었다. 다윗은 성전에서 하나님을 섬길 24반열의 제사장 집안을 세웠는데 아비야는 여덟 번째 반열이다(대상 24장). 당시 성전에서 섬기는 제사장의 숫자가 대략 2만여 명이었다고 전해진다. 24반열이 일 년에 일주일씩 두 차례 섬겼으므로 매 주간 약 8백여 명이 섬긴 셈이다. 마침 그날은 사가랴가 제비에 뽑혀 성소에서 분향하는 일을 맡게 되었다.

> "마침 사가랴가 그 반열의 차례대로 하나님 앞에서 제사장의 직무를 행할새"(눅 1:8).

이 구절의 첫머리에 번역되지 않은 헬라어 단어가 있다. '에게네토 데'(Ἐγένετο δὲ)라는 단어로서 '그때 이런 일이 일어났다'(Now it happened that)라는 의미이다. 누가복음(69회)과 사도행전(54회)에 자주 나오는 단어이지만 NIV 성경이나 우리 성경에는 거의 생략되어 있다. 이 단어의 원형은 '기노마이(γίνομαι, 되다. 실제로 나타나다. 일어나다. 만들어지다.)라는 중간태 동사다. 어떤 일이 우연히 일어난 것이 아니고 하나님의 의도와 목적 아래 일어났음을 강조할 때마다 누가는 이 단어를 사용했다. 그렇다면 사가랴가 그 반열의 차례대로 제사장의 직무를 행한 일, 그리고 관례를 따라 제비에 뽑혀 주의 성소에 들어가 분향한 일, 이 모든 일은 하나님께서 목적을 가지고 행하신 '하나의 사건'이 된 셈이다.

많은 백성들은 사가랴가 분향을 마치고 나오기를 기다리며 기도하고 있었다. 사가랴가 나오면 다른 제사장들과 함께 백성들을 축복한 후에 그날의 제사를 마칠 것이다. 그런데 아무리 기다려도 사가랴가 나오지 않았다. 모두들 이상히 여기기 시작했다. 그 시간 사가랴는 성소 안에 있는 향단 곁에서 가브리엘 천사를 만나고 있었다. 두려워하는 사가랴에게 가브리엘이 말했다. 좋은 소식이었다.

> "사가랴여 무서워하지 말라. 너의 간구함이 들린지라. 네 아내 엘리사벳이 네게 아들을 낳아 주리니 그 이름을 요한이라 하라"(눅 1:13).

사가랴는 평소에 자식을 위해 간절히 기도했을 것이다. 마침내 하나님께서 사가랴의 기도에 응답해 주셨다. 그리고 태어날 아들의 이름까지 지어주셨다. '요한'은 히브리어로 '요하난'(יוֹחָנָן)이며 '하나님은 자비하시다'라는 뜻이다. 놀라서 어안이 벙벙한 사가랴에게 가브리엘이 계속해서 말했다.

> "너도 기뻐하고 즐거워할 것이요 많은 사람도 그의 태어남을 기뻐하리니 이는 그가 주 앞에 큰 자가 되며 포도주나 독한 술을 마시지 아니하며 모태로부터 성령의 충만함을 받아 이스라엘 자손을 주 곧 그들의 하나님께로 많이 돌아오게 하겠음이라. 그가 또 엘리야의 심령과 능력으로 주 앞에 먼저 와서 아버지의 마음을 자식에게, 거스르는 자를 의인의 슬기에 돌아오게 하고 주를 위하여 세운 백성을 준비하리라"(눅 1:14-17).

왜 많은 사람들이 요한의 태어남을 기뻐하게 될까? 그가 많은 사람들 앞에서 예수님에 대하여 증거할 것이기 때문이다. 요한은 엘리야의 심정을 가질 것이다. 엘리야는 우상을 숭배하던 백성들을 일깨워 하나님께로 돌아오게 했던 선지자다. 요한도 엘리야처럼 이스라엘의 회개를 외칠 것이다. 나면서부터 포도주와 독한 술을 멀리하는 '나실인'이 될 것이다. 그는 성령이 충만하여 이스라엘 자손들을 하나님께 돌아오게 할 것이다. '백성'이라는 단어가 공관복음에 49회 나오는데, 그 중에 35회가 누가복음에 있다. 누가는 유대인과 이방인을 하나로 묶어서 '주를 위하여 세운 백성'이라고 불렀다.

사가랴는 자기의 귀를 의심했다. 자신과 엘리사벳이 모두 너무 늙었기 때문이다. 당시 제사장들은 50세까지 봉사했는데 평균수명으로 치면 늙었다는 표현이 맞을지도 모른다.

> "내가 이것을 어떻게 알리요. 내가 늙고 아내도 나이가 많으니이다"(눅 1:18).
> "나는 하나님 앞에 서 있는 가브리엘이라. 이 좋은 소식을 전하여 네게 말하라고 보내심을 받았노라"(눅 1:19).

'좋은 소식'은 누가가 즐겨 사용하는 단어다. 좋은 소식은 '복음'(福音, 유앙겔리온, εὐαγγέλιον)이다. 전체 공관복음에 11회 나오는데 그 중에 10회가 누가복음에 있다. 믿을 수 없다는 표정을 짓고 있는 사가랴에게 가브리엘이 한 가지 징조를 일러주었다.

> "보라. 이 일이 되는 날까지 네가 말 못하는 자가 되어 능히 말을 못하리니 이는 네가 내 말을 믿지 아니함이거니와 때가 이르면 내 말이 이루어지리라"(눅 1:20).

믿지 못해서 열 달 동안 말을 못한다 해도 아들만 품에 안을 수 있다면 얼마나 좋은 일인가. 뒤늦게 성소에서 나온 사가랴가 말을 못하고 손짓만 하자 백성들은 그가 환상을 본 줄로 알았다. 하나님의 말씀처럼 얼마 후 엘리사벳이 요한을 잉태했다. 그리고 기쁨에 넘쳐 노래를 불렀다.

> "주께서 나를 돌보시는 날에 사람들 앞에서 내 부끄러움을 없게 하시려고 이렇게 행하심이라"(눅 1:25).

이제 장면은 바뀌고 요셉과 마리아가 무대의 중앙으로 걸어나온다.

마리아를 찾아온 천사 가브리엘

:: 눅 1:26-38::

사복음서 가운데 누가만 예수님의 어머니 마리아에 관하여 자세히 기록하고 있다. 우리는 역사적 사실들을 발굴하여 섬세하게 기록한 누가의 수고에 진심으로 감사해야 한다.

> "여섯째 달에 천사 가브리엘이 하나님의 보내심을 받아 갈릴리 나사렛이란 동네에 가서 다윗의 자손 요셉이라 하는 사람과 약혼한 처녀에게 이르니 그 처녀의 이름은 마리아라"(눅 1:26-27).

엘리사벳이 잉태한 지 여섯째 되는 달, 천사 가브리엘은 다시 하나님의 보내심을 받고 마리아를 방문했다. '처녀 마리아'라는 표현이 누가복음에 두 번 나온다. 마리아는 요셉과 약혼했지만 아직은 처녀(virgin)였다. 마태와 누가, 그리고 모든 사도들과 초대교회가 이 점을 강조했다. 사도들의 신앙고백에도 '동정녀 마리아에게 나시고' 라는 내용이 있다. 동정녀는 아직 남자를 알지 못하는 처녀를 말한다. 왜 그것이 그토록 중요할까. 예수님은 성령의 능력으로 처녀의 몸을 빌려 세상에 오신 하나님의 아들이기 때문이다. 예수님은 죄 없이 세상에 태어나신 유일한 사람이시다.

> "(천사가) 그에게 들어가 이르되 은혜를 받은 자여 평안할지어다. 주께서 너와 함께 하시도다."

'은혜를 받은 자여'는 수동태 완료형 분사로서 '지금 은혜를 받고 있는 자여'라는 뜻이다. 하나님의 은혜가 그에게 임하였기 때문에, 즉 하나님께서 지금 그와 함께 하시기 때문에, 마리아는 평안을 누리게 될 것이다. 가브리엘은 두려워하는 마리아에게 놀라운 소식을 전해 주었다.

> "보라. 네가 잉태하여 아들을 낳으리니 그 이름을 예수라 하라. 그가 큰 자가 되고 지극히 높으신 이의 아들이라 일컬어질 것이요 주 하나님께서 그 조상 다윗의 왕위를 그에게 주시리니 영원히 야곱의 집을 왕으로 다스리실 것이며 그 나라가 무궁하리라"(눅 1:31-33).

이 구절 중에서 가장 중요한 대목은 '지극히 높으신 이의 아들', 곧 '하나님의 아들'이라는 말씀이다. '지극히 높으신 이'(ὕψιστος)는 70인 역(譯)에서 하나님의 명칭으로 사용되었다. 신약성경에 모두 9회 나오는데 그 중에 7회가 누가복음에 있다. 가브리엘은 세례 요한을 가리켜 '그가 주 앞에서 큰 자'가 되리라고 했다(15절). 그러나 예수님을 가리켜서는 누구와도 비교하지 않고 단순히 '그가 큰 자'가 될 것이라고 했다. 이것이 세례 요한과 예수님의 차이점이다. 누가는 예수님을 비교할 수 없이 크신 분으로 표현하고 있다. '그 조상 다윗의 왕위'나 '영원히 야곱의 집을 왕으로 다스리실 것'이라는 표현도 예수님이 '구원의 주'가 되심을 강조하고 있다. 장차 그가 세우실 왕국은 영원무궁할 것이다. 마리아가 대답했다.

"나는 남자를 알지 못하니 어찌 이 일이 있으리이까?"

마리아는 '왜'를 묻지 않고 '어떻게'를 물었다. 나는 아직 처녀인데 왜 아기를 낳아서 명예에 먹칠을 해야 하느냐고 묻지 않았다. 다만 어떻게 그 일이 가능하냐고 물었다. 이 질문을 통해 마리아의 생각은 자기중심에서 하나님 중심으로 옮겨갔다. 이미 절반의 순종을 한 셈이다.

> "천사가 대답하여 이르되 성령이 네게 임하시고 지극히 높으신 이의 능력이 너를 덮으시리니 이러므로 나실 바 거룩한 이는 하나님의 아들이라 일컬어지리라."

세례 요한은 성령의 충만함을 받았고, 예수님은 성령의 능력으로 태어나셨다. 세례 요한은 사가랴와 엘리사벳 사이에서 태어났지만 예수님은 육신의 아버지 없이 오직 성령의 능력으로 처녀 마리아에게 잉태되셨다. 사복음서 중에서 '성령'이 가장 자주 나오는 복음서가 뜻밖에도 누가복음이다(눅-16회, 마-11회, 요-9회, 막-4회). 하나님의 말씀에 대한 마리아의 순종은 단순하고 명쾌했다.

"마리아가 이르되 주의 여종이오니 말씀대로 내게 이루어지이다 하매 천사가 떠나가니라"(눅 1:38).

엘리사벳을 찾아간 마리아

:: 눅 1:39-45 ::

천사 가브리엘이 떠나자 마리아는 즉시 유대 산골에 사는 엘리사벳을 찾아갔다. 그곳이 어디였는지 정확히 알 수는 없지만 적어도 80km 이상 떨어졌을 것이다. 80km면 2백리 길, 사흘은 걸어야 한다. 마리아가 엘리사벳에게 인사를 건네자 그녀의 뱃속에 있는 요한이 뛰놀기 시작했다. 뱃속의 아이가 그 일을 어떻게 알겠는가? 모두가 영적인 세계에서 일어난 일이다. 그 순간 엘리사벳은 성령의 충만함을 받아 큰 소리로 이렇게 외쳤다. 마리아가 지금까지 있었던 일을 말하기도 전이다.

"여자 중에 네가 복이 있으며 네 태중의 아이도 복이 있도다. 내 주의 어머니가 내게 나아오니 이 어찌 된 일인가. 보라, 네 문안하는 소리가 내 귀에 들릴 때에 아이가 내 복중에서 기쁨으로 뛰놀았도다. 주께서 하신 말씀이 반드시 이루어지리라고 믿은 그 여자에게 복이 있도다"(눅 1:42-45).

성경 어디에서도 마리아를 '하나님의 어머니'라고 부르지 않는다. 엘리사벳은 마리아를 '내 주의 어머니'라고 불렀다. 그녀는 마리아에게 잉태된 아기가 만백성의 주라는 사실을 성령의 도우심으로 알게 되었다. 누가는 다른 복음서 기자들보다 더 자주 '주'(퀴리오스, κύριος)라는 칭호를 사용한다. 사복음서에 나오는 166회 중에 95회가 누가복음에 있다. 엘리사벳의 말 중에서 가장 중요한 핵심은 '주(하나님)께서 하신 말씀이 반드시 이루어지리라고 믿은' 마리아의 믿음이다. 하나님께서 우리 모두를 향하여 가지신 선하신 목적이 있다. 하나님의 선하심에 우리는 믿음으로 반응해야 한다. 하나님께서 능히 그 일을 이루실 수 있다는 믿음 말이다. 그때 하나님의 뜻이 우리의 삶을 통해 이루어진다.

마리아의 노래

:: 눅 1:46-56 ::

누가는 예수님의 탄생에 대하여 자세히 살펴보던 중에 '마리아의 노래'를 발견했다. 그의 수고가 얼마나 고마운가. 모든 어머니들은 첫 아이를 임신할 때 두려움을 느낀다. 더구나 마리아는 아직 처녀였다. 임산부의 두려움 위에 약혼자 요셉의 반응과 사회적 통념에 대한 두려움이 더했을 것이다. 그런데 마리아는 하나님을 찬양함으로 그 두려움에서 벗어났다. 그녀의 노랫말 구절마다 놀라운 진리가 담겨 있다.

> "내 영혼이 주를 찬양하며
> 내 마음이 하나님 내 구주를 기뻐하였음은
> 그의 여종의 비천함을 돌보셨음이라.
> 보라,

이제 후로는 만세에 나를 복이 있다 일컬으리로다.
능하신 이가 큰일을 내게 행하셨으니
그 이름이 거룩하시며
긍휼하심이 두려워하는 자에게 대대로 이르는도다.
그의 팔로 힘을 보이사
마음의 생각이 교만한 자들을 흩으셨고
권세 있는 자를 그 위에서 내리치셨으며
비천한 자를 높이셨고
주리는 자를 좋은 것으로 배불리셨으며
부자는 빈손으로 보내셨도다.
그 종 이스라엘을 도우사 긍휼히 여기시고 기억하시되
우리 조상에게 말씀하신 것과 같이
아브라함과 그 자손에게 영원히 하시리로다.

마리아의 노래는 한나의 노래와 유사하다(삼상 2:1-10). 어떻게 시골 처녀가 이처럼 구약성경에 대하여 잘 알고 있었을까? 이 노래는 성령의 감동 없이는 부를 수 없는 내용이다. 그런 면에서 마리아의 노래는 하나의 예언이다.

마리아는 하나님께서 행하신 네 가지의 놀라운 일들을 노래했다. 첫째로, 그녀의 비천함을 돌아보신 하나님을 찬양했다. '나는 누구인가?'라는 질문을 누구 앞에서 하느냐에 따라 대답이 달라진다. 사탄의 시험을 당하고 있을 때 그 질문을 해보라. 비천하게 느껴질 것이다. 그러나 하나님의 임재하심 아래 있을 때에 그 질문을 해보라. 말할 수 없이 영광스럽게 느껴질 것이다. 마리아가 '보라, 이제 후로는 만세에 나를 복이 있다 일컬으리로다' 하고 고백한 유일한 이유는 그녀를 구원하시고 돌보시는 하나님의 은혜 때문이다. 언제 그 사실을 알게 되었을까. 천사로부터 하나님의 말씀을 들을 때였다. 우리가 성경을 읽거나 설교를 들을 때에 하나님께서 비천한 우리를 한없이 높여주시는 놀라운 경험을 하게 된다.

중세에 무레투스(Muretus)라는 유명한 신학자가 있었다. 그가 늙어서 병든 채 방랑하다가 병원으로 실려 왔다. 그를 둘러싼 의사들이 라틴어로 말했다. "이 늙은이의 몸을 의학적 연구나 하는 데 사용합시다." 그때 무레투스가 유창한 라틴어로 대답했다.

"예수님이 그를 위해 죽은 사람을 하찮 것 없는 사람이라고 말하지 마십시오."(Call no man worthless for whom Christ died)

우리의 존귀함은 밖에서 오지 않고 내면에서 선포된다. 존귀하신 하나님의 자녀가 되었기 때문이다. 마리아는 하나님께서 비천한 자신을 존귀하게 만들어 주셨다고 찬양했다.

둘째로, 마리아는 하나님의 능력과 거룩하심, 그리고 자비하심을 찬양했다. 남자 없이 아이를 잉태할 수 있는 능력, 자신을 통하여 세상에 태어날 거룩하신 하나님의 아들, 그리고 그 아들을 통하여 모든 죄인들을 용서하시고 구원하시는 하나님의 자비하심을 노래했다.

셋째로, 마리아는 하나님의 절대권위를 노래했다. 하나님께서 그의 팔로 교만한 자들을 단번에 흩어버리셨다. 권세 있는 자를 그 위(位)에서 내리치시고 비천한 자를 높이셨다. 성경을 보면 모든 권세는 하나님께로부터 나온다고 했다(롬 13:1). 그러나 그 권세를 남용하고 다른 사람들을 억압하는 데 사용한다면 하나님께서 반드시 심판하신다. 권세자들은 낮아지고 비천한 자들은 일어난다. 그뿐만 아니라 주린 자들을 배불리 먹여주시고 부자들은 빈털터리가 되게 하신다. 모든 부자들이 이렇게 심판을 당한다는 말일까? 아니다. 굶주린 자들을 외면하는 부자들을 두고 하신 말씀이다. 부(富)는 하나님의 축복이다. 그러나 부와 탐욕과 무정함이 짝을 이루면 저주가 그를 덮칠 것이다.

넷째로, 마리아는 '기억하시는 하나님'을 노래했다. 하나님은 그의 종들에게 약속하신 일들을 기억하시고 다 이루셨다. 아브라함에게 약속하신 말씀을 읽어보자.

> "여호와께서 이르시기를 내가 나를 가리켜 맹세하노니 네가 이같이 행하여 네 아들 네 독자도 아끼지 아니하였은즉 내가 네게 큰 복을 주고 네 씨가 크게 번성하여 하늘의 별과 같고 바닷가의 모래와 같게 하리니 네 씨가 그 대적의 성문을 차지하리라. 또 네 씨로 말미암아 천하 만민이 복을 받으리니 이는 네가 나의 말을 준행하였음이니라 하셨다 하니라"(창 22:16-19).

아브라함에게 약속하신 씨가 바로 마리아에게 잉태되신 예수 그리스도이시다. 마리아는 하나님의 약속이 성취되는 길목에서 영감(靈感)이 넘치는 노래를 부르고 있었다. 자신의 지혜로 지어낸 노래가 아니다. 성령님의 감동하심으로 부르는 노래다.

(누가복음에는 다른 복음서에 없는 이야기들이 많이 나온다. 엘리사벳과 마리아의 이야기도 그 중의 하나다. 나는 누가복음에만 나오는 이야기들을 더 깊이 다루려고 한다. 누가가 자세히 살펴서 우리에게 전해주는 보배로운 내용들이기 때문이다. 그러나 마태복음과 겹치는 내용들은 비교적 간단하게 다룰 것이다. 내가 두 번째로 저술한 마태복음 《제자 되기》를 참고하시기 바란다.)

세례 요한의 출생

:: 눅 1:57-80 ::

마리아는 석 달쯤 엘리사벳과 함께 지내다가 나사렛으로 돌아갔다. 그리고 얼마 지나지 않아 세례 요한이 태어났다. 그때까지 말을 못하고 있던 사가랴는 글 쓰는 판(版)에 아들의 이름을 '요한'이라고 쓴 후에 혀가 풀렸다. 그는 성령의 충만함을 받아 하나님을 찬양하며 하나님께서 하실 일들을 예언했다.

사가랴의 노래 중에 '구원'이라는 단어가 세 번 나온다. 첫째로, 그는 '우리를 위하여 구원의 뿔을 다윗의 집에 일으키셨다'고 노래했다. 자기 아들의 출생을 노래하지 않고 이스라엘을 구원하기 위해 메시아를 보내주신 성부 하나님을 찬양했다. 구약성경에서 '구원의 뿔'은 능력(왕상 22:11; 단 8:3)과 왕권(단 7:24, 8:20-22)을 의미한다. 예수님께서 우리를 죄에서 구원하실 능력과 다스리실 왕권을 가지고 오셨다. 둘째로, 사가랴는 구약에 예언된 것처럼 메시아가 '우리 원수들과 우리를 미워하는 모든 자의 손에서 구원하실 것'이라고 노래했다. 우리를 미워하는 가장 큰 원수는 사탄이다. 그 중의 백미(白眉)는 셋째 단락인데 그의 아들 요한에게 주어진 사명이다.

> "이 아이여 네가 지극히 높으신 이의 선지자라 일컬음을 받고 주 앞에 앞서 가서 그 길을 준비하여 주의 백성에게 그 죄 사함으로 말미암는 구원을 알게 하리니 이는 우리 하나님의 긍휼로 인함이라. 이로써 돋는 해가 위로부터 우리에게 임하여 어둠과 죽음의 그늘에 앉은 자에게 비치고 우리 발을 평강의 길로 인도하시리로다" (눅 1:76-79).

사가랴가 노래한 이 세 가지 구원은 모두 예수님께서 행하실 일이다. 누가복음과 사도행전에서 '구원'은 중요한 위치를 차지한다. (각각 20회와 24회 나오는데 이는 신약 27권 중에서 가장 많은 횟수다.) 이방인으로서 구원을 받아 하나님의 자녀가 된 누가에게 구원이라는 단어는 특히 감격스러웠을 것이다.

누가복음 1장은 다른 복음서에 없는 내용이다. 이것은 누가의 창작물이 아니다. 예수님의 목격자들로부터 생생하게 들은 이야기들이다. 누가는 하나님께서 우리를 죄로부터 구원하시기 위해 그의 아들을 세상에 보내셨다는 기독교의 진리를 그의 복음서 첫 장에서 선포하고 있다.

예수님의 탄생

:: 눅 2:1-7 ::

주전 7백여 년 전에 활동했던 미가 선지자는 메시아가 태어날 곳으로 베들레헴을 예언했다.

> "베들레헴 에브라다야 너는 유다 족속 중에 작을지라도 이스라엘을 다스릴 자가 네게서 내게로 나올 것이라. 그의 근본은 상고에, 영원에 있느니라"(미 5:2).

동방에서 찾아온 박사들 때문에 놀란 헤롯 대제가 '그리스도가 어디서 나겠느냐?'고 물었다. 그때 유대교 지도자들은 미가의 예언을 근거로 유대 베들레헴이라고 대답했다(마 2:4-6). 누가는 미가 선지자가 예언했던 내용이 실제로 성취된 배경을 자세히 설명하고 있다.

> "그때에 가이사 아구스도가 영을 내려 천하로 다 호적하라 하였으니 이 호적은 구레뇨가 수리아 총독이 되었을 때에 처음 한 것이라. 모든 사람이 호적하러 각각 고향으로 돌아가매 요셉도 다윗의 집 족속이므로 갈릴리 나사렛 동네에서 유대를 향하여 베들레헴이라 하는 다윗의 동네로 그 약혼한 마리아와 함께 호적하러 올라가니 마리아가 이미 잉태하였더라. 거기 있을 그때에 해산할 날이 차서 첫아들을 낳아 강보로 싸서 구유에 뉘었으니 이는 여관에 있을 곳이 없음이러라"(눅 2:1-7).

예수님이 태어나실 무렵은 '팍스 로마나'(Pax Romana) 시대였다. 이는 기원전 1세기 말 아우구스투스(Augustus)가 내란을 평정하고 공화정(共和政)을 세운 후 2백여 년 동안 계속된 평화의 시대를 가리킨다. 아구스도는 로마가 다스리는 천하백성들에게 고향으로 돌아가 호적을 정리하라고 명령했다. 세금제도를 확정하기 위해서였다. 요셉은 다윗의 후손이었으므로 다윗 성 베들레헴으로 아내 마리아를 데리고 찾아갔다. 그리고 그곳에서 예수님이 출생하셨다. (마태복음 1장을 보면 요셉은 꿈속에서 천사의 말을 듣고 마리아를 아내로 데려왔지만 예수님이 나실 때까지 부부관계가 없었다.)

하나님의 역사와 세상 역사는 어떤 관계가 있을까. 결론부터 말하자면 세상 역사는 하나님의 역사에 종속된다. 아구스도가 명을 내렸기 때문에 요셉이 베들레헴에 내려간 것이 아니다. 예수님께서 베들레헴에서 나셔야 했기 때문에 아우구스투스가 행정명령을 내린 것이다. 너무 억지스럽다고 생각되는가? 아니다. 역사의 주인은 하나님이시다. 예수님은 다윗의 후손으로 베들레헴에서 나셔야만 했다. 왜냐하면 하나님께서 그렇게 말씀하셨기 때문이다.

목자들을 방문한 천사들

:: 눅 2:8–20 ::

나는 2018년 5월, 35년 동안 섬겨왔던 감사한인교회에서 은퇴하였다. 은퇴할 무렵 간절한 소원이 하나 있었다. 성탄절 전야를 베들레헴에서 보내고 싶은 소원이었다. 목회 중에는 그런 소원을 쉽게 이룰 수 없었다. 다행히 후임 목사님과 일 년 동안 동사목회(同事牧會)를 하던 때였으므로 그 일이 가능했다. 예루살렘에서 30년이 넘도록 선교사역을 하는 친구가 있어서 불편함도 덜했다. 우리 부부는 친구네와 함께 2017년 12월 24일에 두 번이나 베들레헴을 방문했다. 한 번은 낮에, 그리고 한 번은 밤에 찾아갔다.

그날 밤 베들레헴에는 비바람이 세차게 불고 있었다. 많은 사람들이 방문하리라고 기대했는데 베들레헴을 찾아온 사람들은 우리를 포함해서 백여 명에 불과했다. 목자들의 동굴에서 간단히 예배를 드리면서 나는 '아마 그날 밤에도 이렇게 비가 내렸을까?' 하고 생각에 잠겼다. 비가 내리지 않았더라도 깊은 어둠과 적막감이 베들레헴 언덕과 골짜기를 감싸고 있었으리라.

그날 밤, 목자들이 들녘에서 양 떼를 지키며 졸음을 쫓고 있던 캄캄한 밤에 갑자기 주의 사자가 곁에 서고 주의 영광이 그들을 두루 비추었다. 그리고 두려워하는 목자들을 향해 말했다.

"천사가 이르되, 무서워하지 말라. 보라, 내가 온 백성에게 미칠 큰 기쁨의 좋은 소식을 너희에게 전하노라. 오늘 다윗의 동네에 너희를 위하여 구주가 나셨으니 곧 그리스도 주시니라. 너희가 가서 강보에 싸여 구유에 뉘어 있는 아기를 보리니 이것이 너희에게 표적이니라 하더니"(눅 2:10-12).

'좋은 소식'(유앙겔리조, εὐαγγελίζω)은 신약성경 전체에서 마태복음에 1회, 누가복음에 10회, 그리고 사도행전에 15회 동사로 사용된다. 그 밖에 신약에 나오는 '복음'(εὐαγγέλιον)은 모두 명사다. 사도행전에서도 2회 명사로 사용되고 있다. 같은 단어가 명사로 사용될 때와 동사로 사용될 때에 어떤 점이 다를까. 동사는 '기쁜 소식'이 전파되는 역동성을 강조하고, 명사는 그 소식의 내용을 강조한다. 누가는 누가복음과 사도행전에서 동사형을 사용함으로써 복음이 선포될 때 듣는 이들을 변화시키는 능력을 강조하고 있다. 복음이 전파될 때에 듣는 모든 사람들에게 큰 기쁨이 임하였다.

"다윗의 동네에 너희를 위하여 구주가 나셨으니 곧 그리스도 주시니라."

그때로부터 천여 년 전, 다윗은 그 동네에서 양을 치는 목동이었다. 사회적으로 존경받는 대상이 아니었다. 의식적(儀式的)으로 보면 불결한 사람이었다. 목자들은 자주 동물의 사체(死體)를 만져야 했다. 그런데 그들에게 기쁜 소식이 먼저 전해졌다. 목자들은 천사들의 말을 들으면서 과거에 나단 선지자를 통해 하나님께서 다윗에게 하셨던 말씀을 기억했을지도 모른다.

"그러므로 이제 내 종 다윗에게 이와 같이 말하라. 만군의 여호와께서 이와 같이 말씀하시기를 내가 너를 목장 곧 양을 따르는 데에서 데려다가 내 백성 이스라엘의 주권자로 삼고 네가 가는 모든 곳에서 내가 너와 함께 있어 네 모든 원수를 네 앞에서 멸하였은즉 땅에서 위대한 자들의 이름같이 네 이름을 위대하게 만들어 주리라"(삼하 7:8-9).

하나님께서 목동 다윗을 데려다가 이스라엘의 주권자로 삼으셨다. 그가 가는 곳마다 동행하시면서 모든 원수를 멸하게 하시고 그의 이름을 위대하게 세워주셨다. 그리고 천여 년이 지난 후 하나님께서 다윗의 동네에 세상을 구원할 구주를 일으키셨다. '구주'(소테르, σωτήρ)라는 칭호는 신약성경에 24번 나온다. 그중에 16번은 예수님을 가리키고 8번은 하나님을 가리킨다. 구주로 오신 예수님은, 다윗이 비천한 출신이었던 것처럼, 강보(갓난아기를 따뜻하게 하고 안정감을 주기 위해 감싸는 긴 천)에 싸여 짐승의 밥통인 구유에 누이셨다. 천사들은 어린 예수님이 강보에 싸여 구유에 뉘여 있는 이 장면을 표적, 곧 확실한 증표라고 말했다. 무슨 증표인가? 다윗의 동네에, 다윗의 후손으로 태어난 구주(메시아)라는 증표이다.

천사의 말이 끝나자 갑자기 수많은 천군들이 하나님을 찬송하기 시작했다. 전통적으로 이스라엘 백성 중에 남자아이가 태어나면 사람들이 찾아와서 축하의 노래를 불러주었다. 그러나 마구간에서 태어나신 예수님을 위해서는 하늘의 천군천사들이 영광송을 불러주었다. 얼마나 장엄한 광경인가.

"홀연히 수많은 천군이 그 천사와 함께 하나님을 찬송하여 이르되,

지극히 높은 곳에서는 하나님께 영광이요 땅에서는 하나님이 기뻐하신 사람들 중에 평화로다 하니라"(눅 2:13-14).

예수님께서 세상에 오신 일이 기쁜 까닭은 두 가지 이유 때문이다. 하나는 그의 오심이 곧 하나님께 영광이 되었기 때문이요, 다른 하나는 기뻐하신 사람들에게 평화가 되었기 때문이다. 왜 예수님의 탄생이 하나님께 영광이 되었을까? 마가복음 10장 45절에 그 대답이 있다.

"인자가 온 것은 섬김을 받으려 함이 아니라 도리어 섬기려 하고 자기 목숨을 많은 사람의 대속물로 주려 함이니라"(막 10:45).

예수님께서 자기 목숨을 드리실 때 죄인들이 죄 사함을 받고 하나님의 자녀가 된다. 그때 하나님께서 영광을 받으신다. 예수님은 십자가의 죽으심을 앞두고 이렇게 기도하셨다.

"지금 내 마음이 괴로우니 무슨 말을 하리요. 아버지여 나를 구원하여 이때를 면하게 하여 주옵소서. 그러나 내가 이를 위하여 이때에 왔나이다. 아버지여, 아버지의 이름을 영광스럽게 하옵소서"(요 12:27-28).

그러자 하나님의 음성이 들려왔다.

"이에 하늘에서 소리가 나서 이르되 내가 이미 영광스럽게 하였고 또다시 영광스럽게 하리라"(요 12:28).

그러면 왜 '땅에서는 하나님이 기뻐하신 사람들 중에 평화'가 이루어질까? 이 평화는 예수님을 구주로 영접하는 사람들에게 임하는 평화다. 사람이 평화를 누리려면 죄를 용서받아야 한다. 가장 고통스러운 감정이 죄책감이다. 모든 불행의 시초(始初)가 자신의 죄에 있다는 느낌이다. 다른 사람이 모르는 숨은 죄로 인한 죄책감은 더 고통스럽다. 그러나 내 죄가 예수님의 보배로운 피로 용서 받았다는 진리를 믿음으로 받아들이면 평안이 임한다. 이 평안은 하나님과 화목함으로 얻는 축복이다. 예수님의 태어나심이 하나님께는 영광이 되고 사람들에게는 평화가 되었다. 이것이 바로 기쁜 소식이다.

천사들이 하늘로 올라가자 목자들은 베들레헴으로 달려갔다. 그리고 마리아와 요셉, 그리고 구유에 누인 아이를 만났다. 그들은 천사가 들려준 모든 이야기를 젊은 두 부부에게 전해 주었다. 그 말을 듣는 모든 사람들이 다 놀랐다. (그 자리에 요셉과 마리아와 목자들 외에도 몇 사람이 더 있었던 것 같다.) '놀랐다'는 단어가 누가복음에 자주 나오는데 모두 메시아로 오신 예수님과 연결되어 사용되고 있다. 마리아는 목자들이 전한 말을 마음에 새겨두고 깊이 생각했다.

시므온과 안나의 예언

:: 눅 2:21–40 ::

나신 지 8일 만에 할례를 받으신 예수님은 40일째가 되자 '정결예식'을 행하기 위해 예루살렘 성전으로 올라가셨다(레 12:1-4). 이 의식을 통하여 산모가 정결케 되었다. 요셉과 마리아는 비둘기 두 마리로 아기를 위해 제사를 드렸다. 처음 난 남자아이를 위해 가난한 사람들이 드리는 제사 방식이다(레 12:8). 그렇게 함으로써 이사야의 예언이 성취되었다.

> "우리가 전한 것을 누가 믿었느냐. 여호와의 팔이 누구에게 나타났느냐. 그는 주 앞에서 자라나기를 연한 순 같고 마른 땅에서 나온 뿌리 같아서 고운 모양도 없고 풍채도 없은즉 우리가 보기에 흠모할 만한 아름다운 것이 없도다"(사 53:1-2).

그렇다. 예수님은 가난한 집에서 태어나셨다. 연한 순처럼, 마른 땅 위로 볼품없이 튀어나온 뿌리처럼, 고운 모양도 없고 풍채도 없으며, 흠모할 만한 아름다운 것이 없었다. 그런데 다른 아이들에게 없는 두 가지가 예수님에게 있었다. 그는 주 앞에서 자라났고 여호와의 (능하신) 팔이 그에게 나타났다. 누가는 '가난'이라는 말을 자주 사용한다. 전체 복음서에서 나오는 25회 가운데 10회가 누가복음에 있다. 그것은 물질적 가난 이상을 의미했다.

> "우리 주 예수 그리스도의 은혜를 너희가 알거니와 부요하신 이로서 너희를 위하여 가난하게 되심은 그의 가난함으로 말미암아 너희를 부요하게 하려 하심이라"(고후 8:9).

요셉과 마리아가 아기 예수님을 안고 성전을 찾아갔을 때 아무도 알아주는 사람이 없었다. 가난한 부부가 드리는 볼품없는 제사였기 때문이다. 그러나 성령님께서 그의 종들을 보내어 환영해 주셨다.

"예루살렘에 시므온이라 하는 사람이 있으니 이 사람은 의롭고 경건하여 이스라엘의 위로를 기다리는 자라. 성령이 그 위에 계시더라. 그가 주의 그리스도를 보기 전에는 죽지 아니하리라 하는 성령의 지시를 받았더니 성령의 감동으로 성전에 들어가매 마침 부모가 율법의 관례대로 행하고자 하여 그 아기 예수를 데리고 오는지라"(눅 2:25-27).

시므온은 바리새인도 아니고 서기관도 아니고 제사장도 아니었다. 그저 '의롭고 경건하여 이스라엘의 위로를 기다리는 자'였다. 그는 이스라엘을 구원할 메시아를 기다리고 있었다. 이스라엘의 위로를 기다리는 그에게 위로의 성령님이 함께 하셨다. 그리고 '네가 주의 그리스도를 보기 전에는 죽지 아니하리라'는 약속을 주셨다. '주의 그리스도'는 '주의 메시아'라는 말이다. 예수님의 부모들이 정결예식을 행하던 날, 성령님께서 시므온을 성전으로 인도하셔서 예수님을 만나보게 하셨다. 시므온은 아기를 품에 안고 하나님을 찬송했다.

"주재여 이제는 말씀하신 대로 종을 평안히 놓아 주시는도다. 내 눈이 주의 구원을 보았사오니 이는 만민 앞에 예비하신 것이요 이방을 비추는 빛이요 주의 백성 이스라엘의 영광이니이다"(눅 2:29-32).

'주재'(主宰)는 주인(master)을 가리킨다. 시므온은 주께서 그를 평안하게 놓아 주셨다고 찬양했다. 그의 생전에 메시아를 보게 되리라는 약속이 성취되었기 때문이다. 시므온의 노래는 우주적인 구원의 메시지다. 예수님을 통하여 만민이 구원을 받게 될 것이다. 예수님을 통하여 이방이 빛 가운데로 나오게 될 것이다. 이방인 누가에게 이 말이 얼마나 큰 기쁨이 되었을까.

예수님의 부모들이 그의 말을 듣고 놀라자 시므온은 이렇게 예언했다.

> "보라. 이는 이스라엘 중 많은 사람을 패하거나 흥하게 하며, 비방을 받는 표적이 되기 위하여 세움을 받았고, 또 칼이 네 마음을 찌르듯 하리니 이는 여러 사람의 마음의 생각을 드러내려 함이니라 하더라"(눅 2:34-35).

'패하다'는 넘어짐을 말한다. 성경에 두 번 나오는데 마태복음 7장 27절에는 모래 위에 지은 집의 '무너짐'으로 번역되었다. 한편, '흥하다'(아나스타시스, ἀνάστασις)는 신약성경에 42회 나오는데, 그 중에 39회가 '부활'로 번역되었다. 예수님을 믿음으로 영접한 죄인들은 흥하여 부활의 삶을 삶게 되었다. 그러나 예수님을 거절하고 대적하던 바리새인들과 서기관들과 제사장들은 넘어지고 몰락했다. 훗날 예수님께서 끊임없이 거절당하시는 모습, 그리고 마지막에 십자가에 달려 돌아가시는 모습을 볼 때에 마리아의 가슴은 마치 칼로 찌르는 듯할 것이다.

그날 예루살렘 성전에 '안나'라는 여선지자도 있었다. 나이가 많아 84세나 되었고 결혼한 지 7년 만에 과부가 되어 홀로 살아온 여인이었다. 그녀는 밤이나 낮이나 성전을 떠나지 않고 금식과 기도로 주를 섬겼다. 그녀도 하나님께 감사하며 '예루살렘의 속량을 바라는 모든 사람에게 그(예수님)에 대하여' 말했다. 여기에서 '말했다'

(미완료 시제)는 시므온의 말에 뒤이어 '계속해서 말했다'는 뜻이다. '속량'(贖良)은 '값을 지불하고 풀어준다'는 뜻이다. 예수님께서 그의 피로 우리의 죗값을 치르셨다. 이 단어는 누가복음에 두 번, 그리고 히브리서에 한 번 나온다.

> "(그리스도께서) 염소와 송아지의 피로 하지 아니하고 오직 자기의 피로 영원한 속죄(속량)를 이루사 단번에 성소에 들어가셨느니라" (히 9:12).

시므온과 안나의 이야기는 누가복음에만 나온다. 누가는 예수님에 대하여 자세히 살펴보았다. 그리고 그렇게 발견한 지식들을 토대로 예수님의 탄생 이야기를 완성했다. 사가랴와 엘리사벳 이야기, 마리아가 엘리사벳을 찾아간 이야기, 천사들이 목자들을 찾아온 이야기, 예수님께서 베들레헴의 가축 우릿간에서 태어나신 이야기, 8일 만에 할례 받으신 이야기, 우리가 다른 곳에서 발견할 수 없는 주옥같은 이야기들이 누가복음에만 있다. 그리고 이 모든 이야기들은 초대교회에서 정설(定說)로 받아들여졌다. 왜냐하면 모두가 다 알고 있던 사실이었으니까.

그런데 질문이 하나 있다. 마태복음에 기록된 이야기, 동방에서 찾아온 박사들의 이야기와 애굽으로 피난 갔던 이야기는 왜 누가복음에 없을까. 누가는 '처음부터 목격자와 말씀의 일꾼 된 자들이 전하여 준 그대로 내력을 저술하려고 붓을 든 사람이 많은지라'고 했다. 그는 다른 사람들이 기록한 이야기들은 특별한 이유가 없는 한 반복을 피했다. 그래서 누가복음 전체(1151절)의 26%에 해당하는 298절이 오직 누가복음에만 기록된 내용들이다. 물론 동방 박사들의 이야기나 애굽 피난의 이야기들을 부인했다는 말은 아니다. 그는 요셉과 마리아가 (애굽의 피난 생활을 거쳐) 아기 예수를 데리고 나사렛으로 돌아갔다는 말에 강조점을 두었다. 그리고 한 문장을 첨가하며 예수님의 탄생 이야기를 마무리했다.

> "아기가 자라며 강하여지고 지혜가 충만하며 하나님의 은혜가 그의 위에 있더라"(눅 2:40).

성경 4복음서에서 예수님의 유년기에 대한 기록은 이 구절이 전부이다. 자세히 살펴보았다면 분명히 더 많은 일화(逸話)들이 있을 터인데 의외로 누가의 기록은 단순하다. 신약성경은 예수님의 일대기가 아닌 그의 구속사역에 초점을 맞추고 있다. 성경은 독자들의 호기심을 충족시켜 주는 이야기책이 아니다. 성경은 예수님 때문에 '망했던 자가 흥하고 죽었던 자가 부활하는 생명의 말씀'이다.

다행히 누가는 예수님이 열두 살 되던 해에 있었던 이야기 하나를 첨가했다. 예수님과 성부 하나님의 관계, 그리고 예수님과 육신의 부모님과의 관계를 정립(定立)하는 내용이다. 요셉과 마리아는 예수님이 열두 살 되던 해의 유월절에 예루살렘에 올라갔다. 유월절 행사를 마치고 집으로 돌아가던 첫날 저녁 그들은 예수님이 일행 중에 없다는 사실을 발견했다. 그들은 이튿날 날이 밝자 예루살렘으로 되돌아갔다. 그리고 성전에서 선생들과 이야기하고 있는 예수님을 발견했다. 사람들이 모두 예수님의 지혜와 대답에 놀란 얼굴들이었다. 그러나 요셉과 마리아가 놀란 이유는 다른 데 있었다.

> "아이야 어찌하여 우리에게 이렇게 하였느냐. 보라 네 아버지

와 내가 근심하여 너를 찾았노라."

여기에서 '근심'은 누가만 사용한 단어로서 극심한 마음의 괴로움과 육신의 고통을 아우르는 말이다. 그들은 예수님을 잃어버린 후 고통 가운데 지냈다. 그런데 예수님의 대답이 그들을 놀라게 했다.

"어찌하여 나를 찾으셨나이까. 내가 내 아버지 집에 있어야 될 줄을 알지 못하셨나이까?"

마리아가 말한 '네 아버지'는 육신의 아버지고 예수님이 대답하신 '내 아버지'는 하늘에 계신 성부 하나님이시다. 그 둘 사이에 깊고 굵은 불연속선이 그어져 있다. 그 말의 의미가 너무 커서 부모들은 이해할 수가 없었다. 다만 마리아는 이전에 그랬던 것처럼 예수님의 말들을 마음에 간직해 두었다. 그날 예수님은 육신의 부모를 섬기기 위해 나사렛으로 돌아갔다. 그리고 30세가 되어 공생애(公生涯)를 시작하실 때까지 '마리아의 아들 목수'로 사셨다(막 6:3).

누가복음 1장과 2장의 분량이 누가복음 전체의 10%에 해당한다. 누가는 예수님의 탄생을 그만큼 중요하게 생각했다. 누가가 강조하고 싶었던 점은 무엇일까? 하나님의 아들이 사람이 되어 예수라는 이름으로 세상에 태어나신 역사적 사건이다. 그 사실을 증명하기 위해 그는 최선을 다해 자세히 살펴보았다. 기독교는 애매모호한 전설이 아니다. 하나님께서 미리 예언하시고 때가 이르자 성취하신 역사적 사건이다. 누가는 역사가로서 데오빌로에게 그 사실을 강조하기 위해 예수님의 탄생 이야기를 자세히 기록했다.

제3장

예수님의 사역을 위한 준비

눅 3:1-4:13

회개를 외치는 세례 요한

:: 눅 3:1-20 ::

마태가 그의 복음서를 주제별로 묶어놓았다면 누가는 순서적으로 펼쳐놓았다. 누가는 마태의 글을 참고할 때조차도 독자들의 이해를 돕기 위해 충분한 설명을 더했다. 누가는 세례 요한의 사역을 자세히 묘사하기 위해 로마 황제와 유대 총독, 그리고 주변의 왕들을 언급하고 있다.

> "디베료 황제가 통치한 지 열다섯 해 곧 본디오 빌라도가 유대의 총독으로, 헤롯이 갈릴리의 분봉 왕으로, 그 동생 빌립이 이두래와 드라고닛 지방의 분봉 왕으로, 루사니아가 아빌레네의 분봉 왕으로, 안나스와 가야바가 대제사장으로 있을 때에 하나님의 말씀이 빈들에서 사가랴의 아들 요한에게 임한지라"(눅 3:1-2).

'디베료 황제가 통치한 지 열다섯 해'는 그의 선왕(先王) 아우구스투스(Augustus)가 주후 14년 8월에 죽었으므로 주후 29년이 되는 셈이다. 당시 유대인의 대제사장은 안나스와 가야바였다. 안나스는 주후 15년까지 대제사장이었지만 사위인 가야바가 대제사장이 된 후에도 영향력이 컸기 때문에 두 사람의 이름이 함께 인용되곤 했다.

세례 요한의 사역을 설명하기 전에 잠간 헤롯 가문(家門)을 살펴보기로 하자. 주전 73년경부터 주전 4년까지 살았던 헤롯 대제(大帝)는 에돔 족속이었다. 그는 처음 부인과 큰아들 안티파테르(Antipater)를 버리고 이스라엘의 명목상 왕가인 하스몬 가(家)의 공주 마리암과 결혼하였다. 평소 의심이 많았던 헤롯은 훗날 사랑하는 아내 마리암과 그의 두 아들 알렉산더와 아리스토불러스, 그리고 장모인 마리암의 어머니까지 죽였다. 생전에 여섯 번이나 결혼했던 그는 죽을 때에 자기의 세 아들들(헤롯 안티파스, 헤롯 아켈라우스, 헤롯 필립 2세)에게 자신의 영토를 분할해 주었다. 또 다른 아들 헤롯 필립 1세는 로마에 살고 있었는데 동생 헤롯 안티파스가 그의 아내 헤로디아를 유혹하여 가로채갔다. 갈릴리와 베레아를 다스리고 있던 헤롯 안티파스는 그의 불의한 행실을 책망하는 세례 요한의 목을 베었다. 그의 동생 헤롯 아켈라우스는 유대와 사마리아, 그리고 이두매(에돔)를 다스렸다. 마지막으로 헤롯 필립 2세는 골란 지역과 베타니아, 크라코니티스를 다스렸다. 이들은 로마 황제 아우구스투스로부터 왕의 칭호 대신 분봉왕(tetrarch, 영토를 나누어 다스린다는 의미)의 칭호를 받았다.

헤로디아는 헤롯 대제에게 죽임을 당한 헤롯 아리스토불러스의 딸로서 이복(異腹) 작은 아버지인 헤롯 필립 1세에게 시집갔다. 그 후에는 남편의 동생인 또 다른 작은 아버지 헤롯 안티파스의 아내가 되었다. 그녀가 필립 1세에게서 낳은 딸 살로메는 작은할아버지인 헤롯 필립 2세에게 시집을 갔다. 훗날 헤롯 아리스토불러스의 아들 헤롯 아그립바 1세는 사도 요한의 형제 야고보를 죽이고 베드로를 투옥시켰다. 이처럼 헤롯의 집안은 유대인들이 도저히 용납할 수 없는 복잡하고 난잡한 모습을 하고 있었다.

그 무렵 유대 광야에 머물고 있던 세례 요한에게 하나님의 말씀이 임하였다. 여기에서 '말씀'은 '레마'(ῥῆμα)로서 실제적인 말을 의미한다. 반면에 '로고스'(λόγος)는 어떤 생각의 표현을 의미한다. 오랫동안 광야에 머물던 세례 요한에게(눅 1:80) '이제 가서 회개의 세례를 전파하라'는 생생한 말씀이 들려왔다.

> "선지자 이사야의 책에 쓴 바 광야에서 외치는 자의 소리가 있어 이르되 너희는 주의 길을 준비하라 그의 오실 길을 곧게 하라. 모든 골짜기가 메워지고 모든 산과 작은 산이 낮아지고 굽은 것이 곧아지고 험한 길이 평탄하여질 것이요 모든 육체가 하나님의 구원하심을 보리라 함과 같으니라"(눅 3:4-6).

밑줄 친 부분은 마태복음과 마가복음에 없는 내용이다. 누가는 이사야 40장 3-5절까지를 인용했다. 그는 '여호와의 영광이 나타나고 모든 육체가 그것을 함께 보리라'는 내용을 '모든 육체가 하나님의 구원하심을 보리라'로 해석했다. 구원은 누가복음과 사도행전의 중심 되는 단어다. 그런가 하면 누가는 마태복음 3장 4절에 나오는 '이 요한은 낙타털 옷을 입고 허리에 가죽 띠를 띠고 음식은 메뚜기와 석청이었더라'는 구절을 생략했다. 유대인들에게 엘리야를 연상시키는 이 구절이 이방인들에게는 별로 큰 의미가 없었기 때문이다.

세례 요한의 추상같은 목소리가 요단 강변에 울려퍼졌다.

"요한이 세례 받으러 나아오는 무리에게 이르되 독사의 자식들아 누가 너희에게 일러 장차 올 진노를 피하라 하더냐. 그러므로 회개에 합당한 열매를 맺고 속으로 아브라함이 우리 조상이라 말하지 말라. 내가 너희에게 이르노니 하나님이 능히 이 돌들로도 아브라함의 자손이 되게 하시리라. 이미 도끼가 나무뿌리에 놓였으니 좋은 열매 맺지 아니하는 나무마다 찍혀 불에 던져지리라"(눅 3:7-9).

도끼로 나무를 패려면 내려치려는 위치에 도끼를 미리 한 번 놓아본다. 그 도끼를 높이 치켜들면 피할 기회가 없을 것이다. 하나님의 심판이 그만큼 급박하게 임하였다는 말이다. '회개에 합당한 열매'를 맺지 않으면 심판이 도끼처럼 임할 것이다. 그때에 아브라함의 자손이라는 호칭이 무슨 소용이 있겠는가? 흙으로 사람을 지으신 하나님께서 돌들로는 아브라함의 자손을 지으시지 못하겠는가?

세례 요한의 말은 하나님께로부터 받은 레마였다. '독사의 자식들아' 하고 격한 말을 하였지만 누구 하나 그 말 앞에 딴죽을 거는 사람이 없었다. 그 말씀에 하나님의 능력이 서려 있었다. 누가는 마태와 마가에 없는 자세한 내용을 다시 한 번 첨가하고 있다.

"무리가 물어 이르되 그러면 우리가 무엇을 하리이까? 대답하여 이르되 옷 두 벌 있는 자는 옷 없는 자에게 나눠 줄 것이요 먹을 것이 있는 자도 그렇게 할 것이니라 하고, 세리들도 세례를 받고자 하여 와서 이르되 선생이여 우리는 무엇을 하리이까 하매 이르되 부과된 것 외에는 거두지 말라 하고, 군인들도 물어 이르되 우리는 무엇을 하리이까 하매 이르되 사람에게서 강탈하지 말며 거짓으로 고발하지 말고 받는 급료를 족한 줄로 알라 하니라"(눅 3:10-14).

이 말 중에 '옷'은 긴 겉옷이 아니고 짧은 속옷을 말한다. '부과된 것'은 로마 정부가 부과한 세금을 말한다. '군인'들은 로마 군인이 아니고 국내 치안을 맡은 유대교 사법 관리들을 말한다. 이런 구체적인 내용은 누가복음에만 나온다. 회개는 감정의 변화가 아니다. 삶에 구체적으로 나타나는 열매들이다. 누가는 무정한 부자들, 세리 같은 죄인들, 군인 같은 억압자들도 얼마든지 회개하고 변화될 수 있다는 점을 강조했다. 이렇게 하나님의 말씀이 선포되자 모두 회개하기 시작했다. 말씀이 그들을 회개시켰다.

그즈음 백성들 사이에 '이 사람이 메시아가 아니냐?'는 질문이 회자(膾炙)되기 시작했다. 세례 요한은 우회적으로 그들의 질문에 답했다.

"요한이 모든 사람에게 대답하여 이르되 나는 물로 너희에게 세례를 베풀거니와 나보다 능력이 많으신 이가 오시나니 나는 그의 신발 끈을 풀기도 감당하지 못하겠노라. 그는 성령과 불로 너희에게 세례를 베푸실 것이요 손에 키를 들고 자기의 타작마당을 정하게 하사 알곡은 모아 곳간에 들이고 쭉정이는 꺼지지 않는 불에 태우시리라"(눅 3:16-17).

세례 요한은 자신보다 능력이 많은 분이 오시리라고 선포했다. 자신은 그분의 신발 끈을 풀 자격도 없다고 했다. 도대체 그분이 누구일까. 세례 요한도 그가 누군지 몰랐다. 다만 자기는 물로 세례를 베풀지만 그분은 성령과 불로 세례를 베푸실 것이라는 정도만 알고 있었다. 이 두 세례는 어떻게 다를까.

사람들은 세례 요한의 강한 책망 앞에 회개하며 물로 세례를 받았다. 그것은 백성들이 스스로 받은 세례였다. 그러나 성령으로 받는 세례는 성령님이 주권적으로 주시는 세례다. 물로 세례 받은 사람은 얼마든지 이전 생활로 돌아갈 수 있다. 그래서 회개에 합당한 열매를 맺지 않는 사람에게는 (심판의) 도끼가 예비되어 있다. 그러나 성령으로 세례를 받은 사람은 요한복음 3장에 기록된 것처럼 하나님의 능력으로 거듭나 새롭게 된다. 마치 더러운 것들을 태우는 불처럼 성령님의 능력이 그들의 죄를 정결하게 해주실 것이다. 세례 요한에게는 심판의 권한이 없다. 그러나 그분에게는 심판의 권세가 있어서 알곡은 곳간에, 쭉정이는 꺼지지 않는 불에 태우실 것이다. 사람들은 그분이 누구신지 점점 더 궁금해졌다.

세례 받으신 예수님과 그의 족보

:: 눅 3:21-38 ::

"백성이 다 세례를 받을새 예수도 세례를 받으시고 기도하실 때에 하늘이 열리며 성령이 비둘기 같은 형체로 그의 위에 강림하시더니 하늘로부터 소리가 나기를 너는 내 사랑하는 아들이라 내가 너를 기뻐하노라 하시니라"(눅 3:21-22).

백성들이 다 세례를 받을 무렵 예수님도 세례를 받으셨다. 세례 요한의 역할은 예수님의 사역을 위해 평탄한 길을 준비하는 것이었다. 세례 요한은 이제 그의 달려갈 길의 끝자락에 이르렀다. 그리고 예수님의 사역은 막 시작되려는 시점이다. 마태나 마가와 달리 누가는 백성들과 예수님을 같은 선상에 두고 있다. 예수님께서 백성들처럼 회개할 죄가 있어서가 아니다. 예수님 자신이 백성들과 동일하게 여김 받기를 원하셨다. 히브리서에 예수님은 죄 없는 분이라고 기록되어 있다.

> "우리에게 있는 대제사장(예수님)은 우리의 연약함을 동정하지 못하실 이가 아니요 모든 일에 우리와 똑같이 시험을 받으신 이로되 죄는 없으시니라"(히 4:15).

예수님께서 세례 받으실 때 성령님이 비둘기 형체로 그 위에 내려오셨다. 그리고 하늘로부터 소리가 들려왔다.

"너는 내 사랑하는 아들이라. 내가 너를 기뻐하노라."

성부 하나님과 성자 하나님, 그리고 성령 하나님께서 동시에 그 자리에 나타나셨다. 왜 성부 하나님께서 예수님 때문에 기뻐하셨을까? 예수님께서 이루실 구속의 역사 때문이다. 예수님은 하나님의 뜻을 이루시기 위해 세상에 오셨다. 세례 요한은 요단 강가에서 하늘이 열리는 장면과 성령님이 비둘기처럼 임하시는 장면을 보며 성부 하나님의 음성을 들었다. 후에 그는 이렇게 증언했다.

> "나도 그를 알지 못하였으나 나를 보내어 물로 세례를 베풀라 하신 그이가 나에게 말씀하시되 성령이 내려서 누구 위에든지 머무는 것을 보거든 그가 곧 성령으로 세례를 베푸는 이인 줄 알라 하셨기에 내가 보고 그가 하나님의 아들이심을 증언하였노라 하니라"(요 1:33-34).

누가는 곧이어 예수님의 족보를 기록하고 있다(눅 3:23-38). 마태복음에 나오는 족보보다 더 길다. 예수님을 가리킨 '사람들이 아는 대로는 요셉의 아들이니'라는 말은 무슨 뜻일까? 그 당시의 사람들은 모두 예수님을 요셉의 아들로 생각했다는 말이다. 그러나 누가는 예수님이 성령으로 동정녀 마리에게서 나신 하나님의 아들이라는 사실을 강조했다. 이제 예수님의 족보에 대하여 자세히 살펴보자.

마태는 예수님의 족보를 '아브라함과 다윗의 자손'이라고 시작했다. 그리고 아브라함으로부터 예수님까지 42세대를 기록한 후 14세대씩 세 부분으로 나누었다. 아브라함부터 다윗까지 14세대, 다윗부터 바벨론 포로 때까지 14세대, 그리고 바벨론 포로 때부터 예수님까지 14세대다. 한편, 누가는 예수님으로부터 시작하여 아담에 이르기까지 77세대를 기록하고 있다. 마태와 누가는 아브라함으로부터 다윗에 이르는 세대들을 공통으로 사용했다. 그러다가 마태는 밧세바가 다윗에게 낳아준 넷째 아들 솔로몬의 계보를 따랐고 누가는 밧세바의 셋째 아들인 나단의 계보를 따랐다. 다윗에게는 모두 19명의 아들들이 있었는데 나단은 9번째, 솔로몬은 10번째였다(삼하 5:14; 대상 3:5, 14:4 참조).

왜 누가는 예수님의 조상을 아담까지 연결시켰을까? 그렇게 함으로 누가는 예수님이 아브라함의 자손을 넘어서서 온 인류의 구원자라는 사실을 강조했다. 누가는 이미 '이방을 비추는 빛이요 주의 백성 이스라엘의 영광이니이다'라는 시므온의 예언을 인용한 적이 있다(눅 2:32).

그래도 한 가지 의문점이 남는다. 왜 마태와 누가가 기록한 족보는 서로 다를까? 여러 가지 가정(假定) 중에 계대결혼(繼代結婚, Levirate Marriage) 설(說)이 초대교회 때부터 보편적으로 받아들여지고 있다. 윌리엄 바클레이(William Barclay)는 다음과 같은 흥미로운 해석을 했다. '요셉의 어머니의 첫 남편은 야곱이었을 것이다. 그러나 그는 자식도 없이 죽었다. 그 후에 헬리가 과부였던 요셉의 어머니에게 장가가서 낳은 아들이 요셉이었을 것이다. 그리고 그 아들을 야곱의 이름으로 대를 잇게 했을 것이다. 야곱이나 헬리나 모두 유다 족속이었으리라는 가정 아래서다. 유대인의 입장에서 보면 요셉은 야곱의 아들이고(마 1:16), 이방인의 입장에서 보면 요셉은 헬리의 아들이다(눅 3:23). 야곱의 아들로 치면 요셉은 솔로몬의 후손이고, 헬리의 아들로 치면 나단의 후손이다. 그러나 궁극적으로는 모두 다윗의 후손이다.' 아주 흥미로운 해석이다.

그러나 정직하게 말하자면 우리는 그 내막을 정확하게 알 수 없다. 다만 분명한 점은 하나님의 아들이 사람이 되어 예수라는 이름을 가지고 다윗의 가문에 태어났다는 사실이다.

시험 당하신 예수님

:: 눅 4:1-13 ::

예수님은 30세쯤 되셨을 때 온전히 복음만 전하시기 위해 나사렛에서 가버나움으로 나오셨다(마 4:13). 목수 일도 이즈음에 그만두셨을 것이다. 예수님은 사역을 시작하시기 전에 먼저 성령님에게 이끌리어 사탄에게 시험을 받으셨다. 성령님에 대한 구절이 누가복음에 16회, 사도행전에 50회 나온다. 어느 복음서보다 더 많이 나온다. 누가복음 4장 1절에 우리 성경에는 번역되지 않는 접속사 '데'(δέ)가 있다. NIV에 '그때'(then)라고 번역되어 있는 이 단어는 예수님께서 시험 당하신 일이 세례 받으신 일과 연결되어 있음을 강조한다. 단순한 연결이 아니다. 둘 모두 성령의 인도하심을 받아 행하신 일들이다. 성령께서 세례 받게 하셨고, 시험 당하게 하셨고, 갈릴리로 돌아가게 하셨다. 예수님은 철저히 성령에게 이끌리어 사셨다. 누가는 그 점을 강조했다.

> "예수께서 성령의 충만함을 입어 요단 강에서 돌아오사 광야에서 사십 일 동안 성령에게 이끌리시며 마귀에게 시험을 받으시더라" (눅 4:1-2).

누구나 자신의 실수로 시험에 들면 부끄럽다. 사탄의 시험에 빠지면 더 고통스럽다. 그러나 성령께서 허락하신 시험은 우리를 정결하고 견고하며 성숙하게 한다. 광야에서 하나님께서 이스라엘을 시험하실 때가 있었다. 그때마다 이스라엘은 하나님께 더 가까이 나아가 그의 거룩하심을 체험했다. 예수님께서도 성령의 인도하심을 받아 사탄의 시험을 받으셨다. 사탄은 예수님을 세 가지로 시험했다.

> "마귀가 이르되 네가 만일 하나님의 아들이어든 이 돌들에게 명하여 떡이 되게 하라."

> "마귀가 또 예수를 이끌고 올라가서 순식간에 천하만국을 보이며 이르되 이 모든 권위와 그 영광을 내가 네게 주리라. 이것은 내게 넘겨 준 것이므로 내가 원하는 자에게 주노라. 그러므로 네가 만일 내게 절하면 다 네 것이 되리라."

"또 이끌고 예루살렘으로 가서 성전 꼭대기에 세우고 이르되 네가 만일 하나님의 아들이어든 여기서 뛰어내리라. 기록되었으되 하나님이 너를 위하여 그 사자들을 명하사 너를 지키게 하시리라 하였고 또한 그들이 손으로 너를 받들어 네 발이 돌에 부딪치지 않게 하시리라 하였느니라."

이 세 가지 시험은 하와가 에덴동산에서 받았던 시험을 연상시킨다.

"여자가 그 나무를 본즉 먹음직도 하고 보암직도 하고 지혜롭게 할 만큼 탐스럽기도 한 나무인지라. 여자가 그 열매를 따먹고 자기와 함께 있는 남편에게도 주매 그도 먹은지라"(창 3:6).

이 시험은 또 사도 요한이 성도들에게 경각심을 일으켰던 말씀을 연상시킨다.

"이 세상이나 세상에 있는 것들을 사랑하지 말라 누구든지 세상을 사랑하면 아버지의 사랑이 그 안에 있지 아니하니 이는 세상에 있는 모든 것이 육신의 정욕과 안목의 정욕과 이생의 자랑이니 다 아버지께로부터 온 것이 아니요 세상으로부터 온 것이라"(요일 2:15-16).

사탄은 타락한 사람을 시험하지 않는다. 넘어진 자도 시험하지 않는다. 견고한 성도들을 시험하여 넘어지게 한다. 처음 사람 아담은 아내와 함께 그 시험에 넘어졌다. 그러나 둘째 아담 예수님은 같은 시험을 말씀으로 이기셨다. 이 점을 기억하자. 사탄은 언제나 구원받은 성도들을 시험한다. 그러므로 우리는 시험 당할 때에 이상

한 일 당한 것처럼 놀랄 필요가 없다. 이미 우리를 위하여 피할 길을 예비해 놓으신 하나님 아버지를 찾으면 된다. 우리 주님께서 시험을 이기셨기 때문에 우리도 이길 수 있고 또 이겨야 한다. 그런데 다음 구절이 조금 마음에 걸린다.

"마귀가 모든 시험을 다 한 후에 얼마 동안 떠나니라"(눅 4:13).

다시 찾아올 수도 있다는 말이다. 사탄이 언제 예수님을 다시 찾아왔을까? 아마도 겟세마네 동산에서였으리라. 사탄은 잠시 물러나 기회를 엿본다. 그러므로 우리는 항상 깨어 있어야 한다.

제4장

예수님의 갈릴리 사역

눅 4:14-9:50

마태가 주제별로 복음서를 기록했다면 누가는 연대와 지역별로 기록했다.

> "예수께서 성령의 능력으로 갈릴리에 돌아가시니 그 소문이 사방에 퍼졌고 친히 그 여러 회당에서 가르치시매 뭇 사람에게 칭송을 받으시더라"(눅 4:14-15).

유대 광야에서 갈릴리로 돌아오신 후에 그의 소문이 사방에 퍼졌다. 어떤 소문이었을까? 이제부터 갈릴리 사역이 시작된다. 예수님의 일거수일투족이 모두 성령의 인도하심 아래 있었다.

고향 나사렛 사람들에게 배척당하심

:: 눅 4:16-30 ::

예수님께서 어린 시절을 보내신 나사렛을 방문하셨다. 나사렛은 가버나움에서 남서쪽으로 32km쯤 떨어진 곳이다. 누구나 고향에 대한 애틋한 감정이 있게 마련이다. 나사렛은 완만한 언덕 위에 펼쳐진, 마치 넓은 접시를 엎어놓은 것 같은 지형이다. 그곳 어딘가에 안식일마다 예수님께서 예배드리시던 회당이 있었다. 마침 그날은 안식일이었다. 예수님은 늘 하시던 대로 회당에서 성경을 읽으시기 위해 일어서셨다. 회당에서 성경을 읽는 일은 이스라엘 남자들의 특권이었다. 누구나 성경 몇 구절을 읽고 간단한 설명을 덧붙일 수 있었다. 그러면 회당 안의 사람들은 귀를 기울였다. 회당장이 이사야의 두루마리를 건네자 예수님께서 61장을 찾아 읽으셨다.

> "주의 성령이 내게 임하셨으니 이는 가난한 자에게 복음을 전하게 하시려고 내게 기름을 부으시고 나를 보내사 포로 된 자에게 자유를, 눈 먼 자에게 다시 보게 함을 전파하며 눌린 자를 자유롭게 하고 주의 은혜의 해를 전파하게 하려 하심이라"(눅 4:18-19).

예수님은 두루마리를 넘겨주시고 조용히 자리에 앉으셨다. 그러자 사람들이 예수님을 쳐다보았다. 왜 하필 그 구절을 읽었으며, 왜 아무런 설명도 없는지를 묻는 무언(無言)의 질문이었다. 그 구절은 메시아에 대한 예언이었기 때문이다. 그때 예수님께서 놀라운 말씀을 하셨다.

"이 글이 오늘 너희 귀에 응하였느니라."

다른 말로 하면 '주의 성령이 내게 임하셨다'는 뜻이다. 회당 안에 있던 사람들은 엄청난 충격을 받았다. 그리고 반응이 첨예하게 나뉘었다. 어떤 사람들은 예수님께서 하신 일들을 증언하고 그 입으로 나오는 은혜로운 말씀들을 받아들였다. 마태와 마가는 나사렛 방문 이전에 여러 장(章)을 할애하여 예수님께서 행하신 기적들을 기록하고 있다. 그러므로 예수님의 나사렛 방문은 (비록 누가는 초반부에 기록했지만) 그가 행하신 많은 일들이 갈릴리 지역에 두루 회자(膾炙)된 이후였을 것이다. 회당에 있던 사람들 중에 몇몇은 예수님께서 행하신 기적들을 직접 목격했을 것이다. 그러나 다른 사람들은 대수롭지 않다는 반응을 보였다. '이 사람이 요셉의 아들이 아니냐? 목수의 아들에게서 무슨 특별한 말을 기대하는가?', 이렇게 핀잔을 주었다. 그 순간 예수님의 준엄한 목소리가 회당에 있는 모든 사람들을 제압했다. 마태와 마가복음에 없는 내용이다.

"예수께서 그들에게 이르시되 너희가 반드시 의사야 너 자신을 고치라 하는 속담을 인용하여 내게 말하기를 우리가 들은 바 가버나움에서 행한 일을 네 고향 여기서도 행하라 하리라. 또 이르시되 내가 진실로 너희에게 이르노니 선지자가 고향에서는 환영을 받는 자가 없느니라. 내가 참으로 너희에게 이르노니 엘리야 시대에 하늘이 삼 년 육 개월간 닫히어 온 땅에 큰 흉년이 들었을 때에 이스라엘에 많은 과부가 있었으되 엘리야가 그 중 한 사람에게도 보내심을 받지 않고 오직 시돈 땅에 있는 사렙다의 한 과부에게 뿐이었으며, 또 선지자 엘리사 때에 이스라엘에 많은 나병환자가 있었으되 그 중의 한 사람도 깨끗함을 얻지 못하고 오직 수리아 사람 나아만뿐이었느니라"(눅 4:23-27).

사렙다 과부와 나아만 장군은 모두 이방인들이었다. 예수님의 교훈과 행적을 자세히 살피던 누가에게는 주옥같은 말씀이었다. 회당에 있던 사람들이 (아마도 예수님에게 우호적이었던 사람들까지 포함해서) 이 말을 듣고 화가 나서 예수님을 동네 밖으로 쫓아내었다. 그리고 그 동네가 건설된 산 낭떠러지로 끌고 가서 밀쳐 떨어뜨리려고 했다. 그러나 아직 십자가의 때가 되지 않았다.

"예수께서 그들 가운데로 지나서 가시니라."

어느 날 새벽 나는 이 책의 원고를 쓰다 말고 간절히 기도했다. '주님, 이방인이었던 누가가 만났던 그 주님을 저도 만나고 싶습니다. 이번 책은 온전히 누가의 심장(心臟)으로 집필하고 싶습니다. 성령님, 저를 도와주세요.' 그리고 몇 시간 후에 지친 몸으로 잠시 침대에 누워 잠들었다. (글을 쓰는 일은 항상 나를 지치게 한다.) 나사렛의 고향 사람들이 예수님을 배척하고 죽이려고 했다. 이 사건을 어떻게 해석해야 할까. 이런 생각을 하면서 잠에서 깨어난 나는 흠칫 놀랐다. 벼락 치듯 '예수를 잘 알고 있는 자들이 오히려 그를 배척했다'는 생각이 들었다. 이스라엘의 과부들과 나병환자들은 모두 하나님의 종 엘리야와 엘리사를 잘 알고 있었다. 그러나 그들은 하나님의 이름으로 능력을 행하는 선지자들을 무시하고 배척했다. 오히려 이방인들은 선지자들을 통하여 주시는 하나님의 말씀에 순종하고 기적을 체험했다. '이방인들이 하나님을 만나면 기적이 일어난다.' 갑자기 어떤 이미지가 겹쳐왔다. 예수님을 잘 알고 있는 우리가 오히려 예수님에 대하여 무관심하지는 않는가? 그 정점에 혹시 나 같은 목사가 서 있는 것은 아닐까? 수시로 나를 찾아오신 예수님을 그냥 지나가시게 한 적은 없었을까? 나 스스로 영적인 이스라엘 백성이 되었다고 자만하지나 않았을까? 나는 자리를 정돈하고 앉아 회개하는 심정으로 간절히 기도했다. '주님, 누가의 심정을 저에게 주세요. 누가처럼 다시 한 번 예수님을 만나게 해주세요. 묵은 때를 벗겨내고 청결한 마음을 갖게 해주세요.' 그런 후에 예수님께서 인용하신 이사야의 글을 다시 읽어보았다.

> "주의 성령이 내게 임하셨으니 이는 가난한 자에게 복음을 전하게 하시려고 내게 기름을 부으시고 나를 보내사 포로 된 자에게 자유를, 눈 먼 자에게 다시 보게 함을 전파하며 눌린 자를 자유롭게 하고 주의 은혜의 해를 전파하게 하려 하심이라."

이 구절은 누가복음에만 나온다. 마태와 마가는 예수님이 고향에 있는 회당에서 배척을 당하셨다는 간단한 이야기만 기록하고 있다. 그러나 예수님께서 사용하신 이 인용구와 뒤이어 나오는 사렙다 과부, 그리고 아람의 나아만 장군 이야기는 누가가 간과할 수 없는 주옥과 같은 말씀이었다.

> "주의 신이 내게 임하셨으니…내게 기름을 부으시고."

'기름을 붓는다'는 뜻의 히브리어 '마샤흐(mashach, מָשַׁח)에서 '메시아'라는 말이 나왔다. 이 구절을 인용하심으로 예수님은 자신이 메시아이심을 확언하셨다. 그리고 메시아로서 행하실 다섯 가지 일들을 말씀하셨다.

첫째로, 가난한 자들에게 복음을 전하실 것이다. 이사야 61장 1절에서 '가난한 자(anav, עָנָו)는 단순히 물질적 가난뿐만 아니라 '필요 아래 있는 자, 겸비한 자, 고통 받는 자, 온유한 자'를 의미한다. 다른 말로 하면 '인생의 파산 선고를 당한 사람들'이다. 자기 힘으로 지탱해 나갈 힘이 없는 사람들이다. 삶의 목적은 사라지고 건강도 상실했으며 관계까지 망가진 사람들이다. 아무것도 남아 있지 않은 사람들이다. 예수님은 단순히 가난한 자를 물질적으로 부자가 되게 하시려고 오신 것이 아니다. 큰 기쁨의 소식을 전하려고 오셨다. 가난한 자들에게 기쁜 소식은 회복이다. 파산선고 당한 사람에게는 신용의 회복이다. 병든 사람에게는 건강의 회복이다. 희망의 회복, 신뢰의 회복, 기회의 회복, 능력의 회복, 권세의 회복, 이런 회복들이다. 다른 말로 하면 구원이다. 파산 상태로부터 구해 주시는 하나님의 은혜이다. 이 은혜가 바로 성경이 말하는 복된 소식이다. 교만한 자에게는 예수님이 필요 없다. 그러나 마음이 가난한 자에게는 예수님이 필요하다. 예수님만이 그들을 가난에서 구원해 내실 수 있기 때문이다.

둘째로, 포로된 자들에게 자유를 선포하실 것이다. '포로된 자'(shabah, שָׁבָה)는 말안장을 꽉 조여 매듯이 얽매인 자, 곧 자유를 박탈당한 자를 말한다. 그들이 풀려날 것이다. 그들은 전쟁 포로가 아니다. 사탄에게 포로가 된 사람들이다. 포로는 자기보다 더 강한 자에게 사로잡힌 사람이다. 많은 사람들이 포르노에 사로잡혀 있다. 술과 도박에 중독되어 살아간다. 뚜렷한 목적도 없이 단순히 재물을 더 많이 모아야 한다는 탐욕에 사로잡혀 살아간다. 어떤 사람들은 두려움과 염려와 불안에 사로잡혀 있다. 미움과 분노에 사로잡혀 원수 갚을 기회만 노리는 사람들도 있다. 어떤 사람들은 열등의식과 패배의식의 감옥에 스스로를 가둔다. 이웃들과 관계를 단절한 채 스스로 고립된다. 이들은 스스로를 풀어낼 능력이 없다. 오랫동안 포로생활을 한 사람은 문을 열어놓아도 나가려 하지 않는다. 예수님은 이렇게 '잡혀 있는 사람들'을 찾아오셔서 석방시켜 주셨다. 손을 잡고 그 냄새나는 감옥에서 나오게 해주셨다.

셋째와 넷째로, 예수님은 '눈 먼 자에게 다시 보게 함을 전파하며 눌린 자를 자유롭게' 해주실 것이다. 이사야 61장 1절에는 '갇힌 자에게 놓임을 선포하며'라는 한 구절로 되어 있다. '놓임'(peqach-qowach, פְּקַח־קוֹחַ)이라는 단어에는 '옥문의 열림'뿐만 아니라 '눈의 열림'이라는 뜻도 있다. 그래서 누가는 이를 두 구절로 나누었다.

예수님은 실제로 많은 소경들의 눈을 떠서 보게 해주셨다. 그러나 여기에서 말하는 '눈 먼 자'는 영적으로 눈이 먼 사람들이다. 다른 사람의 눈에 있는 티는 잘 보면서도 자기 눈에 있는 들보는 보지 못한다. 이런 사람은 자신을 의롭다고 생각한다. 자기 외의 다른 사람들은 모두 허물투성이로 보인다. 그래서 삶이 외롭다. 그러나 예수님을 만날 때 우리는 선한 사마리아 사람처럼 이웃의 필요를 볼 수 있는 자비로운 눈이 열린다.

그뿐만 아니라 예수님은 우리에게 새로운 세상을 볼 수 있는 눈을 주신다. 예수님을 만나면 우리는 천국을 보게 된다. 보이지 않는 것들, 즉 믿음과 사랑과 소망 같은 영적 가치를 보게 된다. 하나님께서 쌓아두신 은혜가 보인다. 우리의 삶과 인간의 역사 속에 흐르고 있는 하나님의 섭리가 보인다. 시야가 새로워진다.

예수님은 눌린 자들을 놓아주셨다. 눌린 자는 산산이 부서진 사람이다. 짐이 너무 무거워서 일어날 수 없는 사람이다. 가장 무거운 짐은 죄와 죄책감이다. 죄책감은 죄를 짓고 난 뒤 아무도 모르게 혼자 짊어지는 마음속의 무거운 짐이다. 예수님은 십자가 위에서 우리의 죗값을 치르셨다. 누구든지 예수님을 믿는 사람들은 죄를 회개하고 용서를 받게 된다. 죄와 죄책감의 무거운 짐으로부터 자유하게 된다. 죄책감뿐만 아니라 염려와 근심도 사람들을 짓누른다. 스트레스는 능력의 한계를 벗어나는 무거운 짐 때문에 온다. 스트레스는 지그시 누르는 무거움이다. 스트레스가 심하면 몸과 마음이 무너지기 시작한다. 눌린 자를 자유롭게 하신다는 말씀은 우리의 짐을 대신 짊어져 주시겠다는 말씀이다. 우리를 무거운 짐으로부터 자유하게 하신다. 피할 수 없는 짐이라면 넉넉히 짊어질 수 있는 힘을 주신다.

다섯째로, '주의 은혜의 해'를 전파하실 것이다. 여기에서 '은혜'(ratsown, רָצוֹן)는 '기뻐하심, 받아들이심'을 의미한다. '은혜의 해'(year)는 주께서 그의 백성의 죄를 사하시는 해다. 얼마나 복되고 기쁜 소식인가. 예수님은 모든 인류를 향하여 '너희가 하나님께 받아들여졌다. 하나님께서 너희를 영접하셨다'고 선포하시기 위해 이 세상에 오셨다. 세상의 모든 죄인들이 십자가를 통하여 용서받고 하나님께 받아들여졌다. 하나님의 자녀들이 될 수 있는 길이 십자가 위에서 열렸다. 누구든지 주의 이름을 부르면 구원을 얻게 된다.

이스라엘의 절기 중에 '희년'(禧年)이라는 특별한 절기가 있다. 희년은 50년을 주기로 한 번씩 돌아오는 해다. 희년이 오면 종으로 팔려갔던 자들이 가족의 품으로 거저 돌아오고, 팔려갔던 땅이 원래의 주인에게 값없이 되돌려진다. 희년은 모든 사람들이 새롭게 시작할 수 있는 기회다. '주의 은혜의 해'에 이전의 모든 흠결이 사라지고 새로운 삶이 시작된다.

누가 기쁜 소식의 수혜자(受惠者)인가? 적어도 나사렛 사람들은 은혜 받기를 거절했다. 그 대신 아무 자격도 없는 이방인들에게 은혜가 임하였다. 하나님께서 사렙다 과부와 아람의 나아만 장군처럼 이방인들을 만나주실 것이다. 그들이 말할 수 없는 하나님의 은혜를 거저 받게 될 것이다. 그 진리가 이방인이었던 누가를 무척 감격스럽게 했다. 당신도 감격스러운가?

치료하시는 예수님

:: 눅 4:31-44 ::

예수님께서 나사렛을 떠나 가버나움으로 내려오셨다. 고고학자들은 당시 가버나움에 1,500여 명 이상이 살고 있었다고 추측한다. 다메섹과 애굽을 잇는 도로가 가버나움을 지나고 있었다. 가버나움은 주전 2세기부터 주후 13세기까지 번창했지만 그 이후에 오랫동안 잊혀졌다. 그러다가 19세기에 이르러 발굴되기 시작했다.

예수님께서 안식일에 가버나움의 회당에서 가르치셨다. 사람들은 그의 가르치심에 모두 놀랐다. 말씀에 특별한 권위가 있었기 때문이다. 그날 회당 안에 있던 귀신들린 사람이 갑자기 소리를 질렀다.

> "아, 나사렛 예수여 우리가 당신과 무슨 상관이 있나이까 우리를 멸하러 왔나이까? 나는 당신이 누구인 줄 아노니 하나님의 거룩한 자니이다."

아무도 그가 귀신들렸다는 사실을 몰랐던 것 같다. 평소에 멀쩡하던 사람이 갑자기 망가지는 모습을 보면서 얼마나 놀랐을까. 빛으로 오신 예수님 앞에서 어둠의 권세는 숨을 수가 없었다. 예수님께서 '잠잠하고 그 사람에게서 나오라' 하시니 귀신이 그 사람을 넘어뜨리고 나갔다. 나사렛 회당에서 하셨던 말씀, '눌린 자에게 자유를 주시겠다'는 말씀이 이루어졌다.

가끔 예수님 앞에 우리의 내면세계를 노출시켜 보자. 어둡고 음탕하며 탐욕스러운 마음을 들추어내 보자. 빛에는 강한 살균(殺菌) 능력이 있다. 참 빛으로 오신 예수님께서 우리의 영혼을 치료해 주실 것이다.

병든 사람에게는 의사보다 더 고마운 이가 없다. 치료 받은 사람은 그 기쁨을 숨길 수가 없다. 예수님께서 귀신을 쫓아내시고 병든 자들을 고쳐주신다는 소문이 갈릴리 사방에 퍼져 나갔다. '갈릴리'라는 지명은 히브리어 '갈릴'(גָּלִיל)에서 왔는데 '순환'(circle)이라는 뜻이다. 모세는 이 지역을 스볼론과 납달리 지파에 할당했다. 훗날 사마리아가 갈릴리와 유대 사이에 자리 잡으면서 갈릴리 지역은 자연스럽게 이방 세력으로 둘러싸이게 되었다. 북쪽에는 시리아가 있고 서쪽에는 시돈과 두로와 톨레미가 있으며, 남쪽에는 사마리아, 그리고 동쪽에는 요르단이 있었다. 그래서 사람들은 이 지역을 '둥그렇게 둘러싸인 땅'이라는 뜻으로 '갈릴리'라 불렀다. 갈릴리 지역은 이사야 시절에 북쪽 앗수르 왕국의 침략을 받으며 많은 고통을 당했다. 또 그 지역에는 많은 이방인들이 섞여 살고 있었다. 그래서 남쪽에 사는 유대인들은 갈릴리를 '이방의 갈릴리'라고 불렀다. 가버나움에서 세금을 걷다가 예수님의 제자가 된 마태는 훗날 이사야 9장 말씀을 인용하면서 이렇게 기록했다.

"스불론 땅과 납달리 땅과 요단 강 저편 해변 길과 이방의 갈릴리여, 흑암에 앉은 백성이 큰 빛을 보았고 사망의 땅과 그늘에 앉은 자들에게 빛이 비치었도다 하였느니라"(마 4:16-17).

여기에서 '빛'은 메시아, 곧 예수님을 가리킨다. 예언의 말씀처럼 예수님은 갈릴리의 나사렛에서 자라셨고 가버나움에서 복음을 전파하셨으며 캄캄한 땅, 이방인의 지역에 생명의 빛으로 찾아오셨다. 이런 사실이 이방인 누가에게 큰 감명을 주었을 것이다. 그래서 누가는 복음이 이방인의 땅 갈릴리에서 시작하여 예루살렘으로 올라가는 과정을 의도적으로 강조하였던 것 같다.

다시 예수님의 갈릴리 사역으로 돌아가 보자. 가버나움 회당에서 귀신들린 자를 자유하게 해주신 예수님은 시몬의 집에 들어가셨다. 집에는 베드로의 장모가 높은 열병(熱病)으로 누워 있었다. 예수님께서 그 병을 꾸짖으시니 장모가 곧 일어나서 예수님 일행을 섬겼다. 열병으로 고생한 사람이 기운을 차리고 회복되려면 여러 날 걸린다. 그러나 그녀가 즉시 일어나 섬기는 모습을 보면서 의사 누가는 적잖게 놀랐을 것이다.

소문은 날개를 가지고 있다. 해 질 무렵에 온갖 병자들이 베드로 집으로 몰려들었다. 해 질 무렵은 안식일이 끝났다는 말이다. 그제서야 사람들은 병자들을 들것에 메어올 수 있었다. 예수님은 일일이 그 위에 손을 얹으시고 고쳐주셨다. 여러 사람에게서 귀신들이 떠나며 예수님을 향해 '당신은 하나님의 아들'이라고 소리쳤다. 그러나 예수님은 그들을 꾸짖으시고 더 이상 말하지 못하게 하셨다. 왜 그러셨을까. 누가는 한 마디 덧붙였다.

"이는 (저들이) 자기를 그리스도인 줄 앎이러라."

가버나움 사람들이 예수님을 '동네 의원' 정도로 여겼던지 자기네 마을에 붙잡아 두려고 했다. 그러나 예수님은 '내가 다른 동네들에서도 하나님의 나라 복음을 전하여야 하리라고 말씀하시며' 갈릴리의 다른 회당들을 찾아가셨다. 그리고 많은 병자들을 고치시고 복음을 전하셨다.

어부들을 제자로 부르심

:: 눅 5:1-11 ::

예수님께서 베드로와 안드레, 야고보와 요한을 갈릴리 해변에서 부르신 이야기는 마태복음(4:18-22)과 마가복음(1:16-20)에도 나온다. 내용도 대동소이하다. 그런데 누가가 훨씬 더 자세히 기록하고 있다. 깊은 곳에 그물을 던지는 이야기도 누가복음에만 나온다. '그 모든 일을 근원부터 자세히 미루어 살핀' 누가의 수고가 우리로 하여금 그날 배에서 있었던 일들을 생생하게 볼 수 있게 한다. 우리는 이 사건에서 제자들의 신앙이 깊어져 가는 네 단계를 발견할 수 있다.

첫째로, 하나님의 말씀을 듣는 단계다.

무리들이 갈릴리 호숫가에서 예수님의 말씀을 듣고 있었다. 사람들이 점점 더 많이 몰려왔다. 때마침 밤새 고기를 잡고 돌아온 두 배의 어부들이 그물을 손질하고 있었다. 예수님은 베드로의 배에 오르시며 해변에서 조금 띄기를 청하셨다. 예수님의 가르치심은 아침부터 대낮까지 계속되었다. 시몬 베드로는 꼼짝없이 배 안에 앉아서 예수님의 말씀을 들어야 했다.

믿음은 하나님의 말씀을 들을 때 생겨난다. 깊은 신앙에 이르려면 반드시 이 단계를 지나야 한다. 말씀을 정기적으로 읽고 묵상해야 한다. 예배에서 선포된 설교 말씀을 경청해야 한다. 하나님을 찬양하며 우리의 영혼에 활기를 불어넣어야 한다. 쉬지 않고 기도하며 깨어 있어야 한다. 그 과정들을 통하여 우리는 더 깊은 신앙에 이르게 된다.

둘째로, 하나님의 말씀에 순종하는 단계다. 말씀을 마치시고 예수님께서 시몬에게 이르셨다.

"깊은 데로 가서 그물을 내려 고기를 잡으라."

시몬이 대답했다.

"선생님, 우리들이 밤이 새도록 수고하였으되 잡은 것이 없지마는 말씀에 의지하여 내가 그물을 내리리이다."

갈릴리 바다의 어부들은 밝은 대낮에 고기를 잡지 않는다. 그물을 보고 고기들이 도망가기 때문이다.

갈릴리 바다의 동쪽에 있는 기브츠에서 사흘 동안 머문 적이 있다. 동이 틀 무렵 해변을 걷다보면 고깃배들이 그물을 거두고 철수하는 모습을 볼 수 있었다. 대낮에 깊은 곳에 가서 고기를 잡자는 예수님의 말씀은 어부들에게 생소했다. 더구나 지난밤에 한 마리도 못 잡았으니 피곤할 것이다. 얼마든지 예수님의 청을 거절할 수 있었다. 그런데 놀랍게도 베드로는 예수님의 말씀에 순종했다. 순종하는 이유가 단순했다. 베드로의 말 가운데 두 단어가 특별한 의미를 지니고 있다.

하나는 '선생'이라는 단어다. 베드로는 예수님을 '선생님'이라고 불렀다. 여기에서 '선생님'은 '디다스칼로스'(διδάσκαλος)가 아니고 '에피스타테스'(ἐπιστάτης)이다. 누가는 이 두 단어를 구별하여 사용했다. '디다스칼로스'는 일반적인 의미의 선생, 지식이 많아 학생들을 가르치는 사람, 혹은 듣기 좋으라고 연장자에게 붙여주는 칭호이다. 서기관들은 예수님을 시험할 때마다 이 단어를 사용했다. 그러나 '에피스타테스'는 그의 명령이 반드시 순종되어져야 하는 권위의 인물을 가리킨다. 실제로 누가복음에서 제자들이나 그를 존중히 여기는 자들이 예수님을 '선생'이라고 부를 때에는 언제나 '에피스타테스'를 사용했다(눅 5:5, 8:24, 45, 9:33, 49, 17:13). 가끔 이 단어가 우리 성경에 '주'라고 번역되어 있다.

또 다른 하나는 '말씀'이라는 단어다. 베드로는 선생님께서 그렇게 하라고 말씀하셨으니 깊은 곳으로 가서 그물을 내리겠다고 대답했다. 베드로의 대답에 나오는 '말씀'은 누가복음 5장 1절에 나오는 '말씀'과 다른 단어다. 예수님께서 해변에서 가르치신 하나님의 말씀은 로고스다. 그것은 듣는 모든 사람들에게 보편적으로 유익을 주는 말씀이다. 그러나 베드로가 여기에서 사용하는 '말씀'은 레마(ῥῆμα)다. 누가는 그의 복음서에서 '레마'라는 단어를 17회나 사용했다. (마태는 7회, 마가는 2회만 사용했다.) 레마는 특정한 시간에 특정한 사람에게 주시는 특정한 말씀이다. 천사를 통하여 마리아에게 하신 말씀, 광야에 있던 세례 요한에게 임하신 말씀, 모두 개인적 행동을 요구하는 말씀들이었다. 하나님께서 우리에게 개인적으로 말씀하실 때가 있다. 대개의 경우, 우리는 성경을 읽다가 레마의 말씀을 듣게 된다. 용서하라는 말씀이 천둥소리처럼 가슴에 울려올 때가 있다. 회개하라, 경건하라, 겸손하라, 인내하라, 화목하라는 말씀은, 우리에게 개인적으로 주시는 하나님의 말씀이다. 이런 말씀이 주어지면 반드시 순종해야 한다. 고집을 버리고 복종해야 한다.

베드로는 예수님의 명령에 순종하여 그물을 내렸다. 그런데 그물이 찢어질 정도로 고기가 많이 잡혔다. 해안에 있는 그의 동업자 야고보와 요한을 불렀다. 얼마나 고기가 많았던지 두 배에 가득하게 되었다. 하나님의 말씀에 순종하면 언제나 놀라운 경험을 하게 된다. 그러나 여기에서 멈추면 더 깊은 신앙에 이르지 못한다. 하나님의 말씀에 순종하여 축복을 받았다는 간증으로 끝나면 우리는 이기적인 신앙생활을 하게 된다. 늘 그런 축복만 사모하게 될 것이다. 이제 다음 단계로 나아가야 한다.

셋째로 예수님을 인격적으로 만나는 단계다.

"시몬 베드로가 이를 보고 예수의 무릎 아래 엎드려 가로되 주여 나를 떠나소서. 나는 죄인이로소이다."

뜻밖의 반응이었다. 단순히 '이렇게 많은 고기를 잡게 해주셔서 감사합니다' 하며 항구로 돌아갈 수도 있었다. 그러나 베드로는 예수님을 '주'(퀴리오스, κύριος)라고 부르며 그 앞에 무릎을 꿇었다. 그의 남은 생애에 주님이 되실 예수님을 거기서 인격적으로 만났다. 그 순간부터 예수님과 베드로 사이에는 아무것도 끼어들 수가 없었다. 배를 가득 채운 고기도, 바다도, 동업자들도 시야에서 멀어졌다. 오직 예수님만 보였다. 그리고 자신의 죄만 보였다. 두려워서 견딜 수가 없었다. 그래서 '주여, 나를 떠나소서. 나는 죄인이로소이다' 하고 고백했다. 말도 안 되는 고백이다. 그 깊은 바다에서 어디로 가시라는 말인가.

신앙이 깊어지면 하나님의 임재하심 아래 머물게 된다. 그리고 늘 회개하는 생활을 한다. 다윗이 그런 삶을 살았다.

> "하나님이여 주의 인자를 따라 내게 은혜를 베푸시며 주의 많은 긍휼을 따라 내 죄악을 지워 주소서. 나의 죄악을 말갛게 씻으시며

나의 죄를 깨끗이 제하소서. 무릇 나는 내 죄과를 아오니 내 죄가 항상 내 앞에 있나이다"(시 51:1-3).

고기로 가득 찬 배 위에서 베드로는 두 가지 진리를 깨달았다. 예수님의 거룩하심과 자신의 추함이었다. 둘 사이의 간격이 너무 커서 도저히 감당할 수 없었다. 이사야도 그런 경험을 했다. 그는 하나님의 보좌와 성전에 가득한 하나님의 옷자락을 보았다. 천사들이 하나님의 거룩하심을 찬양하면서 날아다니는 모습도 보았다. 이사야는 탄식하며 말했다.

"화로다 나여 망하게 되었도다. 나는 입술이 부정한 사람이요 나는 입술이 부정한 백성 중에 거주하면서 만군의 여호와이신 왕을 뵈었음이로다"(사 6:5).

욥도 하나님의 음성을 듣고 난 후에 같은 고백을 했다.

"내가 주께 대하여 귀로 듣기만 하였사오나 이제는 눈으로 주를 뵈옵나이다. 그러므로 내가 스스로 거두어들이고 티끌과 재 가운데에서 회개하나이다"(욥 42:5-6).

이런 내적 깨달음은 오직 성령님의 역사를 통해서만 가능하다. 하나님의 은혜가 우리에게 임할 때 회개하고 변화된다. 성경은 저주받은 사람의 모습을 "양심에 화인 맞은 자"라고 했다. 회개할 수 없는 고통, 그보다 더 큰 저주는 없다. 회개하고 용서받는 은혜, 그보다 더 큰 축복도 없다. 깊은 신앙은 예수님을 인격적으로 만나는 단계이다. 그때에 우리는 예수님을 사랑하고, 예수님을 자랑하며, 예수님과 동행하게 된다. 그러나 아직 끝이 아니다. 한 단계 더 남아 있다.

넷째로, 소명(召命)이 주어지는 단계다.

깊은 신앙은 예수님과의 인격적인 만남, 그 황홀한 감격, 영적인 특권의식, 이런 축복에 머물지 않는다. 예수님께서 베드로를 더 깊은 단계로 인도하셨다.

"무서워하지 말라. 이제 후로는 네가 사람을 취하리라."

예수님은 베드로에게 '기뻐하라. 이제 후로는 네가 사람을 취하리라'고 하지 않으셨다. 확실히 사람을 취하는 일은 무서운 일이다. 왜냐하면 그 사람을 사로잡고 있는 사탄과 맹렬하게 싸워야 하기 때문이다. 그러나 예수님께서 동행하시면 이미 끝난 싸움이다. 베드로가 반드시 승리할 것이다.

"이제 후로는 네가 사람을 취하리라."

이 말씀 중에 '취하리라'는 헬라어로 '조그레오'(ζωγρέω)이다. 이 단어는 '살린다'는 의미의 '조오스'(alive, ζωός)와 '잡는다'는 의미의 '아그레오'(catch, ἀγρέω)의 합성어(合成語)이다. 풀어서 읽으면 '잡아서 살린다'는 뜻이다. 이 말의 본래 뜻은 전쟁터에서 적군을 포로로 잡는다는 의미다. 포로는 죽이지 않고 살려준다. 복음은 죄인들로 하여금 하나님의 자녀가 되어 영원히 살게 한다. 죄인들을 복음으로 사로잡아 살게 하는 일, 이것이 베드로에게 주어진 사명이다. 그것은 우리의 사명이기도 하다.

깊은 신앙의 마지막 단계는 복음전도다. 요즘과 같은 팬데믹 상황에서도 소홀히 할 수 없는 사명이다. 오히려 복음을 전할 수 있는 더 좋은 기회가 주어졌다. 우리는 두려움에 사로잡힌 사람들을 하나님의 사랑으로 풀어주어야 한다. 사람을 방문하고 만나는 일이 쉽지 않지만 그래도 접촉할 수 있는 방법은 얼마든지 있다. 하나님의 심정으로 이웃들을 위로하고 격려해 주어야 한다. 복음은 어떤 상황에서도 전파될 수 있다.

그날 네 사람의 어부들이 배들을 육지에 대고 모든 것을 버려두고 예수를 따랐다. '버림'과 '따름'은 항상 정비례한다. 버리지 않으면 따를 수가 없다. 그런데 말씀을 읽다보면, '그 많은 고기는 어떻게 했을까?'라는 의문이 생긴다. 설사 그날 잡은 고기를 다 처분하고 예수님을 따랐다고 해서 잘못된 것은 아니다. 중요한 것은 그날부터 갈릴리의 어부들이 예수님을 따르는 제자가 되었다는 사실이다.

나병환자와 중풍병자를 고치심

:: 눅 5:12-26 ::

'온 몸에 나병 들린 사람', 이보다 더 절망적인 표현이 또 있을까. 나병 자체뿐만 아니라 진행상태도 절망스러웠다. 누가 이 사람에게 '낙심하지 마세요. 치료약을 만들고 있습니다. 머지않아 나병이 곧 치료될 것입니다.' 이런 희망을 불어넣을 수 있겠는가. 요즘에는 나병의 완치가 가능하다. 그러나 2천 년 전에는 나병에 걸리면 가정과 사회에서 쫓겨나고 남은 생애를 토굴이나 바위틈에서 숨어살다가 죽었다. 그런데 온 몸이 나병에 걸린 사람이 예수님 앞에 엎드리며 말했다.

"주여 원하시면 나를 깨끗하게 하실 수 있나이다."

그 순간 주변에 있던 사람들은 소스라치게 놀라며 모두 피했을 것이다. 나병환자들은 사람을 보면 입술을 가리고 '부정하다. 부정하다'고 외쳐야 한다. 사람들에게 '돌 하나 던질 만한 안전한 거리'

를 확보하라는 경고다. 그날 모든 사람들이 물러가고 예수님과 환자만 남았을 것이다. 나병환자는 예수님에게 나병을 치료할 능력이 있다고 믿었다. 문제는 예수님께서 원하시느냐였다. 그래서 그는 땅에 납작 엎드렸다. 차마 예수님의 반응을 눈뜨고 쳐다볼 수가 없었을 것이다. 그런데 갑자기 예수님께서 그를 만져주셨다. 그리고 깜짝 놀라 움찔하는 나병환자에게 이렇게 말씀하셨다.

> "내가 원하노니 깨끗함을 받으라…아무에게도 이르지 말고 가서 제사장에게 네 몸을 보이고 또 네가 깨끗하게 됨으로 인하여 모세가 명한 대로 예물을 드려 그들에게 입증하라"(눅 5:13-14).

나병환자가 치료 받았다! 이쯤 되니 더 많은 각종 병든 자들이 예수님을 찾아왔다. 와서 말씀도 듣고 치료도 받았다. 예수님도 사람이시다. 가르치시고 치료하시며 하루를 보내셨으니 몹시 피곤하셨을 것이다. 그래서 한적한 곳으로 물러가셔서 기도하셨다. 아버지 하나님께 하루 일을 감사함으로 아뢸 때 육신의 피로가 회복되었을 것이다.

한번은 사람들이 중풍병자를 침상째로 떠메어 왔다. 일어나지도 못하는 중증(重症) 환자다. 하필 예수님이 계신 집은 발 하나 들여놓을 틈도 없었다. 그를 떠메고 온 사람들이 지붕 위로 올라갔다. 이스라엘의 지붕은 나뭇가지를 펴고 그 위에 진흙을 바른 슬래브(slab)형이다. 그들은 막무가내로 지붕을 뜯어내더니 병자를 침상째로 달아내렸다. 누가는 헬라 사람들이 이해하기 쉽도록 '진흙으로 만든 기와'(roofing tile, κέραμος)를 뜯어냈다고 부연설명을 했다. 그때 예수님께서 병자와 그를 떠메고 온 사람들의 믿음을 보시고 말씀하셨다.

"이 사람아, 네 죄 사함을 받았느니라"(눅 5:20).

원문을 해석하면 '이 사람아, 네 죄들이 너에게서 사라져 버렸느니라'는 뜻이다. 용서는 회개를 전제로 한다. 하나님께서 누군가를 용서하실 때에는 회개의 은혜를 먼저 베푸신다. 자신의 잘못을 인정하고 스스로 탄식하게 하신다. 이 중풍병자도 자신의 숨은 죄를 생각하며 하나님께 회개했을 것이다. 그러자 예수님께서 그의 죄를 사하시고 용서를 선포하셨다. 이 사람은 죄를 용서하시는 하나님의 자비하심을 믿었다. 그 믿음이 그를 구원하였다. 그런데 그를 떠메고 온 사람들은 어떤 믿음을 가지고 왔을까? 예수님께서 그 사람을 고쳐주시리라는 믿음이었으리라. 한 사람의 믿음과 두세 사람이 함께하는 믿음은 수학적 계산을 넘어선다.

그날 서기관과 바리새인들은 예수님이 신성모독죄를 범했다고 공격했다. 그들은 하나님만이 죄를 용서하실 수 있다고 주장했다. 맞는 말이다. 그런데 한 가지가 틀렸다. 그들은 예수님이 성자 하나님이시라는 사실을 모르고 있었다. 예수님께서 그들에게 자신의 신적 권세를 보여주셨다.

"인자가 땅에서 죄를 사하는 권세가 있는 줄을 너희로 알게 하리라 하시고 중풍병자에게 말씀하시되 내가 네게 이르노니 일어나 네 침상을 가지고 집으로 가라."

그 순간 중풍병자가 벌떡 일어섰다. 그리고 지금까지 누워 있던 그의 침상을 어깨에 메고 '하나님께 영광을 돌리며' 집으로 돌아갔다. 누가복음에는 '하나님께 영광을 돌린다'는 표현이 9회 나온다(마태복음 2회, 마가복음 1회). 모든 사람들이 이구동성으로 '오늘 우리가 놀라운 일을 보았다'고 말했다. 그런데 이 '놀라운 일'이 단수가 아니고 복수다. 죄 용서와 중풍병 치료, 둘 모두 놀라운 일들이었다.

레위를 부르심

:: 눅 5:27-39 ::

누가는 '예수님을 만난 사람들'이라는 주제로 4장과 5장을 기록하고 있다. 예수님의 고향 나사렛 사람들은 예수님을 만났지만 그를 거절했다. 예수님을 거절함으로써 그들은 사렙다의 과부와 아람의 군대장관 나아만이 받았던 하나님의 은혜를 거절했다. 그러나 가버나움의 회당에 있던 귀신들린 사람은 예수님을 만나고 온전하게 되었다. 그날 오후에는 베드로의 장모를 포함하여 수많은 사람들이 예수님을 만나고 치료를 받았다. 그 뒷날에는 (문자적으로 바로 뒷날이 아닐 수도 있다. 누가는 사건들을 극대화시키기 위해 그렇게 기록했을 것이다.) 갈릴리 호수에서 베드로와 안드레, 야고보와 요한이 예수님을 만나고 제자가 되었다. 나병에 걸린 사람도 예수님을 만나고 깨끗하게 완치되었다. 침상째로 떠메어 온 중풍병자는 예수님을 만난 후에 죄 사함과 치료함을 받았다. 예수님을 만난 사람들마다 이렇게 놀라운 변화를 경험했다. 이번에는 레위가 예수님을 만날 차례다.

레위(마태)의 직업은 지나가는 사람들에게 세금을 걷는 일이다. 로마는 점령한 속국에 세금을 분담시켰다. 속국은 다시 지역별로 세금을 할당했다. 그러면 돈 있는 사람이 그 세금을 대납하고 지역 주민들로부터 더 많은 세금을 걷을 수 있는 합법적 권리를 얻었다.

그들은 강탈하다시피 주민들로부터 세금을 걷었다. 로마총독부가 그들의 후견인이었다. 그래서 이스라엘 사람들은 세리를 창녀처럼 취급했다. 레위는 그런 부류에 속한 사람이었다. 그런데 예수님께서 그를 부르셨다.

"나를 따르라."

그 순간 레위는 모든 것을 버리고 일어나 따랐다. '모든 것을 버리고'라는 말은 누가복음에만 있다. 그날 어떤 일이 있었을까. 예수님께서 레위를 부르실 때 그 이유를 설명하셨을까. 세금 걷는 일보다 더 중요하고 더 이익이 많으며 장래가 보장된 일을 맡기시겠다고 약속하셨을까. 혹은 레위가 하는 일이 얼마나 추하고 비난받아 마땅한 일인지 설득하셨을까. 아무리 상상해 보아도 그런 장면은 생경(生硬)하기 짝이 없다.

레위는 '나를 따르라'는 말씀을 듣자마자 모든 것을 버려두고 예수님을 따랐다. 백번 양보해서 예수님에 대한 좋은 소문을 레위가 알고 있었다 쳐도 그의 반응은 너무 갑작스럽다. 어떻게 그런 일이 일어날 수 있었을까. 말씀의 능력 외에는 달리 해석할 길이 없다. 하나님의 부르심에는 부르시는 이의 강력한 능력이 담겨 있다. 거절할 수 없고 핑계 댈 수 없으며 피할 수 없는 능력이다. 구약의 모든 선지자들도 그 '부르심의 능력' 앞에 굴복했다.

그들뿐인가. 예수님의 부르심 때문에 우리도 제자들이 되었다. 당신이 예수님을 구주로 고백했던 그 순간으로 돌아가 보라. 그리스도인 됨은 선택이 아니다. 우리는 여러 가지 종교를 비교해본 후에 기독교를 선택한 것이 아니다. '예수님은 나의 구주십니다' 하고 고백하는 순간에 우리는 논리적 사고의 한계를 넘어선다. 비록 그 직전까지는 논리적으로 생각했을지라도 '신앙고백의 순간'에 이르면 우리는 '믿음'이라는 초월적 세계로 진입한다. 그렇지 않은가? 우리가 자주 고백하는 '사도들의 신앙고백'을 읊어보라. '전능하사 천지를 만드신 하나님 아버지를 내가 믿사오며'로부터 '몸이 다시 사는 것과 영원히 사는 것을 내가 믿사옵나이다'까지, 어느 한 구절도 논리적 사고의 결과가 아니다. 그것은 철저히 하나님의 말씀에 대한 믿음의 고백이다. 어떻게 그런 고백을 할 수 있을까. 그가 우리를 부르셨기 때문이다. 능력을 베푸셔서 우리로 하여금 믿게 해주셨기 때문이다.

예수님께서 레위에게 '나를 따르라'고 부르실 때에 그런 초월적인 능력이 그에게 임했다. 그 능력이 레위로 하여금 모든 것을 버리고 따르게 했다. 그래서 부르심은 은혜다. 바울은 디모데에게 '부르심을 받은 은혜를 잊지 말라'고 당부했다.

> "하나님이 우리를 구원하사 거룩하신 소명으로 부르심은 우리의 행위대로 하심이 아니요 오직 자기의 뜻과 영원 전부터 그리스도 예수 안에서 우리에게 주신 은혜대로 하심이라"(딤후 1:9).

오해하지 말자. 부르심의 능력이 레위를 비인격화시켜서 기계적으로 그렇게 만들었다는 말이 아니다. 레위로 하여금 바른 결단을 내릴 수 있도록 강력한 능력으로 인도하셨다는 말이다. 어느 순간 '모든 것들'이 무의미하게 되고 예수님을 따르는 일이 가장 중요하다고 생각하게 하셨다는 말이다. 무엇이 더 중요할까. 쌓여가는 돈이 더 좋을까, 아니면 영원한 생명과 하늘로부터 부어지는 기쁨이 더 좋을까. 하나님의 부르심을 받지 않은 사람들은 그 정답을 알 길이 없다.

그날 레위는 예수님을 자기 집에 모시고 동류(同類)들을 모아 잔치를 배설했다. 아니나 다를까. 바리새인들과 서기관들이 와서 제자들에게 시비를 걸었다. (서기관들은 바리새인들로서 성경을 복사하고 연구하고 가르치는 선생들이다.)

"너희가 어찌하여 세리와 죄인과 함께 먹고 마시느냐?"

예수님께서 대답하셨다.

> "건강한 자에게는 의사가 쓸 데 없고 병든 자에게라야 쓸 데 있나니 내가 의인을 부르러 온 것이 아니요 죄인을 불러 회개시키러 왔노라"(눅 5:31-32).

제자들은 이런 대답을 할 수 없다. '회개시키러 왔다'는 표현은 누가복음에만 나온다. 은혜 아니면 아무도 회개할 수 없다. 레위가 즉시 모든 것을 버려두고 일어나 따르게 된 수수께끼가 여기에서 풀린다. 회개하는 마음을 주셨기 때문이다. 그날 바리새인들이 시작한 논쟁은 엉뚱한 곳으로 비약해 나갔다.

"요한의 제자는 자주 금식하며 기도하고 바리새인의 제자들도 또한 그리하되 당신의 제자들은 먹고 마시나이다."

바리새인들은 상대의 약점을 들추어내는 데 탁월했다. 그들은 절대로 상대방을 칭찬하지 않는다. 레위와 같은 죄인들과 식사를 한다고 비난하더니 이번에는 요한의 제자들이나 바리새인의 제자들처럼 금식과 기도를 하지 않는다고 트집을 잡았다. 그냥 지나치셔도 될 법한데 예수님께서 친절히 대답해 주셨다.

> "예수께서 그들에게 이르시되 혼인 집 손님들이 신랑과 함께 있을 때에 너희가 그 손님으로 금식하게 할 수 있느냐? 그러나 그날에

이르러 그들이 신랑을 빼앗기리니 그날에는 금식할 것이니라. 또 비유하여 이르시되 새 옷에서 한 조각을 찢어 낡은 옷에 붙이는 자가 없나니 만일 그렇게 하면 새 옷을 찢을 뿐이요 또 새 옷에서 찢은 조각이 낡은 것에 어울리지 아니하리라. 새 포도주를 낡은 가죽 부대에 넣는 자가 없나니 만일 그렇게 하면 새 포도주가 부대를 터뜨려 포도주가 쏟아지고 부대도 못쓰게 되리라. 새 포도주는 새 부대에 넣어야 할 것이니라. 묵은 포도주를 마시고 새 것을 원하는 자가 없나니 이는 묵은 것이 좋다 함이니라"(눅 5:34-39).

신랑은 예수님이다. 예수님께서 떠나신 후에는 금식하게 될 것이다. 예수 그리스도가 중심이다. 나머지는 주변적인 것들이다. 마태와 마가는 '생베 조각을 낡은 옷에 붙이는 자가 없나니'라고 했다. 그러나 누가는 '새 옷에서 한 조각을 찢어 낡은 옷에 붙이는 자가 없나니'라고 했다. 더 강렬한 표현이다. 이방인들에게는 이 편이 훨씬 더 이해하기 쉬웠을 것이다.

예수님은 바리새인들의 전통에 새로운 전통 한두 가지 더하시기 위해 오시지 않았다. 전적으로 새로운 구원을 베푸시기 위해 오셨다. 구원 받으려면 낡은 옷을 벗고 새 옷으로 갈아입어야 한다. 새 포도주가 숙성하는 동안 생겨나는 압력을 낡은 가죽 부대는 감당할 수 없다. 바리새인들의 전통은 예수님의 교훈을 감당할 수가 없다. 바리새인들이 예수님을 영접하려면 그들의 낡은 개념들을 버려야 한다. 마지막 절, "묵은 포도주를 마시고 새것을 원하는 자가 없나니 이는 묵은 것이 좋다 함이니라"는 구절은 누가복음에만 나온다. 구습(舊習)을 버리기가 그만큼 어렵다는 말씀이다.

안식일 논쟁

:: 눅 6:1-11 ::

하나님은 선하시며 그의 선하심은 완전하다. 문제는 인간이 하나님의 선하심에 무엇인가를 더하려는 데 있다. 하나님께서 안식일을 제정하신 목적은 은혜와 회복이다. 예배는 베푸신 은혜에 감사하고 한 주간 동안의 잘못을 회개하며 하나님과의 관계를 회복하는 영적 행위이다. 수도관이 뒤틀리면 물의 흐름이 막힌다. 마찬가지로 하나님과의 관계가 어긋나면 은혜의 줄기가 막힌다. 예배드리면서 우리는 영적 치료를 경험해야 한다. 주일은 하나님의 은혜가 회복되는 날이다. 그 때문에 귀하고도 복된 날이다.

그런데 바리새인들은 안식일에서 '회복의 은혜'를 빼앗아갔다. 갖가지 규례들로 하나님의 백성들을 얽매었다. 규례 중에 하나라도 어기면 하나님께 심판을 받는다고 위협했다. 안식일에 할 수 없는 일들과 여행의 제한, 그리고 그런 제한들을 합법적으로 피할 수 있는 무수한 반칙(?)들을 만들어 냈다. 평범한 유대인들에게는 안식일이 점점 더 고통스러운 날이 되어갔다. 유대교 지도자들은 진정한 안식을 주시기 위해 오신 예수님을 오히려 눈엣가시로 여겼다.

하루는 예수님의 제자들이 들판을 지나가다가 밀 이삭을 따서 손으로 비볐다. 옛날 시골에서 자란 사람들은 곡식이 익을 무렵 그 보드라운 속살이 얼마나 달콤한지 기억할 것이다. 배고프고 먹을 것이 없던 시절, 그보다 더 좋은 간식이 없었다. 성경은 타인의 밭에 낫을 대면 불법이지만 손으로 이삭을 따 먹으면 합법이라고 했다. 그런데 무엇이 문제인가? 왜 바리새인들이 벌 떼처럼 일어나서 제자들의 행위를 탄핵하고 있는가. 손바닥으로 이삭을 비벼먹는

'탈곡의 작업'을 했기 때문이란다. 그냥 이삭을 입에 넣고 먹는 것과 손으로 비벼 먹는 것이 무엇이 다른가. 하나님도 그렇게 생각하셨을까? 하나님의 선하신 의도에 인간이 쓸데없는 의를 더하면 언제나 이런 불상사가 일어난다. 예수님께서 말씀하셨다.

"인자는 안식일의 주인이니라."

인자(人子)는 하나님께서 보내신 메시아다. 예수님은 하나님의 안식을 회복시켜 주시기 위해 세상에 오셨다. 죄와 죄책감으로부터의 해방, 질병의 치료, 서로 사랑함으로 관계를 회복시켜 주시는 은혜를 베푸시기 위해 오셨다.

또 다른 안식일에 이런 일이 있었다. 예수님께서 들어가신 회당에 오른손 마른 사람이 참석했다. 서기관과 바리새인들은 예수님을 고소할 기회를 엿보고 있었다. 만일 안식일에 그 사람을 고쳐준다면, 그것은 명백히 안식일에 일을 하는 것이므로 예수님을 공회(公會)에 고발하자고 모의했다. 예수님은 손 마른 사람을 일어나게 하신 후에 말씀하셨다.

"내가 너희에게 묻노니 안식일에 선을 행하는 것과 악을 행하는 것, 생명을 구하는 것과 죽이는 것, 어느 것이 옳으냐?"

어린아이라도 쉽게 대답할 수 있는 질문이다. 예수님께서 무리를 둘러보셨지만 감히 대답하는 사람이 없었다. 예수님께서 손 마른 사람에게 손을 내밀라고 하셨다. 그러자 그의 손이 회복되었다. 사람들의 눈앞에서 일어난 일이다. 단순히 손을 내밀라 하셨으니 그것이 일인지 아닌지 모호했다. 예수님을 고발하려던 자들은 분을 참으며 '예수를 어떻게 할까' 하고 서로 의논했다.

제자들에게 주신 말씀

:: 눅 6:12-49 ::

예수님께서 '그 산'에 올라가셔서 밤이 새도록 기도하셨다. 산 앞에 정관사를 붙인 것은 그 산이 예수님께서 자주 기도하러 올라가신 산이었음을 암시하고 있다. 기도하신 후에 예수님은 많은 제자들 중에서 특별히 열둘을 택하시고 '사도'라 부르셨다. 사도란 '복음 전파를 위해 보내심을 받은 자'들을 말한다. 마태복음과 마가복음은 열두 제자들의 이름과 순서가 동일하지만 누가복음에는 순서가 조금 달리 기록되어 있다. 훗날 제자들의 영향력이나 활동상황 등을 염두에 둔 누가만의 의도였을지도 모른다.

마태복음과 마가복음 : 시몬 베드로, 안드레, 야고보와 요한, 빌립, 바돌로매('돌로매의 아들'로서 아마도 나다나엘의 다른 이름), 도마, 마태, 알패오의 아들 야고보, 다대오, 가나안인 시몬, 가룟 유다.
누가복음 : 시몬 베드로, 야고보와 요한, 안드레, 빌립, 바돌로매, 마태, 도마, 알패오의 아들 야고보, 야고보의 아들 유다(아마도 다대오), 셀롯(아마도 가나안인)이라는 시몬, 가룟('그리욧'에서 태어난) 유다.

최초로 예수님을 만났던 제자는 베드로가 아니고 그의 형제 안드레였다. 안드레가 베드로를 예수님에게로 데려왔다(요 1:40-41). 이 만남과 누가복음 5장에 나오는 '깊은 곳에 그물을 내리는 사건'은 어떻게 조정되어야 할까. 베드로는 깊은 곳에 그물을 내리기 전에 이미 예수님을 만났다. 그러나 구주와 죄인으로서의 인격적 만남은 갈릴리 호수에서 고기를 잡은 바로 그날에 이루어졌다. 전도를 받아 교회에 출석하던 사람도 어느 날, 어느 순간에, 예수님을 개인의 구주로 만나는 특별한 사건을 경험하게 된다. 그 후에야 '나의 주 예수 그리스도'라는 인격적 고백을 하고 주님의 주권 아래 절대 굴복하며 그의 명령에 절대 순종하는 삶을 살게 된다. 이것이 바로 제자의 삶이다.

열두 사도를 택하신 후에 예수님은 그들과 함께 평지로 내려오셨다. 그곳에 많은 제자의 무리들이 있었다. 예수님의 말씀도 듣고 병 고침도 받기 위해 모여든 무리들이었다. 누가는 의도적으로 '열두 사도'와 '다른 많은 제자들의 무리', 그리고 '유대 사방과 예루살렘과 두로와 시돈의 해안'에서 모여든 많은 백성들, 이렇게 세 그룹으로 구별하고 있다. 여기에서 '많은 백성들'은 '유대인들과 이방인들'을 의미한다. 백성들의 주된 관심은 병 고침에 있었다. (마태도 제자와 무리들을 구별하고 있다. 이에 대하여는 나의 두 번째 저서 《마태복음-제자되기》에서 자세히 다루었다.)

평지에 이르러 예수님은 제자들의 삶에 대하여 가르치셨다. 많은 백성들이 그의 말씀을 듣고 있었다. 누가복음 6장 20-49절은 마태복음 5-7장의 요약판이다. 누가는 마태복음 5장 17-37절에 나오는 율법에 관한 말씀을 생략했다. 이는 이방인들을 위해 복음서를 집필한 그의 의도와 일치한다. 마태복음 6-7장에 나오는 나머지 교훈들은 누가복음 이곳저곳에 흩어져 있다. (마태는 제자들을 훈련하기 위한 교재로 삼기 위해서 그의 복음서를 주제별로 묶어서 기록했다.)

> "예수께서 눈을 들어 제자들을 보시고 이르시되 너희 가난한 자는 복이 있나니 하나님의 나라가 너희 것임이요, 지금 주린 자는 복이 있나니 너희가 배부름을 얻을 것임이요 지금 우는 자는 복이 있나니 너희가 웃을 것임이요, 인자로 말미암아 사람들이 너희를 미워하며 멀리하고 욕하고 너희 이름을 악하다 하여 버릴 때에는 너희에게 복이 있도다. 그날에 기뻐하고 뛰놀라 하늘에서 너희 상이 큼이라"(눅 6:20-23).

여기에 기록된 세 가지의 '복'은 마태복음의 팔복보다 간략하다. 우선 '가난한 자는 복이 있나니'라는 구절이 마태복음의 '심령이 가난한 자는 복이 있나니'와 비교가 된다. 어떤 이들은 '심령'이라는 구절을 중심으로 마태는 영적 가난을 의미하고 누가는 물질적 가난을 의미한다고 주장한다. 그러나 둘을 구태여 나눌 필요가 없다. 핵심단어는 '가난'(프토코스, πτωχός)이기 때문이다. 가난은 아무것도 가진 것이 없어 구걸하는 상태, 스스로는 물론이거니와 다른 누구도 그를 도와줄 수 없는 무기력한 상태, 곧 파산 상태를 의미한다. 그 상태가 영적이든 물질적이든 혹은 사회적이든 상관없다.

이렇게 가난한 사람이 하나님 앞에 나올 때에 하나님께서 그들의 목자가 되신다. 하나님의 나라가 그들의 삶에 이루어진다. '지금 주린 자'와 '지금 우는 자'도 넓은 의미로 '가난한 자'에 속한다. 하나님의 나라가 그들에게 임할 때에 그들은 배부르게 될 것이요 웃게 될 것이다. 인자, 곧 예수님 때문에 미움을 당하고 소외되고 억울하게 욕을 먹는 사람들은 하나님의 위로를 받게 될 것이다. 복음은 밝은 빛이다. 어두운 세상은 복음뿐만 아니라 복음을 전하는 자들도 싫어한다. 지금 배부르고 즐거워서 하나님을 찾지 않는 자들에게는 화가 임할 것이다. 자신이 가난에 처한 줄 알고 하나님을 찾는 사람에게는 복이 있을 것이다. 예수님은 가난한 사람들에게 복음을 전하시기 위해 오셨다(눅 4:18).

누가는 '우주적인 사랑'에 대한 예수님의 교훈을 27절부터 38절에 집약해 놓았다. 이 말씀의 핵심은 하나님의 자비하심이다. 제자들은 하나님처럼 자비로운 성품을 개발해야 한다. 제자가 지녀야 할 자비로운 성품은 세 가지로 요약된다.

> "비판하지 말라, 그리하면 너희가 비판을 받지 않을 것이요. 정죄하지 말라, 그리하면 너희가 정죄를 받지 않을 것이요. 용서하라, 그리하면 너희가 용서를 받을 것이요"(눅 6:37).

다른 사람을 비판하는 사람은 '나에게는 오점(汚點)이 없다'고 과신한다. 얼마나 위험한 발상인가. 이런 사람과는 대화가 되지 않는다. 한 줌의 자비도 발견할 수 없다. 남을 비판하는 사람의 다음 단계는 정죄(定罪)다. 자기 기준에 맞추어 상대를 비판하고 단죄한다. 정죄의 다음 단계는 '용서 불가'의 선포다. 그의 주변에 있는 사람들은 절대로 용서 받을 수 없는 죄인이 되고 만다.

목회하는 동안 내가 들었던 가장 가슴 아픈 말은 '하나님도 그 사람은 용서하실 수 없을 거예요'라는 말이었다. 물론 이해는 간다. 오죽 한이 맺혔으면 그런 말을 하겠는가. 그런데 예수님은 그런 사람에게 '네가 오히려 비판 받을 것이다. 네가 오히려 정죄 당할 것이다. 그리고 너는 결코 용서받지 못할 것이다' 하고 경고하셨다. 왜냐하면 자신이 하나님의 자리에 앉으려고 했기 때문이다. 하나님의 자비하심이 스며들어올 틈까지 막아버렸기 때문이다.

하나님의 자비하심으로 용서받고 자녀가 된 우리는 달리 변명할 길이 없다. 이웃을 비판할 수도 없고 정죄할 수도 없다. 할 수 있는 유일한 일은 용서하는 것뿐이다. 그마저 억지로 한다면 율법주의자나 위선자가 될 것이다. 자비로운 성품은 사랑의 행위로 나타난다. 사랑하기 때문에 비판을 삼간다. 비판하는 대신 대안을 제시하고 권면한다. 정죄하지 않고 허물을 덮어주며 참고 기다린다. 가슴으로 용서하고 입술로 선포한다. 이것이 자비로운 마음이다. 긍휼(矜恤)히 여기는 마음이다.

그 다음에 누가복음에만 기록된 천금(千金)같은 말씀이 나온다.

> "주라. 그리하면 너희에게 줄 것이니 곧 후히 되어 누르고 흔들어 넘치도록 하여 너희에게 안겨 주리라. 너희가 헤아리는 그 헤아림으로 너희도 헤아림을 도로 받을 것이니라"(눅 6:38).

가만 있자, 질문이 하나 있다. 만일 필요한 사람에게 내가 주면 훗날 누가 나에게 되돌려줄까? 지금 아무것도 없는 사람이 나중에 넉넉하게 되어서 돌려준다는 말일까? 반드시 그러리라는 보장이 없다. 더구나 예수님은 '네게 구하는 자에게 주며 네 것을 가져가는 자에게 다시 달라 하지 말라'고 하셨다(눅 6:30). 그럼 여기에서 '후하게 돌려주는 주체'는 누구인가? 대답은 간단하다. 하나님 외에 누가 그렇게 후하게 돌려줄 수 있겠는가? 후히 되어 돌려주는 행위를 묘사하는 세 개의 분사(分詞)는 모두 수동태이다. 단순히 '누르고 흔들어 넘치도록 해서 주신다'는 말씀이 아니다. '눌러지도록, 흔들어지도록, 넘치도록' 하여 안겨주시겠다는 말씀이다. 그렇게 되어지도록 하나님께서 축복하신다. 그때 하나님은 우리가 사용했던 용기(容器)를 다시 사용하실 것이다. 기왕에 주려거든 큰 그릇을 사용하자.

그러면 무엇을 주어야 할까. 곡식과 같은 물질일까? 그럴 수도 있다. 그러나 그것만이 아니다. 그보다 더 큰 것들을 주라고 하신다. 누가복음 6장 27절 이하를 주의 깊게 읽어보자. 우리가 이웃들에게 나누어 줄 수 있는 선물의 목록이 다음과 같이 나열되어 있다.

> '원수 사랑 / 우리를 미워하는 자를 선대함 / 저주하는 자를 선대하기 / 모욕하는 자를 위해 기도하기 / 이 뺨을 치는 자에게 저 뺨마저 돌려대기 / 겉옷을 빼앗는 자에게 속옷도 껴주기 / 구하는 자에게 주되 다시 달라고 하지 말기 / 대접을 받고자 하는 대로 먼저 대접하기'

예수님은 제자들에게 이 품목들을 한 번 더 설명해 주셨다.

> "너희가 만일 너희를 사랑하는 자만을 사랑하면 칭찬 받을 것이 무엇이냐. 죄인들도 사랑하는 자는 사랑하느니라. 너희가 만일 선대하는 자만을 선대하면 칭찬 받을 것이 무엇이냐. 죄인들도 이렇게 하느니라. 너희가 받기를 바라고 사람들에게 꾸어 주면 칭찬 받을 것이 무엇이냐. 죄인들도 그만큼 받고자 하여 죄인에게 꾸어 주느니라. 오직 너희는 원수를 사랑하고 선대하며 아무것도 바라지 말고 꾸어 주라. 그리하면 너희 상이 클 것이요 또 지극히 높으신 이

의 아들이 되리니 그는 은혜를 모르는 자와 악한 자에게도 인자하시니라. 너희 아버지의 자비로우심같이 너희도 자비로운 자가 되라"(눅 6:32-36).

마태는 "그러므로 하늘에 계신 너희 아버지의 온전하심과 같이 너희도 온전하라"고 했다(마 5:48). 누가는 '온전'의 자리에 '자비'를 넣었다. 유대인들에게는 '온전'이 자연스럽지만 이방인들에게는 '자비'가 가슴에 와 닿는다. 누가는 이방인들을 위하여 이해하기 쉽고 적용하기 쉬운 어휘를 선택했다.

그런데 과연 우리가 자비를 베풀 만큼 큰 그릇이 될 수 있을까. 솔직히 자신이 없다. 우리는 모두 이기적인 존재로 태어났다. 그러나 성령님께서 우리를 도와주시면 가능하다. 그 '자비로운 그릇'은 원래 우리 것이 아니고 하나님의 것이기 때문이다. 그래서 바울은 말했다.

"내게 능력 주시는 자 안에서 내가 모든 것을 할 수 있느니라"(빌 4:13).

예수님은 인간의 연약함을 잘 알고 계셨다. 왜 자비롭지 못하는지, 그 본질적인 문제점을 지적해 주셨다. 맹인이 맹인을 인도하려고 하기 때문이다. 자기 눈 속에 있는 들보(그 집에서 가장 큰 기둥)는 깨닫지 못한 채 형제의 눈 속에 있는 티를 먼저 논(論)하기 때문이다. 가시 같은 존재가 무화과와 포도 열매를 맺겠다고 교만하기 때문이다. 해결방법은 무엇일까? 예수님의 말씀에 순종하면 된다. 순종하면 선생처럼 온전하게 될 것이라고 예수님께서 약속하셨다(눅 6:39-45).

“너희는 나를 불러 주여 주여 하면서도 어찌하여 내가 말하는 것을 행하지 아니하느냐. 내게 나아와 내 말을 듣고 행하는 자마다 누구와 같은 것을 너희에게 보이리라. 집을 짓되 깊이 파고 주추를 반석 위에 놓은 사람과 같으니 큰물이 나서 탁류가 그 집에 부딪치되 잘 지었기 때문에 능히 요동하지 못하게 하였거니와 듣고 행하지 아니하는 자는 주추 없이 흙 위에 집 지은 사람과 같으니 탁류가 부딪치매 집이 곧 무너져 파괴됨이 심하니라 하시니라”(눅 6:46-49).

누가는 뒤이어 우리가 순종해야 할 말씀의 능력을 설명하고 있다.

말씀의 능력

:: 눅 7:1-17 ::

예수님의 말씀에 능력이 있다. 성자 하나님의 말씀이기 때문이다. 하루는 가버나움 지역을 다스리는 로마 군대의 백부장이 유대인 장로 몇을 예수님에게 보내어 간청했다.

“주여, 내 하인이 중풍 병으로 집에 누워 몹시 괴로워하나이다.”

식민지의 통치자가 그 백성 중의 하나를 ‘주’라고 불렀다. 왕에게나 붙이는 칭호다. 백부장의 위엄과 권위는 간 곳이 없다. 그는 죽어가는 하인의 고통을 자기의 고통으로 여겼다. 장로들은 그가 유대인 사회에 공헌한 여러 가지 일들을 나열하며 부디 백부장의 청을 들어주시라고 부탁했다. 예수님께서 그의 착한 명성(名聲)에 감동하셨을까. 백부장의 집으로 가시려는데 그의 벗들이 찾아와서 그의 말을 전했다.

"주여, 수고하시지 마옵소서. 내 집에 들어오심을 나는 감당하지 못하겠나이다. 그러므로 내가 주께 나아가기도 감당하지 못할 줄을 알았나이다. 말씀만 하사 내 하인을 낫게 하소서. 나도 남의 수하에 든 사람이요 내 아래에도 병사가 있으니 이더러 가라 하면 가고 저더러 오라 하면 오고 내 종더러 이것을 하라 하면 하나이다" (눅 7:6-8).

예수님께서 자기 집에 오심도 감당할 수 없고, 자기가 예수님을 만나러 오기도 감당할 수 없단다. 겸손이 극치에 이르렀다. 예수님과 단둘이 있을 때는 얼마든지 겸손할 수 있다. 아쉬운 사람은 자기이니까…. 그러나 여러 사람 앞에서, 그것도 자기 벗들(자기와 같은 사회적 지도자들)의 입을 통하여 자기 자신을 무한히 낮추는 일은 쉽지 않다.

잠시 시간을 내어서 마태복음 8장 5-13절과 누가복음 7장 1-10절을 대조하며 읽어보자. 마태복음에는 백부장이 직접 예수님을 찾아왔다. 누가복음에는 유대인 장로들을 보내서 간청했다. '말씀만 하사 내 하인을 낫게 하소서'라는 말도 백부장의 벗들이 와서 전했다. 어느 기록이 더 사실에 가까울까. 객관적으로 보면 마태는 예수님의 제자로서 산 증인이다. 누가는 바울과 다른 사도들을 통하여 복음을 전해 들었다. 그러나 누가는 자세히 살펴서 기록했다. 그런 면에서 그의 기록이 더 정확할 것이다. 마태가 어느 정도 요약했다 해도 큰 잘못은 아니니까. 어차피 마태와 누가의 강조점은 서로 다른 곳에 있었다.

그렇다면 누가가 강조하고 싶었던 점은 무엇일까? 누가는 그의 독자들(데오빌로와 같은 귀족들을 포함해서 모든 이방인들)이 예수님을 올바로 이해하기를 원했다. 예수님은 갈릴리 호수 어촌에 사는 이름 없는 식민지 백성 중의 하나가 아니었다. 그분은 로마의 백부장이 감히 직접 찾아뵐 수 없는 분이셨다. (물론 유대인들이 이방인의 집에 들어가기를 꺼려한다는 문화적 배경도 있었지만) 자기 집에 오라고 명령할 수도 없는 권세 있는 분이셨다. 백부장은 공개적으로 그분을 '주'라고 불렀다. 자신을 그분의 수하에 두고 '다만 말씀만 하옵소서' 하며 간청했다. 적어도 누가에게는 이런 장면이 너무나 충격적이었다. 겸손한 백부장이 모든 이방인들에게 믿음의 모범이 되었다. 누가는 이방인들에게 '우리도 백부장의 겸손한 믿음을 본받아야 한다'는 강한 메시지를 전하고 싶었을 것이다.

> "내가 너희에게 이르노니 이스라엘 중에서도 이만한 믿음은 만나 보지 못하였노라"(눅 7:9).

이스라엘 중에서도 찾아볼 수 없는 믿음을 이방인에게서 만났다는 예수님의 말씀에 누가는 얼마나 감격했을까?

누가는 예수님께서 나인 성(城) 과부의 아들을 살리신 이야기를 뒤이어 기록했다(눅 7:11-17). 누가복음에만 나오는 이야기이다. 나인 성에 사는 과부의 독자가 죽었다. 아직 결혼도 하지 않은 청년이다. 남편도 없는데 하나뿐인 아들마저 잃으면 집안의 대(代)가 끊어질 것이다. '과부의 독자 아들이 죽었다', 이보다 더 절망적인 표현이 또 있을까? 많은 사람들이 과부의 슬픔을 나누며 묘지로 향하고 있었다. 과부의 남편이 묻혀 있는 공동묘지다. 마침 성문으로 들어오시던 예수님께서 이 장면을 목격하셨다. 예수님은 과부를 불쌍히 여기시며 '울지 말라'고 말씀하셨다. 여기에서 '불쌍히 여긴다'는 단어

(스프랑크니조마이, σπλαγχνίζομαι)는 '창자가 움츠러드는 아픔'을 말한다. 예수님께서 상여에 손을 대시니 멘 자들이 멈추어 섰다. 당시의 장례 풍속은 뚜껑을 닫지 않는 상자에 천으로 감싼 시체를 넣어 묘지에 묻었다. 예수님께서 관 속에 누운 청년을 향해 말씀하셨다.

"청년아 내가 네게 말하노니 일어나라"(눅 7:14).

그러자 죽었던 청년이 일어났다. 그리고 언제 죽었느냐는 듯이 앉아서 말을 하기 시작했다. 무슨 말을 했을까. '어머니, 울지 마세요' 했을까? 백부장의 하인을 말씀으로 고치셨던 예수님께서 이번에는 청년을 말씀으로 살리셨다. 놀라운 능력이 그의 말씀을 통해 나타났다. 예수님께서 그 독자를 과부 어머니에게 되돌려주셨다. 죽었다가 살아났으니까. 그러자 모든 사람들이 두려워하며 하나님께 영광을 돌렸다.

"큰 선지자가 우리 가운데 일어나셨다! 하나님께서 자기 백성을 돌보셨다!"

나인 성은 가버나움으로부터 40km 정도 남서쪽에 있는 조그만 마을로서 지금의 '네인'(Nein)이다. 남쪽을 향해 나인 성의 뒷산을 넘어가면 산 아래 들판에 수넴 마을이 있다. 엘리사가 수넴 여인의 죽은 아들을 살렸던 곳이다(왕하 4:8-37). 우연의 일치일까? 그 지역에 사는 사람들은 이 두 사건에서 '자기 백성을 돌보시는' 하나님의 자비하심을 연상(聯想)했다. 그리고 엘리사를 생각하며 '큰 선지자가 우리 가운데 일어나셨다'고 외쳤다(수동태). 그러자 예수님의 소문이 온 유대와 사방에 두루 퍼져나가기 시작했다. 누가 그 소문을 막을 수 있겠는가.

세례 요한의 질문

:: 눅 7:18–35 ::

그 무렵 세례 요한의 제자이면서 예수님을 따르던 사람들이 저간(這間)의 이야기들을 감옥에 갇혀 있는 그들의 선생에게 전했다. 세례 요한의 반응은 뜻밖이었다. 세례 요한은 두 제자들을 예수님께 보내며 물었다.

"세례 요한이 우리를 보내어 당신께 여쭈어 보라고 하기를 오실 그이가 당신이오니이까, 우리가 다른 이를 기다리오리이까 하더이다."

마침 그때 많은 병든 자들과 귀신들린 자들과 맹인들을 고쳐주고 계시던 예수님이 대답했다.

> "너희가 가서 보고 들은 것을 요한에게 알리되 맹인이 보며 못 걷는 사람이 걸으며 나병환자가 깨끗함을 받으며 귀먹은 사람이 들으며 죽은 자가 살아나며 가난한 자에게 복음이 전파된다 하라. 누구든지 나로 말미암아 실족하지 아니하는 자는 복이 있도다"(눅 7:22-23).

'실족'은 '걸려 넘어진다'는 뜻이다. 왜 예수님 때문에 실족하는가. 예수님은 아무도 실족시키지 않으셨다. 예수님에 대한 그들의 잘못된 선입관(先入觀)이 스스로를 넘어지게 했을 뿐이다. 다행히 세례 요한은 또다른 제자들을 보내지 않았다. 예수님의 말씀을 잘 이해했다는 의미일까? 아쉬움이 남는다. 예수님의 오실 길을 예비했던 세례 요한마저도 예수님께서 하시는 일을 온전히 이해하지 못하고 있었다는 그 점이 말이다. 예수님께서도 같은 느낌을 가지셨던 것 같다.

“내가 너희에게 말하노니 여자가 낳은 자 중에 요한보다 큰 자가 없도다. 그러나 하나님의 나라에서는 극히 작은 자라도 그보다 크니라”(눅 7:28).

세례 요한에게 회개의 세례를 받았던 사람들은 예수님께서 선포하신 복음을 쉽게 받아들였다. 그러나 세례 요한의 세례를 거절했던 바리새인들과 율법 교사들은 예수님을 거절했다(눅 7:29-30). 예수님은 그들의 왜곡된 자세를 비유를 들어 책망하셨다. 시장터에서 아이들이 두 편으로 나누어서 결혼식과 장례식 놀이를 하고 있었다. 그러다가 한 편의 아이들이 놀이를 멈추고 상대방을 원망하기 시작했다. ‘너희들과 재미없어 못 놀겠다. 우리가 피리를 불어도 너희는 춤추지 않고 우리가 곡을 해도 너희는 울지 않는다.’ 피리를 불면 춤을 추어야 하는데 뻣뻣하게 서 있으니 무슨 재미가 있겠는가? 곡을 하면 함께 울어야 하는데 ‘왜 볼썽사납게 울고 난리야!’ 하며 눈을 흘기니 무슨 놀이가 되겠는가?

바리새인들과 율법 선생들은 이처럼 세례 요한과 예수님을 동시에 거절했다. 세례 요한을 향해서는 너무 극단적인 금욕생활을 한다고 비난하고, 예수님을 향해서는 죄인과 세리들과 먹기만 좋아한다고 비난했다. 그들의 관점에서 보면 세례 요한이나 예수님이나 모두 그들이 그어놓은 선(line) 밖의 사람들이었다. 그러나 열매로 보면 어느 쪽이 더 풍성할까. 율법 선생을 따르는 사람들에게는 변화와 축복이 없었다. 그렇지만 예수님을 만난 사람들에게는 많은 변화와 놀라운 축복의 열매가 맺혔다. 어느 편이 옳은지 열매로 구별해야 한다. 예수님의 말씀이 바로 그런 뜻이었다.

"지혜는 자기의 모든 자녀로 인하여 옳다 함을 얻느니라"(눅 7:35).

누가는 그 예를 직접 찾아내어 우리에게 전해준다. 자세히 살피다가 발견한 주옥같은 이야기다. 복음서를 읽을수록 그의 수고가 얼마나 고마운지….

죄를 탕감 받은 여인

:: 눅 7:36-50 ::

시몬이라는 바리새인이 예수님을 자기 집으로 초청했다. 누가복음에만 나오는 이야기다. 왜 예수님을 초청했을까? 그는 예수님에 대하여 편견과 적대감정을 가지고 있었던 것처럼 보이지 않는다. 그렇다고 예수님을 사랑하고 따르는 사람이었다는 증거도 없다. 다만 병든 자를 고치고 좋은 교훈을 베푸는 훌륭한 선생을 대접하고 싶었을 것이다.

예수님을 비롯하여 초청 받은 사람들이 식사를 하기 위해 모두 옆으로 누웠다. 왼쪽 팔로 윗몸을 지탱하고 오른팔로 음식을 먹는 것이 당시의 식탁 풍습이었다. 그때 한 여인이 향유병을 들고 잔치자리에 나타났다. 모든 사람의 눈이 이 여인을 향했다. 그녀는 예수님의 발끝에 앉아 울기 시작했다. 얼마나 많은 눈물을 흘렸던지 예수님의 흙먼지로 덮인 발을 씻고도 남았다. 그녀의 행동이 사람들의 마음을 불편하게 했다. 왜 우느냐고 묻는 사람은 없었다. 예수님도 묻지 않으셨다. 여인은 눈물로 젖은 예수님의 발을 자기의 긴 머리털로 닦더니 그 발에 입을 맞추었다. 팽팽한 긴장감이 식탁을 감돌았다. 여인은 분위기에 개의치 않고 향유병을 열더니 예수님의 발에 부었다.

예수님은 여인의 생각을 알고 계셨다. 그리고 '이 사람이 만일 선지자라면 자기를 만지는 이 여자가 누구며 어떠한 자 곧 죄인인 줄을 알았으리라'고 단정하는 바리새인 시몬의 생각도 아셨다. 그 자리에 초청 받은 사람들도 시몬과 같은 생각을 하고 있었을 것이다. 모든 사람들이 그 여인의 죄를 알고 있었으니까. 예수님께서 침묵을 깨시며 주인을 부르셨다.

"시몬아, 내가 너에게 할 말이 있다."

"선생님, 말씀하소서."

여기에서의 선생은 '에피스타테스'(ἐπιστάτης), 곧 그의 명령이 반드시 순종되어져야 하는 권위의 인물이 아니다. 다만 지식만으로 학생들을 가르치는 선생 곧 '디다스칼로스'(διδάσκαλος)다. 누가는 이 두 단어를 뚜렷하게 구별하여 사용하고 있다. 예수님께서 시몬에게 질문하셨다.

"빚 주는 사람에게 빚진 자가 둘이 있어 하나는 오백 데나리온을 졌고 하나는 오십 데나리온을 졌는데 갚을 것이 없으므로 둘 다 탕감하여 주었으니 둘 중에 누가 그를 더 사랑하겠느냐?"

오백 데나리온은 요즘으로 치면 2년치 연봉에 해당한다. 이런 질문이야 누워서 떡먹기 아닌가.

"내 생각에는 많이 탕감함을 받은 자니이다."

예수님께서 그의 대답이 맞다고 하셨다. 그런데 그 다음 말씀이 시몬을 얼어붙게 만들었다. 예수님은 그 여자를 쳐다보시며 시몬에게 말씀하셨다.

"이 여자를 보느냐? 내가 네 집에 들어올 때 너는 내게 발 씻을 물도 주지 아니하였으되 이 여자는 눈물로 내 발을 적시고 그 머리털로 닦았으며, 너는 내게 입 맞추지 아니하였으되 그는 내가 들어올 때로부터 내 발에 입 맞추기를 그치지 아니하였으며, 너는 내 머리에 감람유도 붓지 아니하였으되 그는 향유를 내 발에 부었느니라. 이러므로 내가 네게 말하노니 그의 많은 죄가 사하여졌도다. 이는 그의 사랑함이 많음이라. 사함을 받은 일이 적은 자는 적게 사랑하느니라"(눅 7:44-47).

존경받는 선생님을 집에 초청하려면 적어도 세 가지 예의를 갖추어야 한다. 발 씻을 물을 드리고 그 뺨에 입을 맞추며 향내 나는 기름 한 방울을 머리 위에 떨어뜨리고 환영해야 한다. 그러나 시몬은 세 가지를 다 생략했다. 물론 예수님께서 그의 무례함을 책망하시려고 하신 말씀은 아니다. 그런 일은 기대도 하지 않으셨으니까. 다만 여인의 동기를 보여주고 싶으셨을 뿐이다. 이 여인은 많은 죄를 사함 받았기 때문에 이런 세 가지 행동을 했다고 말씀하셨다. 그리고 여인에게 죄 사함을 선포하셨다.

"네 죄 사함을 받았느니라!"

그러자 함께 식탁에 앉아 있는 사람들이 속으로 말했다.

'이가 누구이기에 죄도 사하는가?'

예수님께서 한 번 더 확증해 주셨다.

"네 믿음이 너를 구원하였으니 평안히 가라."

그 자리에 있던 사람들 중에 아무도 '선생님, 어떻게 하면 나도 죄 사함을 받을 수 있을까요?' 하고 묻지 않았다. 그들에게 지금 필요한 것이 '죄 사함'이라는 사실을 모르고 있었다. 죄를 용서하시는 성자 하나님 앞에서 그들은 천우(天宇)의 기회를 놓쳤다. 얼마나 어리석으며 얼마나 불쌍한가.

그런데 질문이 하나 있다. 이 여인은 죄 사함을 받았기 때문에 사랑한 것일까, 아니면 사랑했기 때문에 죄 사함을 받은 것일까. 힌트는 '탕감'이라는 단어에 있다. 탕감은 '죄가 없었던 것처럼' 여겨주는 행위다. 먼저 많은 사랑을 해야 한다든지, 뜨거운 눈물을 흘려야 한다든지, 비싼 향유를 부어야 한다든지, 이런 조건이 없다. 그냥 탕감해 주심을 받아버렸다. 탕감은 받는 사람의 행위에 달려 있지 않고 탕감해 주시는 하나님의 자비하심에 달려 있다.

이 여인의 죄가 언제 탕감 받았을까. 성경에는 단서가 될 만한 기록이 없다. 그녀는 어느 날 예수님의 말씀을 듣다가 '내 죄가 용서 받았다'는 확신을 얻었을 것이다. 우리도 그렇다. 죄책감에 눌려 살다가 어느 순간 회개가 터져 나오고, 그때 내 죄가 용서 받았다는 확신이 밀려온다. 대부분의 경우 말씀을 들을 때에 성령님께서 그런 확신을 주신다. 마찬가지로 여인의 행위는 죄 사함을 받기 위한 것이 아니고 죄 사함을 받은 결과였다. 그녀의 죄가 사함 받았기 때문에 그처럼 예수님을 사랑할 수 있었다.

아마 지금쯤 여러분의 마음에 몇 가지 질문이 생겨날 것이다.

'나는 왜 죄인인가?'- 죄인이라는 자각은 상대적으로 오지 않는다. 절대자 앞에 설 때에 절대적으로 깨닫게 된다.

'나는 왜 죄 사함 받았다는 확신이 없는가?'- 예수님의 십자가 외에 다른 방법으로 죄책감을 해결하려고 하기 때문이다.

'나는 왜 예수님을 사랑하는 감격이 없는가? - 죄 사함 받은 확신이 없기 때문이다.

비유와 해석

:: 눅 8:1-21 ::

그 후에 예수님은 열두 제자들과 함께 '두루 다니시며' 복음을 전하시고 천국을 선포하셨다. 두루 다니셨다는 말은 '다니시지 않은 곳이 없었다'는 의미다. 예수님 일행이 가는 곳마다 자기들의 소유로 섬기는 여인들이 있었다. 막달라 마리아는 디베리야 북쪽에 있는 '막달라'(현재의 미그달) 마을의 마리아라는 말이다. 일곱 귀신에 들렸다가 고침 받은 그녀는 예수님의 수난과 부활의 증인이 되었다. '헤롯(안티파스)의 청지기 구사의 아내 요안나'는 사회적으로 높은 지위에 있는 부유한 여인이었다. 그 외에도 수산나를 비롯하여 몇몇 여인들이 예수님과 제자들을 섬겼다. 그들은 모두 귀신에게서 놓여났거나 병 고침을 받은 사람들이었다. 일단 예수님을 만나면 신분의 귀천이 사라지고 하나가 된다.

뒤이어 누가는 씨 뿌리는 비유를 기록했다. 이 비유는 예수님의 말씀을 듣기 위해 모여든 청중들에게 주어졌다. 마태와 마가는 이 비유와 해석에 각각 23절과 20절을 할애했다. 그러나 누가는 12절로 요약했다. 요약할 뿐만 아니라 더 선명하게 이해할 수 있도록 문장을 다듬었다. 이방인들에게 생소한 이사야의 예언은 생략했다. 누가는 이 비유를 통하여 그의 복음서를 읽는 이방인들에게 '당신은 지금 어떤 밭이냐'고 묻고 있다.

누가는 '씨'를 '하나님의 말씀'(λόγος θεοῦ)이라고 명확하게 설명했다. 마태는 한 번도 '하나님의 말씀'이라는 표현을 사용하지 않았다. 마가는 한 번 사용했다. 그러나 누가는 복음서에서 4회, 그리고 사도행전에서 12회나 사용하고 있다. 비유에서 '밭'은 하나님의 말씀을 받는 사람의 자세를 말한다. 어떤 사람은 말씀을 건성으로 듣는다. 그래서 길가에 떨어진 씨를 새가 먹어버리듯이 마귀가 말씀을 빼앗아 간다. 바위 위에 떨어진 씨는 흙이 얇고 습기가 없어 싹이 난 후에 곧 말라버리고 만다. 말씀을 받아먹을 때의 기쁨도 시간이 지나면 사라진다. 뿌리를 내리지 못하니 홀로 설 수가 없다. 시험이 다가오면 쉽게 넘어진다. 가시떨기 밭은 영적으로 성장하다가 어느 한계에 이르면 멈춘다. 이생의 염려와 재물과 향락에 얽매여 더 이상 발전하지 못한다. 믿음의 열매도 맺지 못한다. 그러나 좋은 밭에 떨어진 씨는 백배의 열매를 맺는다. 좋은 밭은 무엇인가? 하나님의 말씀을 기쁨으로 받아들이고, 그 말씀을 진지하게 묵상하며, 그 말씀 가운데 성장하는 신앙생활을 말한다. 그 결과 예수님을 닮아가는 거룩한 삶을 살게 된다.

이번에는 예수님께서 등불을 비유로 들어 가르치셨다(눅 8:16-18). 등불은 사람들에게 보라고 켜 놓는다. 마찬가지로 '하나님 나라의 비밀'(눅 8:10)도 언젠가 누구에게 깨달아지기를 바라시며 비유로 들려주셨다. '들을 귀'를 가지고 하나님의 말씀을 신중하게 듣는 자는 깊은 진리를 깨닫게 될 것이다. 누가는 마가복음에 기록된 말씀(막 4:21-25)을 이해하기 쉽도록 풀어주고 있다.

하루는 예수님께서 가르치실 때에 그의 어머니와 동생들이 찾아왔다(눅 8:19-21). 마태복음과 마가복음에 보면 바리새인들이 '예수는 귀신의 왕을 힘입어 귀신을 쫓아낸다'고 비난하는 장면이 나온다. 마가는 그 소식을 듣고 예수님의 친척들이 그를 찾으러 왔다고 기록하고 있다. 누가는 씨 뿌리는 비유와 등불의 비유, 그리고 어머니와 형제들이 예수님을 찾아온 사건까지 모두 하나님의 말씀에 초점을 맞추고 있다.

"예수께서 대답하여 이르시되 내 어머니와 내 동생들은 곧 하나님의 말씀을 듣고 행하는 이 사람들이라 하시니라"(눅 8:21).

예수님은 어머니와 동생들을 부인하거나 거절하지 않으셨다. 그들도 하나님의 말씀을 듣고 행하여야 한다고 하셨다. 그보다 더 큰 축복이 없기 때문이다.

네 가지 기적들

:: 눅 8:22–56 ::

이 네 가지 기적들은 마가복음과 그 순서를 같이 한다. 첫 번째로 갈릴리 호수의 풍랑을 잔잔케 하신 기적이다(눅 8:22-25). 마태와 마가는 늘 '갈릴리 바다'라는 표현을 사용했다. 유대인들에게는 갈릴리 호수가 바다처럼 넓게 보였을 것이다. 그러나 누가는 '호수'라는 표현을 사용했다.

예수님께서 제자들에게 호수 저편으로 가자고 말씀하신 후에 배의 뒤편에서 잠드셨다. 갑자기 호수에 풍랑이 일어나고 물이 배 안으로 가득 들어와 곧 가라앉을 지경이 되었다. 그러자 제자들이 '주여, 우리가 죽겠나이다' 하며 예수님을 깨웠다. 잠에서 깨어나신 예수님이 바람과 물결을 꾸짖으시니 풍랑이 즉시로 잠잠해졌다. 예수님께서 제자들을 책망하셨다.

"너희 믿음이 어디 있느냐?"

제자들은 두려움과 놀람 가운데 서로 말했다.

"그가 누구이기에 바람과 물을 명하매 순종하는가?"

왜 제자들 중에 한 사람이라도 '선생님, 우리가 어디에 믿음을 두어야 하나요?' 하고 묻지 않았을까. 제자들은 '호수 저편으로 건너가자'는 예수님의 말씀에 믿음을 두어야 했다. 만일 그 말씀에 믿음을 두었더라면, 그래서 어떤 풍랑 가운데서도 반드시 호수 저편에 도달할 것이라는 믿음이 있었다면, 그들은 풍랑을 두려워할 이유가 없었을 것이다.

우리도 풍랑을 잠잠케 할 능력을 주시라고 구해야 할까? 아니다. 풍랑을 잠잠케 하는 능력이 우리에게 없어도 좋다. 풍랑 가운데서도 결국 건너편에 도달할 것이라는 믿음만 있으면 된다. 이제부터 기도의 내용을 바꾸자. 풍랑 가운데서도 믿음으로 저편에 이르게 도와주시라고 기도하자. 인생의 배가 심한 풍랑에 흔들릴지라도 예수님만 모시면 된다. 믿음은 우리 스스로 만들어낼 수 없다. 믿음은 '강력한 의지'가 아니다. 믿음은 예수님을 향한 우리의 신뢰다. 예수님은 우리 믿음의 주시며 또 우리 믿음을 온전케 해주시는 분이시다. 예수님께서 '호수 저편으로 가자'고 하신 말씀은 '우리가 함께 가자'는 의미다. 예수님과 동행하는 삶에 우리의 믿음을 두어야 한다. 그것이 바로 누가가 우리에게 전해주는 진리이다.

두 번째 기적은 귀신들린 사람을 치료하시는 내용이다(눅 8:26-39). 갈릴리 호수 동편 절벽 위에 거라사라는 동네가 있다. 그 마을에 귀신 들린 한 남자가 있는데 알몸으로 무덤 사이에 거하고 있었다. 마가복음에 보면 쇠사슬도 끊어버리는 괴력을 지니고 있어서 아무도 그를 제어할 수가 없었다. 그는 밤낮 무덤 사이에서 괴성을 지르고 돌로 자기 몸을 해치며 살았다. 예수님께서 그 사람을 고쳐주시기 위해 그곳을 방문하셨다. 그러자 귀신들린 사람이 예수님께 나아와 엎드리며 큰 소리로 말했다.

"지극히 높으신 하나님의 아들 예수여 당신이 나와 무슨 상관이 있나이까. 당신께 구하노니 나를 괴롭게 하지 마옵소서."

이미 예수님께서 더러운 귀신에게 명하사 그 사람에게서 나오라 하셨기 때문이다. 귀신만이 그 명령을 들었을 것이다. 이 사람에게는 군대 귀신이 들려 있었다. '군대'라는 단어는 로마의 군대 용어로 6천 명의 군인들을 뜻한다. 그만큼 많은 귀신들이 그를 지배하고 있었다. 그러니 얼마나 고통스러웠겠는가. 귀신은 자기의 최후를 알고 있었다. 그래서 무저갱으로 들어가라 하지 마시기를 구했다. 무저갱의 문자적 의미는 '밑바닥이 없는 깊은 곳'이다. 훗날 사탄들이 심판을 받고 영원히 갇히게 될 곳이다.

마침 수많은 돼지 떼(마가복음에는 2천 마리로 기록되어 있다.)가 호숫가에서 풀을 뜯어 먹고 있었다. 귀신은 그 돼지 떼에 들어가게 해 주시기를 구했다. 예수님께서 허락하시니 귀신이 들어간 돼지 떼들이 모두 호수로 들어가 몰사하는 일이 벌어졌다. 얼마 후에 돼지 치던 자들의 말을 듣고 동네 사람들이 몰려왔다. (그들은 돼지 떼의 주인들이었을 것이다.) 와서 보니 귀신 들렸던 사람이 옷을 입고 정신이 온전하여 예수님의 발 앞에 앉아 있었다. 큰 두려움이 몰려왔다. 그래서 예수님에게 떠나달라고 간청했다. 돼지 떼 2천 마리는 그들에게 큰 재산이다. 그러나 귀신 들렸던 사람이 멀쩡하게 앉아 있다. 어찌할 바를 몰랐다. 그들은 혼란 가운데서 예수님을 거절했다. 구원받을 수 있는 기회를 놓치고 말았다.

귀신에게서 놓여나 구원받은 사람이 예수님을 따르겠다고 간청했다. 원문으로 읽으면 '계속해서 간청했다'는 뜻이다. 예수님은 '집으로 돌아가 하나님이 네게 어떻게 큰일을 행하셨는지 말하라'고 하시며 돌려보내셨다. 누가는 그가 성내(城內)에 다니며 예수님께서 자기에게 행하신 일을 전파했다고 이야기를 끝맺는다. '전파했다'는 단어 '케룩소'(κηρύσσω)는 '복음을 전했다'는 의미이다. 예수님께서 그를 골란고원 지역의 전도자로 파송하셨다.

혹시 예수님께서 남의 재산에 손실을 끼쳤다고 항의하는 도덕론자들이 있을지 모른다. 그 사람이 받은 축복을 돼지 2천 마리 값에 비교할 수 있을까? 고맙게도 동네 사람들 중에 아무도 돼지 값을 언급하지 않았다. 이 이야기의 본질과 비본질 사이를 혼동하지 말자. 생명은 세상 어떤 것들보다 더 귀하니까.

세 번째와 네 번째 기적은 하나의 이야기로 엮여 있다(눅 8:40-56). 회당장 야이로의 딸이 살아난 이야기와 12년 동안 혈루증(하혈)으로 고생하던 여인이 치료받은 이야기다. 이 두 기적을 연결시키는 단어가 하나 있다. 바로 '믿음'이다.

자식 때문이라면 부모들은 어떤 희생도 감수한다. 회당장 야이로도 그런 부모였다. 사회적, 종교적으로 존경받는 그에게 무남독녀 외딸이 있었다. 나이는 언제라도 결혼이 가능한 열두 살이었다. 그 딸이 병들어 죽어가고 있었다. 마침 온 동네 사람들이 거라사로부터 돌아오신 예수님을 열렬히 환영하고 있었다. 그 인파를 헤치고 야이로가 예수님 앞에 무릎을 꿇었다. 딸 문제가 아니었다면 절대로 예수님의 발 앞에 무릎 꿇을 사람이 아니다.

> "(간곡히 구하여 이르되) 내 어린 딸이 죽게 되었사오니 오셔서 그 위에 손을 얹으사 그로 구원을 받아 살게 하소서"(막 5:23).

예수님께서 회당장의 집을 향해 가셨다. 수많은 사람들이 예수님 주위로 몰려들었다. 그 가운데 의도적으로 예수님의 옷자락에 손을 댄 한 여인이 있었다. 12년 동안 혈루증[下血]을 앓고 있던 여인이다. 그녀는 '내가 그의 옷에만 손을 대어도 구원을 받으리라'는 확신을 가지고 있었다. 대단한 믿음이다. 믿음으로 손을 대자 흐르던 피가 멈추었다. 조용히 그 자리를 떠나려는 순간 예수님의 음성이 들려왔다.

"내게 손을 댄 자가 누구냐?"

베드로가 '이렇게 많은 사람들이 밀려들고 있는데 그것을 어떻게 알겠느냐'고 핀잔 섞인 대답을 했다. 그러나 예수님은 굳이 누군가가 자기에게 손을 대었다고 하시면서 주변을 둘러보셨다.

"내게 손을 댄 자가 있도다. 이는 내게서 능력이 나간 줄 앎이로다."

더 이상 숨길 수가 없었다. 여인이 떨며 앞으로 나왔다. 그리고 손을 댄 이유와 자기의 병이 나았음을 모든 사람 앞에서 증언했다. 그녀가 어떤 병을 앓고 있는지 그 동네에 모르는 사람이 없었다. 마가복음을 보면, 이 여인은 병을 고쳐보려고 많은 의원들을 찾아다녔고 재산도 다 탕진했다. 일반적으로 여인들은 서술형의 언어를 사용한다. 길고 긴 고통의 세월을 눈물로 하소연했을 것이다. 예수님은 그 여인이 자기 형편을 충분히 설명할 수 있도록 기다려주셨다. 여인에게 치료의 확신을 주시기 위해서였다. 12년 동안 겹겹이 쌓여 있던 마음의 상처를 치료받기 원하셨다. 그리고 '시집와서 집안 말아먹은 여인'이라는 비난으로부터 그 여인을 자유롭게 해주셨다. 이 모든 과정을 누가는 '구원'이라고 표현했다.

> "딸아 네 믿음이 너를 구원하였으니 평안히 가라. 네 병에서 놓여 건강할지어다"(막 5:34).

모두들 놀라고 기뻐했다. 회당장 한 사람만 제외하고는…. 딸이 죽어가는 모습을 보고 왔는데, 예수님께서 빨리 가셔서 살려주셔야 하는데, 자꾸만 지체하시는 모습을 보니 가슴이 타 들어갔을 것이다. 아니나 다를까. 집에서 절망적인 소식이 들려왔다.

"당신의 딸이 죽었나이다. 선생님을 더 괴롭게 하지 마소서."

만감이 교차했을 것이다. 무남독녀 외동딸이 죽었단다. 이제 다 끝났다. 앞이 캄캄하고 귀가 먹먹했다. 고난과 고통의 골이 깊으면 할 말도 잃어버린다. 숨조차 쉴 수가 없다. 이런 절망적인 소식 앞에서는 기도할 힘도 사라진다. 암으로 투병하시던 권사님께서 이런 말씀을 하셨다. '목사님, 기도의 줄을 잡을 수가 없어요. 이제는 기도할 힘이 없어요. 그것이 제일 슬퍼요.' 그러나 예수님께서 우리의 슬픔을 아신다. 왜냐하면 가장 가까운 곳에 계시기 때문이다. 예수님의 음성이 들려왔다.

"두려워하지 말고 믿기만 하라. 그리하면 딸이 구원을 얻으리라."

혈루증을 앓던 여인을 구원해 주신 예수님께서 회당장의 딸도 구원하시겠다고 말씀하셨다. 만일 그 여인이 치료받은 광경을 보지 않았더라면 예수님의 말씀을 신뢰할 수 없었을 것이다. 회당장은 앞서가시는 예수님을 따라 묵묵히 집으로 향했다. 집안은 통곡 소리로 가득했다. 예수님은 베드로와 요한과 야고보 세 제자들과 부모만 데리고 아이가 있는 방으로 들어가셨다. 그리고 말씀하셨다.

"울지 말라. 죽은 것이 아니라 잔다"(눅 8:52).

사람들이 묘한 표정을 지으며 비웃었다. '죽은 아이를 잔다고 하면 다시 일어나는가?' 그런데 기적이 일어났다. 예수님께서 아이의 손을 잡고 '아이야, 일어나라' 하시매 떠나갔던 아이의 영이 돌아와 즉시 일어났다. 마가복음에는 '달리다굼'이라는 아람어가 나온다. 해석하면, '탈리다(소녀야) 쿰(일어나라)'이다. 예수님은 놀란 부모에게 당부하셨다. '아이에게 먹을 것을 주라. 그리고 이 일을 아무에게도 말하지 말라.' 이미 많은 사람들이 그 광경을 목격했는데 덮어둘 수 있을까. 그런 줄 아시면서 왜 경고하셨을까? 비록 많은 선한 일을 행하시고 기적들을 베푸셨지만 예수님의 최후 사명은 십자가였다. 백성들이 집단적으로 오해하면 하나님의 뜻을 거스르게 된다. 이스라엘 역사에 그런 일들이 많았다.

한 가지만 더 묵상하고 넘어가자. 왜 이 두 가지 이야기가 하나로 묶여 있을까? 짧은 시간이었지만 그동안에 야이로의 믿음이 크게 성장했다. 예수님이라면 내 죽어가는 딸을 살리실 수 있다는 믿음에서 인내하는 믿음으로, 그리고 보이지 않는 상황에서도 실상을 바라볼 수 있는 믿음의 차원으로 발전해 갔다. 예수님은 우리에게 믿음을 심어주실 뿐만 아니라 그 믿음을 온전하게 성숙시켜 주신다.

갈릴리에서의 마지막 사역들

:: 눅 9:1-50 ::

예수님께서 열두 제자(사도)들을 파송하시며 두 가지 임무를 맡기셨다. 하나는 복음 전파요 다른 하나는 치료였다. 제자들에게 귀신을 제어하고 병을 고치는 능력과 권위도 주셨다. 혈루증 앓던 여인이 예수님의 옷에 손을 대었을 때 나갔던 바로 그 능력이다. 백부장이 '나도 남의 수하에 든 사람이요' 했을 때의 바로 그 권위다. 예수님께서 회당에서 귀신들린 사람을 고쳐주셨을 때 사람들은 말했다.

"다 놀라 서로 말하여 이르되 이 어떠한 말씀인고, 권위와 능력으로 더러운 귀신을 명하매 나가는도다 하더라"(눅 4:36).

예수님께서 바로 그 권위와 능력을 제자들에게 주셨다. 그리고 제자들에게 간편한 행장(行狀)을 명하셨다. 짧은 여행이기도 하거니와 필요 없는 물건들 때문에 전도자의 마음이 흐트러지면 안 되기 때문이었다. 마태복음에는 "이는 일꾼이 자기의 먹을 것 받는 것이 마땅함이라"는 말씀이 있다(마 10:10). 어떤 집이 그들을 영접하면 그 동네를 떠날 때까지 그 집에 머물러야 한다. 만일 그 동네가 그들을 영접하지 않으면 발의 먼지를 떨어버리라고 하셨다. 당시의 선생들(rabbis)은 이방인의 지역을 지나온 다음에 발의 먼지를 떨어버리는 풍습이 있었다.

그런데 이 말씀을 읽을 때마다 떠오르는 생각이 하나 있다. 가룟 유다도 복음을 전하며 병든 자를 고쳤을까? 예수님께서 모든 제자들에게 능력과 권위를 주셨다. 그렇다면 가룟 유다라고 예외가 아니었을 것이다. 왜 그는 이런 축복을 받았음에도 불구하고 예수님을 팔았을까? 풀리지 않는 수수께끼다.

열두 제자들이 마을마다 다니며 복음을 전하고 병든 이들을 고친다는 소문이 헤롯 안티파스의 귀에 들어갔다. 그는 세례 요한의 목을 베었던 갈릴리와 베뢰아 지방의 분봉왕이다. 사람들은 예수님을 가리켜 죽은 세례 요한이 다시 살아났다고 말하기도 했다. 도둑이 제 발 저리다고 헤롯은 몹시 당황했다. 누가복음에만 있는 이야기다.

사도들이 돌아와서 자기들이 한 일을 예수님께 보고했다. 밤을 새워도 다 못할 이야기들이다. 예수님은 제자들을 데리고 가버나움의 동쪽에 있는 벳새다 마을로 가셨다. 쉬러 가셨는데 많은 무리들이 따라왔다. 그들에게 하나님의 나라를 가르치시고 병자들을 고치시니 어느새 날이 저물었다. 이곳에서 예수님은 물고기 두 마리와 떡 다섯 개로 남자만 5천 명을 먹이시는 기적을 행하셨다. 여자들과 아이들까지 합하면 갑절은 되었을 것이다. 먹고 남은 조각이 열두 바구니를 채웠다. 유일하게 4복음서에 모두 기록되어 있는 기적 이야기다. 같은 이야기지만 마태는 세례 요한의 죽음 후에 두었고, 요한은 유월절과 연결시켰으며, 마가와 누가는 사도들의 전도여행 후에 두었다. 누가만 그곳의 지명을 벳새다로 명기했다. 그만큼 그의 복음서는 자세했다. (4천 명을 또 먹이신 이야기는 마태복음과 마가복음에만 있다.)

한 번은 예수님께서 따로 기도하신 후에 제자들에게 물으셨다. (마태복음과 마가복음에는 '가이사랴 빌립보'라는 지명이 나온다.)

"무리가 나를 누구라고 하느냐?"

어떤 사람들은 세례 요한이라 하고, 어떤 이는 엘리야 혹은 옛 선지자 중의 한 사람이 살아났다고 한다고 대답했다. 예수님께서 다시 '너희는 나를 누구라 하느냐?'고 물으시자 베드로가 대답했다. (마태는 하나님의 계시로 알게 되었다고 기록하고 있다.)

"하나님의 그리스도시니이다."

마태는 '주는 그리스도시요 살아 계신 하나님의 아들이시니이다' 하였고, 마가는 '주는 그리스도시니이다'로 기록하였다. 누가는 이 둘을 합하여 '하나님께로부터 오신 구주(메시아 곧 그리스도)'라고 표현했다. 예수님은 이 말을 아무에게도 이르지 말라고 주의를 주셨다. 잘못하면 군중이 오해할 수 있기 때문이다. 그럼 예수님이 구주로서 행하실 일은 무엇일까. 십자가의 죽으심이다. 누가복음에 예수님께서 당하신 십자가의 수난 예고(豫告)가 네 번 나오는데 여기가 첫 번째다.

"인자가 많은 고난을 받고 장로들과 대제사장들과 서기관들에게 버린 바 되어 죽임을 당하고 제삼일에 살아나야 하리라"(눅 9:22).

산헤드린은 '장로들과 대제사장들과 서기관들' 72명으로 구성된 공의회(公議會)이다. 대제사장이 당연직 의장으로 있는 이 기관은 사법권과 행정권을 가지고 있다. 그들이 예수님의 죽으심에 한몫할 날이 올 것이다. 그러나 지금은 예수님의 수난을 이해하는 제자가 아무도 없었다. 예수님의 말씀이 그들을 더욱 혼란스럽게 했다.

"아무든지 나를 따라오려거든 자기를 부인하고 날마다 제 십자가를 지고 나를 따를 것이니라. 누구든지 제 목숨을 구원하고자 하면 잃을 것이요 누구든지 나를 위하여 제 목숨을 잃으면 구원하리라. 사람이 만일 온 천하를 얻고도 자기를 잃든지 빼앗기든지 하면 무엇이 유익하리요. 누구든지 나와 내 말을 부끄러워하면 인자도 자기와 아버지와 거룩한 천사들의 영광으로 올 때에 그 사람을 부끄러워하리라"(눅 9:23-26).

예수님의 십자가와 우리의 십자가는 무엇이 다를까. 예수님은 우리의 죄 사함을 위해 십자가를 지셨고 우리는 예수님을 따라가기 위해 십자가를 져야 한다. 그러나 하나님의 뜻에 복종한다는 의미에서는 같은 십자가다. 우리의 십자가는 작은 순종으로부터 순교에 이르기까지 폭넓은 스펙트럼을 지니고 있다. 십자가의 정신은 아무리 작은 일이라도 '목숨을 걸고 예수님을 따르는 삶'이다. 우리는 십자가를 통하여 예수님이 나의 주 되심을 선포하고 증거해야 한다. 예수님께서 수난을 예고하신 후에 갑자기 이런 말씀을 하셨다.

"내가 참으로 너희에게 이르노니 여기 서 있는 사람 중에 죽기 전에 하나님의 나라를 볼 자들도 있느니라"(눅 9:27).

무슨 의미일까. 마태와 마가와 누가는 그 질문에 대한 대답으로 변화산에서 있었던 일을 기록하고 있다. 이 말씀을 하신 후 8일쯤 후에 일어난 일이다. 마태와 마가는 6일이라고 한다. 헬라식 날짜 계산과 히브리식 날짜 계산에 따른 차이다. 예수님께서 베드로와 요한과 야고보를 데리고 기도하러 산에 올라가셨다. 누가는 '기도'를 자주 언급한다. 기도에 관한 구절이 마태복음에 17회, 마가복음에 15회, 요한복음에 3회 나오는 반면 누가복음에는 30회나 나온다. 어느 산으로 올라가셨는지 분명한 기록이 없지만 일반적으로 다볼 산이었으리라고 생각한다. 그날 있었던 일들을 순서적으로 나열해 보자.

다볼 산은 평지에서 솟아오른 해발 588미터의 가파른 봉우리다. 올라오느라 피곤했던 제자들은 깊은 잠에 빠져들었다. 그러나 예수님은 기도하고 계셨다. 기도하시는 중에 예수님의 용모가 변화되고 그 옷이 희어져 광채가 났다. 영광중에 모세와 엘리야가 나타나서 예수님과 함께 장차 예루살렘에서 죽으실 것을 말하고 있었다. 그때 잠에서 깨어난 세 제자들이 그 황홀한 광경을 목격했다. 두 사람이 떠나려는 순간 베드로가 예수님께 말했다.

"주여 우리가 여기 있는 것이 좋사오니 우리가 초막 셋을 짓되 하나는 주를 위하여, 하나는 모세를 위하여, 하나는 엘리야를 위하여 하사이다."

베드로 자신도 자기가 한 말을 이해하지 못했다. 그즈음에 구름이 와서 그들을 덮었다. 구름과 함께 두려움이 그들을 덮었다. 구름 속에서 소리가 들려왔다.

"이는 나의 아들 곧 택함을 받은 자니 너희는 그의 말을 들으라."

구름이 지나가고 나자 예수님과 세 제자들만 남았다. 제자들은 예수님의 명을 따라 그날 있었던 일을 당시에는 아무에게도 말하지 않았다. 그러나 이 이야기를 읽은 우리의 마음에 질문이 남아 있다. 예수님의 용모가 어떻게 변화되었을까? 글쎄, 훗날 천국에 가서나 알게 될 일이다.

이튿날 예수님과 세 제자들이 산에서 내려왔다. 산에서 하루 저녁을 보냈다는 말이다. 예수님의 변화된 모습을 보고 모세와 엘리야도 보았으니 얼마나 놀랐겠는가. 누가만 '이튿날'이라고 표현했다. 그가 얼마나 자세히 살피며 복음서를 기록했는지 알 수 있다. 그럼에도 불구하고 마태복음에 기록된 엘리야에 관한 이야기는 생략하고 있다. 누가는 예수님에게 맞춘 초점을 함부로 옮기지 않았다.

예수님과 세 제자들이 산에서 내려오자 귀신 들린 아들을 둔 아버지가 꿇어 엎드리며 간청했다.

> "선생님 청컨대 내 아들을 돌보아 주옵소서. 이는 내 외아들이니이다. 귀신이 그를 잡아 갑자기 부르짖게 하고 경련을 일으켜 거품을 흘리게 하며 몹시 상하게 하고야 겨우 떠나가나이다. 당신의 제자들에게 내쫓아 주기를 구하였으나 그들이 능히 못하더이다"(눅 9:38-40).

'외아들'이라는 표현은 누가복음에만 나온다. 예수님께서 이미 제자들에게 귀신을 내쫓는 권세를 주셨다. 그들은 지난 번 전도여행에서 귀신을 쫓아냈다. 그런데 왜 이번에는 불가능했을까. 예수님은 믿음이 없기 때문이라고 말씀하셨다.

> "믿음이 없고 패역한 세대여 내가 얼마나 너희와 함께 있으며 너희에게 참으리요. 네 아들을 이리로 데리고 오라"(눅 9:41).

믿음은 약해질 수 있다. 예수님도 베드로의 믿음이 떨어지지 않도록 기도해 주셨다(눅 22:32). 한때 믿음이 약해졌던 베드로는 훗날 성도들에게 이렇게 권면했다.

> "근신하라. 깨어라. 너희 대적 마귀가 우는 사자같이 두루 다니며 삼킬 자를 찾나니 너희는 믿음을 굳건하게 하여 그를 대적하라"(벧전 5:8-9).

예수님께서 변화산에 머무시는 동안 제자들의 믿음이 약해졌다. 그곳에 모인 군중들 가운데는 서기관들처럼 패역한 세대도 있었다. '패역'이라는 말은 '삐뚤어졌다'는 뜻이다. 그들은 제자들이 아이를 고치지 못하는 모습을 보면서 속으로 쾌재를 불렀을 것이다. 예수님께서 아이를 데려오라 하시니 귀신이 그를 거꾸러뜨리고 심한 경련을 일으켰다. 예수님은 귀신을 꾸짖어 떠나게 하시고 아이의 병을 치료해 주셨다. 사람들이 다시 한 번 하나님의 위엄(威嚴, majesty)에 놀라게 되었다. '예수님의 위엄'이 아니고 '하나님의 위엄'이라고 기록한 누가의 세밀함을 눈여겨보자.

제자들이 이 일로 놀라고 있을 때 예수님은 두 번째로 수난을 예고하셨다. 제자들이 묻기도 두려워했지만 예수님은 '이 말을 너희 귀에 담아 두라'고 다짐하셨다. 때가 되면 깨닫는 날이 올 터이니까.

예나 지금이나 사람들은 둘만 모이면 누가 더 큰가를 비교한다. 제자들 중에도 그런 변론이 일어났다. 그때 예수님께서 어린아이 하나를 곁에 세우시고 말씀하셨다.

> "누구든지 내 이름으로 이런 어린아이를 영접하면 곧 나를 영접함이요 또 누구든지 나를 영접하면 곧 나를 보내신 이를 영접함이라. 너희 모든 사람 중에 가장 작은 그가 큰 자니라"(눅 9:48).

하늘 영광을 버리시고 사람이 되신 예수님께서 제자들에게 가장 작은 자가 되라고 하셨다. 이런 존재적인 변화는 배워서 될 일이 아니다. 성령님이 오셔서 그들을 거듭나게 하실 때에야 가능하다. 실제로 제자들은 오순절에 성령으로 세례를 받은 후에야 낮은 자리로 내려올 수 있었다. 매일 하루를 시작하기 전에 '주님, 오늘도 저를 낮춰주소서' 하고 기도해 보라. 보통 사람들은 두려워서 할 수 없는 기도다. 그러나 두려워할 것 없다. 낮아짐의 축복은 높아짐의 축복과 질적으로 다르기 때문이다.

하루는 요한이 예수님께 와서 중요한 사건을 보고했다.

"주여, 어떤 사람이 주의 이름으로 귀신을 내쫓는 것을 우리가 보고 우리와 함께 따르지 아니하므로 금하였나이다."

사람이나 동물이나 자기 영역(領域)을 양보하지 않는다. 영역은 요한에게 아주 중요한 의제였다. 만일 성령님께서 도와주지 않았더라면 기독교는 처음부터 영역 다툼에 휩쓸렸을 것이다. 예수님께서 길이길이 간직해야 할 중요한 원칙 하나를 요한에게 가르쳐주셨다.

> "금하지 말라. 너희를 반대하지 않는 자는 너희를 위하는 자니라."

제5장

예루살렘을 향한 여행

눅 9:51-19:27

누가복음 4장 15절부터 갈릴리 지역의 사역들을 기록했다면 9장 51절부터 19장 27절까지는 예루살렘으로 여행하는 중에 행하신 사역들을 기록하고 있다. 물론 산술적으로 명확하게 갈릴리 사역과 예루살렘 사역을 구별할 수는 없다. 그 중에 어떤 사역들은 다시 갈릴리에 돌아와서 행하시기도 했다. 누가복음은 '예수님께서 갈릴리로부터 예루살렘을 향하여 올라가셨다'는 식의 단순한 여행기록이 아니다. 누가는 갈릴리에서 시작한 예수님의 사역이 결국에는 예루살렘(다른 말로 하면 십자가)에서 끝을 맺었다는 구조로 복음서를 기록하고 있다. 실제로 예루살렘이라는 지명이 마태복음에는 12회, 마가복음에는 11회, 요한복음에는 13회 나오는 반면, 누가복음에는 31회나 나온다. 예루살렘을 지향하신 예수님의 의도가 다음과 같은 구절에 잘 나타나고 있다.

> "예수께서 승천하실 기약이 차가매 예루살렘을 향하여 올라가기로 굳게 결심하시고"(눅 9:51).

"예수께서 각 성 각 마을로 다니사 가르치시며 예루살렘으로 여행하시더니"(눅 13:22).

"그러나 오늘과 내일과 모레는 내가 갈 길을 가야 하리니 선지자가 예루살렘 밖에서는 죽는 법이 없느니라"(눅 13:33).

"예수께서 예루살렘으로 가실 때에 사마리아와 갈릴리 사이로 지나가시다가"(눅 17:11).

"예수께서 열두 제자를 데리시고 이르시되 보라 우리가 예루살렘으로 올라가노니 선지자들을 통하여 기록된 모든 것이 인자에게 응하리라"(눅 18:31).

"예수께서 이 말씀을 하시고 예루살렘을 향하여 앞서서 가시더라"(눅 19:28).

예수님은 30세에 공생애를 시작하신 후 적어도 네 번 이상 예루살렘을 방문하셨다. 요한복음에는 예수님의 유월절 예루살렘 방문이 세 번 나온다. 그러나 학자들은 기록되지 않은 방문이 한 번 더 있었다고 본다.

"유대인의 유월절이 가까운지라 예수께서 예루살렘으로 올라가셨더니"(요 2:13).

"그 후에 유대인의 명절이 되어 예수께서 예루살렘에 올라가시니라"(요 5:1). (많은 성경학자들은 이 명절을 유월절로 여긴다.)

"마침 유대인의 명절인 유월절이 가까운지라"(요 6:4)

"유월절 엿새 전에 예수께서 베다니에 이르시니 이곳은 예수께서 죽은 자 가운데서 살리신 나사로가 있는 곳이라"(요 12:1)

이 단락에서 우리는 갈릴리와 예루살렘 사이에서 행하신 예수님의 사역들을 세 부분으로 나누어 살펴보려고 한다(눅 9:51-13:21, 13:22-17:10, 17:11-19:27).

제1절

예루살렘으로 올라가기로 굳게 결심하시고

눅 9:51-13:21

제자는 누구이며 무슨 일을 하는가?

:: 눅 9:51-10:24 ::

한 번은 예루살렘으로 올라가시는 길을 사마리아인들이 가로막았다. 사마리아인들과 유대인들 사이의 반목(反目)은 이사야 시대로 거슬러 올라간다(왕하 17장). 이스라엘의 호세아 왕 제9년에 앗수르 왕이 사마리아를 점령했다. 그는 이스라엘 사람들을 앗수르로 끌어가고 다섯 민족의 외인들을 사마리아로 옮겨왔다. 그 결과 사마리아 땅에 민족적 종교적 혼합이 일어났고 그때로부터 유대인들은 사마리아인들을 언약의 백성에서 제외시켰다. 주전 536년, 유대인들이 바벨론에 포로로 잡혀간 지 70년 만에 스룹바벨의 인솔 아래 예루살렘으로 돌아왔다. 무너진 성전을 건축하려는 그들에게 사마리아에 살던 외지인(外地人)들이 찾아왔다.

"스룹바벨과 족장들에게 나아와 이르되 우리도 너희와 함께 건축하게 하라. 우리도 너희같이 너희 하나님을 찾노라. 앗수르 왕 에살핫돈이 우리를 이리로 오게 한 날부터 우리가 하나님께 제사를 드리노라"(에 4:2).

그 말을 듣고 스룹바벨과 족장들이 단번에 거절했다.

"우리 하나님의 성전을 건축하는 데 너희는 우리와 상관이 없느니라. 바사 왕 고레스가 우리에게 명령하신 대로 우리가 이스라엘의 하나님 여호와를 위하여 홀로 건축하리라"(에 4:3).

그 일로 인하여 유대인과 사마리아인들 사이는 더 벌어졌다. 그로부터 90여 년이 지난 주전 444년에 느헤미야가 와서 예루살렘 성벽을 재건할 때에는 서로 원수지간이 되었다. 그 후 사마리아 사람들은 유대인들이 자기네 땅을 지나가는 것을 싫어하고 방해했다. 특히 예루살렘에 제사를 드리러 지나가는 갈릴리의 유대인들에게 강한 적대감을 보였다. 요한복음 4장을 보면 수가 성 우물가에서 만난 여인도 예수님에게 시비를 걸었다. 이번에도 그들은 마을에서 하룻밤 지내시려는 예수님 일행의 청을 거절했다. 그러자 야고보와 요한 형제가 격분을 토해내었다.

"주여, 우리가 불을 명하여 하늘로부터 내려 저들을 멸하라 하기를 원하시나이까?"(눅 9:54)

옛날 엘리야 선지자는 하늘로부터 불이 내려와 아하시야 왕의 군사들을 태우게 했다(왕하 1장). 야고보와 요한도 그런 일이 일어나기를 바랐을까? 이처럼 성격이 불같은 형제들에게 예수님은 '우레의 아들'이라는 별명을 붙여주셨다(막 3:17). 예수님은 두 제자들을 꾸짖으시며 다른 마을로 옮겨 가셨다. 절제의 덕은 제자들에게 필수다. 그리고 절제는 자비한 심정에서 나온다.

누가 제자가 될 수 있을까? 길을 가시는 예수님 앞에 한 사람이 결연한 어조로 말했다.

> "길 가실 때에 어떤 사람이 여짜오되 어디로 가시든지 나는 따르리이다"(눅 9:57).

마태복음에 보면 그 사람은 서기관이었다(8:19). 종교적 상류 사회의 일원이 예수님의 제자가 되겠다고 나섰으니 얼마나 신선한 충격인가. 그런데 예수님의 대답은 그보다 더 충격적이었다.

> "예수께서 이르시되 여우도 굴이 있고 공중의 새도 집이 있으되 인자는 머리 둘 곳이 없도다."

예수님의 대답이 서기관의 숨은 생각을 드러내셨다. 예수님의 제자가 되면 자신이 지금 누리고 있는 사회적 종교적 지위보다 더 나은 위치로 올라갈 수 있으리라는 생각이다. 이 사람은 계산이 빨랐다. 그런데 예수님께서 그의 계산에 빼기(−) 표 하나를 더해 주셨다. 머리 둘 곳도 없는 생활을 네가 과연 감당할 수 있겠느냐는 질문이었다. 산 속의 여우나 공중의 새보다 못한 삶을 살 수 있겠느냐는 물음이었다. 그것은 왜 제자가 되려고 하느냐는 원초적인 질문이었다. 서기관은 뭐라고 대답했을까? 대답도 없이 그냥 사라지고 말았다.

주의 종이 되려고 하는 이들은 반드시 이 질문에 먼저 대답을 해야 한다. 질문만 제대로 해도 다시 한 번 한국교회를 부흥시키는 신실한 주의 종들이 일어날 것이다.

이번에는 예수님 편에서 제자를 부르셨다.

"나를 따르라."

언제나 같은 명령이다. 아무도 거절할 수 없는 강렬한 흡인력이 그 명령 속에 충만했다. 그러나 이 제자는 예수님의 부르심에 '죄송합니다만'(Excuse me) 하고 딴죽을 걸었다.

> "그가 이르되 나로 먼저 가서 내 아버지를 장사하게 허락하옵소서"(눅 9:59).

그렇다고 예수님께서 양보하셨던가?

> "이르시되 죽은 자들로 자기의 죽은 자들을 장사하게 하고 너는 가서 하나님의 나라를 전파하라"(눅 9:60).

주의 종은 우선순위를 따라야 한다. 지금 무엇이 더 중요한가, 누구의 생각이 더 중요한가, 지금 누가 나의 주인인가, 이런 질문에 대답해야 한다. 효도를 부인하는 말씀이 아니다. 부모님 다 돌아가신 후에 홀가분하게 따르겠다는 그의 느슨한 자세를 책망하신 것이다. 예수님의 명령을 받은 제자 후보생 중에 한 사람이 또 다른 핑계를 댔다. 예수님은 이번에도 단호하셨다.

> "또 다른 사람이 이르되 주여 내가 주를 따르겠나이다마는 나로 먼저 내 가족을 작별하게 허락하소서. 예수께서 이르시되 손에 쟁기를 잡고 뒤를 돌아보는 자는 하나님의 나라에 합당하지 아니하니

라 하시니라"(눅 9:61-62).

밭에서 짐승을 앞세우고 쟁기질 하는 농부는 언제나 앞만 바라보아야 한다. 좌우나 뒤를 돌아보면 짐승에 연결된 줄이 잘못된 시그널을 주어 짐승으로 하여금 옆으로 가게 한다. 목회자들은 '되지 않을 수 없어서' 된 사람들이다. 이런 사람은 평생 자기 앞서 가시는 주님에게서 시선을 뗄 수가 없다. 곁길로 갈 수가 없다. 그런데 그보다 더 행복할 수가 없다. 주님을 따라가고 있기 때문이다.

예수님은 그렇게 부르신 70인의 제자들을 둘씩 짝을 지어 앞으로 친히 방문하시려는 각 동네와 지역으로 보내셨다. 누가는 특별히 '주께서 보내셨다'고 했다. 보내시는 예수님과 보냄을 받은 제자들에게 특별한 권위가 주어졌다. 그들은 만왕의 왕께서 보내신 영적 사신(使臣)들이었다. 칠십 인을 보내신 이야기는 누가복음에만 나온다. 누가는 사도들과 제자들을 분명하게 구별했다.

"이때에 예수께서 기도하시러 산으로 가사 밤이 새도록 하나님께 기도하시고 밝으매 그 제자들을 부르사 그 중에서 열둘을 택하여 사도라 칭하셨으니"(눅 6:12-13).

물론 누가도 때때로 열두 사도를 '제자'라고 불렀다(눅 8:1). 마태(10:2)와 마가(6:30)는 각각 한 번씩 '사도'(아포스톨로스, ἀπόστολος)라는 단어를 사용했지만 누가만큼 의도적으로 구별하지는 않았다. 누가는 '사도'라는 단어를 복음서에서 여섯 번, 그리고 사도행전에서 28회나 사용했다. 누가는 열두 사도들이 파송되었다가 돌아온 이야기(눅 9:1, 10)와 칠십 인의 제자들이 돌아와서 보고하는 이야기(눅

10:1-20)를 분명히 구별하고 있다. 누가에 의하면 적어도 칠십여 명 이상의 제자들이 있었고 예수님은 그 중에서 사도로 열둘을 택하셨다. 바울은 고린도 교회에 보낸 편지에서 예수님의 부활을 목격한 5백여 형제들이 있었다고 증언했다(고전 15:6).

예수님께서 왜 제자들을 둘씩 짝지어 보내셨을까? 전도서에 지혜로운 말씀이 있다.

> "두 사람이 한 사람보다 나음은 그들이 수고함으로 좋은 상을 얻을 것임이라. 혹시 그들이 넘어지면 하나가 그 동무를 붙들어 일으키려니와 홀로 있어 넘어지고 붙들어 일으킬 자가 없는 자에게는 화가 있으리라. … 한 사람이면 패하겠거니와 두 사람이면 맞설 수 있나니 세 겹 줄은 쉽게 끊어지지 아니하느니라"(전 4:9, 10, 12).

둘이 함께하면 시너지 효과가 탁월하다. 한 사람이 실수하면 다른 사람이 막아준다. 예수님은 70인의 제자들에게 자세한 교훈을 주셨다. 아무리 둘씩 보내도 마치 어린 양을 이리들 가운데로 보내시는 것 같았기 때문이다. 이 교훈은 마태복음 10장과 11장에도 기록되어 있다. 열두 사도나 70인의 제자나 똑같은 권위와 책임이 주어졌다.

> "갈지어다. 내가 너희를 보냄이 어린 양을 이리 가운데로 보냄과 같도다. 전대나 배낭이나 신발을 가지지 말며 길에서 아무에게도 문안하지 말며 어느 집에 들어가든지 먼저 말하되 이 집이 평안할지어다 하라. 만일 평안을 받을 사람이 거기 있으면 너희의 평안이 그에게 머물 것이요 그렇지 않으면 너희에게로 돌아오리라. 그 집에 유하며 주는 것을 먹고 마시라. 일꾼이 그 삯을 받는 것이 마땅하니

라. 이 집에서 저 집으로 옮기지 말라. 어느 동네에 들어가든지 너희를 영접하거든 너희 앞에 차려놓는 것을 먹고 거기 있는 병자들을 고치고 또 말하기를 하나님의 나라가 너희에게 가까이 왔다 하라. 어느 동네에 들어가든지 너희를 영접하지 아니하거든 그 거리로 나와서 말하되 너희 동네에서 우리 발에 묻은 먼지도 너희에게 떨어버리노라. 그러나 하나님의 나라가 가까이 온 줄을 알라 하라. 내가 너희에게 말하노니 그날에 소돔이 그 동네보다 견디기 쉬우리라"(눅 10:3-12).

가는 길에 사람들과 문안도 나누지 말라고 하셨다. 그들이 전해야 할 복음이 시급하고 막중하기 때문에 긴장감을 놓지 말라는 말씀이다. 가는 길에 사람들과 한담을 나누다보면 왜 그 길을 가는지조차 잊어버릴 때가 있다. 여행에 필요한 도구들을 챙기느라 마음이 흐트러져도 안 된다. 주께서 그들의 일용할 양식을 책임져 주실 것이다. 주의 평안을 받을 만한 집을 발견하거든 그 집에 머물고 무엇이나 주는 것을 먹으라고 하셨다. 숙식 문제 때문에 복음전파가 방해 받지 않아야 한다. 병자들을 고치고 하나님의 나라를 선포하는 사명이 가장 중요했다. 복음을 전파하는 자의 책임도 막중하지만 복음에 반응하는 자들의 책임도 결코 가볍지 않을 것이다. '고라신'과 '벳새다'는 복음에 대한 그들의 차가운 반응 때문에 훗날 소돔보다 더 엄한 심판을 받게 되리라고 하셨다.

얼마 후 칠십 인이 돌아와서 '주여, 주의 이름이면 귀신들도 우리에게 항복하더이다' 하며 기뻐했다. 귀신이 쫓겨나가다니, 얼마나 놀랐을까? 누가는 언제나 우리 편에 서서 그 궁금증을 해소해 준다.

"예수께서 이르시되 사탄이 하늘로부터 번개같이 떨어지는 것을 내가 보았노라. 내가 너희에게 뱀과 전갈을 밟으며 원수의 모든 능력을 제어할 권능을 주었으니 너희를 해칠 자가 결코 없으리라. 그러나 귀신들이 너희에게 항복하는 것으로 기뻐하지 말고 너희 이름이 하늘에 기록된 것으로 기뻐하라 하시니라"(눅 10:18-20).

제자들에게 모든 능력을 제어할 수 있는 권능을 주셨다. 아무도 그들을 해칠 수 없을 것이다. 또한 그들의 이름을 하늘에 있는 생명책에 기록해 두셨으니 기뻐하라고 하셨다. 보내심을 받은 이들은 보내신 이를 기억해야 한다. 주께서 그들과 동행하시며 그의 권세를 부여해 주셨다는 사실을 잊지 말아야 한다. 아무리 많은 기적을 행할지라도 이 진리를 망각하는 순간 그는 예수님과 상관없는 사람이 될 것이다. 예수님은 칠십 인의 보고에 기쁨이 충만하셨다. 그래서 아버지께 감사드렸다.

"그때에 예수께서 성령으로 기뻐하시며 이르시되 천지의 주재이신 아버지여 이것을 지혜롭고 슬기 있는 자들에게는 숨기시고 어린아이들에게는 나타내심을 감사하나이다. 옳소이다. 이렇게 된 것이 아버지의 뜻이니이다. 내 아버지께서 모든 것을 내게 주셨으니 아버지 외에는 아들이 누구인지 아는 자가 없고 아들과 또 아들의 소원대로 계시를 받는 자 외에는 아버지가 누구인지 아는 자가 없나이다 하시고"(눅 10:21-22).

지혜로운 자들에게는 숨기시고 어린아이들에게 나타내시는 '이것'은 무엇일까? 넓은 의미로는 아버지 하나님과 아들 하나님을 아는 지식이고 좁은 의미로는 아들의 이름으로 행사할 수 있는 권능을 말한다. 소위 지혜로운 자들은 이런 계시를 깨닫지 못하지만 열린 마음을 가진 겸손한 자들은 아주 쉽게 깨닫는다. 그것이 바로 예수님의 소원이자 제자 됨의 축복이었다.

> "제자들을 돌아보시며 조용히 이르시되 너희가 보는 것을 보는 눈은 복이 있도다. 내가 너희에게 말하노니 많은 선지자와 임금이 너희가 보는 바를 보고자 하였으되 보지 못하였으며 너희가 듣는 바를 듣고자 하였으되 듣지 못하였느니라"(눅 10:23-24).

강도 만난 자의 이웃

:: 눅 10:25-37 ::

누가복음에만 나오는 이야기이다. 어떤 율법 선생이 예수님을 시험하기 위해 질문했다.

"선생님, 내가 무엇을 하여야 영생을 얻으리이까?"

예수님께서 되물으셨다.

"율법에 무엇이라 기록되었으며, 네가 어떻게 읽느냐?"

율법 선생답게 정답을 내어놓았다.

"대답하여 이르되 네 마음을 다하며 목숨을 다하며 힘을 다하며 뜻을 다하여 주 너의 하나님을 사랑하고 또한 네 이웃을 네 자신 같이 사랑하라 하였나이다."

예수님께서 그를 칭찬하시며 '이를 행하라. 그러면 살리라'고 하셨다. 이 사람은 자기를 옳게 보이려고 '내 이웃이 누구입니까?' 하고 물었다. 그러자 예수님께서 '너는 네 이웃이 누구라고 생각하느냐?'고 되묻지 않고 강도 만난 사람의 이야기를 들려주셨다. 예수님께서 물으셨다면 그 율법 선생은 평소에 그가 가르쳐온 정답을 또 얘기했을 것이다. 그의 정답은 무엇일까. 먼저 예수님의 대답을 들어보자.

> "예수께서 대답하여 이르시되 어떤 사람이 예루살렘에서 여리고로 내려가다가 강도를 만나매 강도들이 그 옷을 벗기고 때려 거의 죽은 것을 버리고 갔더라. 마침 한 제사장이 그 길로 내려가다가 그를 보고 피하여 지나가고, 또 이와 같이 한 레위인도 그곳에 이르러 그를 보고 피하여 지나가되, 어떤 사마리아 사람은 여행하는 중 거기 이르러 그를 보고 불쌍히 여겨 가까이 가서 기름과 포도주를 그 상처에 붓고 싸매고 자기 짐승에 태워 주막으로 데리고 가서 돌보아 주니라. 그 이튿날 그가 주막 주인에게 데나리온 둘을 내어 주며 이르되 '이 사람을 돌보아 주라. 비용이 더 들면 내가 돌아올 때에 갚으리라. 하였으니 네 생각에는 이 세 사람 중에 누가 강도 만난 자의 이웃이 되겠느냐?"(눅 10:30-36).

이것은 실제 있었던 이야기가 아니다. 그러나 있음직한 이야기다. 이야기에 등장하는 주요 인물들은 모두 다섯이다. 강도와 강도 만난 사람, 대제사장, 레위인, 그리고 사마리아 사람이다. 여기에 한 사람을 더 넣어보자. 처음부터 그 장면을 보고 있는 사람이다. 제자들일 수도 있고 가슴으로 누가복음을 읽고 있는 우리일 수도 있다.

강도에 대해서는 할 말이 없다. 그러나 강도 만난 사람은 좀 지혜롭지 못하다고 핀잔을 들을 만하다. 보통 여리고로 내려가는 골짜기는 평소에도 강도상해 사건이 종종 일어나는 위험한 길이다.

그래서 기다렸다가 몇 사람이 한 팀이 되어서 내려가곤 했다. 아마도 그 사람은 피치 못할 사정이 있어서 혼자 내려갔을 것이다. 인생을 살면서 강도 만난 경험을 한 사람들이 어디 한둘이겠는가? 너무 그를 비난하지 말자. 그는 강도를 만나서 옷까지 빼기고 거의 죽을 만큼 얻어맞았다. 강도는 그가 곧 죽을 것이라 생각하며 버려두고 갔다.

그 길로 제사장과 레위인이 연이어 지나갔다. 원어로 읽어보면 제사장은 가능한 한 사건 현장으로부터 멀리 떨어져서 지나갔다. '안 보았다 치자', 이렇게 다짐하며 지나갔을 것이다. 레위인은 조금 달랐다. 그 자리에 가본 후에 제사장처럼 피하여 지나갔다. 결과는 마찬가지다. 그런데 어떤 사마리아 사람이 여행하는 중에 그를 보고 불쌍히 여겼다. 그는 위험을 무릅쓰고 강도 만난 사람(아마도 유대인)에게 가까이 다가갔다. 가서 상처에 기름과 포도주를 붓고 싸맨 후 자기 짐승에 태워 주막으로 갔다. 물론 자기에게 있는 여분의 옷도 입혔을 것이다. 그리고 강도 만난 사람을 밤새 간호해 주었다. 다음 날 아침에는 이틀 품삯에 해당하는 두 데나리온을 주인에게 미리 주면서 혹시 비용이 더 들면 돌아오는 길에 지불하겠다고 했다. 피해자가 충분한 휴식을 취하고 돌아가도록 배려하는 모습이다. 이 광경을 우리가 곁에서 보고 있다고 생각해 보자. 어떤 느낌이 드시는가?

이 사마리아인은 예수님의 마음을 닮은 사람이다. 예수님도 그 길을 내려가시다가 강도 만난 사람을 보셨다면 그렇게 하셨을 것이다. 예수님께서 '네 생각에는 이 세 사람 중에 누가 강도 만난 자의 이웃이 되겠느냐?'고 물으셨다. 다시 말하면 '너도 나처럼 생각하느냐?'는 질문이다. 율법 선생이 대답했다. '자비를 베푼 자니이다.' 그러자 예수님께서 '너도 이와 같이 하라'고 명령하셨다. 이 명령은 제자들과 우리에게 주신 말씀이다. 어차피 그 율법 선생은 변화될 사람이 아닐지 모르니까.

'자비를 베푸는 자', 만 가지 문제를 해결할 수 있는 특급 비결이다. 자비를 달리 표현하면 '내가 그 입장이 되었다고 생각해 보는' 자세다. 자비는 계산을 넘어선다. 두려움도 넘어선다. 사람의 비난과 칭찬까지 넘어선다. 자비는 하나님과 함께 문제를 해결하는 열쇠다. 문제가 얽히고설킬 때, 꽉 막혀서 오도 가도 못할 때, 미움과 분노와 원망으로 내 자신이 얼어붙어 갈 때, 하나님께 이렇게 기도드려 보자.

'하나님, 저 사람을 자비롭게 대할 수 있는 능력을 저에게 주시옵소서. 자비로운 눈으로 그를 볼 수 있게 하옵소서. 저에게 베푸신 하나님의 자비를 저도 베풀 수 있도록 도와주옵소서.'

경험에서 우러나온 확신을 가지고 장담하건대 당신은 자유로워질 것이다. 당신 마음속에 갇혀 있던 원수가 미소를 지으며 걸어 나갈 것이다. 당신의 얼굴 근육은 이완(弛緩)되고 혈압은 정상으로 내려갈 것이다. 입맛이 돌아오고 소화도 잘 되며 숙면을 취하게 될 것이다. 그리하여 잃었던 많은 이웃들을 다시 얻게 될 것이다. 무엇보다도 당신이 행복하게 될 것이다.

마르다와 마리아

:: 눅 10:38-42 ::

베다니에 살고 있던 마르다와 마리아의 이야기다. 이 식탁 이야기는 누가복음에만 나온다. 요한복음 11장과 12장에는 그녀들의 오라

버니 나사로 이야기가 길게 기록되어 있다. 요한복음에만 나오는 이야기다. 뒤늦게 복음서를 기록하면서 사도 요한은 그 생략할 수 없는 주옥같은 이야기를 회상했을 것이다. 사복음서들이 서로서로를 보완해 주고 있다는 사실이 우리에게 얼마나 큰 축복인지 모른다.

마르다가 예수님과 제자들을 자기 집으로 초대하고 정성을 다해 음식을 준비했다. 일손이 부족해서 쩔쩔 매고 있는데 어느 순간부터 동생 마리아가 보이지 않았다. 찾아보니 예수님의 발아래 앉아 그의 말씀에 심취해 있었다. 퉁명스러운 말이 불쑥 그녀의 입에서 나왔다.

"주여 내 동생이 나 혼자 일하게 두는 것을 생각하지 아니하시나이까. 그를 명하사 나를 도와주라 하소서."

초청 받은 사람들은 모두 바늘방석에 앉은 느낌이었다. 큰 소리로 불평한 마르다도 후회가 막급했을 것이다. 침묵을 깨고 예수님께서 조용히 말씀하셨다. 아마도 제자들이 듣던 중에 가장 부드럽고 다정한 음성이었을 것이다.

"마르다야 마르다야, 네가 많은 일로 염려하고 근심하나 몇 가지만 하든지 혹은 한 가지만이라도 족하니라. 마리아는 이 좋은 편을 택하였으니 빼앗기지 아니하리라."

오래 전, 우리 교회에 새로 출석한 자매님이 이런 말을 했다.

"목사님, 저는 지난 5년 동안 교인들 점심 준비하느라 예배를 제대로 드려본 적이 없었어요. 오늘은 예배가 너무 감격스러워서 눈물만 나오네요."

사유인즉 그 자매님이 개척교회에서 성도들을 섬기느라 예배의 감격을 잃어버렸다는 이야기였다. 여러 가지 생각이 교차했다. 무엇보다도 5년 동안 마르다처럼 교회를 섬겼던 그 신실하신 성도님을 떠나보낸 목사님의 아픔이 느껴졌다. 그리고 견디다 못해 교회를 옮겨온 그 자매님의 미안한 마음이 느껴졌다. 그 교회에서 봉사도 잘하고 예배도 잘 드렸으면 좋았을 터인데 하는 아쉬운 마음도 들었다.

나는 1982년 11월에 세 가정으로 교회를 시작했다. 1983년 3월에 창립예배를 드릴 무렵에는 40여 명에 이르렀다. 그래서 개척교회의 형편을 잘 안다. 교회가 성장하는 과정에서 누군가는 더 많은 희생을 하게 마련이다. 그러나 절대로 희생을 강요하거나 허락해서는 안 될 일이 있다. 바로 예배다. 나는 그 원칙을 지키려고 애를 썼다. 예배의 감격을 잃어버리면 모든 것을 다 상실한다. 그래서 늘 성도들에게 '예배 시간에 일한다고 왔다 갔다 하시지 마라'고 강조했다. 그것이 전통이 되어 지금도 내가 은퇴한 감사한인교회는 예배를 무엇보다도 더 중히 여긴다. 감사한 일이다.

예수님께서 마르다에게 음식 준비하지 말라고 하지 않으셨다. 간단하게 준비하라고 하셨다. 그녀에게 중요한 것은 음식 준비가 아니고 말씀을 듣는 것이라고 일러주셨다. 말씀을 다 들은 후에 함께 준비하면 어땠을까. 아무도 불평하지 않았을 것이다. 성경을 읽다보면 궁금한 점이 있다. 예수님의 말씀에 마르다는 어떤 반응을 보였을까. 당신 같으면 어떤 대답을 하겠는가. 예수님의 마지막 말씀이 메아리친다.

"마리아는 이 좋은 편을 택하였으니 빼앗기지 아니하리라."

'이 좋은 편'은 하나님의 말씀을 듣는 시간이다. 하나님께 예배드리는 감격의 순간이다. 그런데 이런 축복도 잘못하면 빼앗길 수 있다는 말씀이다. 그것은 사탄이 훔쳐가고 싶어 하는 가장 큰 축복 중의 하나이기 때문이다.

삽화 1 스트레스에서 벗어나려면

마르다는 왜 음성을 높였을까? 혼자서 많은 일을 해야 하는 스트레스 때문이다. 오래 전에 읽었던 책의 내용이 생각난다. 펫 홀트와 그레이스 케터만이 함께 지은 《소리 지르는 엄마, 귀 막는 아이들》이라는 책의 내용이다(Pat Holt & Grace Ketterman M.D. "When You Feel Like SCREAMING" Help for Frustrated Mothers, 임종원 역, 미션월드라이브러리, 2003). 이 책은 캐서린(Catherine)이라는 한 여인의 이야기로 시작된다.

"제가 아이들에게 소리 지르는 탓에 아이들과 사이가 더 멀어진 것 같아요. 열아홉 살의 큰아들은 집을 나갔고, 그보다 두 살 적은 둘째 아들은 거의 밖에서 살다시피 해요. 아들 녀석이 집에 있으면 우리는 서로 소리 지르기 일쑤입니다. 열다섯 살인 막내딸은 저를 피해만 다니니 대화를 전혀 할 수 없어요. 소리 지르다가 저는 이렇게 세 아이들 모두를 잃어버렸습니다."

저자들은 엄마들이 소리 지르는 일곱 가지 이유를 들고 거기에 알맞은 처방전을 제공하고 있다.

첫째, 스트레스가 심할 때 - 다른 일들로 인하여 스트레스가 엄청나게 쌓인 상태에서 아이들을 만나면 엄마가 소리를 지르게 된다. 그러므로 아이들을 위해 최상의 시간과 감정을 먼저 준비해야 한다.

둘째, 한정된 시간에 너무 많은 일을 해야 할 때 - 엄마가 소리 지르지 않으려면 사전에 준비가 필요하다. 아침에 조금만 더 일찍 일어나고, 저녁에 다음날 아침 식사를 미리 준비해 놓고, 가족에게 각자 해야 할 일을 분담시킨다면, 다음날 아침에 분주히 설치지 않고, 스트레스도 피할 수 있으며, 무엇보다도 소리를 지르지 않게 될 것이다.

셋째, 기분이 좋지 않을 때 - 엄마들은 생리통 때문에 고통을 당한다. 늘 분주하고 피로한 상태에서 아이들이 학교에서 옮겨 온 감기나 각종 전염병에 걸리기도 한다. 자신의 몸이 경고를 발하면 휴식을 취하는 것이 좋다. 기분이 좋지 않을 때에는 할 일을 줄이고 다른 사람들의 요구도 거절할 줄 알아야 한다.

넷째, 무력하다고 느낄 때 - 엄마들은 자신들이 무력하다고 느낄 때에 소리를 지른다. 할 일은 많아 끝도 없고, 자신의 능력은 도저히 거기에 미치지 못한다고 느낄 때에 소리를 지른다. 속담에 '능력의 한도를 넘으면 지푸라기 하나를 더 얹어도 낙타의 등골이 부러진다'는 말이 있다. 스트레스를 받을 때에는 즉시 풀어야 한다. 그러기 위해서는 스트레스를 받고 있다는 사실을 인정하고, 스트레스를 해소할 수 있는 방법을 모색하며, 자신을 도와줄 사람을 찾고, 의도적으로 스트레스를 마음에서 떨쳐버리려고 노력해야 한다.

다섯째, 아이들이 기대에 부응하지 못할 때 - 부모들은 자녀들에게 큰 기대를 가지고 살아간다. 큰아이는 큰아이 노릇을 해야 하고, 딸은 딸다워야 하고, 동생은 동생다워야 한다고 기대한다. 그런데 자녀들이 그런 기대에 어긋나는 행동을 할 때 엄마들은 소리를 지른다. 소리를 지르지 않으려면, 필요 이상의 기대를 버려야 한다.

여섯째, 아이들이 자신에게 상처 입힌 사람을 상기시킬 때 - 엄마들은 아이들이, 의식적이든 무의식적이든, 자신을 힘들게 하였거나 자신에게 상처 입힌 사람을 상기시킬 때 소리를 지르게 된다. 남편에게 상처받은 엄마들은 아들이 그 남편을 기억나게 할 때 소리를 지른다. 우리 모두는 상처를 가지고 있다. 그렇기 때문에 용서가 필요하다.

일곱째, 아이들이 잘못될까 염려될 때 - 엄마들은 아이들이 잘못될까 염려할 때 소리를 지르게 된다. 어떤 여인은 이렇게 말했다. "엄마의 손찌검보다 그녀가 소리 지르면서 야단치는 것이 더 무서웠어요." 모든 염려를 주께 맡기자.

주님께서 가르치신 기도

:: 눅 11:1-13 ::

마태복음 6장의 기도문과 비교해 보면 누가복음의 기도문은 간결하고 투박하다.

> "예수께서 이르시되 너희는 기도할 때에 이렇게 하라. 아버지여 이름이 거룩히 여김을 받으시오며 나라가 임하시오며, 우리에게 날마다 일용할 양식을 주시옵고, 우리가 우리에게 죄 지은 모든 사람을 용서하오니 우리 죄도 사하여 주시옵고, 우리를 시험에 들게 하지 마시옵소서 하라"(눅 11:2-4).

'아버지여 이름이 거룩히 여김을 받으시오며' - 수동태다. '기도드리는 나'로 인하여 하나님의 이름이 거룩히 여김을 받으시기를 소원하는 기도이다. 이 기도를 통하여 우리는 하나님을 경외하는 자가 된다. 이 기도를 드리는 사람은 늘 내 삶을 통하여 하나님의 이름이 거룩히 여김을 받고 있는지 스스로 물어야 한다. 진정한 기도는 책임을 동반한다. 이스라엘 백성들은 그 책임을 다하지 못했다.

> "그러나 이스라엘 족속이 들어간 그 여러 나라에서 더럽힌 내 거룩한 이름을 내가 아꼈노라 … 여러 나라 가운데에서 더럽혀진 이름 곧 너희가 그들 가운데에서 더럽힌 나의 큰 이름을 내가 거룩하게 할지라. 내가 그들의 눈앞에서 너희로 말미암아 나의 거룩함을 나타내리니 내가 여호와인 줄을 여러 나라 사람이 알리라. 주 여호와의 말씀이니라"(겔 36:21, 23).

'나라이 임하시오며' - 하나님의 나라는 언제 임하는가. 현재와 미래에 임해야 한다. 현재는 성도들의 삶이요 미래는 예수님이 재림하시는 시간이다. 이 기도에도 우리의 책임이 동반되어야 한다. 그 책임은 '기꺼이 다스림을 받는' 복종의 삶이다. 마태복음에 있는 '뜻이 하늘에서 이루어진 것같이 땅에서도 이루어지이다'라는 구절의 의미가 여기 '나라의 임함' 속에 포함되어 있다. 하나님의 나라에서는 하나님의 뜻이 이루어진다. 우리의 삶 속에서도 하나님의 뜻이 이루어져야 한다.

'우리에게 날마다 일용할 양식을 주시옵고' - 개인적인 필요를 구하는 기도이다. 문장 중에 '일용할'이라는 단어(에피우시온, ἐπιούσιον)는 성경에 이곳에서만 나온다. 두 가지 의미가 있는데 '내일을 위한'이라고 해석할 수도 있고, '필요한, 충분한'이라는 의미로 해석할 수도 있다. 후자가 더 어울린다. '주시옵고'는 현재 동사이다. 계속해서 주시라는 말이다. 이 기도를 드리면 내일을 염려할 필요가 없다.

'우리가 우리에게 죄 지은 모든 사람을 용서하오니 우리 죄도 사하여 주시옵고' - 우리가 우리에게 죄 지은 모든 사람을 용서하였으니(혹은 용서하겠으니) 우리 죄도 용서해 달라는 기도일까? 용서의 조건은 회개와 예수 그리스도의 피뿐이다. 우리에게 죄 지은 사람을 용서하는 행위가 우리의 죄를 사함 받는 전제조건이 될 수 없다. 용서는 용서받은 성도들이 당연히 해야 할 일이다. 그러므로 이 구절은 '주께서 내 죄를 다 용서하셨으니(헬라어 부정과거로서 이미 일어나버린 일) 나도 나에게 (지금) 죄를 짓고 있는 사람을 (지금) 용서하게 하옵소서'라고 읽어야 한다. 내 죄는 이미 용서 받아버렸고 그들은 지금 나에게 죄를 범하고 있는 사람들이다. 왜 이 기도를 드려야 하는가. 두 가지 이유 때문이다. 하나는 당연히 용서해야 하기 때문이요, 다른 하나는 그럼에도 불구하고 용서하기가 어렵기 때문이다. 그래서 우리는 하나님의 도우심을 구해야 한다.

'우리를 시험에 들게 하지 마시옵소서.' - 시험은 어디에서 오는가? 야고보 선생의 말이다.

> "사람이 시험을 받을 때에 내가 하나님께 시험을 받는다 하지 말지니 하나님은 악에게 시험을 받지도 아니하시고 친히 아무도 시험하지 아니하시느니라. 오직 각 사람이 시험을 받는 것은 자기 욕심에 끌려 미혹됨이니 욕심이 잉태한즉 죄를 낳고 죄가 장성한즉 사망을 낳느니라"(약 1:13-15).

마태복음에 있는 '다만 악에서 구하시옵소서'라는 구절이 누가복음에는 생략되었다. 아마도 '시험에 들게 하지 마시옵소서'라는 기도에 포함되었을 것이다.

그런 후에 예수님은 기도드리는 자세를 가르치셨다. 누가복음에만 나오는 이야기다.

> "또 이르시되 너희 중에 누가 벗이 있는데 밤중에 그에게 가서 말하기를 벗이여 떡 세 덩이를 내게 꾸어 달라. 내 벗이 여행 중에 내게 왔으나 내가 먹일 것이 없노라 하면 그가 안에서 대답하여 이르되 '나를 괴롭게 하지 말라. 문이 이미 닫혔고 아이들이 나와 함께 침실에 누웠으니 일어나 네게 줄 수가 없노라.' 하겠느냐. 내가 너희에게 말하노니 비록 벗 됨으로 인하여서는 일어나서 주지 아니할지라도 그 간청함을 인하여 일어나 그 요구대로 주리라"(눅 11:5-8).

개역성경에는 '간청'이 아니고 '강청'이라고 번역되어 있다. 그 편이 원래의 뜻을 더 잘 나타낸다. '강청'(아나이데이아, ἀναίδεια)은 신약성경에서 여기에만 나오는 단어로서 '염치없고 체면도 없고 예의도 모른다'는 뜻이다. 다시 말하면 파렴치하고 뻔뻔스러우며 건방지고 무례한 태도이다. 밤중에 잠든 벗을 찾아가서 온 집안 식구들을 깨우면서 (마치 맡겨놓은 떡을 찾는 것처럼) 떡 세 덩이를 구하는 자세다. 기도하는 사람은 체면이나 격식을 차릴 여유가 없다. 뻔뻔스러울 수밖에 없다. 그만큼 간절하기 때문이요, 또 하나님 앞에 내어놓을 만한 선행이나 공덕(charitable deed)이 없기 때문이다.

다윗의 시를 읽다보면 자주 그의 뻔뻔스러움을 보게 된다. 시편 51편은 밧세바를 범하고 그의 남편을 간접 살인한 직후, 나단 선지자로부터 책망을 듣고 나서 지은 회개 시(詩)다.

> "하나님이여 나의 구원의 하나님이여 피 흘린 죄에서 나를 건지소서. 내 혀가 주의 공의를 높이 노래하리이다. 주여 내 입술을 열어 주소서. 내 입이 주를 찬송하여 전파하리이다"(시 51:14-15).

백성들과 신하들은 다윗의 노래 소리를 듣고 수군거렸을 것이다. '왕은 부끄러운 줄도 모르는 사람이야. 뻔뻔하기가 그지없어. 밧세바의 남편을 죽여 놓고 어떻게 금방 저런 기도가 나오지? 입 다물고 자중해도 모자랄 판에, 하나님께서 자기를 용서하시면 노래하겠다는구먼.' 그런데 하나님은 다윗의 그런 뻔뻔스럽고 무례한 기도를 들으시고 용서하셨다. 그의 기도가 너무나 간절했기 때문이다.

예수님은 '강청'이라는 강렬한 단어를 사용하심으로 두 가지의 진리를 가르치셨다. 하나는 반드시 이루어주신다는 우리의 믿음이요, 다른 하나는 우리의 강청에 응답하시는 하나님의 자비하심이다.

> "내가 또 너희에게 이르노니 구하라 그러면 너희에게 주실 것이요, 찾으라 그러면 찾아낼 것이요, 문을 두드리라 그러면 너희에게 열릴 것이니, 구하는 이마다 받을 것이요 찾는 이는 찾아낼 것이요 두드리는 이에게는 열릴 것이니라"(눅 11:9-10).

강청하는 기도는 '구하고, 찾고, 두드리는' 기도다. 그것은 마치 떡 세 덩이를 얻기 위해 밤중에 친구네 집 문을 크게 두드리는 것처럼 '계속해서 구하는 기도'이다. 구한 다음에는 그것을 어디에 두셨는지 찾아보아야 한다. 닫힌 문 안에 있을지도 모르니 두드려보아야 한다. 세 단어 모두 현재진행형이다. 마지막으로 예수님은 세상의 아버지와 하늘 아버지를 비교하셨다.

"너희 중에 아버지 된 자로서 누가 아들이 생선을 달라 하는데 생선 대신에 뱀을 주며 알을 달라 하는데 전갈을 주겠느냐. 너희가 악할지라도 좋은 것을 자식에게 줄 줄 알거든 하물며 너희 하늘 아버지께서 구하는 자에게 성령을 주시지 않겠느냐 하시니라"(눅 11:11-13).

생선 대신 뱀을 주거나 달걀 대신 전갈(scorpion)을 줄 아버지가 어디 있겠는가? (맹독을 가진 전갈은 위기를 만나면 자기 몸을 둥글게 만든다.) 악한 아버지도 자기 자식에게는 잘한다. 하물며 하나님 아버지이시랴. 선물 중에 가장 좋은 선물인 성령님을 우리에게 주신다. 성령님은 아버지 하나님의 모든 선하심이 우리의 삶 속에 실현되게 하신다. '하물며', 기도하다가 낙심되거든 이 말을 소리 내어 읊어보자.

강청하는 기도는 예의에서 어긋날 수밖에 없다. '…하여 주시옵소서'보다 더 직설적인 '…해 주십시오'라는 표현은 어떨까? 그런 식으로 기도할 때 하나님 아버지 앞에 불경죄를 저지르게 될까? 아니다. 아버지의 발 앞으로 바짝 다가앉는 느낌이 들지 않는가. 우리의 기도는 너무 점잖아서 탈이다.

하나님의 나라가 임하였다

:: 눅 11:14-54 ::

빛과 어둠 사이에 팽팽한 긴장감이 감돌고 있었다. 서로가 서로를 지배하려는 긴장감이다. 예수님께서 세상에 참 빛으로 오시기 전까지는 사람들은 어둠이 어둠인 줄 모르고 살았다. 그러나 예수님께서 빛으로 오시니 어둠이 세력을 떨치고 일어났다. 영적으로는 사탄의 세력이요 현실적으로는 종교적 기득권을 가진 세력이었다.

예수님께서 말 못하게 하는 귀신을 쫓아내시자 그 사람이 말을 하게 되었다. 얼마나 놀라운 일인가. 그런데 악한 사람들은 악한 생각부터 한다. 그들은 예수님이 귀신의 왕 바알세불을 힘입어 귀신을 쫓아냈다고 생각했다. 일견하여 그럴듯한 논리다. 그러나 예수님의 지혜로운 대답이 그들을 압도하셨다.

> "스스로 분쟁하는 나라마다 황폐하여지며 스스로 분쟁하는 집은 무너지느니라. 너희 말이 내가 바알세불을 힘입어 귀신을 쫓아낸다 하니 만일 사탄이 스스로 분쟁하면 그의 나라가 어떻게 서겠느냐. 내가 바알세불을 힘입어 귀신을 쫓아내면 너희 아들들은 누구를 힘입어 쫓아내느냐? 그러므로 그들이 너희 재판관이 되리라. 그러나 내가 만일 하나님의 손을 힘입어 귀신을 쫓아낸다면 하나님의 나라가 이미 너희에게 임하였느니라"(눅 11:17-20).

예수님은 두 가지로 대답하셨다. 첫째로, 하나님의 나라는 사탄의 나라와 연합할 수 없다. 어둠의 세계도 빛의 세계와 공존할 수 없다. 둘째로, '그러면 너희 아들들은 누구를 힘입어 귀신을 내어 쫓느냐'고 물으심으로 그들의 모순성을 지적하셨다. 예수님께서 어떻게 귀신을 내어 쫓으셨는가? 귀신보다 훨씬 더 강하시기 때문이다. 하나님의 능력의 손(혹은 손가락, 마 12:28에는 '하나님의 성령') 앞에서 귀신은 패할 수밖에 없다. 애굽의 마술사들은 모세를 통하여 나타나는 기적들을 '하나님의 권능'(혹은 손가락)이라고 표현했다. 하나님께서 그 권능의 손가락으로 천지와 만물을 지으셨다(시 8:3).

왜 귀신이 쫓겨나갔는가? 하나님의 나라가 이미 그 사람에게 능력으로 임했기 때문이다. 만일 하나님의 손을 힘입어 예수님께서 귀신을 쫓아내신다면(현재) 그것은 하나님의 나라가 이미 그들 가운데 임하였기(과거에 이미 일어난 사건) 때문이라는 말씀이다. 이 말은 거꾸로 할 수가 없다. 현재가 과거보다 앞설 수 없기 때문이다.

예수님 앞에서 모든 사람들은 두 편으로 나누어진다. 예수님과 함께하든지 아니면 반대하든지, 중간지대는 없다. 귀신이 쫓겨난 후에는 반드시 예수님을 주인으로 모셔 들여야 한다. 빈 집으로 그냥 남아 있으면 일곱 귀신이 들어오고 형편은 이전보다 더 나빠질 것이다. 심각한 경고의 말씀이다.

그 와중에 사람들이 예수님께 표적을 구했다. 예수님을 인격적으로 믿고 영접하지 않으면 만 가지 표적을 보여주어도 아무것도 볼 수 없는 영적 장님이 된다. 예수님은 요나와 남방 여왕을 예로 드셨다.

> "심판 때에 남방 여왕이 일어나 이 세대 사람을 정죄하리니 이는 그가 솔로몬의 지혜로운 말을 들으려고 땅 끝에서 왔음이거니와 솔로몬보다 더 큰 이가 여기 있으며, 심판 때에 니느웨 사람들이 일어나 이 세대 사람을 정죄하리니 이는 그들이 요나의 전도를 듣고 회개하였음이거니와 요나보다 더 큰 이가 여기 있느니라"(눅 11:31-32).

왜 바리새인들과 서기관들이 예수님에게 표적을 구했을까? 그들은 예수님의 말씀이 진리인지 아닌지 분간할 수 있는 표(sign)를 보기 원했다. 그만큼 교만했다. 그러나 예수님의 대답은 단순했다. 니느웨 사람들은 요나의 '말'을 듣고 심판을 면했고, 남방 여왕은 솔로몬의 지혜로운 '말'을 들으려고 땅 끝에서 왔다. 지금 '너희 앞에 서 있는 내가 솔로몬보다 더 크고 요나보다 더 크다'는 말씀이다. 표적을 구하지 말고 예수님 자신을 구하라는 말씀이다.

그들이 예수님의 말씀을 깨달았을까? 아니다. 그들은 여전히 어둠 속에 있었다. 자기 눈이 어두우면 밝은 대낮도 어두운 밤이나 다름없다. 예수님을 만나면 영혼의 시력을 회복한다. 그래서 밝은 세상을 볼 수 있다. 아름다움을 즐기고 위험을 피하며 훨씬 더 효율적인 삶을 살게 된다. 우리는 '주여, 내 눈을 열어주소서' 하고 기도해야 한다. 예수님의 말씀을 들어보자.

> "누구든지 등불을 켜서 움 속에나 말 아래에 두지 아니하고 등경 위에 두나니 이는 들어가는 자로 그 빛을 보게 하려 함이라. 네 몸의 등불은 눈이라. 네 눈이 성하면 온 몸이 밝을 것이요 만일 나쁘면 네 몸도 어두우리라. 그러므로 네 속에 있는 빛이 어둡지 아니한가 보라. 네 온 몸이 밝아 조금도 어두운 데가 없으면 등불의 빛이 너를 비출 때와 같이 온전히 밝으리라 하시니라"(눅 11:33-36).

바리새인들은 점점 더 예수님을 대적했다. 이번에도 익명의 바리새인이 점심을 대접하기 위해 예수님을 자기 집으로 초청했다. 지난번 바리새인은 예수님의 발에 향유를 부은 여인 때문에 시험에 들었는데(눅 7:36-39) 이번 바리새인은 예수님께서 손을 씻지 않고 잡수신다고 시험에 들었다. 두 바리새인 모두 스스로 시험에 들었다(눅 11:39-40).

예수님은 '화 있을진저'라는 표현을 여섯 번이나 사용하시면서 그들의 위선을 책망하셨다. '화 있을진저'라는 표현은 '아아' 또는 '오호애재'(嗚呼哀哉)와 같은 탄식이다. 바리새인들은 자신들이 율법을 철저히 지킨다고 생각했다. 그러나 예수님께서 보시기에 그들은 본질을 외면하고 형식을 중시하는 위선적 생활을 하고 있었다. 예수님께서 탄식하시는 음성을 들어보자.

"주께서 이르시되 너희 바리새인은 지금 잔과 대접의 겉은 깨끗이 하나 너희 속에는 탐욕과 악독이 가득하도다. 어리석은 자들아 겉을 만드신 이가 속도 만들지 아니하셨느냐"(눅 11:39-40, 안팎이 다름을 꾸짖으심).

"화 있을진저 너희 바리새인이여 너희가 박하와 운향과 모든 채소의 십일조는 드리되 공의와 하나님께 대한 사랑은 버리는도다. 그러나 이것도 행하고 저것도 버리지 말아야 할지니라"(눅 11:42, 불균형을 책망하심).

"화 있을진저 너희 바리새인이여 너희가 회당의 높은 자리와 시장에서 문안 받는 것을 기뻐하는도다"(눅 11:43, 과시와 겉치레를 책망하심).

"화 있을진저 너희여 너희는 평토장한 무덤 같아서 그 위를 밟는 사람이 알지 못하느니라"(눅 11:44, 위선과 은폐를 책망하심).

"화 있을진저 또 너희 율법교사여 지기 어려운 짐을 사람에게 지우고 너희는 한 손가락도 이 짐에 대지 않는도다"(눅 11:46, 불가능한 요구와 무책임을 책망하심).

"화 있을진저 너희는 선지자들의 무덤을 만드는도다. 그들을 죽인 자도 너희 조상들이로다"(눅 11:47, 편협성과 모순을 책망하심).

"화 있을진저 너희 율법교사여 너희가 지식의 열쇠를 가져가서 너희도 들어가지 않고 또 들어가고자 하는 자도 막았느니라"(눅 11:52, 배타성과 고집을 책망하심).

예수님께서 그 집을 나오실 때에 바리새인들이 거세게 달려들며 예수님과 논쟁을 벌였다. 예수님의 입에서 나오는 말에서 꼬투리를 잡기 위해서다. 십자가의 시간이 점점 더 가까이 다가오고 있었다.

제자들에게 주신 교훈들

:: 눅 12:1-53 ::

"그 동안에 무리 수만 명이 모여 서로 밟힐 만큼 되었더니 예수께서 먼저 제자들에게 말씀하여 이르시되 바리새인들의 누룩 곧 외식을 주의하라"(눅 12:1).

'그 동안에'라는 표현은 이 단락이 앞의 단락과 연결되어 있음을 암시한다. 예수님께서 바리새인들과 논쟁하시는 동안 '무리 수만 명이 모여' 서로 밟힐 만큼 되었다. '수만 명' 앞에 정관사를 붙임으로써 '늘 그렇듯이 헤아릴 수 없이 많은 숫자'가 모였음을 강조하고 있다. 예수님은 개의치 않고 제자들을 가르치셨다.

"바리새인들의 누룩 곧 외식을 주의하라."

바리새인들의 종교적 위선에 물들지 않도록 조심하라는 말씀이다. 11장 후반에서 예수님은 바리새인들의 위선을 적나라하게 드러내셨다. 만일 제자들이 바리새인들을 닮아간다면 기독교의 희망은 사라질 것이다. '하나님 앞에서 아무것도 감출 수가 없다'는 단순한 진리가 우리를 순결한 신앙으로 안내한다. 우리는 목숨을 걸고 이 순결을 지켜야 한다.

> "내가 내 친구 너희에게 말하노니 몸을 죽이고 그 후에는 능히 더 못하는 자들을 두려워하지 말라. 마땅히 두려워할 자를 내가 너희에게 보이리니 곧 죽인 후에 또한 지옥에 던져 넣는 권세 있는 그를 두려워하라. 내가 참으로 너희에게 이르노니 그를 두려워하라"(눅 12:4-5).

예수님께서 제자들을 '내 친구'라고 부르셨다. 장차 시련과 환난의 계곡을 지나게 될 제자들을 부르시는 따뜻한 애칭(愛稱)이다. 세상 사람들은 몸을 죽일 수 있는 세상의 권력자들을 두려워한다. 그러나 그리스도인은 영혼을 영원히 불타는(마 5:22) '지옥'(게엔나, γέεννα)에 던지실 하나님을 두려워해야 한다. 몸은 잠시지만 영혼은 영원하다. 이 진리를 깨달을 때 제자들은 다가오는 순교의 시간에 담대하게 될 것이다. ('게엔나'는 예루살렘 성 밖 서남쪽에 있는 '힌놈의 골짜기'로서 우상숭배자들이 갓난아이들을 불태워 죽였던 곳이다.)

예수님은 제자들이 하나님 앞에서 얼마나 존귀한 자들인지를 비유로 말씀하셨다.

"참새 다섯 마리가 두 앗사리온에 팔리는 것이 아니냐. 그러나 하나님 앞에는 그 하나도 잊어버리시는 바 되지 아니하는도다. 너희에게는 심지어 머리털까지도 다 세신 바 되었나니 두려워하지 말라. 너희는 많은 참새보다 더 귀하니라"(눅 12:6-7).

우리는 사람의 목숨을 하찮게 생각하는 시대에 살고 있다. 우리를 지으신 하나님께서도 그렇게 생각하실까? 두 앗사리온(16분의 1 데나리온, 한 시간 임금에 해당)에 팔리는 참새 다섯 마리도 하나님께서 기억하신다. 하나님께서 우리의 머리털까지 세고 계신다. '설마 그렇게까지' 하고 생각하겠지만 이것은 예수님의 말씀이다. 사람을 어떻게 참새들과 비교할 수 있겠는가.

그럼 제자들이 해야 할 일은 무엇일까. 사람들 앞에서 예수님을 시인하는 일이다. 그러면 예수님도 하나님 아버지 앞에서 그들을 시인하실 것이다. 만일 제자들이 부인하면 예수님도 부인하실 것이다. 예수님을 부인한다는 말은 그의 '주 되심'을 인정하지 않는다는 말이다. 그리스도인은 일상의 삶 속에서 예수님을 주님으로 시인해야 한다.

"누구든지 말로 인자를 거역하면 사하심을 받으려니와 성령을 모독하는 자는 사하심을 받지 못하리라"(눅 12:10).

마태복음을 보면 예수님이 귀신의 왕을 힘입어 귀신을 내쫓는다는 비난에 잇대어 이 말씀이 나온다(마 12:31, 32). 예수님께서도 성령을 힘입어 귀신을 쫓아내셨다. 실수로 잘 알지 못하고 예수님의 말을 거역했다면 회개하고 용서받을 기회가 있다. 그러나 성령을 거역하면 회개할 수 있는 기회마저 사라진다. 회개는 성령님께서 우리에게 주시는 선물이기 때문이다. 제자들이 세상 권세자들 앞에 끌려 갈 때에도 성령님께서 그들의 입에 대답할 말을 주실 것이다.

> "사람이 너희를 회당이나 위정자나 권세 있는 자 앞에 끌고 가거든 어떻게 무엇으로 대답하며 무엇으로 말할까 염려하지 말라. 마땅히 할 말을 성령이 곧 그때에 너희에게 가르치시리라 하시니라"(눅 12:11-12).

13-21절에 기록된 '한 부자 비유'는 누가복음에만 나온다. 이 이야기를 통하여 누가가 전하려는 진리는 무엇일까. 무리 중에서 한 사람이 예수님께 말했다. '선생님, 내 형을 명하여 유산을 나와 나누게 하소서.' 예수님께서 대답하셨다.

> "이 사람아 누가 나를 너희의 재판장이나 물건 나누는 자로 세웠느냐? … 삼가 모든 탐심을 물리치라. 사람의 생명이 그 소유의 넉넉한 데 있지 아니하니라"(눅 11:14, 15).

이 단락의 핵심은 '삼가 모든 탐심을 물리치라'에 있다. 유산을 독차지하는 형도, 자기 몫을 찾으려는 동생도, 모두 탐심에 사로잡혀 있었다. 탐심은 '만족할 줄 모르는 욕심'이다. 생명의 가치를 소유에서 찾는 태도다. 많이 소유할수록 생명도 풍성하리라는 착각이다. 탐심은 거머리와 같아서 쉽게 떠나지 않는다. 마치 바닷물을 마시는 사람처럼 끝없는 갈증으로 시달린다. 감사하게도 이 사람은 예수님을 만남으로 탐심에서 벗어날 수 있는 기회를 얻었다. 예수님께서 비유를 들어 '탐욕의 해로움'을 가르쳐 주셨다.

"한 부자가 그 밭에 소출이 풍성하매 심중에 생각하여 이르되 '내가 곡식 쌓아 둘 곳이 없으니 어찌할까' 하고 또 이르되 '내가 이렇게 하리라. 내 곳간을 헐고 더 크게 짓고 내 모든 곡식과 물건을 거기 쌓아 두리라. 또 내가 내 영혼에게 이르되 영혼아 여러 해 쓸 물건을 많이 쌓아 두었으니 평안히 쉬고 먹고 마시고 즐거워하자 하리라.' 하되, 하나님은 이르시되 어리석은 자여 오늘 밤에 네 영혼을 도로 찾으리니 그러면 네 준비한 것이 누구의 것이 되겠느냐 하셨으니 자기를 위하여 재물을 쌓아 두고 하나님께 대하여 부요하지 못한 자가 이와 같으니라"(눅 12:16-21).

논밭의 소출이 풍성하니 쌓아둘 곳간이 부족했다. 부자는 급히 곳간들을 지으면서 자기 영혼에게 말했다. '내 영혼아 평안히 쉬고 먹고 마시고 즐거워하자.' 평안과 즐거움, 그것이 부자의 인생 목적이었다. 과연 평안히 쉬어질까? 소유가 많으면 근심도 많은 법이다. 과연 먹고 마시는 일이 즐거울까? 얼마나 많은 사람들이 체중을 조절하기 위해 고통을 감내하는지 그는 알고나 있을까. 날마다 취하도록 마시면 그의 간(肝)이 견디어낼 수 있을까. '즐기는 삶'은 마약과 같아서 점점 더 농도가 깊어져야 한다. 그는 얼마나 부도덕한 삶을 살았을까. 하나님께서 '어리석은 자여 오늘 밤에 네 영혼을 도로 찾으리니 그러면 네 준비한 것이 누구의 것이 되겠느냐?' 물으셨다. 풀어 쓰면 이런 뜻이다.

'이 사람아, 네 것은 아무것도 없다. 네가 많은 것들을 자랑했지만, 영혼도 네 것이 아니다. 오늘 밤에 내가 그 영혼을 가져가리라.'

부자의 탐심이 그를 죽음으로 내몰았다. 훗날 그의 재물은 누구의 것이 될까. 예수님께서 주변을 둘러보시며 '삼가 모든 탐심을 물리치라'고 말씀하셨다. 예수님께서 하신 말씀의 핵심은 이것이다.

'너에게 진정으로 필요한 존재는 바로 나다. 나를 너의 삶 속에 초청하지 않겠니?'

오해하지 말자. 물질의 소유가 곧 재앙이라는 말이 아니다. 하나님은 그를 사랑하는 자에게 물질의 축복도 주신다. 그러나 인생의 참된 목적은 자기를 즐겁게 하는 데 있지 않고 하나님을 기쁘게 하는 데 있다. 그러면 열 달란트나 되는 엄청난 축복을 받아도 근심이 없을 것이다. 솔로몬의 말이다.

> "여호와께서 주시는 복은 사람을 부하게 하고 근심을 겸하여 주지 아니하시느니라"(잠 10:22).

예수님은 제자들에게 '먹을 것과 입을 것을 위하여 염려하지 말라'고 가르치셨다(눅 12:22-34). 얼마 전에는 참새 다섯 마리를 예로 들어 '하나님의 돌보심'을 가르치셨다. 이번에는 까마귀와 들의 백합화를 예로 들어 같은 진리를 가르치셨다. 까마귀는 '심지도 않고 거두지도 않고 골방도 없고 창고도 없되' 하나님께서 기르신다. 백합화는 '실도 만들지 않고 옷감을 짜지도 않되' 솔로몬의 옷보다 더 아름답다. 이름 없는 까마귀와 내일이면 아궁이에 던져질 들풀이다. 예수님께서 '하물며 너희일까 보냐?'고 물으셨다. 살다보면 상대적 부족감에 사로잡힐 때가 있다. 대처하는 능력이 부족하고, 경제적으로 곤핍하며, 사회적으로 잊혀지고, 건강마저 허약할 때 느끼는 감정이다. 그럴 때는 눈을 들어 하늘을 나는 새를 보라. 언덕에 피어 있는 들꽃을 보라. 흘낏 보지 말고 지긋이 쳐다보라. 그것들에게 베푸신 하나님의 은혜가 가슴속 깊은 곳으로 밀려올 때까지 바라보라. 그리고 소리 내어 외치라. '하물며 하나님의 자녀인 나겠느냐!' 이 한 마디면 상황이 끝날 것이다. 마음속에 부요의식이 출렁거릴 것이다. 다윗처럼 '내게 부족함이 없으리로다' 하고 노래할 것이다. 바울처럼 '내가 모든 것을 할 수 있느니라'고 선언할 것이다.

예수님은 그의 제자들이 그렇게 살기를 원하셨다. 세상 사람들처럼 '무엇을 먹을까, 무엇을 마실까' 구하거나 근심하지 않고 살기를 원하셨다. (마태는 이것들을 가리켜 '이방인들이 구하는 것들'이라고 했다. 그러나 누가는 일부러 '이방인'이라는 차별적인 단어를 생략했다.) 제자들은 하나님의 나라 일꾼들로 부르심을 받았다. 그러면 당연히 하나님의 나라가 관심의 첫 번째 대상이 되어야 한다. 하나님께서 그의 나라를 위해 일하는 일꾼들에게 필요를 채워주실 것이다. 제자들의 상급이 무엇인가. 하나님의 나라 아닌가? 제자들이라면 마땅히 그 상급을 구해야 한다.

> "적은 무리여 무서워 말라. 너희 아버지께서 그 나라를 너희에게 주시기를 기뻐하시느니라."

하나님의 나라를 구하는 제자들은 삶의 초점을 하늘에 두어야 한다. 염려와 근심에서 벗어나는 해독제는 '쌓아 둠'이 아니고 '베풂'이다. 베푸는 자의 배낭이 다시 채워진다. 베푸는 자는 하늘에 보물을 쌓게 된다. 도둑도 없고 좀도 없는 곳이다. 마음은 보물이 있는 곳에 있게 마련이다. 하늘에 마음을 둔 사람은 땅의 일 때문에 염려하거나 근심하지 않는다. 그것이 예수님의 교훈이다.

> "너희 소유를 팔아 구제하여 낡아지지 아니하는 배낭을 만들라. 곧

하늘에 둔 바 다함이 없는 보물이니 거기는 도둑도 가까이 하는 일이 없고 좀도 먹는 일이 없느니라. 너희 보물 있는 곳에는 너희 마음도 있으리라"(눅 12:33-34).

조금 부담되는가? 부담이 없으면 상급도 없다. 부담되는 만큼 상급도 따른다는 사실을 잊지 말자.

그런 다음 예수님은 제자들에게 깨어 준비하고 있으라고 경고하셨다(눅 12:35-48).

"허리에 띠를 띠고 등불을 켜고 서 있으라. 너희는 마치 그 주인이 혼인 집에서 돌아와 문을 두드리면 곧 열어 주려고 기다리는 사람과 같이 되라."

어제의 일들을 후회하는 삶은 아무것도 남지 않는다. 그러나 내일을 준비하는 삶은 풍성한 열매를 맺는다. 제자는 항상 미래를 준비하는 삶을 살아야 한다. 그렇다면 무엇을 준비해야 할까?

무엇보다도 주인 맞을 준비를 해야 한다.

"주인이 와서 깨어 있는 것을 보면 그 종들은 복이 있으리로다. 내가 진실로 너희에게 이르노니 주인이 띠를 띠고 그 종들을 자리에 앉히고 나아와 수종들리라. 주인이 혹 이경(로마 시간으로 밤 9-12시)에나 혹 삼경(새벽 12-3시)에 이르러서도 종들이 그같이 하고 있는 것을 보면 그 종들은 복이 있으리로다. 너희도 아는 바니 집 주인이 만일 도둑이 어느 때에 이를 줄 알았더라면 그 집을 뚫지 못하게 하였으리라. 그러므로 너희도 준비하고 있으라. 생각하지 않은 때에 인자가 오리라"(눅 12:37-39).

밤 9시부터 새벽 3시까지는 하루의 피곤이 밀려와 잠이 쏟아지는 시간이다. 밤이 깊을수록 주인이 돌아올 확률도 낮아진다. 밤중은 '생각하지 않은 때'이다. 그런데 밤중에 주인이 돌아왔다. 그리고 그 때까지 깨어 있는 종들을 이번에는 주인이 수종들었다. 얼마나 감격스러운 장면인가. 그렇다면 종들은 깨어 있는 동안에 무슨 일을 해야 할까. 베드로의 질문은 누가복음에만 나온다.

"베드로가 여짜오되 주께서 이 비유를 우리에게 하심이니이까, 모든 사람에게 하심이니이까."

성경을 읽다가 우리도 베드로처럼 '주님, 나에게 하신 말씀인가요?' 하고 물어야 한다. 그러면 주님께서 대답해 주실 것이다.

"주께서 이르시되 지혜 있고 진실한 청지기가 되어 주인에게 그 집 종들을 맡아 때를 따라 양식을 나누어 줄 자가 누구냐. 주인이 이를 때에 그 종이 그렇게 하는 것을 보면 그 종은 복이 있으리로다. 내가 참으로 너희에게 이르노니 주인이 그 모든 소유를 그에게 맡기리라"(눅 12:42-44).

주인이 집을 비운 사이에 어떻게 주인을 섬길 수 있을까. 주인의 재산을 잘 지키고 종들을 배부르게 먹이며 그들이 할 일들을 잘 분배해 주어야 한다. 훗날 주인은 그런 청지기에게 그의 소유를 맡길 것이다. 그러나 주인이 언제 올지 모른다고 생각하며 종들을 때리고 술에 취해 있는 청지기는 엄한 벌을 받게 될 것이다. 청지기의 사명은 주인이 집을 비운 사이에 그 집을 잘 돌보는 것이다. '주인이 집을 비운 사이', 어쩐지 오늘날 주의 종들에게 하신 말씀처럼 들린다. 그러나 주인은 반드시 돌아오신다. 우리의 사명은 그때까지 하나님의 자녀들을 잘 돌보는 것이다. 하나님께서 그 일을 맡기셨기 때문이다.

예수님께서 그의 답답함을 이렇게 표현하셨다.

> "내가 불을 땅에 던지러 왔노니 이 불이 이미 붙었으면 내가 무엇을 원하리요. 나는 받을 세례가 있으니 그것이 이루어지기까지 나의 답답함이 어떠하겠느냐"(눅 12:49-50).

불은 심판과 청결을 뜻한다. 예수님은 참과 거짓, 진리와 비진리, 빛과 어둠을 나누셨다. 그러자 예수님을 향한 유대교 지도자들의 적대감은 점점 더 심해갔다. 영적 대립이 점점 더 첨예해져 갔다. 마지막으로 예수님께서 세례(십자가에서 죽으심)를 받으실 때까지 이 긴장감은 더해갈 것이다. 물론 그 이후에도 제자들의 삶에 이런 긴장과 대결이 계속될 것이다. 제자들의 가정에서도 분쟁이 일어날 것이다. 예수님을 믿는다는 말은 이제까지 살아왔던 삶에다가 몇 가지 진리를 더해 좀 더 나은 삶을 산다는 말이 아니다. 제자의 삶은 천지개벽(天地開闢)과 같은 거듭남의 삶이다. 따라서 영적인 분쟁은 피할 수 없는 현상이다. 그러나 결국에는 제자들이 승리할 것이다. 어둠은 절대로 빛을 이길 수 없다.

무리들에게 주신 교훈들

:: 눅 12:54-13:21 ::

예수님께서 '시대(season)를 분간하라'고 말씀하셨다. 제자들을 포함한 전체 무리들에게 주신 교훈이다. 사람들은 날씨를 잘 분별한다. 서쪽(지중해)에서 바람이 불면 비가 올 것이고 남쪽(유대 광야)에서 바람이 불면 무척 더울 것이다. 날씨를 분별하듯 시대를 분별해야 한다. 지금이 어떤 시대인가. 도끼가 나무뿌리에 놓여 있는 심판 직전의 때이다. 어떻게 해야 하는가? 회개하고 하나님과 화목해야 한다. 남은 시간이 많지 않다. 심판이 시작되면 돌이킬 수 없다. 그런데 무리들은 이런 사실을 애써 외면했다. 옳은 줄 알면서도 스스로 판단하지 않으려고 했다. 의도적인 회피다. 이런 점이 예수님을 답답하시게 했다.

누가복음 13장은 계속하여 '회개'를 다루고 있다. 회개에 대한 사람들의 일반적 생각은 자기중심이다. 다른 사람은 회개할 일들이 많아도 나는 없다고 생각한다. 무리들의 생각이 그랬다. 때마침 두세 사람이 와서 최근에 있었던 소식을 들려주었다. 총독 빌라도가 제사를 드리던 갈릴리 사람들을 죽였다는 이야기였다. 예수님은 그 말을 전하는 사람들의 생각을 읽고 계셨다.

"대답하여 이르시되 너희는 이 갈릴리 사람들이 이같이 해 받으므로 다른 모든 갈릴리 사람보다 죄가 더 있는 줄 아느냐. 너희에게 이르노니 아니라. 너희도 만일 회개하지 아니하면 다 이와 같이 망하리라"(눅 13:2-3).

누구나 다른 사람이 재난을 당하면 '무슨 죄를 지었기에…' 하고 생각한다. 그리고 자기는 그런 재난을 당하지 않았으므로 죄가 없다고 유추한다. 실로암에서 망대가 무너져 죽은 열여덟 사람에 대해서도 그런 생각을 했다. 그러나 예수님은 모든 사람이 다 죄인이라고 말씀하셨다. 회개하지 않으면 다 그와 같이 망할 것이라고 선언하셨다. 훗날 바울이 예수님의 말씀을 이렇게 복창(復唱)했다.

> "기록된 바 의인은 없나니 하나도 없으며 깨닫는 자도 없고 하나님을 찾는 자도 없고 다 치우쳐 함께 무익하게 되고 선을 행하는 자는 없나니 하나도 없도다"(롬 3:10-12).

모든 사람이 죄인이고 그 결과 다 죽어야 한다면, 우리는 살기 위해 회개해야 한다. 회개(메타노에오, μετανοέω)는 '생각을 바꾼다'는 뜻이다. 생각을 바꾸면 행동도 바꾸어진다. 어떻게 바꾸어야 할까. 예수님의 말씀을 따라 내 생각과 행동을 바꾸어야 한다. 진정한 회개에는 반드시 눈에 보이는 열매가 나타나게 된다. 예수님은 회개의 급박성(urgency)을 비유로 가르쳐 주셨다.

> "이에 비유로 말씀하시되 한 사람이 포도원에 무화과나무를 심은 것이 있더니 와서 그 열매를 구하였으나 얻지 못한지라. 포도원지기에게 이르되 내가 삼 년을 와서 이 무화과나무에서 열매를 구하되 얻지 못하니 찍어버리라. 어찌 땅만 버리게 하겠느냐. 대답하여 이르되 주인이여 금년에도 그대로 두소서. 내가 두루 파고 거름을 주리니 이 후에 만일 열매가 열면 좋거니와 그렇지 않으면 찍어버리소서 하였다 하시니라"(눅 13:6-9).

하나님의 자비로 심판의 때가 잠시 미뤄질 수 있지만 영원히 사라지는 것은 아니다. 회개의 열매를 맺고 심판을 면할 책임이 우리에게 있다.

안식일에 꼬부라진 여자를 고치신 이야기는 누가복음에만 나온다(눅 13:10-21). 귀신 들려 앓으며 열여덟 해 동안이나 꼬부라져서 허리를 펴보지 못했던 여인, 단어 하나하나에 처절한 아픔이 스며 있다. 여인을 보는 사람들마다 측은지심(惻隱之心)이었지만 도와줄 길이 없었다. 여인의 꼬부라진 모습은 어느새 동네 사람들의 평범한 일상이 되고 말았다. 그런데 예수님께서 그 일상을 깨뜨리셨다.

> "예수께서 보시고 불러 이르시되 여자여 네가 네 병에서 놓였다 하시고 안수하시니 여자가 곧 펴고 하나님께 영광을 돌리는지라" (눅 13:12-13).

얼마나 놀라운 일인가. 18년 동안 90도로 꼬부린 채 걷던 여인이 똑바로 서서 하나님께 영광을 돌렸다. 모두들 기뻐했다. 그 순간 반전이 일어났다. 회당장이 분을 내면서 무리를 향해 날카롭게 쏘아붙였다.

"일할 날이 엿새가 있으니 그 동안에 와서 고침을 받을 것이요 안식일에는 하지 말 것이니라."

함께 기뻐하고 감사해도 부족할 터인데, 왜 분을 냈을까? 자신의 권위가 무시되고 소외감을 느꼈기 때문일까? 겉으로는 율법의 수호자처럼 보이지만 사실은 율법의 정신을 망각한 사람이다. 율법의 핵심은 사랑이다. 예수님은 '안식일에 너희 가축을 외양간에서 풀어내어 물을 먹이지 아니하냐'고 반문하시면서 그의 위선을 책망하셨다.

그 다음에 나오는 겨자씨와 누룩의 비유는 앞서 예수님께서 행하신 기적과 연결된다. 예수님은 겨자씨와 누룩으로 하나님 나라의 능력을 설명하셨다. 핵심은 겨자씨 속에 있는 생명의 능력과 누룩 속에 있는 변화의 능력이다. 하나님의 나라가 임할 때 귀신이 쫓겨나가고 18년 동안 꼬부라졌던 여인이 펴졌다. 무리들은 예수님께서 행하신 영광스러운 일을 보고 기뻐했다. 그렇게 시작된 하나님의 나라는 겨자씨처럼 누룩처럼 점차 확대되어 갈 것이다.

제2절

예루살렘으로 여행하시더니

눅 13:22-17:10

예수님께서 예루살렘을 향해 가시며 행하신 사역들을 기록한 두 번째 단락이다. 이 단락에서 예수님은 하나님의 나라에 들어갈 사람들과 들어가지 못할 사람들을 구별하셨다.

좁은 문

:: 눅 13:22-35 ::

어떤 사람이 예수님에게 '구원을 받는 자가 적으니이까' 하고 물었다. 예수님께서 대답하셨다.

> "좁은 문으로 들어가기를 힘쓰라. 내가 너희에게 이르노니 들어가기를 구하여도 못하는 자가 많으리라"(눅 13:24).

구원받는 자가 많다는 말씀일까 적다는 말씀일까. 하나님께서는 많은 사람이 구원받기를 원하신다. 그러나 택함(구원)받은 사람이 적다고 예수님께서 말씀하셨다.

"하나님은 모든 사람이 구원을 받으며 진리를 아는 데에 이르기를 원하시느니라"(딤전 2:4).

"청함을 받은 자는 많되 택함을 입은 자는 적으니라"(마 22:14).

예수님은 '얼마나 많은 사람'이 아니고 '누가' 구원받을 수 있는가에 대해 대답하셨다. 구원받으려면 '좁은 문'으로 들어가야 한다. 좁은 문은 단순한 도덕주의나 금욕주의를 의미하지 않는다. 좁은 문은 예수님을 따라 들어가는 문이다. 예수님 자신이 양의 문이 되셨다(요 10:7).

문이 닫히고 나면 다시 열리지 않는다. 밖에서 아무리 두드려도 소용없다. 안에서 들려오는 소리가 단호하다. '나는 너희가 어디에서 온 자인지 알지 못하노라.' 문 두드리는 사람들이 다급한 목소리로 부르짖는다. '우리는 주 앞에서 먹고 마셨으며 주는 또한 우리의 길거리에서 가르치셨나이다.' 그러나 그들은 예수님과 아무 상관없는 사람들이다. 그저 예수님을 먼발치에서 따라다녔을 뿐이다. 그들은 자기 십자가를 지고 자기를 부인하지 않았다. 넓은 길에서 자기 하고 싶은 대로 선택하며 살았다. 자기 십자가 때문에 고민해본 적이 없었다. 그래서 집 주인이 단호하게 물리쳤다.

"나는 너희가 어디에서 왔는지 알지 못하노라. 행악하는 모든 자들아, 나를 떠나 가라."

청지기가 직분을 소홀히 했기 때문에 그는 악한 자다. 예수님께서 말씀하셨다.

"너희가 아브라함과 이삭과 야곱과 모든 선지자는 하나님 나라에 있고 오직 너희는 밖에 쫓겨난 것을 볼 때에 거기서 슬피 울며 이를 갈리라. 사람들이 동서남북으로부터 와서 하나님의 나라 잔치에 참여하리니 보라, 나중 된 자로서 먼저 될 자도 있고 먼저 된 자로서 나중 될 자도 있느니라"(눅 13:28-30).

유대인들이 가장 듣기 싫어하는 말씀이다. 선택받은 백성들은 쫓겨나서 슬피 울고 이를 갈 것이다. 그러나 좁은 문으로 들어간 이방인들은 하나님 나라의 잔치에 참여할 것이다. 예수님의 말씀을 듣고 민심이 요동치기 시작했다. '동서남북으로부터 사람(이방인)들이 와서 하나님의 나라 잔치에 참여하다니, 그런 일이 있어서는 안 된다. 절대로 안 된다.' 갑자기 갈릴리 지역에 한랭기류가 흘렀다. 한 바리새인이 와서 예수님에게 그 지역의 분위기를 귀띔해 주었다.

"나가서 여기를 떠나소서. 헤롯이 당신을 죽이고자 하나이다"(눅 13:31).

그가 전해준 말은 사실이다. 헤롯은 이미 세례 요한을 죽인 전력(前歷)이 있었다. 예수님께서도 다가올 위험을 알고 계셨다. 그러나 한 가지는 분명하다. 예수님은 예루살렘 밖에서 절대로 죽지 않으실 것이다. 아무리 여우같은 헤롯이 예수님을 죽이고 싶어 해도, 아무리 바리새인들이 그런 일을 보고 싶어 해도, 십자가에 달려 죽으실 때까지는 아버지께서 맡겨주신 일을 계속하실 것이다. 예수님의 눈은 다시 예루살렘을 향했다. 예루살렘은 언제나 이스라엘 전체를 상징한다.

> "예루살렘아 예루살렘아 선지자들을 죽이고 네게 파송된 자들을 돌로 치는 자여 암탉이 제 새끼를 날개 아래에 모음같이 내가 너희의 자녀를 모으려 한 일이 몇 번이냐. 그러나 너희가 원하지 아니하였도다. 보라, 너희 집이 황폐하여 버린 바 되리라. 내가 너희에게 이르노니 너희가 주의 이름으로 오시는 이를 찬송하리로다 할 때까지는 나를 보지 못하리라 하시니라"(눅 13:34-35).

'암탉이 제 새끼를 날개 아래에 모음같이', 얼마나 애틋한 말씀인가. 하나님의 사랑이 절절이 밀려오지 않는가? 하나님께서 이스라엘을 외면하신 적이 한 번이라도 있었던가? 이스라엘의 역사를 그림 한 장으로 그려본다면 이보다 더 정확한 표현도 없을 것이다. 이스라엘 백성들은 재림하시는 예수님을 볼 때에야 자신들의 허물을 깨닫게 될 것이다. 그러나 잊지 말자. 하나님께서 그들을 여전히 품에 안고 계신다.

하늘나라 잔치에 들어가려면

:: 눅 14:1-35 ::

안식일에 예수님께서 한 바리새인 지도자의 집에 떡을 잡수시기 위해 들어가셨다. 이 지도자는 회당장이거나 혹은 그 지역의 종교적 지도자였을 것이다. 식탁에는 많은 사람들이 모여 있었다. 안식일 예배가 끝나면 지도자가 동네 사람들을 위해 식탁을 베푸는 일이 흔히 있었다. 손님 접대를 종교적 의무로 여겼기 때문이다. 그러나 몇몇 바리새인들은 예수님의 약점을 잡기 위해 예의주시하고 있었다. 마침 그곳에 수종병 든 사람이 있었다. 수종병은 장기(臟器)에 문제가 있어서 배나 손발이 붓는 병이다. 율법적으로 보면 부정(不淨)한 병이다. 예수님께서 먼저 질문하셨다.

> "안식일에 병 고쳐 주는 것이 합당하냐, 아니하냐?"(눅 14:3).

마태와 마가는 안식일에 병자를 고치심으로 일어난 논쟁을 각각 한 번씩만 기록했다. 그러나 누가는 세 번이나 기록했다(눅 6:6 이하, 13:10 이하). 그만큼 누가는 안식일 문제를 진지하게 다루었다. 아마도 안식일에만 예배를 드려야 한다는 유대주의자들(유대인으로 예수님을 믿는 자들) 때문이었을지도 모른다. 마태와 마가는 바리새인이 예수님을 자기 집에 초청한 이야기를 한 번도 기록하지 않았다. 그러나 누가는 세 번이나 기록했다(눅 7:46 이하, 11:37 이하). 그런데 세 번 모두 바리새인들의 불순한 동기가 드러났다. 그들은 마음으로 예수님을 '비율법적'이라고 판단하고 있었다. 예수님의 갑작스러운 질문에 모두 잠잠했다. 그러자 예수님께서 수종병 환자를 고쳐 보내시며 말씀하셨다.

> "또 그들에게 이르시되 너희 중에 누가 그 아들이나 소가 우물에 빠졌으면 안식일에라도 곧 끌어내지 않겠느냐?"(눅 14:5).

아무도 대답하지 못했다. 맞는 말씀이기 때문이다. 그러나 '병자를 고치시는 일은 좋습니다만 절차상의 문제가 있잖아요. 왜 안식일에 그런 일을 하십니까?' 하고 항변하고 싶었을 것이다. 예수님께서 그들의 생각을 아시고 '왜냐하면 생명을 구하는 일이기 때문이다'라고 대답하셨다. 갑자기 식탁의 분위기가 가라앉았다. 그때 예수님께서 좌우를 둘러보시며 더 충격적인 말씀을 하셨다.

"네가 누구에게나 혼인 잔치에 청함을 받았을 때에 높은 자리에 앉지 말라. 그렇지 않으면 너보다 더 높은 사람이 청함을 받은 경우에 너와 그를 청한 자가 와서 너더러 이 사람에게 자리를 내주라 하리니 그때에 네가 부끄러워 끝자리로 가게 되리라. 청함을 받았을 때에 차라리 가서 끝자리에 앉으라. 그러면 너를 청한 자가 와서 너더러 벗이여 올라앉으라 하리니 그때에야 함께 앉은 모든 사람 앞에서 영광이 있으리라. 무릇 자기를 높이는 자는 낮아지고 자기를 낮추는 자는 높아지리라"(눅 14:8-11).

마태복음(23:1 이하)과 마가복음(12:38)에도 같은 말씀이 있다. 그러나 누가는 이 말씀을 잔치가 벌어지고 있는 현장에 삽입함으로써 그 의미를 극대화시켰다. 여하간 예수님은 다른 사람의 마음을 불편하게 만드시는 데 특별한 능력이 있으셨다. 그 순간 식탁의 상좌(head table)에 있던 사람들은 모두 바늘방석에 앉은 느낌이었을 것이다. 진리는 언제나 우리를 불편하게 만든다. 겸손한 자는 높임을 받을 것이고 교만한 자는 부끄러움을 당할 것이다. '높아짐'은 선택이 아니다. 그냥 주어진다(수동태). 이 진리만 터득해도 세상살이가 훨씬 더 지혜롭게 될 것이다.

예수님의 직설(直說)은 거기서 그치지 않았다. 이번에는 그날 식탁을 배설한 바리새인의 지도자를 무대 위로 끌어올리셨다.

"또 자기를 청한 자에게 이르시되 네가 점심이나 저녁이나 베풀거든 벗이나 형제나 친척이나 부한 이웃을 청하지 말라. 두렵건대 그 사람들이 너를 도로 청하여 네게 갚음이 될까 하노라. 잔치를 베풀거든 차라리 가난한 자들과 몸 불편한 자들과 저는 자들과 맹인들을 청하라. 그리하면 그들이 갚을 것이 없으므로 네게 복이 되리니 이는 의인들의 부활시에 네가 갚음을 받겠음이라 하시더라"(눅 14:12-14).

지도자가 되려면 상류사회(upper class) 인물들과 교제해야 한다. 그래야 자기 위치를 유지할 수 있다. 그런데 '얻을 것도 없는 하류계급들과 어울리라니', 말도 안 되는 소리라고 생각했을까? 바리새인 지도자는 아무런 반응이 없었다. 이렇게 반응이 없는 빈 공간은 언제나 우리에게 대답을 요구한다. 무거운 침묵을 깨고 손님 중 하나가 화제(話題)를 허공으로 돌렸다.

"함께 먹는 사람 중의 하나가 이 말을 듣고 이르되 무릇 하나님의 나라에서 떡을 먹는 자는 복되도다 하니"(눅 14:15).

하나님의 나라에서 떡을 먹는 자리, 미래에 메시아가 임하셔서 베푸실 잔치, 오직 유대인들만 참석하게 될 잔치에 대한 언급이다. 모두들 그의 말에 긴장을 풀고 다시 떡 그릇에 손을 넣기 시작했다. 식탁 주변이 다시 소란스러워졌다. 그러나 예수님은 포기하지 않으셨다. 오히려 대화의 고삐를 바짝 더 조이셨다. 그리고 그날의 핵심 교훈을 비유로 들려주셨다.

"이르시되 어떤 사람이 큰 잔치를 베풀고 많은 사람을 청하였더니 잔치할 시각에 그 청하였던 자들에게 종을 보내어 이르되 오소서 모든 것이 준비되었나이다 하매, 다 일치하게 사양하여 한 사람은 이르되 나는 밭을 샀으매 아무래도 나가 보아야 하겠으니 청컨대 나를 양해하도록 하라 하고, 또 한 사람은 이르되 나는 소 다섯 겨리를 샀으매 시험하러 가니 청컨대 나를 양해하도록 하라 하고, 또 한 사람은 이르되 나는 장가 들었으니 그러므로 가지 못하겠노라 하는지라. 종이 돌아와 주인에게 그대로 고하니 이에 집 주인이 노하여 그 종에게 이르되 빨리 시내의 거리와 골목으로 나가서 가난한 자들과 몸 불편한 자들과 맹인들과 저는 자들을 데려오라 하니라. 종이 이르되 주인이여 명하신 대로 하였으되 아직도 자리가 있나이다. 주인이 종에게 이르되 길과 산울타리 가로 나가서 사람을 강권하여 데려다가 내 집을 채우라. 내가 너희에게 말하노니 전에 청하였던 그 사람들은 하나도 내 잔치를 맛보지 못하리라 하였다 하시니라"(눅 14:16-24).

이 잔치는 '구원의 잔치'이다. 하나님의 아들 예수님께서 구원의 잔치에 유대인들을 초청하셨다. 그들은 이런저런 핑계를 대며 초청을 거절했다. 그러나 평소에 자격미달이라고 생각했던 죄인들(가난한 자들과 몸 불편한 자들과 맹인들과 저는 자들)과 이방인들(길과 산울타리 가에 있는)은 오히려 초청에 선뜻 응했다. 죄인들과 이방인들을 성령님께서 강권하셔서 잔치에 참석하게 하시고 구원의 맛을 보게 하셨다. 마태복음에는 '만나는 대로 데려와서 잔치 자리를 채운 사람들' 중에 예복을 입지 않은 한 사람이 쫓겨나는 장면이 있다(마 22:1-14). 그러나 누가복음에는 없다. 누가는 구원받을 자격이 없는 사람들이 구원받는 길은 오직 은혜뿐이라는 점을 강조하고 있다.

누군가 이런 말을 했다. '하나님께서 나를 부르실 때 나는 오랫동안 고집을 부리며 거절하였습니다. 그런데 하나님은 나보다 더 고집이 세신 분이었습니다. 결국 저를 항복하게 만드셨습니다.' 하나님의 사랑이 우리의 거절보다 더 크시기 때문에 우리가 구원받았다. 우리는 모두 하나님의 사랑에 억지로 끌려나온 사람들이다. 아무도 '나야말로 정식으로 초청 받을 만한 자격이 있어서 이 자리에 왔다'고 말할 수 없다. 이것이 기독교가 말하는 은혜다. 받을 자격이 없는데 거저 주시는 선물이다. 그날 바리새인 지도자의 집에서 하나님의 우주적 진리가 선포되었다. 그런데 과연 몇 사람이나 그 진리를 깨달았을까.

예수님께서 제자들을 둘러보시며 말씀하셨다. 예수님께서 언제 이 교훈을 주셨는지 확실하지 않다. 아마도 바리새인 지도자의 집에서 나오시며 말씀하셨을 것이다.

> "무릇 내게 오는 자가 자기 부모와 처자와 형제와 자매와 더욱이 자기 목숨까지 미워하지 아니하면 능히 내 제자가 되지 못하고 누구든지 자기 십자가를 지고 나를 따르지 않는 자도 능히 내 제자가 되지 못하리라"(눅 14:26-27).

가끔 우리는 '자기 십자가'를 '억지로 당하는 고통'이라고 오해한다. 그런가? 아니다. 우리는 자발적으로 십자가를 짊어져야 한다. 예수님을 사랑하기 때문이다. 토저(Aiden W. Tozer) 목사님은 징계와 십자가의 다른 점을 다음과 같이 명쾌하게 설명했다.

"징계는 그것을 당하는 사람의 동의 없이 부과되는 것이고, 십자가는 짊어지는 사람의 동의 아래 부과되는 것이다. 징계는 하나님이 행하시는 것이고, '십자가를 지는 것'은 그리스도인이 마땅히 해야 할 의무이다.…우리가 원하지 않는데 찾아오는 십자가는 없다. 십자가를 지는 것은 우리의 의지적인 선택이다. 그러므로 십자가를 짊어지는 사람은 그 결과까지 깊이 생각하고 분명한 결단에 의해 짊어져야 한다. 그리스도인의 십자가는 그가 그리스도에게 온전히 순종하며 따르려고 할 때 닥치는 고난이다. 순종의 길에는 언제나 십자가가 서 있다. 십자가가 '순종의 길'에서 발견된다면, 징계는 '불순종의 길'에서 발견된다."

제자는 예수님보다 다른 누구를 더 사랑하지 않아야 한다. 26절과 27절의 말씀을 현대어 성경에서 읽어보면 그 뜻이 더 분명해진다.

> "누구든지 나를 따르고자 하는 사람은 자기 부모나 처자식이나 형제나 자매를 사랑하는 것보다 훨씬 더 나를 사랑해야 한다. 아니, 자기 목숨보다도 더 나를 사랑해야 한다. 그렇지 않으면 그는 내 제자가 될 수 없다."

이것은 배타적인 사랑이다. 오직 예수님만 사랑하는 초월적인 사랑이다. 예를 들어보자. 언제부터인가 마음이 불편하고 기도가 막힌다. 예배에 은혜가 없고 찬송에도 흥이 없다. '왜 그럴까? 주님이 나를 떠나신 것일까?' 그래서 주님께 물어본다. '주님, 왜 제 안에 들어오시지 않고 밖에 계세요?' 주님께서 대답하신다. '나는 너의 삶에 최고가 되기를 원한다. 네가 온 마음과 뜻과 정성과 생명을 다하여 나를 사랑하기를 원한다. 나는 너의 삶에 손님이 아닌 주인이 되기를 원한다.' 그때 우리는 깊은 생각에 잠기기 시작한다. 예수님만 온전히 사랑하려고 할 때 우리는 영적인 갈등을 경험하게 된다. 그러다가 어느 순간에 결단을 내리고 믿음을 고백한다. '주님, 저는 주님 한 분만으로 만족합니다. 내 모든 것이 주님의 것입니다.' 그 순간 우리의 복잡했던 삶이 단순하게 정리된다.

제자가 되려면 진지해야 한다. 과연 예수님만 사랑할 수 있는지, 항상 나를 부인할 수 있는지, 그리고 제자 됨의 무게를 끝까지 감당할 수 있을지 잘 생각해 보아야 한다. 예수님께서 두 가지 예를 드셨다. 망대를 세우기 전에 공사 비용은 충분히 준비되어 있는지, 전쟁을 할 때 나의 일만 명으로 적의 이만 명을 대항할 수 있는지 미리 계산해 보라고 하셨다.

> "이와 같이 너희 중의 누구든지 자기의 모든 소유를 버리지 아니하면 능히 내 제자가 되지 못하리라"(눅 14:33).

좋은 물건을 사려면 비싼 값을 지불해야 한다. 예수님의 제자가 되기 위해서는 무엇인가 포기해야 한다. 어떤 사람은 쾌락을 포기한다. 어떤 사람은 교만한 성품을 포기한다. 어떤 사람은 탐욕을 포기한다. 어떤 사람은 열등의식을 포기한다. 어떤 사람은 거짓과 게으름을 포기한다. 사람마다 포기할 일들이 각각이다. 포기하고 나면 소금처럼 삶에 맛이 난다. 소금이 짠맛을 잃어버리면 아무 쓸모가 없다. 제자들은 자기보다 예수님을 사랑하며 부르심에 전적으로 헌신해야 한다. 그래야 제자들의 삶에 맛이 난다.

회복

:: 눅 15:1-32 ::

누가복음 15장에서 예수님은 '회복'이라는 주제로 세 가지 비유를 들려주셨다. 두 번째와 세 번째 비유는 누가복음에만 나온다.

이 비유를 말씀하신 동기는 바리새인들과 서기관들의 수군거림 때문이었다.

> "모든 세리와 죄인들이 말씀을 들으러 가까이 나아오니 바리새인과 서기관들이 수군거려 이르되 이 사람이 죄인을 영접하고 음식을 같이 먹는다 하더라"(눅 15:1-2).

세 가지 비유에 공통점이 있다. 잃어버림과 되찾음, 그리고 즐거운 잔치다. 첫 번째 비유는 백 마리의 양 가운데 한 마리를 잃었다가 다시 찾은 후 기뻐하는 장면이다. 두 번째 비유는 열 개의 동전 가운데 하나를 잃었다가 되찾은 후에 즐거워하는 이야기다. 세 번째 비유는 집을 나갔다가 다시 돌아온 둘째 아들 때문에 벌인 동네 잔치 이야기다. 처음 두 비유에서 양의 주인과 동전을 잃은 여인은 끝까지 찾아가서 마침내 찾아왔다.

그러나 세 번째 비유는 다르다. 아버지가 아들을 찾아가지 않았다. 그 대신에 아들이 스스로 돌아왔다. 같은 '회복'의 주제를 다룬 비유인데 왜 이 점이 다를까. 이유는 간단하다. 양과 동전은 지정의(知情意)가 없다. 인격이 없다. 그러나 둘째 아들에게는 인격이 있다. 그래서 더 역동적(力動的)인 드라마가 연출될 수 있었다.

하루는 둘째 아들이 아버지에게 와서 당돌한 어투로 말했다.

> "아버지여 재산 중에서 내게 돌아올 분깃을 내게 주소서"(눅 15:12).

'주소서'라는 동사는 명령어다. 둘째 아들은 아버지의 권위에서 벗어나고 싶었다. 자기 인생에 스스로 책임을 지는 진정한 자유를 누리고 싶었다. 둘째 아들이 아버지에게 자기 몫을 달라고 명령하는 순간, 그는 사탄의 포로가 되었다. 그는 아버지를 떠난 후에 한 번도 자기 의지대로 살아보지 못했다.

그는 나누어받은 재산을 현금으로 바꾼 후 먼 나라로 떠났다. 그리고 허랑방탕하며 재산을 낭비했다. 원래 계획은 그렇게 개념 없이 사는 것이 아니었다. 집을 나설 때만 해도 그럴듯한 계획들을 세웠을 것이다. 그러나 계획을 실천에 옮겨볼 기회가 없었다. 포로로 잡혀가는 백성처럼 무기력하게 방탕한 생활로 이끌려 들어갔다. 잠자리에 들 때마다 내일은 오늘처럼 살지 말아야겠다고 다짐했지만, 동이 트면 똑같은 하루가 되었다.

곶감 빼먹듯 가진 돈을 다 쓰고 나니 설상가상으로 흉년이 찾아왔다. 겨우 얻은 직장이 돼지를 치는 일이었다. 돼지는 이스라엘 백성들이 부정하게 여기는 짐승이다. 가난과 배고픔과 외로움이 뼛속까지 스며들었다. 돼지가 먹는 쥐엄열매로 배를 채우려고 하면, '돼지가 먹을 음식을 왜 네가 먹느냐'고 주인이 소리쳤다. 주인은 돼지가 그보다 훨씬 더 중요하다고 생각했다.

마침내 둘째 아들에게 제정신이 돌아왔다. 얼마 전까지 아버지의 집에서 다른 종들의 섬김을 받으며 살던 자기의 모습을 회상해보았다. 아버지의 집에 있는 품꾼들의 얼굴이 떠올랐다. 아버지로부터 인격적 대우를 받던 품꾼들, 늘 그들의 가족을 위해 넉넉한 양식을 들려보내시던 아버지, '우리 아버지는 종들을 이런 식으로 대하지 않으셨는데…', 갑자기 아버지가 그리웠다. 아버지의 품꾼들이 부러웠다. 마치 바벨론에 포로로 잡혀간 유대인들이 예루살렘을 그리워하듯이 그는 아버지의 집을 사모하기 시작했다. 바벨론의 강가에서 고향을 그리며 부르던 유대인들의 슬픈 노래를 현대어 성경으로 읽어보자.

> "우리는 바벨론 강변에 앉아 시온을 생각하여 울었네. / 강기슭 버드나무 가지 위에 이제는 쓸모없어진 우리의 거문고를 걸었네. / 우리를 사로잡은 자가 우리에게 노래를 청하며 우리를 황폐하게 만든 자가 우리에게 신명을 돋우라 하네. / 자기들을 위해 시온 노래를 한 가락 읊으라 하네. / 그러나 어찌 우리가 이방 땅에서 여호와께 드리는 노래를 부를 수 있으리. / 예루살렘아, 내 너를 잊어야 한다면 차라리 내 오른손이 거문고 뜯는 솜씨도 함께 영영 잊어버리게 하여라. / 예루살렘아, 내 너를 생각할 수 없다면, 너를 생각하는 이 가슴 벅찬 기쁨을 잊어야만 한다면, 차라리 내 혀가 입천장에 들러붙어 다시는 노래 부르지 못하게 하여라"(시 137:1-6).

둘째 아들이 혼잣말을 했다.

> "내가 일어나 아버지께 가서 이르기를 '아버지 내가 하늘과 아버지께 죄를 지었사오니 지금부터는 아버지의 아들이라 일컬음을 감당하지 못하겠나이다. 나를 품꾼의 하나로 보소서.' 하리라"(눅 15:18).

그는 일어나서 아버지의 집으로 돌아갔다. 물론 단숨에 벌떡 일어나지 못했을 것이다. 며칠 밤낮을 고민했을 것이다. 그는 먼저 자신의 죄를 뼈저리게 회개했다. 회개는 '내가 틀렸고 아버지가 옳았습니다' 하는 고백이다. 회개에는 지정의(知情意)가 포함되어야 한다. 둘째 아들은 자기가 잘못했음을 지적으로 깨달았다. 도저히 용서받을 수 없을 정도로 아버지의 마음을 아프게 해드렸음을 정서적으로 깨달았다. 이제 돌아가면 품꾼 중의 하나로 써주시라고 간청하겠다는 의지적 결단도 했다.

그러나 회개하였다고 해서 영적 포로생활이 끝난 것은 아니다. 아버지의 집에 돌아가서 품꾼의 하나가 되어 산다고 해서 그의 위치가 변화된 것도 아니다. 장소만 바뀌어졌을 뿐, 그의 포로생활은 여전히 변함없을 것이다. 엄밀히 말하면, 그의 포로생활은 먹고 사는 문제와 상관이 없었다. 포로생활이 끝나려면 무엇보다도 아버지의 용서를 받아야 했다.

예수님께서 들려주신 '잃어버린 아들'의 비유에서 주인공은 아들이 아니고 아버지다. 이 비유는 아들을 용서하고 받아들인 아버지의 사랑에 대한 이야기다. 양과 동전의 비유에서는 주인이 찾아 나섰다. 그러나 이 비유에서는 아버지가 아들을 기다리고 계셨다. 얼른 찾아 나서는 것과 끝없이 기다리는 것 중, 어느 편이 더 어려울까. 돌아온 둘째 아들이 용서를 구하기도 전에 아버지가 그를 용서했다. 둘째 아들이 마음에 품었던 말을 다 하기도 전에 아버지는 그의 뺨에 (계속해서) 입을 맞추면서 옆에 서 있는 종들에게 명령했다.

> "(집에 있는 옷 중에) 제일 좋은 옷을 내어다가 입히고 손에 가락지를 끼우고 발에 신을 신기라. 그리고 살진 송아지를 끌어다가 잡으라. 우리가 먹고 즐기자. 이 내 아들은 죽었다가 다시 살아났으며 내가 잃었다가 다시 얻었노라"(눅 15:22-24).

거지도 그런 거지가 없었다. 아버지는 우선 아들의 지위를 회복시켜 주었다. 아버지의 용서는 거저 주시는 선물이었다. 그 순간, 둘째 아들의 포로생활이 끝났다. 신분이 회복되고 관계가 복구되었다. 집 안에 큰 잔치가 벌어졌다. 그런데 이번에는 놀랍게도 큰아들이 포로가 되고 말았다. 동생에 대한 미움과 아버지를 향한 원망에 사로잡혀 스스로 포로가 되었다. 그는 분을 내면서 말했다.

> "내가 여러 해 아버지를 섬겨 명을 어김이 없거늘 내게는 염소 새끼라도 주어 나와 내 벗으로 즐기게 하신 일이 없더니 아버지의 살림을 창녀들과 함께 삼켜 버린 이 아들이 돌아오매 이를 위하여 살진 송아지를 잡으셨나이다"(눅 15:29-30).

큰아들의 말은 아버지더러 '절대로 용서의 은혜를 베풀지 마시라'는 명령이나 다름없다. 아버지가 큰아들을 달래며 말했다. 아버지의 권면은 계속되었다(과거에 어떤 행동이 진행 중인 미완료형이다).

> "아버지가 이르되, 얘 너는 항상 나와 함께 있으니 내 것이 다 네 것이로되 이 네 동생은 죽었다가 살아났으며 내가 잃었다가 얻었기로 우리가 즐거워하고 기뻐하는 것이 마땅하다 하니라"(눅 15:31-32).

아버지의 말씀이 틀렸는가? 아니다. 아버지는 자기 재산을 두 아들에게 각각 나누어주었다. 그러나 자기는 아무것도 받지 않았다고 큰아들은 생각했다. 여전히 아버지와의 관계를 주인과 일꾼처럼 생각하고 있었다. 은혜가 너무 크면 깨닫지 못하는 것일까. 은혜를 경험하지 못한 사람은 은혜 베풀 줄도 모른다. 다른 사람이 은혜 받는 일마저 못마땅해 보인다. 얼마나 슬픈 일인가. 예수님은 비유 마지막에서 우리에게 중요한 질문을 던지고 계신다.

'네가 큰아들이었다면 어떻게 하겠니?'

바리새인들은 예수님이 죄인을 영접하고 함께 음식을 먹는다고 수군거렸다. 예수님은 비유를 통하여 '내가 그렇게 하는 것이 마땅하다. 그렇지 않은가?'라고 반문하셨다(눅 15:32). 바리새인들이 그 비유를 듣고 어떤 반응을 보였을까. 다음 장을 읽다보면 그때 변화된 사람이 하나도 없었던 것 같다.

부(富)의 사용에 대한 교훈

:: 눅 16:1-31 ::

누가복음 16장은 두 개의 비유로 구성되어 있다. 첫 번째 비유는 1-8절에 나오는 '옳지 않은 청지기'에 관한 이야기다. 9-13절은 그 비유에 대한 예수님의 교훈이고, 14-18절은 바리새인들의 반응이다. 두 번째 비유는 19-31절에 나오는 '부자와 나사로' 이야기다. 두 비유는 '세상 재물의 지혜로운 사용'이라는 주제로 연결되어 있다.

첫 번째 비유는 복음서에서 해석하기가 가장 어려운 내용 중 하나이다. 오랜 세월에 걸쳐 여러 해석들이 있었고 그 해석들 사이에 충돌이 일어나기도 했다. 왜 이 비유를 이해하기가 그렇게 어려울까? 먼저 비유의 전반부를 편견 없이 읽어보자.

> "또한 제자들에게 이르시되 어떤 부자에게 청지기가 있는데 그가 주인의 소유를 낭비한다는 말이 그 주인에게 들린지라. 주인이 그를 불러 이르되, '내가 네게 대하여 들은 이 말이 어찌 됨이냐. 네가 보던 일을 셈하라. 청지기 직무를 계속하지 못하리라.' 하니, 청지기가 속으로 이르되, '주인이 내 직분을 빼앗으니 내가 무엇을

할까. 땅을 파자니 힘이 없고 빌어먹자니 부끄럽구나. 내가 할 일을 알았도다. 이렇게 하면 직분을 빼앗긴 후에 사람들이 나를 자기 집으로 영접하리라.' 하고, 주인에게 빚진 자를 일일이 불러다가 먼저 온 자에게 이르되, '네가 내 주인에게 얼마나 빚졌느냐?' 말하되 '기름 백 말이니이다.' 이르되 '여기 네 증서를 가지고 빨리 앉아 오십이라 쓰라.' 하고, 또 다른 이에게 이르되, '너는 얼마나 빚졌느냐? 이르되 밀 백 석이니이다.' 이르되 '여기 네 증서를 가지고 팔십이라 쓰라.' 하였는지라. 주인이 이 옳지 않은 청지기가 일을 지혜있게 하였으므로 칭찬하였으니 이 세대의 아들들이 자기 시대에 있어서는 빛의 아들들보다 더 지혜로움이니라"(눅 16:1-8).

일반적으로 비유는 한 가지 진리만을 가르친다. 비유 하나에서 여러 가지 진리를 찾아내려고 하면 혼란에 빠진다. 또 비유의 세밀한 부분에 치중하다 보면 핵심을 잃어버릴 수 있다. 비유의 세부사항(details)들은 이야기를 완성하고 기억하기 쉽도록 하기 위해 사용된 소품(小品, stage props)들이다. 특히 이 비유에는 그런 소품들이 많이 등장한다. 비유의 의도를 오해하면 혼란에 빠지게 된다. 이 청지기는 나중에 사기 치는 행위를 했다.

청지기의 불의함에 초점을 맞추다 보면 해석에 모순이 발생한다. 비유는 순전하고 담백하게 읽어야한다. 비유를 통해 주시는 예수님의 교훈에 관심을 두어야 한다. '나의 관점'을 가지고 비유를 읽으면 그만큼 불분명한 해석을 하게 된다. 그럼 이 비유를 통해 예수님께서 주시는 교훈은 무엇일까.

예수님은 물질에 관한 올바른 자세를 가르치시기 위해 제자들에게 이 비유를 들려주셨다. 비유 중에 나오는 청지기는 그 가정의 재산을 관리하는 집사(執事)다. 그런데 그가 주인의 재물을 낭비했다. 도둑질은 아니었지만 재정을 잘못 사용함으로 주인에게 손해를 끼쳤다. 이 사실을 알게 된 주인이 그를 해고하겠다고 통지했다. 청지기는 변명하지 않았다. 사실이었으니까. 그러나 자신의 장래가 염려스러웠다. '땅을 파자니 힘이 없고 빌어먹자니 부끄러웠다.' 이리저리 궁리하던 중에 묘책이 떠올랐다. 그래서 주인에게 빚진 자들을 불러다가 부분적으로 탕감해 주었다. 그는 탕감 받은 사람들이 훗날 자기를 홀대(忽待)하지 않으리라고 생각했다. 윤리적으로 용납될 수 없는 일이다. 그런데 그 사실을 알게 된 주인이 오히려 그의 지혜를 칭찬했다. 예수님도 "이 세대의 아들들이 자기 시대에 있어서는 빛의 아들들보다 더 지혜로움이니라"고 하셨다. 여기에서 우리는 혼란에 빠지게 된다. 불의한 청지기에 대한 주인의 칭찬과 예수님의 설명을 어떻게 해석해야 할까.

오해하지 말자. 주인의 칭찬은 칭찬이 아니다. 단순한 인정에 불과하다. 그는 청지기의 기민함(혹은 약삭빠름)을 인정했다. 우리 성경에 번역된 '지혜'는 '민첩함, 약삭빠름'(shrewdness, φρονίμως)을 의미한다. 누가는 다른 여섯 곳에서 '지혜'라는 의미로 '소피아'(σοφία)를 사용했다. 그리고 이 단어는 언제나 하나님과 예수님과 연결되어 사용되었다.

> "예수는 지혜와 키가 자라가며 하나님과 사람에게 더욱 사랑스러워 가시더라"(눅 2:52).

> "내가 너희의 모든 대적이 능히 대항하거나 변박할 수 없는 구변과 지혜를 너희에게 주리라"(눅 21:15).

부정직한 청지기에게는 '지혜'가 아닌 '약삭빠름'이 있었다. 마지막 기회를 살려서 자신이 곤란하게 되었을 때에 도와줄 수 있는 친구들을 만들었다. 자신의 이익을 챙기는 일에 있어서는 '이 세대의 아들들'이 '빛의 아들들'보다 더 민첩하다. 민첩하기 때문에 주인이 그를 다시 고용할까? 아닐 것이다. 악한 자는 나중에 더 악한 일을 하게 되니까. 그럼 예수님께서 이 비유를 통하여 제자들에게 주시고자 했던 교훈은 무엇일까? 9절에서 대 반전이 일어난다.

> "내가 너희에게 말하노니 불의의 재물로 친구를 사귀라. 그리하면 그 재물이 없어질 때에 그들이 너희를 영주할 처소로 영접하리라."

불의한 청지기 이야기는 8절로 끝난다. 9절 이하는 예수님께서 그의 제자들에게 주신 교훈이다. 서로 다른 내용이다. '불의의 재물로 친구를 사귀라'는 말씀은 무슨 뜻일까? NIV 성경은 '불의의 재물'을 '세상 재물(worldly wealth)로 번역하고 있다. 그 편이 더 자연스럽다. 여기에서 '친구'는 도움이 필요한 가난한 사람들(people in need)을 가리킨다. 마태복음 25장을 보면 가난한 자들에게 구제한 것이 곧 그리스도에게 한 것이라는 말씀이 나온다.

> "임금이 대답하여 이르시되 내가 진실로 너희에게 이르노니 너희가 여기 내 형제 중에 지극히 작은 자 하나에게 한 것이 곧 내게 한 것이니라"(마 25:40).

불의한 청지기는 주인의 재물로 자기 이익을 위해 친구를 만들었다. 그러나 제자들은 친구의 이익을 위해 자신의 세상 재물을 사용해야 한다. 그 동기가 전혀 다르다. 세상 재물은 영원하지 않다. 제자들은 재물을 섬기는 사람들이 아니고 바르게 사용하는 사람들이다. 그러면 재물이 다하는 날, 즉 제자들이 세상을 떠나는 날에 그 친구들이 영원한 처소(eternal tabernacle)로 그들을 인도할 것이다. 이것은 구제를 해야 천국에 들어간다는 말이 아니다. 구제는 구원 받은 사람들의 자연스러운 열매일 뿐 구원의 조건은 아니다. 구원은 예수 그리스도의 보배로운 피로 받는다. 그러나 세상 재물을 올바로 사용하면 훗날 양들처럼 예수님의 오른편으로 인도함을 받게 될 것이다(마 25:31-45).

10절 이하는 일반적인 말씀이다. 예수님은 이 말씀을 통하여 불의한 청지기에 대한 우리의 오해를 말끔히 제거해주셨다.

> "지극히 작은 것에 충성된 자는 큰 것에도 충성되고 지극히 작은 것에 불의한 자는 큰 것에도 불의하니라. 너희가 만일 불의한(세상) 재물에도 충성하지 아니하면 누가 참된 것으로 너희에게 맡기겠느냐. 너희가 만일 남의 것에 충성하지 아니하면 누가 너희의 것을 너희에게 주겠느냐. 집 하인이 두 주인을 섬길 수 없나니 혹 이를 미워하고 저를 사랑하거나 혹 이를 중히 여기고 저를 경히 여길 것임이니라. 너희는 하나님과 재물을 겸하여 섬길 수 없느니라"(눅 16:10-13).

불의한 청지기에게는 '기민하다'(shrewd)는 단어를 사용하고 제자들에게는 충성스럽다(faithfulness, πιστός)는 단어를 사용하셨다. 전자는 자기 유익을 구하는 데 약삭빨랐고 후자는 하나님을 위하여 충성스러웠다. 둘 사이에 공통분모는 기회가 있을 때에 그 기회를 잘 살렸다는 데 있다. 우리가 인생을 사는 동안 재물을 외면할 수는 없다. 그러나 재물은 가끔 우리를 넘어지게 하는 올무가 된다. 그래서 '불의한 재물'이라고 말씀하셨을 것이다. 세상 재물은 삶의 목적이 될 수 없다. 선한 일을 하기 위한 수단이다. 재물을 주신 하나님 앞에서 그 재물을 신실하게 사용해야 한다. 세상 재물을 바로 사용할 수 없는 사람이 어떻게 '참'(알레디노스, ἀληθινός, 요한이 자주 사용하는 어휘. 예를 들면 '참 빛')된 일에 신실할 수 있겠는가? 또 남의 것에 충성하지 아니하면 누가 우리의 것을 우리에게 주겠는가? 재물은 우리 소유가 아니다. 하나님께서 우리에게 일시적으로 맡겨주신 기회다. 주님께서 주신 재물들을 선하게 사용하면 훗날 우리의 것을 주실 것이다. 예수님은 '우리의 것'을 '열 고을'로 표현하신 적이 있다(눅 19:17).

예수님은 나쁜 실례에서 좋은 교훈을 찾아내셨다(a good lesson out of bad example). 일종의 반면교사(反面教師, 사람이나 사물의 부정적인 면에서 얻는 깨달음)로 삼으신 셈이다. 풀러머(Alfred Plummer) 목사님은 이 단락을 해석하면서 이렇게 결론을 맺었다.

"만일 세상 사람들이 돈과 위로를 얻으려고 애쓰는 것처럼 우리가 선을 이루기 위해 열망적이고 창의적이라면 우리는 훨씬 더 나은 사람이 될 것이다. 만일 우리가 자신의 사업과 관련된 일들만큼 자신의 영혼과 관련된 일들에 더 많은 관심을 기울인다면 우리는 훨씬 더 나은 사람이 될 것이다."

재물 이야기가 나오자 바리새인들이 비웃었다. 아마도 '하나님과 재물을 겸하여 섬길 수 없다'는 13절 말씀이 그들의 감정을 건드렸을 것이다. 원래 돈을 좋아하는 사람들이었으니까. 그들은 스스로를 '옳은(의로운) 사람'이라고 생각했고, 의로운 사람은 하나님께 물질적 축복을 받는다고 주장했다. 그래서 바리새인들은 더 많은 물질을 모으려고 노력했다. 결과적으로 하나님과 물질을 겸하여 섬기게 되었다.

율법과 복음은 서로 연결될 수 없을까? 아니다. 서로 뗄 수가 없다. 율법은 하나님과 사람을 사랑하라고 가르치고 복음은 하나님의 은혜와 사랑을 받아들이라고 가르친다. 예수님 안에서 율법은 완성되었고 복음이 선포되었다. 수많은 죄인들이 복음을 듣고 하나님의 나라로 들어왔다. 그러나 스스로 옳다고 주장하는 바리새인들은 자기도 들어가지 않고 들어가려는 사람들도 막았다. 율법을 완전하게 지킨다고 자부하는 바리새인들에게 예수님께서 말씀하셨다.

> "그러나 율법의 한 획이 떨어짐보다 천지가 없어짐이 쉬우리라. 무릇 자기 아내를 버리고 다른 데 장가드는 자도 간음함이요 무릇 버림당한 여자에게 장가드는 자도 간음함이니라"(눅 16:17-18).

'너희가 과연 율법을 완전하게 지키고 있느냐'는 질문이다. 당시 어떤 율법 선생들은 단지 마음이 가지 않는다는 이유만으로도 아내와 이혼할 수 있다고 가르쳤다. 그들은 세속적인 헬라 문화의 영향 아래 살고 있었다. 복음 아래 사는 우리는 하나님의 말씀 앞에 스스로 겸손하며 훨씬 더 엄격해야 한다.

두 번째 비유는 '부자와 거지' 이야기다(눅 16:19-31).

한 부자가 있었다. 최고가(最高價)의 옷을 입고(이런 사람은 매일 새 옷으로 갈아 입는다.), 진귀한 식재료로 날마다 잔칫상을 배설하며, 당시의 일류 연예인들을 불러다가 유흥(遊興)을 즐겼다. 부자였으니까. 안식일에도 그렇게 즐겼을까? 그랬을 것이다. 그런데 그 집의 으리으리한 대문 앞에 나사로라고 하는 거지가 쓰레기통을 뒤지며 '버려진 삶'을 살고 있었다. 피부병으로 덮여 있는 몸을 개들이 와서 핥아주었다. 신기하게도 부자는 이름이 없었으나 거지에게는 있었다. '나사로'는 '엘리에셀'의 라틴어형(形)으로 '하나님은 나의 도우심'이라는 뜻이다. 나사로는 예수님의 비유 중에 나오는 인물 중 유일하게 이름을 가진 사람이다.

부자와 나사로, 둘 사이에 '넘침과 모자람'이 극(極)을 이루었다. 어느 날 나사로가 죽어 천사들에게 받들려 아브라함의 품에 들어갔다. 곧이어 부자도 죽어 장사되었다. 올라간 거지와 내려간 부자가 대비(對比)되고 있다. 아무도 눈여겨보지 않던 거지 나사로는 천사들의 섬김을 받으며 아브라함의 품속에 있고, 수많은 아첨꾼들 사이에서 거드름을 피우던 부자는 홀로 불꽃 가운데서 고통을 당하고 있었다. 부자는 그의 '자랑스러운 조상' 아브라함에게 물 한 방울을 간청했지만 얻어 마실 수가 없었다. 자기 형제들에게 나사로를 보내서 제발 이 고통 받은 곳에 오지 않게 해달라고 요청했지만 그마저도 거절당했다.

이 비유를 너무 세밀한 부분까지 해석하려고 하지 말자. 그냥 하나의 비유다. 부자는 세상에서 모든 것을 누렸으니까 고통을 받고, 나사로는 아무것도 누리지 못했으니까 성대한 대접을 받았다고 해석하지 말자. 성경 어디에도 부자는 지옥에 가고 거지는 천국에 간다는 말씀이 없다. 엄밀하게 보면 이 비유는 재물에 대한 부자의 책임을 다루고 있다. 부자가 아무것도 하지 않은 일에 대한 경고다. 그는 세상 재물로 대문 밖에 있는 거지를 친구로 만들 수 있었다. 그러나 그 기회를 외면했다. 부자는 그에게 물질을 주신 하나님께 충성하지 못했다. 그의 불충함이 곧 그의 불의가 되었다. 왜 그랬을까? 하나님과 재물을 겸하여 섬기려고 했기 때문이다. 그런 일은 절대로 불가능하다. 하나님을 섬기면 재물을 섬길 수 없고 재물을 섬기면 하나님을 섬길 수 없다. 재물을 섬기는 자는 하나님의 음성을 들을 수 없지만 하나님을 섬기는 자는 재물을 다스릴 수 있다. 그 부자는 하나님께서 주신 부의 축복을 저주로 바꾸고 말았다. 이 세상에서 재물을 다루는 행위가 다음 세상에 영향을 끼친다.

이 비유는 첫 번째 비유의 결론이다. 첫 번째 비유는 제자들에게 주셨고, 두 번째 비유는 바리새인들에게 주셨다. 그런데 궁금하다. 과연 그들이 진리를 깨달았을까?

죄, 용서, 믿음, 그리고 의무

:: 눅 17:1-10 ::

누가는 이 짧은 단락에 예수님께서 제자들에게 가르치신 네 가지 주제들을 모아 담았다.

첫째는 죄에 대한 가르침이다(1-2절). 작은 자를 넘어지게 하는 죄는 큰 죄다. 작은 자는 이제 예수님을 믿기 시작한 어린 성도다. 넘어지게 했다는 말씀은 그로 하여금 죄를 범하거나 믿음을 포기하게 하는 원인 제공자가 되었다는 뜻이다. 만일 이런 죄를 범했다면 연자맷돌을 목에 매고 바다에 던져지는 편이 더 낫다고 하셨다. 연자맷돌은 사람이 돌리는 작은 맷돌이 아니다. 짐승이 돌리는 큰 맷돌이다. 얼마나 두려운 말씀인가.

둘째는 용서에 대한 가르침이다(3-4절). 형제가 죄를 범하면 책망하고, 회개하면 용서해야 한다. 하루에 일곱 번 죄를 범하고 일곱 번 회개하면 일곱 번 다 용서해 주라고 하셨다. 그래서 용서는 어렵다. 끝까지 용서해 주어야 하기 때문이다. 진심으로 용서하기를 원한다면 성령의 도우심을 구해야 한다.

셋째는 믿음에 대한 가르침이다(5-6절). 제자들이 믿음을 더해주시라고 구하자 예수님께서 대답하셨다.

> "너희에게 겨자씨 한 알만한 믿음이 있었더라면 이 뽕나무더러 뿌리가 뽑혀 바다에 심기어라 하였을 것이요 그것이 너희에게 순종하였으리라"(눅 17:6).

직역하면 이런 뜻이다. '너희에게 겨자씨만한 믿음이 (계속해서) 있고, 그 믿음을 가지고 뽕나무더러 '뿌리가 뽑혀라 그리고 바다에 심겨져라' 하고 계속 말하고 있다면 그 뽕나무가 너희 말에 순종해 버렸을 것이다.'

이미 주신 믿음을 귀히 여기고 끊임없이 사용해서 더 큰 믿음이 되게 해야 한다는 말씀이다. 우리의 믿음을 굳게 붙들고 믿음의 언어를 계속해서 사용하면 하나님의 능력이 임한다.

넷째는 종의 의무에 대한 가르침이다(7-10절). 밭에서 일하고 돌아온 종이 주인을 향해 불평할 수 있을까? 사역자들이 하나님을 향하여 툴툴거릴 수 있을까? 주인이 종에게 감사해야 할까? 천만년의 세월이 흐른다 해도 자기 임무를 다한 종이 할 수 있는 말은 하나뿐이다. '저는 무익한 종입니다. 제가 하여야 할 일을 한 것뿐입니다.' 주의 종이 세상의 칭찬에 목말라하면 머지않아 궤도를 이탈하게 될 것이다.

제3절

예루살렘으로 가실 때에

눅 17:11-19:27

감사하는 사마리아 사람

:: 눅 17:11-19 ::

예루살렘으로 올라가시는 단락의 마지막 묶음이다. 예수님께서 사마리아와 갈릴리 사이로 지나가시는 길에 나병환자 열 명을 만나셨다. 누가복음에만 기록된 이야기이다. 다른 복음서 기자들이 중요하게 생각하지 않았던 이야기들(그런 이야기들이 너무나 많았으므로) 가운데서 누가는 주옥같은 자료들을 발굴했다. 한결같이 이방인들이 읽으면 감격스러운 내용들이다. 그래서 누가복음에는 마태복음과 마가복음에 없는 내용들이 많이 있다.

나병환자 열 명이 멀리 서서 "예수 선생님이여, 우리를 불쌍히 여기소서" 하고 소리쳤다. 예수님께서 대답하셨다. "가서 제사장들에게 너희 몸을 보이라." 가서 나병이 고침 받았음을 보여주고 제사장의 완치증명서를 받으라는 말씀이다.

예수님의 말씀대로 그들은 다 깨끗함을 받았다. 얼마나 감격했을까. 그런데 한 사람, 그것도 사마리아 사람 혼자만 돌아와 예수님께 감사를 드렸다. (다른 아홉은 모두 유대인이었을 것이다.) 그러자 예수님께서 그에게 더 큰 선물을 주셨다.

> "예수께서 대답하여 이르시되 열 사람이 다 깨끗함을 받지 아니하였느냐. 그 아홉은 어디 있느냐. 이 이방인 외에는 하나님께 영광을 돌리러 돌아온 자가 없느냐 하시고, 그에게 이르시되 일어나 가라 네 믿음이 너를 구원하였느니라 하시더라"(눅 17:17-19).

감사는 구원과 연결된다. 사마리아 사람은 감사함으로 구원을 선물로 받았다. 그런데 왜 다른 아홉은 감사하지 않았을까. 찰스 브라운(Charles L. Brown) 목사님은 '돌아오지 않은 아홉 사람들이 내놓을 만한 변명들'을 다음과 같이 상상해 보았다.

첫 번째 사람은 자기 병이 진짜로 치료받은 것인지 기다려보기로 했다. (One waited to see if the cure was real.)

두 번째 사람은 그 치료가 얼마나 오래 갈 것인지 기다려보기로 했다. (One waited to see if it would last.)

세 번째 사람은 차후에 예수를 찾아가겠다고 말했다. (One said he would see Jesus later.)

네 번째 사람은 자기가 결코 문둥병에 걸린 적이 없었다는 결론에 도달했다. (One decided that he had never had leprosy.)

다섯 번째 사람은 자기 문둥병은 가만 두어도 저절로 나을 병이었다고 말했다. (One said he would have gotten well anyway.)

여섯 번째 사람은 제사장에게 영광을 돌렸다. (One gave the glory to the priests.)

일곱 번째 사람은 "사실 예수가 뚜렷하게 한 일은 아무것도 없잖아요"라고 말했다. (One said, 'O, well, Jesus didn't really do anything.')

여덟 번째 사람은 "그건 어떤 선생이라도 다 할 수 있는 일이었어요" 하고 말했다. (One said, 'Any rabbi could have done it.')

아홉 번째 사람은 "내 병은 이미 많이 호전되고 있던 중이었어요" 하고 말했다. (One said, 'I was already much improved.')

재미있는 상상이다. 세상에 핑계 없는 무덤은 없으니까. 결국 아홉 사람들이 감사하지 않는 까닭은 감사할 이유가 없기 때문이다. 치료받은 감격은 곧 사라지게 마련이다. 문둥병이 고침을 받았다고 해서 무슨 새로운 일이 일어난 것도 아니다. 그냥 원상 회복되었을 뿐이다. 억울하게 잃어버린 것을 되찾았을 뿐이다. 그래서 고침 받은 것이 당연했다. 이제 하나님을 향해 주먹 불끈 쥐고 원망하는 일은 없겠지만, 그렇다고 특별히 감사할 일도 없었다. 오히려 그 동안의 잃어버린 세월을 누가 보상해 줄 것인가, 무슨 큰 죄가 있어서 나병환자가 된 것처럼 오해받은 그 억울함은 누가 풀어줄 것인가, 가족과 친척과 이웃들에게 외면당한 그 한 맺힌 날들을 누가 돌려줄 것인가, 생각해 보니 별로 감사할 일이 없었다. 아홉 명 모두 그런 생각을 했을 것이다.

한편, 하나님을 찬양하고 예수님에게 경배하러 온 사마리아 사람은 다른 생각을 했다. '하나님, 저는 하나님 앞에 요구할 아무런 권리가 없습니다. 저는 건강하게 살 아무런 권리가 없습니다. 문둥병에 걸리지 않을 권리도 없습니다. 그런데 하나님의 은혜로 저의 병이 나았습니다. 저는 새로운 삶을 선물로 받았습니다. 감사합니다.' 조금 과장한 듯 하지만 가슴으로 성경을 읽다보면 그런 상상을 할 수 있다.

에드워드 스펜서(Edward W. Spencer)는 일리노이 주(州) 에반스에 있는 게렛 신학교(Garrett Evangelical Theological Seminary) 학생이었다.

1860년 9월 8일, 한밤중에 친구의 고함소리에 그는 눈을 떴다. 가까운 미시간 호수에서 조난 사고가 일어났다고 했다. 그것은 385명을 태운 스팀 여객선(steamship) 'Lady Elgin'이 다른 선박과 충돌한 후 침몰해서 287명이 익사한 큰 사고였다. 고등학교 시절 수영 선수였던 에드워드는 호수로 뛰어들어 심한 바람과 높은 물결을 뚫고 한 사람씩 구조하기 시작했다. 그렇게 열여섯 명을 쉬지 않고 육지로 끌어낸 후 너무 지친 나머지 쓰러졌다. 그때 누군가 파도 속에서 허우적거리는 또 한 명의 조난자가 보인다고 소리쳤다. 그는 벌떡 일어나 다시 물속으로 뛰어 들어가 그 사람을 구해냈다. 그리고는 정신을 잃어버렸다. 병원에서 눈을 뜬 그는 곁에 있는 형에게 말했다. "윌, 내가 최선을 다한 거지?"(Will, did I do my best?) 그러나 이 날의 무리가 화근이 되어 81세에 로스앤젤레스의 버뱅크(Burbank) 시에서 세상을 떠날 때까지 평생을 불편한 몸으로 살아야 했다.

세상을 떠나기 며칠 전 신문 기자가 방문해서 그날의 소감을 묻자 그는 힘없이 대답했다. "그날 밤 내가 생을 구해준 사람은 17명인데 나에게 감사를 표시한 사람은 한 명의 소녀뿐이었습니다. 이 소녀는 그 후 7년 동안 크리스마스마다 감사의 카드를 보내왔습니다."

어떤 성도님의 이야기가 생각난다. 감사할 줄 모르는 자식들 때문에 몹시 섭섭했을 때 두 가지가 질문이 떠오르더란다. 하나는 '나는 부모님에게 감사한 적이 있었던가?' 하는 질문이었다. 물론 있었다. 언제? 돌아가신 후에야. 다른 하나는 '나는 하나님께 감사했는가?' 하는 질문이었다. 생각해 보니 별로 없었다. 그래서 회개하며 하나님께 감사드렸다. 그랬더니 자식들 때문에 가졌던 불편한 마음이 슬그머니 자리를 떠나더란다. 어디 그 성도님뿐이겠는가? 우리의 이야기가 아닌가? 감사는 참 어렵다. 왜 그럴까. 너무 쉽기 때문이다. 그러나 내가 먼저 감사하면 어려운 문제가 해결되고 자유를 얻게 될 것이다.

감사는 주는 것이지 받는 것이 아니다. 감사를 기대하지 말자. 감사를 기다리면 실망이 돌아올 것이다. 예수님도 10명 중 한 명에게서만 감사를 받으셨으니까. 그 대신 온 마음을 다하여 하나님의 은혜에 감사하고 이웃의 사랑에 고마움을 표현하자.

'하나님의 나라를 보여주소서'

:: 눅 17:20-37 ::

바리새인들이 하나님의 나라가 언제 임하는지 예수님께 물었다. 바리새인들 중에서 비교적 온순한 편에 속한 사람들의 질문이다. 모처럼 예수님께서 그들의 질문에 친절하게 대답해 주셨다.

> "하나님의 나라는 볼 수 있게 임하는 것이 아니요 또 여기 있다 저기 있다고도 못하리니 하나님의 나라는 너의 안에 있느니라"(눅 17:20-21).

이 말씀은 두 가지로 해석할 수 있다. 첫 번째 해석은 하나님의 나라가 그들의 마음에 임한다는 말씀이다. 하나님의 나라가 마음에 임하면 그의 의식세계가 다스림을 받는다. 마음이 변화되면 삶의 방식과 행동도 바꾸어진다. 두 번째 해석은 예수님이 지금 그들 가운데 계신다는 말씀이다. 예수님의 존재 자체가 곧 하나님의 나라이다. 그러므로 예수님의 제자는 하나님의 나라의 백성이다. 이

둘 중에 어느 해석이 맞을까. 둘 모두 맞다. 예수님을 만나면 사람이 변화된다. 예수님을 만난 사람은 예수님의 다스림을 받게 된다. 예수님을 만나는 일과 그의 다스림을 받는 일은 둘이 아니고 하나이다. 반드시 하나여야 한다.

그런 다음 예수님은 제자들에게 '인자의 날', 곧 그가 세상에 다시 오실 재림(再臨)의 날에 대하여 가르치셨다(22-37절). 누가가 그의 복음서를 집필할 무렵 교회 안에 두 가지 흐름이 있었다. 하나는 '인자의 날이 이미 지나갔다'는 주장이고(살후 2:1-2), 다른 하나는 '과연 그날이 오겠는가' 하는 의구심이었다(벧후 3:3-4). 누가는 이 두 가지 잘못된 흐름을 예수님의 말씀으로 바로잡아 주었다.

> "또 제자들에게 이르시되 때가 이르리니 너희가 인자의 날 하루를 보고자 하되 보지 못하리라"(눅 17:22).

인자의 날은 분명히 올 것인데 아직은 아니라는 말씀이다. 그때나 지금이나 예수님의 재림을 빙자하여 교회를 혼란스럽게 하는 무리들이 있다. 대부분은 성도들을 이용하려는 이단들이다. 예수님은 분명히 다시 오신다. 그가 약속하셨기 때문이다. 그러나 번개처럼 재림하실 것이다. 바리새인들은 '언제'를 물었고, 제자들은 '어디에서'를 물었다. 그러자 예수님은 '어떻게'로 대답하셨다.

예수님의 재림을 사모하는 성도들은 항상 준비된 삶을 살아야 한다. '나는 어떻게 살아야 할 것인가?', 우리는 이 질문 앞에 항상 깨어 있어야 한다. 깨어 있는 사람은 노아 시대나 소돔 시대처럼 '먹고 마시고, 장가가고 시집가고, 사고 팔고 심고 집을 짓는 일'에 얽매이지 않아야 한다. 그렇게 살지 말라는 말씀이 아니다. 그것이 전부인 줄 알고 살지 말라는 말씀이다. 물질에 심취하여 영혼이 피폐되도록 방치하지 않아야 한다. 주님이 재림하시는 날에는 집 안에 있는 물건들을 가지러 갈 여유도 없을 것이다. 있는 그대로 두고 떠나야 한다. 어느 지역에서는 잠자는 밤중에 그런 일이 일어나고 어느 지역에서는 일하는 대낮에 일어날 것이다. 예수님께서 재림하시는 날뿐만 아니라 우리의 수명을 다하고 죽음을 맞이하는 날에도 그런 일이 일어날 것이다. 주님 만나기를 준비하며 사는 성도들은 시대를 분별해야 한다. 항상 주님 만날 준비를 하고 살다가 천사들의 영접을 받으며 영광스럽게 데려감을 받아야 한다.

누가는 예수님의 수난을 예고하며 다시 '현실'의 세계로 그의 독자들을 안내했다.

> "그러나 그가 먼저 많은 고난을 받으며 이 세대에게 버린 바 되어야 할지니라"(눅 17:25).

기도에 대한 교훈

:: 눅 18:1-17 ::

진리를 가르치는 데 비유보다 더 좋은 도구가 없다. 예수님은 '낙심하지 않는 기도'를 가르치시기 위해 과부와 재판장의 비유를 사용하셨다. 역시 누가복음에만 나오는 비유다.

어떤 도시에 재판장이 있었다. 그는 하나님을 두려워하지 않고 사람을 무시했다. 이런 사람은 자기 멋대로 재판한다. 권력을 남용하고 뇌물을 밝힌다. 그래서 예수님은 이 재판장 앞에 '불의한'이라는 형용사를 사용하셨다. 그런데 그 도시에 사는 한 과부가 자주 그에게 와서 '내 원수에 대한 나의 원한을 풀어달라'고 간청했다. 과부는 일반적으로 재물도 없고 배경도 없다. 그래서 재판장은 그녀를 무시했다. 그런데 너무 자주 찾아왔다. 처음에는 '또 왔어요?' 하며 신경질적인 반응을 보였을 것이다. 그러다가 더 이상 괴롭힘을 당하지 않기 위해 과부의 원한을 풀어주기로 했다. 여기까지가 비유의 내용이다. 그 다음은 예수님의 교훈이다.

> "주께서 또 이르시되 불의한 재판장이 말한 것을 들으라. 하물며 하나님께서 그 밤낮 부르짖는 택하신 자들의 원한을 풀어 주지 아니하시겠느냐. 그들에게 오래 참으시겠느냐. 내가 너희에게 이르노니 속히 그 원한을 풀어 주시리라. 그러나 인자가 올 때에 세상에서 믿음을 보겠느냐 하시니라"(눅 18:6-8).

누가복음에는 기도를 언급한 구절들이 다른 복음서들보다 더 많다. 마태는 16절, 마가는 12절인데 누가는 25절이나 된다. 이곳의 '낙심하지 않는 기도'의 비유는 누가복음 11장에 나오는 '간청하는 벗의 기도'와 같은 주제를 다루고 있다. 두 이야기의 공통점은 '간절한 필요', '거절과 간청'의 긴장관계, 간청에 대한 응답, 그리고 '하물며'로 시작되는 하나님의 선하심에 대한 예수님의 교훈이다.

이 비유에서 세 가지 진리를 발견할 수 있다. 첫째로, 기도에는 분명한 주제가 있어야 한다. 과부는 원한을 갚아달라고 분명하게 청원했다. 물론 우리 기도의 주제가 하나님 앞에서 올바른지 먼저 살펴보아야 한다. 올바른 기도는 하나님의 뜻대로 드리는 기도이다.

"그를 향하여 우리가 가진 바 담대함이 이것이니 그의 뜻대로 무엇을 구하면 들으심이라. 우리가 무엇이든지 구하는 바를 들으시는 줄을 안즉 우리가 그에게 구한 그것을 얻은 줄을 또한 아느니라" (요일 5:14-15).

둘째로, 자주 기도해야 한다. 시간을 정해 놓고 자주 기도해야 한다. 자주 기도할수록 주제가 더 분명해지고 응답 받으리라는 확신도 깊어진다.

셋째로, 믿음을 가지고 기도해야 한다. 예수님은 '하물며 하나님께서 그 밤낮 부르짖는 택하신 자들의 원한을 풀어주시지 않겠느냐'고 하셨다. 하나님께서는 오래 참지 않으신다. 우리 못지않게 속히 응답해 주기를 원하신다. 하나님의 마음을 읽어보자.

"그들이 부르기 전에 내가 응답하겠고 그들이 말을 마치기 전에 내가 들을 것이며"(사 65:24).

예수님께서 제자들에게 말씀하셨다. "그러나 인자가 올 때에 세상에서 믿음을 보겠느냐." 하나님께서 응답하실 그날까지 믿음을 굳게 지키라는 명령을 에둘러 표현하신 말씀이다.

뒤이어 나오는 '바리새인과 세리의 기도'도 누가복음에만 기록되어 있다. 기도는 자랑이 아니고 간청이다. 바리새인은 자신의 의로움을 자랑했다. 그가 하나님께 감사드리는 이유도 자신의 의로움 때문이다. 그것은 진정한 감사가 아니다. 그러나 세리는 자기 죄를 고백하며 용서를 구했다. 눈을 들어 하늘을 쳐다보지도 못하고 가슴을 치며 회개했다. 용서받을 마음이 없었다면 왜 성전에 기도하러 왔겠는가? 새롭게 변화될 마음이 없었다면 왜 용서를 구했겠는가? 하나님 앞에 의롭다고 인정받은 사람은 교만한 바리새인이 아니고 겸손한 세리였다.

> "내가 너희에게 이르노니 이에 저 바리새인이 아니고 이 사람이 의롭다 하심을 받고 그의 집으로 내려갔느니라. 무릇 자기를 높이는 자는 낮아지고 자기를 낮추는 자는 높아지리라 하시니라"(눅 18:14).

무슨 말씀인가. 바리새인은 기도해도 마음에 기쁨이 없었지만 세리는 죄 사함 받은 기쁨을 안고 돌아갔다는 말씀이다.

그 다음에 누가는 어린아이에 대한 예수님의 말씀을 삽입하고 있다. 마태와 마가는 이혼에 대한 예수님의 교훈 다음에 두었던 말씀이다(마 19:13-15; 막 10:13-16). 왜 누가는 이 말씀을 여기에 두었을까. 기도하는 자의 겸손한 자세를 강조하는 데 이보다 더 적합한 말씀이 없기 때문이다. 과부와 세리는 어린아이의 심정으로 하나님의 도우심을 간절히 구하는 사람들이었다.

> "내가 진실로 너희에게 이르노니 누구든지 하나님의 나라를 어린아이와 같이 받아들이지 않는 자는 결단코 거기 들어가지 못하리라 하시니라"(눅 18:17).

부자 관리

:: 눅 18:18-34 ::

하루는 어떤 관원이 예수님을 찾아와서 물었다. (누가는 관리로, 마태는 '청년'으로, 마가는 단순히 '어떤 사람'으로 기록하고 있다.)

"선한 선생님이여 내가 무엇을 하여야 영생을 얻으리이까."

이 젊은 부자 관원은 영원한 생명이 가장 중요한 것임을 아는 지혜로운 사람이었다. 그는 어려서부터 계명을 완전히 지켜왔다. 젊은 나이로 큰 부자였지만 비난 받은 적이 없었다. 흠이 없는 젊은이였다. 적어도 공관복음서의 기록으로 보면 그렇다. 전에 한 율법 선생이 예수님을 찾아와서 '영생을 얻는 길'에 대하여 질문한 적이 있다 (눅 10:25). 그의 의도는 예수님을 시험하기 위해서였다. 그러나 이 젊은 관원은 '선한 선생님이여' 하며 그가 참으로 예수님을 존경하고 있음을 표현했다. 그가 어떤 관원인지는 분명하지 않다. 그러나 율법을 다 지키고, 부자이고, 영생을 추구하는 점으로 미루어 아마도 바리새파에 속한 사람이었을 것이다. 예수님께서 대답하셨다.

"네가 어찌하여 나를 선하다 일컫느냐. 하나님 한 분 외에는 선한 이가 없느니라."

그가 사용한 호칭이 잘못되었다는 뜻이 아니다. 그 칭호는 하나님에게만 해당된다는 뜻이다. 표면적으로는 불필요한 오해를 차단하셨지만 내면적으로는 예수님 자신이 곧 (아들) 하나님이심을 은밀히 증언하신 말씀이다. 계명들을 지키라는 말씀에 관원은 "이것(들)은 내가 어려서부터 다 지키었나이다"라고 대답했다. 어려서부터 그 엄격한 계명들을 다 지키었다니, 참 대단한 젊은이다. 그는 바리새인들의 보편적인 의(義)보다 더 나은 의를 추구하고 있었다(마 5:20). 예수님께서 그에게 한 가지를 더 구하셨다. (마가복음 10장 21절에는 "예수께서 그를 보시고 사랑하사" 이 말씀을 하셨다고 기록되어 있다).

> "네게 아직도 한 가지 부족한 것이 있으니 네게 있는 것을 다 팔아 가난한 자들에게 나눠 주라. 그리하면 하늘에서 네게 보화가 있으리라. 그리고 와서 나를 따르라"(눅 18:22).

예수님께서 두 가지를 명하셨다. '재물을 가난한 자들에게 다 나누어주라'와 '나를 따르라'는 명령이다. 그런데 그는 큰 부자였으므로 이 말씀을 듣고 심히 근심하며 돌아갔다. 그의 '재물'이 걸림돌이 되었다. 모처럼 제자로 부르셨는데 근심하며 돌아가니 얼마나 슬프셨을까. 예수님께서 탄식하듯 말씀하셨다.

> "예수께서 그를 보시고 이르시되 재물이 있는 자는 하나님의 나라에 들어가기가 얼마나 어려운지 낙타가 바늘귀로 들어가는 것이 부자가 하나님의 나라에 들어가는 것보다 쉬우니라"(눅 18:24-25).

정말로 부자는 하늘나라에 들어가기가 불가능할까? 하늘나라에 들어가기가 그토록 어렵다면 누가 구원을 얻을 수 있겠느냐고 볼멘소리를 하는 저자들에게 예수님께서 대답하셨다.

> "무릇 사람이 할 수 없는 것을 하나님은 하실 수 있느니라"(눅 18:27).

무슨 말씀인가. 재물을 하나님보다 더 사랑하는 사람은 하나님 나라에 들어가기가 심히 어렵다(막 10:23). 그것은 분명한 사실이다. 그러나 하나님께서 그에게 은혜를 베푸셔서 재물보다 하나님을 더 사랑할 수 있도록 도와주시면 가능하다. 갈릴리 어부들이 배와 그물을 버리고 예수님을 따른 것도 성령님께서 그들을 도와주셨기 때문에 가능했다. 그래도 불안했던지 베드로가 조심스럽게 입을 열었다.

"보옵소서. 우리가 우리의 것을 다 버리고 주를 따랐나이다."

실제로 제자들은 모든 것을 버려두고 예수님을 따랐다. 예수님께서 제자들의 염려를 잠재워 주셨다.

> "이르시되 내가 진실로 너희에게 이르노니 하나님의 나라를 위하여 집이나 아내나 형제나 부모나 자녀를 버린 자는 현세에 여러 배를 받고 내세에 영생을 받지 못할 자가 없느니라 하시니라"(눅 18:29-30).

예수님의 제자가 되려면 정말로 집이나 아내나 형제나 부모나 자녀를 버려야 할까? 예수님을 위해 모든 것을 버리면 '여러 배'(마가복음에는 '백배')를 얻는 남는 장사를 할 수 있을까? 아니다. '집이나 아내나 형제나 부모나 자녀'를 버려야 한다는 말씀은 그 모든 것(혹은 사람들)보다 하나님을 더 사랑하라는 말씀이다. '여러 배'를 받는다는 말씀은 하나님께서 그의 일용할 양식을 책임져 주신다는 뜻이다. 무엇을 먹을까, 무엇을 입을까를 걱정하지 않는 사람이 진정한 부자 아니겠는가? 그뿐만 아니라 오는 세상에서 영원한 (하나님의) 생명까지 얻게 될 것이니 얼마나 부요한가.

이야기의 핵심은 예수님께서 그 부자 관원을 제자로 부르셨다는 점이다. 만일 그 젊은이가 예수님의 말씀을 따랐다면 틀림없이 가룟 유다의 빈자리를 채웠을 것이다. 그래서 젊은이가 '어떻게'라는 행위(doing)를 물었을 때 예수님은 '이렇게'라는 존재(being)를 말씀하셨다. '존재의 변화'라면 예수님의 전문영역이 아니던가. 재물에 대한 욕심이 그를 넘어지게 할 때 베드로처럼 '주여, 나를 도우소서' 하고 부르짖었다면 어땠을까. 성령님께서 그를 도와주셔서 예수님을 따르게 하셨을 것이다. 그는 예수님을 '선한 선생님'이 아닌 '주님'으로 만나는 존재적 만남이 필요했다. 그런데 그는 예수님께 아무런 도움도 구하지 않은 채 돌아가고 말았다. 나는 이 대목을 읽을 때마다 깊은 슬픔에 잠기곤 한다.

단순히 부자이기 때문에 하늘나라에 들어가기 힘든 것이 아니다. 너무 가난하고 궁핍하여 '무엇을 먹을까, 무엇을 입을까' 하는 염려에 사로잡힌 사람도 들어가기 힘들기는 마찬가지다. 누구든지 하나님의 나라에 들어가려면 은혜가 필요하다. 세상 무엇보다도 하나님을 사랑하고 신뢰할 수 있도록 도와주시는 은혜 말이다. 부자 관원이 떠나자 예수님은 다시 제자들의 주의를 환기시켜 주셨다.

> "예수께서 열두 제자를 데리시고 이르시되 보라 우리가 예루살렘으로 올라가노니 선지자들을 통하여 기록된 모든 것이 인자에게 응하리라. 인자가 이방인들에게 넘겨져 희롱을 당하고 능욕을 당하고 침 뱉음을 당하겠으며 그들은 채찍질하고 그를 죽일 것이나

그는 삼 일 만에 살아나리라"(눅 18:31-33).

제자들 중에 이 말씀을 깨닫는 사람은 아무도 없었다. 실제로 그 일이 일어나기 전까지는 그 말씀이 감추어 있었기 때문이다.

여리고에서 일어난 두 가지 일들

:: 눅 18:35-19:10 ::

예수님께서 여리고를 지나실 때에 두 가지 일이 일어났다. 여리고는 요단 강 쪽에서 예루살렘으로 올라가는 길목에 있는 성이다. 유월절 명절이 가까웠기 때문에 많은 사람들이 예수님과 동행하고 있었다. 한 맹인이 길가에서 구걸을 하다가 예수님의 오심을 알게 되었다. 맹인에게는 청력이 곧 시력이다. 그는 예수님이 지나가실 즈음 큰소리로 외쳤다.

"다윗의 자손 예수여 나를 불쌍히 여기소서"(눅 18:38).

사람들이 '잠잠하라'고 꾸짖었지만 그는 개의치 않고 더 큰소리로 부르짖었다. 예수님께서 가시던 걸음을 멈추시고 그를 데려다가 물으셨다.

"네게 무엇을 하여 주기를 원하느냐?"

"주여 보기를 원하나이다."

꿈도 야무졌다. 그에게는 두 눈으로 세상을 보고 싶은 강렬한 소원이 있었다. 그의 소원이 예수님의 걸음을 멈추게 했다. 이제 하나님께서 은혜 베푸실 시간이었다.

> “또 여호와를 기뻐하라. 저가 네 마음의 소원을 이루어 주시리로다”(시 37:4).

> “너희 안에서 행하시는 이는 하나님이시니 자기의 기쁘신 뜻을 위하여 너희에게 소원을 두고 행하게 하시나니”(빌 2:13).

하나님께서 그에게 치료의 소망을 주실 때에 그는 적극적으로 반응했다. 그러자 기적이 일어났다.

> “예수께서 그에게 이르시되, 보라 네 믿음이 너를 구원하였느니라 하시매 곧 보게 되어 하나님께 영광을 돌리며 예수를 따르니 백성이 다 이를 보고 하나님을 찬양하니라”(눅 18:42-43).

눈을 감고 이 장면을 그려보라. 당신의 가슴에 하나님께서 심어주신 소원은 무엇인가. 다윗의 자손 예수의 이름을 소리쳐 불러보고 싶지 않으신가. 예수님이 우리 곁을 그냥 지나가시게 하지 말자.

여리고에서 일어난 두 번째 일은 삭개오와 예수님의 만남이다(눅 19:1-10). 삭개오는 여리고 지역의 세금을 관할하는 우두머리였고, 당연히 큰 부자였다. (여리고는 이스라엘과 베레아의 접경으로 사람들과 물자의 이동이 활발해 세금을 걷기에 편리했다.) 그의 마음에 소원이 하나 있었다. 예수님을 보고 싶은 소원이었다. 그런데 모여든 사람들이 많고 키가 작아서 볼 수가 없었다. 생각다 못한 그는 예수님이 지나시는 길목에 있는 돌무화과 나무(sycamore fig tree, 지면에서 높지 않은 곳에 굵은 가지가 있는 나무)에 올라가서 기다렸다. 예수님께서 그의 마음을 아셨을까. 나무 위를 쳐다보시면서 그의 이름을 부르셨다.

"삭개오야 속히 내려오라. 내가 오늘 네 집에 유하여야 하겠다."

삭개오는 부자였지만 사람들의 인정을 받지 못했다. 우리는 모두 소속감(sense of belonging)과 거절감(sense of rejecting) 사이 어딘가에서 있다. 소속감이 강하면 안전하고 행복하다. 거절감이 강하면 분노가 치밀어 오르고 슬프다. 삭개오는 거절감에 사로잡힌 사람이었다. 모두들 그를 거절했기 때문이다. 그런데 예수님이 그의 집에서 그날 밤 주무시겠단다. 예수님께서 그를 초청하셨다. 망설일 이유가 없었다. 삭개오는 급히 나무에서 내려와서 즐거워하며 예수님을 집으로 모셨다. 사람들이 차가운 시선으로 쳐다보았다. 아니나 다를까. 예수님과 함께 걸어오던 많은 사람들이 '저가 죄인의 집에 유하러 들어간다'며 수군거렸다. 어색한 분위기를 깨고 삭개오가 입을 열었다.

"주여 보시옵소서. 내 소유의 절반을 가난한 자들에게 주겠사오며 만일 누구의 것을 속여 빼앗은 일이 있으면 네 갑절이나 갚겠나이다"(눅 19:8).

공개적으로 선언했으니 일단 그의 재산 절반은 사라질 것이다. 혹시 억울하게 세금을 낸 사람이 있다면 네 갑절로 갚아주겠다고 했다. 왜 그런 일이 없었겠는가. 어릴 적 기억이다. 교회학교의 선생님은 삭개오 이야기를 들려줄 때마다 결연한 얼굴과 허스키한 목소리로 "그래서 삭개오는 모든 재산을 다 나누어주고 빈손으로 예수님을 따랐다"고 말하곤 했다. 성경에는 없지만 있을 법한 이야기다. 삭개오의 회개에 행동이 뒤따랐다. 그는 얼마 전 예수님을 떠난 부자 관원과 다른 류(類)의 사람이었다. 예수님께서 주변을 둘러보시며 말씀하셨다.

"오늘 구원이 이 집에 이르렀으니 이 사람도 아브라함의 자손임이로다. 인자가 온 것은 잃어버린 자를 찾아 구원하려 함이니라"(눅 18:9-10).

또 질문이 떠오른다. 회개가 먼저일까 아니면 회개할 자를 찾으시는 하나님의 은혜로운 행위가 먼저일까? 후자일 것이다. 예수님께서 삭개오의 이름을 부르셨기 때문에 삭개오가 회개했다. 회개한 후에 삭개오는 예수님을 집으로 영접하였다. 회개는 하나님의 은혜로 시작된다. 우리는 하루를 마친 후에 진지하게 기도해야 한다.

'주님, 오늘 하루를 돌아보며 회개할 마음을 주시옵소서.'

은(銀) 열 므나의 비유

:: 눅 19:11-27 ::

"그들이 이 말씀을 듣고 있을 때에."

아마도 이 비유는 삭개오의 집에서 제자들에게 주셨던 것 같다. 마태복음 25장에 나오는 달란트 비유와 유사한 점이 많지만 같은 비유는 아니다. 우선 금액의 차이가 현저하다. 마태복음에서는 금인데 여기서는 은이다. 므나는 달란트의 60분의 1로서 은으로 치면 3개월치 월급이다. 요즘 금값과 은값으로 계산하면 은 한 므나는 금 한 달란트의 5천분의 1에 불과하다. 또 다른 점은 달란트 비유에서는 세 명의 종들에게 각각 5달란트, 2달란트, 1달란트를 맡겼지만 므나 비유에서는 열 명의 종들에게 일률적으로 한 므나씩 맡겼다.

다른 점이 하나 더 있다. 달란트 비유에서는 주인과 종이 등장하지만 므나 비유에서는 귀인과 종 외에도 그 귀인의 백성이 등장한다. 귀인이 왕위를 받으려고 먼 나라로 갔을 때 백성들은 그가 왕 되기를 원치 않았다. 그래서 사자를 보내어 반대하는 로비활동을 했다. 귀인은 왕위를 받아온 후에 원수 노릇 하던 백성들을 죽였다. (실제로 예수님 당시에 유대를 다스리는 아켈라오가 로마에 가서 왕위를 받아오려고 할 때 그런 일이 있었다.)

달란트 비유에서처럼 므나 비유에서도 돌아온 귀인이 종들과 정산(精算)을 했다. 한 므나로 열 므나를 남긴 종에게는 열 고을을 다스리는 권세를, 다섯 므나를 남긴 종에게는 다섯 고을 다스리는 권세를 주었다. 그러나 한 므나를 수건에 싸서 묻어 두었던 종은 가진 것마저도 빼앗겼다.

귀인은 종들을 칭찬할 때 "잘하였다. 착한 종이여, 네가 지극히 작은 것에 충성하였으니" 하며 최상의 비교급을 사용했다. 그보다 더 작을 수 없는 일에 충성한 종에게 그보다 더 클 수 없는 상급을 주겠다는 말이다. 더구나 온 백성들이 귀인을 거절하였으니 종들이 주인의 돈으로 사업을 하는 데 얼마나 어려움이 많았겠는가? 예수님은 장차 극도로 험악한 환경 가운데서 복음을 전파할 제자들을 생각하시면서 이 비유를 말씀하셨다.

예수님은 그가 다시 오시는 날까지 인내하며 사명을 다하라고 제자들에게 명하셨다. 그런 의미에서 이 비유는 지금 우리에게 주신 말씀이다. 오늘 당신이 주님을 위해서 할 수 있는 지극히 작은 일은 무엇인가?

제6장
예루살렘에서의 사역
눅 19:28-21:38

이 단락은 예루살렘 동편의 베다니에 도착하신 시점부터 가룟 유다가 배반하기 직전까지의 내용들을 기록하고 있다.

성전에 들어가신 예수님

:: 19:28-48 ::

열 므나의 비유로 제자들에게 '충성'을 가르치신 후에 예수님은 예루살렘으로 올라가셨다. 십자가를 짊어지시기 위한 마지막 방문이다. 예루살렘에서 동편으로 3.2km쯤 떨어진 언덕 위에 '베다니'라는 마을이 있다. 그 부근에 벳바게 마을도 있었다. 베다니에 이르자 예수님은 제자 중 둘을 앞마을로 보내시며 아무도 타보지 않은 (숫)나귀새끼를 풀어오게 하셨다. 제자들은 나귀새끼의 등에 겉옷을 펴고 예수님을 태웠다. 다른 복음서를 보면 어떤 사람들은 자기의 겉옷을 길에 펴기도 하고 종려나무 가지를 펴기도 했다. 예루살렘을 향한 비탈길을 내려오면서 제자들이 기뻐하며 외쳤다.

"찬송하리로다. 주의 이름으로 오시는 왕이여, 하늘에는 평화요 가장 높은 곳에는 영광이로다"(눅 19:38).

베들레헴에서 들었던 천사의 노래와 비슷하다. 마태와 마가복음에 있는 "호산나, 다윗의 자손이여 찬송하리로다"는 구절이 생략되었다. 누가복음의 이방인 독자들에게 큰 의미가 없었기 때문이리라. 어쨌든 예루살렘 온 성 안의 사람들이 이 광경을 보고 크게 동요하기 시작했다. 그때로부터 550여 년 전에 활동했던 스가랴 선지자는 이렇게 예언했다.

"시온의 딸아 크게 기뻐할지어다. 예루살렘의 딸아 즐거이 부를지어다. 보라, 네 왕이 네게 임하시나니 그는 공의로우시며 구원을 베푸시며 겸손하여서 나귀를 타시나니 나귀의 작은 것 곧 나귀 새끼니라"(슥 9:9).

세상을 구원하시기 위해 오신 성자(聖子) 하나님이 겸손히 나귀를 타셨다. 나는 이 구절을 읽을 때마다 '겸손' 이상의 어떤 느낌에 사로잡히곤 한다. 나귀의 키는 1미터에서 1.4미터이다. 새끼 나귀는 아마 1미터도 되지 않을 것이다. 너무 어려서 아직 사람을 태워본 적이 없는 새끼다. 새끼 나귀를 타신 예수님의 모습이 굉장히 불편 해 보인다. 나는 그 모습에서 '비천하게 되심'을 본다. 바울이 말한 '자기를 비워 종의 형체를 가지사 사람들과 같이 되신 하나님의 본체' 말이다. 예수님께서 비천한 우리를 구원하시기 위해 극도로 비천하게 되셨다.

"가까이 오사 성을 보시고 우시며 이르시되 너도 오늘 평화에 관한 일을 알았더라면 좋을 뻔하였거니와 지금 네 눈에 숨겨졌도다. 날이 이를지라 네 원수들이 토둔을 쌓고 너를 둘러 사면으로 가두고 또 너와 및 그 가운데 있는 네 자식들을 땅에 메어치며 돌 하나도 돌 위에 남기지 아니하리니 이는 네가 보살핌 받는 날을 알지 못함을 인함이니라 하시니라"(눅 19:41-44).

예루살렘 성을 보시며 우시는 장면은 여기에만 나온다. 장차 원수들이 와서 성 밖에 토성(土城)을 쌓고 성 안에 있는 사람들을 죽이며 성벽을 허무는 장면을 미리 보시며 흘리신 눈물이다. 그 일은 예수님이 돌아가시고 40여 년 후에 로마의 디도 대장에 의해 실제로 이루어졌다.

그날 예수님은 성전에서 장사하는 자들을 내쫓으시며 꾸짖으셨다.

"그들에게 이르시되 기록된 바 내 집은 기도하는 집이 되리라 하였거늘 너희는 강도의 소굴을 만들었도다 하시니라"(눅 19:46).

성전에서 기도하는 사람들은 찾아볼 수 없고 장사하는 사람들로 채워졌다. 명목상 제사 드리는 사람들을 돕는 행위라고 해도 본말(本末)이 전도되었다. 이 사건은 예수님의 사역 초기와 후기에 두 번 있었을 것이다(요 2:13). 그날 이후 예수님은 유월절이 시작되기까지 며칠 동안 성전에서 가르치셨다. 지도자들이 예수님을 죽이고 싶었지만 백성들이 그의 말씀을 경청하기 때문에 선뜻 나설 수가 없었다.

논쟁들

:: 눅 20:1-47 ::

누가는 예수님과 바리새인들 사이에 일어난 세 가지 논쟁들을 20장에 모아 두었다. 첫째 논쟁은 권위의 출처에 관한 내용이었다. 바리새인들은 무슨 권위로, 그리고 누가 준 권위로 백성들을 가르치며 성전에서 소란을 일으켰는지 근거를 대라고 예수님을 추궁했다. 만일 예수님께서 '내 권위는 하나님께로부터 왔다'고 대답하신다면 그들은 거짓말이라고 몰아세우며 논쟁을 확대시켜 나갈 것이다. 그러자 예수님은 헤롯에 의해 참수당한 세례 요한을 소환했다.

> "대답하여 이르시되 나도 한 말을 너희에게 물으리니 내게 말하라. 요한의 세례가 하늘로부터냐, 사람으로부터냐"(눅 20:3-4).

백성들은 세례 요한의 일로 마음이 상해 있었다. 세례 요한과 거리를 두고 있던 바리새인들에게는 뜨거운 감자와 같은 질문이었다. 만일 '하늘로부터'라고 대답하면 그들의 믿지 않음이 드러날 것이고, 만일 '사람으로부터라' 하면 세례 요한을 선지자로 여기고 있던 백성들이 돌을 들 것이다. 그래서 '알지 못하노라'고 엉거주춤한 대답을 했다. 예수님도 대답을 유보하셨다. 그러나 사실은 비유를 들어 대답해 주셨다.

포도원 농부들에 대한 비유다. 마태복음(21:33-46)과 마가복음(12:1-12)에도 같은 비유가 기록되어 있는데 셋 중에 누가복음의 내용이 좀 더 간결하다. 한 사람이 포도원을 만들어 농부들에게 세를 주고 타국에 가서 오래 지냈다. 여러 해 지난 후에 포도원의 소작료를 받으려고 종을 보냈지만 농부들은 종들을 때리고 부끄럽게 해서 빈손으로 돌려보냈다. 근심하던 포도원 주인은 마지막으로 아들을 보내면서 '혹 그는 존대하리라'고 기대를 걸었다. 그러나 농부들은 아들만 없으면 포도원이 자기네 소유가 되리라고 착각하면서 아들을 포도원 밖으로 내쫓아 죽이고 말았다. 비유를 끝내신 후에 예수님께서 물으셨다. "이제 주인이 와서 그 농부들을 진멸하고 포도원을 다른 사람들에게 주어야 하지 않겠느냐?" 사람들이 이구동성으로 대답했다. "아이고, 그런 일이 일어나면 안 되지요." 이것은 매우 강렬한 부정문(否定文)이다. 그러자 예수님께서 갑자기 시편 118편 22절 말씀을 인용하셨다.

> "그들을 보시며 이르시되 그러면 기록된 바 건축자들의 버린 돌이 모퉁이의 머릿돌이 되었느니라 함이 어찜이냐. 무릇 이 돌 위에 떨어지는 자는 깨어지겠고 이 돌이 사람 위에 떨어지면 그를 가루로 만들어 흩으리라 하시니라"(눅 20:17-18).

돌은 예수님을 가리킨다. 유대교 지도자들이 포도원 농부들처럼 예수님을 거절했다. 그러나 주께서 예수님을 하나님의 집의 모퉁잇돌이 되게 하셨다. 예수님을 영접한 사람들은 그 집에 들어가겠지만 영접하지 않는 사람들은 심판을 받을 것이다. 돌 위에 떨어지는 자들은 지금 예수님을 거절하는 자들이요 돌이 그들 위에 떨어질 자들은 훗날 심판대 앞에 설 자들이다. 일반 대중은 예수님의 비유에 큰 관심을 두지 않았다. 그러나 지도자들은 그 비유가 자기들을 두고 하신 말씀인 줄 알았다. 그래서 즉시로 예수님을 체포하고 싶었지만 백성이 두려웠다. 그들은 기회를 엿보면서 또 다른 논쟁을 시작했다.

두 번째 논쟁의 주제는 로마 황제(가이사)에게 세금을 바치는 문제였다. 이번에는 꼼짝없이 걸려들 것이라고 확신하며 회심의 질문을 던졌다.

> "선생님이여 우리가 아노니 당신은 바로 말씀하시고 가르치시며 사람을 외모로 취하지 아니하시고 오직 진리로써 하나님의 도를 가르치시나이다. 우리가 가이사에게 세를 바치는 것이 옳으니이까 옳지 않으니이까?"(눅 20:21-22)

그들은 서기관들과 대제사장들이 보낸 정탐꾼들이었다. 그들의 숨은 계략을 알고 계신 예수님은 데나리온 하나를 보이시며 '여기에 누구의 형상과 글이 있느냐?'고 물으셨다. 로마 황제의 얼굴과 헬라어 이름이 새겨 있었다. '가이사의 것'이라는 대답을 유도하신 후에 이렇게 말씀하셨다.

> "그런즉 가이사의 것은 가이사에게, 하나님의 것은 하나님께 바치라"(눅 20:25).

당시 로마 속국의 성인 한 사람이 내는 세금이 한 데나리온이었다. 그리스도인들은 세상의 시민으로서 해야 할 의무가 있다. 그러나 더 큰 의무는 하나님께 영광을 돌리며 사는 삶이다. 가이사의 것과 하나님의 것은 처음부터 비교 대상이 아니다.

잠시 침묵이 흘렀다. 이번에는 서기관(바리새파)들과 대척관계에 있는 사두개인들이 예수님을 시험하기 위해 앞으로 나섰다. 세 번째 논쟁의 주제는 '부활'이었다. 율법을 보면 결혼한 맏아들이 자식을 낳지 못하고 죽으면 동생이 형수에게 들어가 형을 위해 아들을 낳아주는 계대(繼代)혼인법이 있다(신 25:5-10 참조). 7형제가 있었는데 맏형이 죽고 남은 6형제도 모두 형수에게서 대를 이을 아들을 낳지 못하고 죽었다. 이런 경우 부활의 때에 그 여자는 누구의 아내가 되겠느냐는 질문이었다. 물론 예수님을 시험하기 위해 만들어낸 이야기다. 평소에 부활을 부인하던 사두개인들은 예수님의 대답이 궁금했다.

"예수께서 이르시되 이 세상의 자녀들은 장가도 가고 시집도 가되 저 세상과 및 죽은 자 가운데서 부활함을 얻기에 합당히 여김을 받은 자들은 장가 가고 시집 가는 일이 없으며, 그들은 다시 죽을 수도 없나니 이는 천사와 동등이요 부활의 자녀로서 하나님의 자녀임이라"(눅 20:34-36).

얼마나 통쾌한 말씀인가. 예수님은 한 걸음 더 나아가셨다.

"죽은 자가 살아난다는 것은 모세도 가시나무 떨기에 관한 글에서 주를 아브라함의 하나님이요 이삭의 하나님이요 야곱의 하나님이시라 칭하였나니 하나님은 죽은 자의 하나님이 아니요 살아 있는 자의 하나님이시라. 하나님에게는 모든 사람이 살았느니라"(눅 20:37-38).

그러자 사후에 부활이 있다고 주장하는 서기관(바리새파)들이 '선생님, 잘 말씀하셨습니다' 하고 맞장구를 쳤다. 그들이 예수님 편이 되었다고 기뻐하셨을까. 예수님은 오히려 '외식하는 서기관들을 조심하라'고 하셨다. 그들은 (종교적 우월감을 풍기는) 긴 옷을 입고, 시장에서 (많은 사람들의) 문안을 받고, 회당의 높은 자리와 잔치의 윗자리를 좋아한다고 책망하셨다. 그뿐만 아니라 (가난한) 과부의 가산(家産)을 삼키며 사람들 듣기에 좋은 소리로 길게 기도하는 무리들이라고 힐책하셨다.

예수님은 서기관들의 호의를 사기 위해 타협하지 않으셨다. 오히려 불꽃 튀는 논쟁을 통하여 진리를 가르치셨다. 자신이 하나님의 사랑을 받은 '독생자'라는 진리, 하나님의 것(자녀들)을 죄로부터 구원하여 하나님께 돌려드리기 위해 오셨다는 진리, 그리고 부활의 생명을 선물로 주시기 위해 십자가에서 죽으실 것이라는 진리를 가르치셨다. 훗날 제자들이 그 진리를 깨달았지만 당시에는 아무도 그 말씀을 이해할 수 없었다.

'다윗의 자손 예수'는 공관 복음서들이 동일하게 다루는 주제다. 유대인들은 메시아가 다윗의 자손이라는 고정관념을 가지고 있었다. 메시아가 오면 다윗처럼 이스라엘을 흥왕하게 하리라고 기대했다. 그러나 예수님은 정치적 인물이 아니셨다. 죄인들을 구원하실 구주이셨다. 복음서의 저자들은 이 점을 분명히 했다. 다윗이 그리스도를 가리켜 '내 주'라고 불렀는데 어떻게 그리스도가 다윗의 자손이 되겠느냐는 논리였다(눅 20:41-44).

예루살렘에 다가오는 환난

:: 눅 21:1–38 ::

새로운 단락은 헌금 이야기로 시작된다. 한 가난한 과부가 두 렙

돈의 동전을 헌금함에 넣었다. 그 가치는 하루 품삯의 64분의 1에 불과했지만 과부에게는 하루 생활비 전부였다. 얼마나 가난한가. 그러나 비율로 보면 과부의 헌금이 다른 누구보다도 더 많았다. 이 장면에서 우리는 두 가지 생각을 할 수 있다. 하나는 '얼마나 가난한가'이고, 다른 하나는 '얼마나 넘치는 헌금인가'이다. 서기관들이 그렇게 가난한 과부의 소유를 탐내었으니 책망 받아 마땅했다(눅 20:47). 갑자기 마게도니아 교회의 가난한 성도들이 흉년으로 고생하는 예루살렘의 성도들을 위해 드렸던 헌금이 생각난다.

> "환난의 많은 시련 가운데서 그들의 넘치는 기쁨과 극심한 가난이 그들의 풍성한 연보를 넘치도록 하게 하였느니라"(고후 8:2).

누가복음 21장 5절부터 38절까지는 가까운 장래부터 예수님께서 다시 오실 때까지 일어날 일들을 간헐적으로 기록하고 있다. 예수님께서 예언하신 말씀들 중에 어떤 일은 이미 이루어졌고, 어떤 일은 지금 진행 중이며, 어떤 말씀들은 아직 이루어지지 않았다. 이 말씀들은 마태복음 24장과 마가복음 13장의 말씀들과 비슷하다. 예수님의 말씀을 그가 사용하신 명령어를 중심으로 나누어 살펴보자.

> "미혹을 받지 않도록 주의하라"(눅 21:8).

어떤 사람들이(마태와 마가는 '제자들'이라고 명시했다.) 돌과 헌물로 꾸며진 찬란한 성전에 관해 말했다. 그러자 예수님은 '너희 보는 이것들이 날이 이르면 돌 하나도 돌 위에 남지 않고 다 무너뜨려지리라'는 충격적인 말씀을 하셨다. 놀란 제자들이 '어느 때에 이런 일이 있겠는지, 또 그 일이 일어날 때에 어떤 징조가 있겠는지' 물었다. 예수님은 '많은 사람이 내 이름으로 와서 이르되 내가 그라. 때가 가까이 왔다 할 때'에 그들에게 속지도 말고 따르지도 말라고 명령하셨다. 그리스도인들은 항상 '거짓 예수'를 조심해야 한다.

"너희는 변명할 것을 미리 궁리하지 않도록 명심하라"(눅 21:14).

초대교회 성도들은 로마 황제와 유대교 지도자들로부터 많은 핍박을 당했다. 때로는 가족들과 친척들의 손에 의해 로마 집권자에게 넘겨지기도 했다. 이때의 두려움은 당해보지 않은 사람은 알 수가 없을 것이다. 성도들은 그 핍박을 예수님을 증거하는 기회로 삼아야 한다. 어떻게 변론할 것인가에 대하여 염려할 필요가 없다. 아무도 반박할 수 없는 구변과 지혜를 예수님께서 주실 것이기 때문이다. 실제로 초대교회의 순교자들은 핍박하는 당사자들을 궁지에 몰아넣곤 했다.

"너희가 예루살렘이 군대들에게 에워싸이는 것을 보거든 그 멸망이 가까운 줄을 알라. 그때에 유대에 있는 자들은 산으로 도망갈 것이며 성내에 있는 자들은 나갈 것이며 촌에 있는 자들은 그리로 들어가지 말지어다"(눅 21:20-21).

예루살렘은 로마의 디도 대장에 의해 주후 70년에 함락되었다. 그때 그리스도인들이 예수님의 말씀을 기억하고 베뢰아 지방으로 피난하였다는 기록이 남아 있다. 그러나 예루살렘 성안에 있던 많은 유대인들은 학살을 당하거나 포로로 잡혀갔다. 누가는 이 시기를 '이방인의 때가 차기까지 이방인들에게 밟히는' 기간으로 묘사했다(24절). 이 말씀은 가까운 장래에 일어날 예루살렘의 함락뿐만 아니라 먼 훗날에 있을 환난까지 포함하고 있다. 실제로 이스라엘은 그때로부터 1948년에 독립할 때까지 로마와 사라센(아라비아)과 페르시아와 터키에 짓밟혀 왔다. 그러나 아직 성취되지 않은 일들이 남아 있다. 천체(天體)와 지상에 큰 변화가 일어나고 사람들은 두려움에 떨 것이다. 그때 구름을 타시고 능력과 큰 영광으로 세상에 다시 오시는 인자(예수님)를 보게 될 것이다. 그리고 이런 일이 일어나면 하나님의 구원의 역사가 완결될 것이다(눅 21:28).

"이에 비유로 이르시되 무화과나무와 모든 나무를 보라. 싹이 나면 너희가 보고 여름이 가까운 줄을 자연히 아나니 이와 같이 너희가 이런 일이 일어나는 것을 보거든 하나님의 나라가 가까이 온 줄을 알라"(눅 21:29-31).

무화과나무를 비롯한 모든 나무들은 봄에 새싹이 난다. 마찬가지로 하나님의 나라가 임할 때에 이런 일들이 일어날 것이다. '이런 일'이란 자연의 재해, 전쟁과 기근과 전염병, 그리고 환난들을 가리킨다. 성도들은 항상 사려 깊은 마음으로 우리가 살고 있는 시대를 살펴보아야 한다. 우리의 삶을 거룩하게 하며 예수님을 만날 준비를 해야 한다. 그런데 사실은 성경에 예언된 재난들이 이전보다 훨씬 더 자주 일어나고 있는 시대에 우리가 살고 있다.

"너희는 스스로 조심하라 … 항상 기도하며 깨어 있으라"(눅 21:34, 36).

가장 효과적인 준비는 세상에 물들지 않도록 스스로 조심하며 항상 깨어 있어 기도하는 삶이다. 왜냐하면 그날이 마치 덫과 같이 갑자기 임할 것이기 때문이다. 하루하루 예수님 만날 준비를 하며 살아가자.

제7장

죽으시고 부활하시고 승천하신 예수님

눅 22-24장

유다의 배반

:: 눅 22:1-6 ::

"유다에게 사탄이 들어가니"라는 구절은 누가복음에만 나온다. 유다는 언제부터 예수님을 배반할 생각을 했을까? 사탄이 들어가기 전일까, 아니면 들어간 다음일까. 사도 요한은 그의 복음서에서 유다의 사람됨을 이렇게 기록했다.

> "이렇게 말함은 가난한 자들을 생각함이 아니요 그(유다)는 도둑이라. 돈궤를 맡고 거기 넣는 것을 훔쳐 감이러라"(요 12:6).

마리아가 3백 데나리온에 상당한 향유를 예수님의 발에 붓는 것을 보고 유다가 비난하던 일을 회상하며 기록한 내용이다. 마태복음을 보면 유다가 대제사장들에게 가서 예수님의 몸값을 흥정하는 장면이 나온다(마 26:15). 유다는 남달리 돈에 대한 집착이 강한 사람이었다. 그리고 이 연약한 부분으로 사탄이 침투했다. 유다의 배반은 누구에게도 그 책임을 전가할 수 없다. 왜냐하면 자신의 선택이었기 때문이다.

유월절 날에 있었던 일들

:: 눅 22:7-23:56 ::

예수님께서 지상에서 마지막으로 기념하시는 유월절이 되었다. 누가는 유월절 하루 동안에 일어난 일들을 가장 많이 기록하고 있다. 그날은 하늘에 계신 성부 하나님과 땅에 계신 성자 하나님, 그리고 예수님을 따르던 모든 제자들에게 길고도 고통스러운 날이 되었다. 그날 있었던 일들을 자세히 살펴보자.

먼저 제자들이 유월절 만찬을 준비했다. 유월절은 이스라엘 절기들 중에서 가장 중요한 날이다. 옛날 모세가 이스라엘 백성들과 함께 애굽에서 나오던 밤, 1년 된 양을 잡아 피를 문틀에 발랐다. 애굽 땅에 살던 모든 사람들과 짐승들의 첫 새끼가 그 밤에 다 죽임을 당했다. 그러나 양의 피를 바른 이스라엘의 집에는 아무 일도 일어나지 않았다. 성경은 예수님을 유월절에 죽임당한 어린양과 자주 연관시킨다.

> "너희는 누룩 없는 자인데 새 덩어리가 되기 위하여 묵은 누룩을 내버리라. 우리의 유월절 양 곧 그리스도께서 희생되셨느니라"(고전 5:7).

"너희가 알거니와 너희 조상이 물려 준 헛된 행실에서 대속함을 받은 것은 은이나 금같이 없어질 것으로 된 것이 아니요 오직 흠 없고 점 없는 어린 양 같은 그리스도의 보배로운 피로 된 것이니라"(벧전 1:18-19).

요한계시록은 예수님을 아홉 번이나 (유월절) 어린양으로 묘사하고 있다. 예수님의 죽으심은 우발적 사건이 아니다. 예수님은 유월절 어린양처럼 모든 사람들의 죄를 대속하시기 위해 돌아가셨다.

예수님께서 유월절 저녁을 준비하시기 위해 베드로와 요한을 예루살렘 성내로 보내셨다. 그리고 물 한 동이를 가지고 가는 사람을 만나거든 따라가서 집주인에게 이렇게 말하라고 지시하셨다. (보통 여인들이 물동이를 사용했기 때문에 이 남자는 쉽게 눈에 띄었을 것이다.)

"선생님이 네게 하는 말씀이 내가 내 제자들과 함께 유월절을 먹을 객실이 어디 있느냐 하시더라"(눅 22:11).

기다렸다는 듯이 집주인은 큰 다락방을 보여주었고 제자들은 거기에서 유월절을 준비했다. 그 집주인과 예수님 사이에 어떤 약속이 있었는지 우리는 모른다. 그러나 하나님께서 사용하시는 방법은 헤아릴 수 없이 많다. 중요한 점은 예수님께서 예루살렘 성내에서 제자들과 보낼 마지막 유월절 저녁을 준비하셨다는 사실이다.

해가 지자 예수님은 열두 사도들과 함께 식탁에 임하셨다. 레오나르도 다 빈치가 그린 '최후의 만찬'처럼 테이블 앞에 의자를 놓고 앉으신 것이 아니다. 유대인들은 그냥 옆으로 팔을 괴고 비스듬히 누운 자세로 먹었다. 그날 식탁의 주제는 '예수님과 사도들의 관계'

였다. 14절부터 20절 사이에 '너희'라는 인격 대명사가 일곱 번이나 나온다. 거의 매 구절마다 나온 셈이다. 유월절 식사 시간에 예수님은 자신과 사도들을 하나로 묶어주셨다. 얼마나 감격스러운 장면인가. 한 구절 한 구절 묵상해 보자.

> "때가 이르매 예수께서 사도들과 함께 앉으사 / 이르시되 '내가 고난을 받기 전에 너희와 함께 이 유월절 먹기를 원하고 원하였노라.' / '내가 너희에게 이르노니 이 유월절이 하나님의 나라에서 이루기까지 다시 먹지 아니하리라.' 하시고 / 이에 잔을 받으사 감사 기도하시고 '이것을 갖다가 너희끼리 나누라.' / '내가 너희에게 이르노니 내가 이제부터 하나님의 나라가 임할 때까지 포도나무에서 난 것을 다시 마시지 아니하리라.' 하시고 / 또 떡을 가져 감사 기도하시고 떼어 그들에게 주시며 이르시되 '이것은 너희를 위하여 주는 내 몸이라. 너희가 이를 행하여 나를 기념하라.' 하시고 / 저녁 먹은 후에 잔도 그와 같이 하여 이르시되 '이 잔은 내 피로 세우는 새 언약이니 곧 너희를 위하여 붓는 것이라'(눅 22:14-20).

왜 예수님은 '이 유월절이 하나님의 나라에서 이루기까지 다시 먹지 아니하리라'고 하셨을까? 왜 '내가 이제부터 하나님의 나라가 임할 때까지 포도나무에서 난 것을 다시 마시지 아니하리라'고 하셨을까? '유월절'은 출애굽의 구원을 상징하고 '포도나무에서 난 것'은 우리를 구원하신 그의 피를 상징한다. 예수님의 깨어진 몸이 '조각으로 나누어진 떡'으로 상징되고, 피로 세우신 새 언약이 '잔에 부어진 포도주'로 상징되었다. 예수님께서 하신 말씀의 핵심은 그가 십자가에서 시작하신 '구원'을 모든 택함 받은 자녀들이 다 받을 때까지 계속하시겠다는 뜻이다. 예수님은 지금도 하나님 보좌 우편에서 우리를 위해 기도하고 계신다(롬 8:34).

그러나 열두 제자 중에 하나는 예수님을 팔아넘길 것이고 다른 하나는 예수님을 모른다고 부인할 것이다. 전자는 자신의 잘못을 용서 받지 못한 채 자살할 것이고, 후자는 눈물로 회개한 후에 회복될 것이다. 왜 가룟 유다는 회개의 기회를 놓쳤을까? 완악했기 때문이다. 예수님께서 그에게 임할 저주를 여러 번 상기시켜 주셨지만 그는 무시했다. 베드로는 왜 가슴을 치며 울었을까? 겸손했기 때문이다. 훗날 용서의 은혜가 임할 때에 베드로는 감사함으로 받아들였다. 예수님께서 베드로에게 사랑의 경고를 주셨다.

> "시몬아, 시몬아, 보라 사탄이 너희를 밀 까부르듯 하려고 요구하였으나 그러나 내가 너를 위하여 네 믿음이 떨어지지 않기를 기도하였노니 너는 돌이킨 후에 네 형제를 굳게 하라"(눅 22:31-32).

제자들은 유월절 저녁을 먹는 동안에도 '누가 더 크냐'며 서로 다투었다. 대부분의 디툼은 사소한 문제에서 시작된다. 어떻게 하면 사소한 문제들로부터 놓여날 수 있을까? 예수님의 말씀에 해답이 있다.

> "너희는 나의 모든 시험 중에 항상 나와 함께 한 자들인즉 내 아버지께서 나라를 내게 맡기신 것같이 나도 너희에게 맡겨 너희로 내 나라에 있어 내 상에서 먹고 마시며 또는 보좌에 앉아 이스라엘 열두 지파를 다스리게 하려 하노라"(눅 22:28-30).

하나님의 나라를 우리에게 맡기셨다. 훗날 하나님 나라의 식탁에 앉아 있는 우리의 모습을 믿음의 눈으로 바라보자. 그러면 사소한 일로 우열(優劣)을 다투는 어리석음에서 벗어날 수 있다.

유월절 저녁 식탁에서 하신 여러 말씀들 중에서 누가는 하나를 더 선택했다.

> "이르시되 이제는 전대 있는 자는 가질 것이요 배낭도 그리하고 검 없는 자는 겉옷을 팔아 살지어다"(눅 22:36).

해석하기 어려운 구절 중의 하나다. 전에 예수님께서 열두 제자들과 70인을 보내실 때는 돈주머니(전대)를 지니지 말라고 하셨다. 그런데 이번에는 준비하라고 하신다. 그리고 겉옷을 팔아서 칼을 사라고 하신다. 왜 칼을 사라고 하셨을까? 그 밤에 어디 가서 칼을 사라는 말씀인가. 모든 상점이 다 문 닫는 유월절이 아닌가. 제자들이 '주여, 보소서. 여기 검 둘이 있나이다' 하자 예수님은 '족하다'고 하셨다. 정말로 예수님은 대제사장의 무리들과 싸우기를 원하셨을까? 예수님의 말씀에 그 해답이 있다.

> "내가 너희에게 말하노니 기록된 바 그는 불법자의 동류로 여김을 받았다 한 말이 내게 이루어져야 하리니 내게 관한 일이 이루어져 감이니라"(눅 22:37).

이사야 53장 12절에 예언된 말씀이다. 예수님은 성경에 그를 향해 예언된 모든 말씀들이 이루어지기를 원하셨다. '이제'는 대제사장들이 '예수는 불법을 저질렀다'고 고소할 시간이다. 그 무대에서 칼은 하나의 소품에 불과했다. 소품 칼로 배우를 찌르지 않는다. 다만 분위기를 연출할 뿐이다. 마찬가지로 밤에 어디 가서 칼을 마련하고 전대를 준비하겠는가. 그것 역시 예수님께서 제자들을 떠나실 위기의 순간이 다가왔음을 보여주시는 소품이다. 그러나 제자들은 예수님의 말씀을 건성으로 듣고 있었다.

유월절 저녁 식사가 끝나자 예수님은 늘 하시던 대로 기도하기 위해 감람산으로 가셨다. 열한 제자들도 예수님을 따라나섰다. 유다는 대제사장을 만나러 갔을 것이다. 예수님은 제자들에게 '유혹에 빠지지 않게 기도하라'고 당부하신 후에 조금 떨어진 곳에 가셔서 무릎을 꿇으셨다.

> "아버지여 만일 아버지의 뜻이거든 이 잔을 내게서 옮기시옵소서. 그러나 내 원대로 마시옵고 아버지의 원대로 되기를 원하나이다" (눅 22:42).

천사들이 하늘로부터 나타나서 예수님께 힘을 더해 주었다. 간절히 기도히시는 예수님의 땀이 핏방울처럼 땅에 떨어졌다. 그러나 제자들은 깊은 잠에 빠졌다. 예수님은 그들이 슬픔으로 인하여 깊이 잠들었다고 생각하셨다. 정말 그랬을까. 예수님께서 제자들을 깨우시면서 '시험에 들지 않게 일어나 기도하라' 하실 때에 유다가 한 무리를 이끌고 나타났다. 그리고 예수님께 입을 맞추려고 다가섰다. 마음이 한 번 돌아서면 이렇게 되는 걸까? '유다야, 네가 입맞춤으로 인자를 파느냐?'는 예수님의 말씀에 유다는 멈칫하고 물러섰다. 그 순간 제자들은 '주여, 우리가 칼로 치리이까?' 하며 예수님 주변으로 모여들었다. 그 순간 누군가가 칼로 대제사장의 종을 치자 그의 오른쪽 귀가 떨어졌다. 요한은 그가 베드로였다고 말한다(요 18:10). 순식간에 일어난 일이었다. 예수님은 '이것까지 참으라' 하시면서 귀를 만져 치료해 주셨다. 그리고 말씀하셨다.

> "너희가 강도를 잡는 것같이 검과 몽치를 가지고 나왔느냐? 내가 날마다 너희와 함께 성전에 있을 때에 내게 손을 대지 아니하였도다. 그러나 이제는 너희 때요 어둠의 권세로다"(눅 22:52-53).

예수님의 말씀으로 상황이 정리되는 동안 제자들은 다 도망치고 말았다(마 26:56). 그리고 예수님 홀로 대제사장 가야바의 집 뜰로 사로잡혀 가셨다. 마침 대제사장과 알고 지내는 제자가 있어 나중에 베드로를 데리고 뜰로 들어갔다(요 18:16). 그날 밤 예수님께서 경고하신 말씀처럼 베드로는 세 번이나 예수님을 모른다고 (저주하며) 부인했다. 그리고 닭이 울었다. 누가복음에만 나오는 충격적인 기록이 하나 있다.

> "주께서 돌이켜 베드로를 보시니 베드로가 주의 말씀 곧 오늘 닭 울기 전에 네가 세 번 나를 부인하리라 하심이 생각나서 밖에 나가서 심히 통곡하니라"(눅 22: 61-62).

예수님과 눈이 마주친 그 순간 얼마나 가슴이 아팠을까. 베드로를 쳐다보고 계시는 예수님의 눈빛은 무슨 말씀을 하고 있었을까. 새벽 3시경 밖으로 나온 베드로는 심히 통곡했다. 훗날 예수님께서 부활하신 후에도 베드로에게는 기쁨이 없었다. 스스로 굳게 걸어잠근 그의 마음 문을 예수님께서 갈릴리 호숫가에서 열어주셨다. '네가 이 모든 것들보다 더 나를 사랑하느냐' 하고 물으시면서….

그날 밤새도록 예수님은 온갖 비인격적인 폭행을 당하셨다. 날이 새자 유대교 지도자들의 공회(公會)가 소집되고 재판이 열렸다. 시간은 지나가는데 예수님을 십자가에 못박을 만한 결정적 증거를 찾을 수가 없었다. 마침내 공회의원들이 조심스럽게 '네가 하나님의 아들이냐?'고 물었다. 그것은 끝까지 자기들의 입으로 묻고 싶지 않았던 질문이다. 예수님께서 대답하셨다.

"너희들이 내가 그라고 말하고 있느니라"(눅 22:70).

마가복음을 보면 '인자가 권능자의 우편에 앉은 것과 하늘 구름을 타고 오는 것을 너희가 보리라'는 말씀도 더하셨다(막 14:62). 그들은 '어찌 더 증거를 요구하리요. 우리가 친히 그 입에서 들었노라' 하며 빌라도 총독에게로 예수님을 끌고 갔다. 그런데 그들이 준비한 '예수가 스스로 자신을 하나님의 아들이라 하였으니 죽어마땅하다'는 죄목(罪目)은 설득력이 없었다. 그 죄목이 유대인들에게는 죽일 죄에 해당하지만 빌라도에게는 아무런 의미가 없었기 때문이다. 그래서 세 가지의 다른 죄목을 덧붙여 고소했다.

"고발하여 이르되 우리가 이 사람을 보매 우리 백성을 미혹하고 가이사에게 세금 바치는 것을 금하며 자칭 왕 그리스도라 하더이다 하니"(눅 23:2).

빌라도는 죽일 만한 죄가 있을까 싶어 예수님을 심문하였지만 허사였다. 그는 세 번씩이나 '내가 보니 이 사람에게 죄가 없다'면서 무죄 석방시키려고 했다(눅 23:4). 갈릴리를 다스리는 헤롯 왕도 재판에 참여했지만 마땅한 죄목을 찾을 수가 없었다. 그러나 유대인들은 물러서지 않고 목소리를 높였다. 빌라도는 그들의 함성 앞에서 역부족이었다. 아무리 '나는 이 사람에게서 죄를 찾지 못하였다'고 하소연해도 '그를 십자가에 못 박게 하소서' 하며 아우성치는 군중의 겁박을 피할 수가 없었다. 결국 살인자(바라바)를 놓아주고 예수님은 그들의 뜻대로 하라고 넘겨주고 말았다. 빌라도가 정말로 힘이 없어 그랬을까? 아니다. 예수님께서 그렇게 죽으시도록 예정되어 있었기 때문이다. 아무 죄 없는 예수님께서 우리의 죄를 대신 짊어지시고 죽으셔야만 했다. 예수님 대신 풀려난 강도 바라바의 죄도 예수님께서 짊어지셨다.

재판이 끝나자마자 십자가형이 시작되었다. 밤새도록 폭행에 시달리신 예수님께서 십자가를 짊어지시고 골고다 언덕길을 올라가시기에는 역부족이었다. 로마 군병들은 진행을 원활하게 하기 위해 곁에 있던 구레네 사람 시몬에게 십자가를 대신 짊어지게 했다. 구레네는 현재 리비아의 수도 트리폴리(Tripoli)다. 시몬은 유월절을 지키기 위해 북 아프리카에서 온 디아스포라(나라 밖에 흩어져 사는 유대인들)였을 것이다. 그가 십자가를 지고 예수님의 뒤를 따랐다. 그 뒤로 다른 백성들과 가슴을 치며 슬피 우는 여자의 큰 무리가 따랐다. 그 고통스러운 순간에도 예수님은 그들에게 다가올 고난을 염려하셨다.

> "예수께서 돌이켜 그들을 향하여 이르시되 예루살렘의 딸들아 나를 위하여 울지 말고 너희와 너희 자녀를 위하여 울라. 보라 날이 이르면 사람이 말하기를 잉태하지 못하는 이와 해산하지 못한 배와 먹이지 못한 젖이 복이 있다 하리라. 그때에 사람이 산들을 대

하여 우리 위에 무너지라 하며 작은 산들을 대하여 우리를 덮으라 하리라. 푸른 나무에도 이같이 하거든 마른 나무에는 어떻게 되리요 하시니라"(눅 23:28-31).

실제로 주후 70년에 예루살렘 성이 함락될 때에 많은 여인들과 아이들이 희생되었다. 두려움과 고통이 너무 심해서 사람들은 산들이 그들 위에 무너져 내리기를 원했다. 예수님은 푸른 나무와 마른 나무를 비교함으로 장차 올 환난의 심각성을 강조하셨다.

그날 아침 9시에 예수님과 함께 두 행악자가 십자가에 못 박혔다. 십자가 사형제도는 주전 8세기경부터 인류가 사용하던 가장 고통스러운 형벌이다. 죄수들은 십자가에 못 박히기 전에 먼저 채찍으로 심한 매질을 당했다. 심지어 살가죽이 찢어지고 창자가 쏟아지기도 했다. '차라리 죽었으면 좋겠다'는 생각이 들 정도로 심하게 때렸다. 그런 다음 십자가에 못 박아 세워 두었다.

십자가는 피를 많이 흘려 죽게 하는 형벌이 아니다. 숨이 막혀서 죽게 하는 형벌이다. 숨을 들이쉬려면 윗몸을 일으켜야 하는데 손목에 박힌 못이 손목의 정중신경을 건드려 그렇게 할 수가 없었다. 십자가에 못 박힌 사람은 최소한의 호흡으로 고통스럽게 연명하다가 마침내 산소가 결핍되어 죽게 된다. 벌거벗긴 채로 십자가 위에 달려서 밤낮의 추위와 더위 아래, 길게는 일주일 동안 고통을 받다가 죽는다. 그래서 로마 시민은 반역과 같은 큰 죄를 저질러도 십자가형을 당하지 않았다. 이 비인간적인 사형제도는 주후 337년에 폐지되었다.

예수님의 머리 위에 '이는 유대인의 왕이라'는 패가 걸렸다. 언제 예수님께서 왕이 되기를 원하셨던가. 예수님은 호흡 한 번 하기가 죽을 만큼 고통스러운 상태에서 온 힘을 다해 기도하셨다.

> "아버지 저들을 사하여 주옵소서. 자기들이 하는 것을 알지 못함이니이다"(눅 23:34).

로마 병정들이 그 기도소리를 들었을까? 옷을 나누기 위해 제비 뽑는 일에 열중하느라 못 들었을 것이다. 백성들은 먼발치에서 구경하고 관리들과 군인들과 강도 중 한 사람까지 예수님을 비난했다.

> "저가 남을 구원하였으니 만일 하나님이 택하신 자 그리스도이면 자신도 구원할지어다 … 네가 만일 유대인의 왕이면 네가 너를 구원하라"(눅 23:35, 37).

이런 비난마저도 예수님께서 당하실 수난에 대한 예언의 성취였다. 시편 22편은 예수님의 수난을 예언한 시(詩)이다.

> "나는 벌레요 사람이 아니라 사람의 비방 거리요 백성의 조롱 거리니이다. 나를 보는 자는 다 나를 비웃으며 입술을 비쭉거리고 머리를 흔들며 말하되 그가 여호와께 의탁하니 구원하실 걸, 그를 기뻐하시니 건지실 걸 하나이다"(시 22:6-8).

그런데 의문이 든다. 왜 두 강도들 중에 한 사람만 비난했을까? 마태복음과 마가복음을 보면 두 강도들이 모두 예수님을 비난했다. 그런데 누가는 한 강도만 비난하고 다른 강도는 예수님에 대해 호의적이었다고 기록하고 있다. 어떻게 하면 세 복음서가 조화를 이룰 수 있을까. 처음에는 두 강도 모두 예수님을 비난했으나 예수님의 기도소리를 들은 후에 한 강도가 마음을 돌이켰으리라고 생각하는 학자들이 있다. 혹은 예수님을 비난했던 강도의 목소리는 유난히 크고 다른 강도의 말은 부드럽고 차분해서 함성에 묻혔을 것이라고 생각하는 학자들도 있다. 그렇다면 십자가 가까이에 서 있던 여인들을 통해 그 강도의 말이 전해졌을 것이다. 이제 강도들의 목소리를 들어보자.

> "달린 행악자 중 하나는 비방하여 이르되 네가 그리스도가 아니냐. 너와 우리를 구원하라 하되 하나는 그 사람을 꾸짖어 이르되 네가 동일한 정죄를 받고서도 하나님을 두려워하지 아니하느냐. 우리는 우리가 행한 일에 상당한 보응을 받는 것이니 이에 당연하거니와 이 사람이 행한 것은 옳지 않은 것이 없느니라 하고 이르되 예수여 당신의 나라에 임하실 때에 나를 기억하소서"(눅 23:39-42).

그 강도가 할 수 있는 일은 아무것도 없었다. 손과 발에는 못이 박혔고 멀지 않아 호흡도 끊어질 것이다. 그런데 하나님의 은혜가 그에게 임했다. 그 은혜로 이 강도는 예수님이 누구신지 알게 되었다. '이 사람이 행한 것은 옳지 않은 것이 없느니라.' 예수님을 알고 나니 자신이 누구인지도 알게 되었다. '우리는 우리가 행한 일에 상당한 보응을 받는 것이니 이에 당연하거니와', 자신들은 범한 죄 때문에 죽어야 마땅하다는 말이다. 예수님을 만나기 전에는 아무도 자신을 '죽어야 할 죄인'이라고 말할 수 없다. 하나님의 은혜로 이 강도는 예수님이 구원자이심을 알게 되었다. 절망적인 상황에서 '나는 구원받을 수 있다'고 생각했다. 은혜가 아니면 절대 불가능한 일이다. 하나님의 은혜로 강도가 절망 가운데서 소망을 고백했다. '예수여, 당신의 나라에 임하실 때에 나를 기억하소서.' 예수님께서 그에게 낙원을 약속하셨다. 십자가에서 죽어도 영원히 살게 되리라는 엄청난 소망이다.

"예수께서 이르시되 내가 진실로 네게 이르노니 오늘 네가 나와 함께 낙원에 있으리라 하시니라."

유월절 하루의 절반이 지나가고 있었다. 낮 12시경부터 갑자기 해가 빛을 잃고 온 땅에 어둠이 임하더니 오후 3시에 이르러 성소의 휘장이 위로부터 찢어졌다. 그리고 예수님께서 큰 소리로 '아버지 내 영혼을 아버지 손에 부탁하나이다' 하시며 운명하셨다. 백부장이 그 광경을 보고 '이 사람은 정녕 의인이었도다' 하며 하나님께 영광을 돌렸다. 구경하던 사람들도 모두 가슴을 치며 돌아갔다. 다만 예수님을 아는 자들과 갈릴리에서 따라온 여인들만이 그 장면을 지켜보고 있었다. 누가는 예수님께서 운명하신 장면을 간결하게 처리했다. '엘리 엘리 라마 사박다니'라는 고백도 생략하고, 신포도주를 마시는 장면도 생략하며, 무덤이 열리고 죽은 성도들이 일어나는 장면도 생략했다. 오직 십자가의 죽으심만 돋보이게 한다.

해가 지기 전에 공회 의원으로 아리마대 동네에 사는 요셉이 빌라도를 찾아갔다. 선하고 의로운 사람이었다. 빌라도의 허락을 받은 그는 예수님의 시신을 십자가에서 내려서 새로 판 무덤에 장사지냈다. 여인들도 시신에 넣을 향품과 향유를 준비하기 위해 돌아갔다. 이 모든 일들이 유월절 하루 24시간 동안에 이루어졌다. 길고도 고통스러운 하루였다.

부활하시고 승천하신 예수님

:: 눅 24:1-53 ::

안식일이 지난 후 첫날 새벽이 되었다. 요즘으로 말하면 주일 새벽이다. 여인들이 준비한 향품을 가지고 무덤에 갔다가 돌이 무덤에서 굴려진 것을 발견했다. 석회암 동굴로 된 무덤 입구에는 돌문이 있었다. 마태복음에 보면 제자들이 와서 예수님의 시신을 훔쳐 가지 못하도록 빌라도는 그 돌문을 인봉하고 병사들로 지키게 했다. 그러나 큰 지진이 나며 천사가 내려와 돌문을 굴려 내자 병사들은 혼비백산 도망갔다. 누가는 그 직후에 여인들이 무덤에 이른 것으로 기록했다. 와서 보니 무덤 속에 예수님의 시신이 없었다. 여인들이 이 일로 인하여 근심하고 있을 때에 찬란한 옷을 입은 두 천사들이 곁에 서서 말했다.

> "어찌하여 살아 있는 자를 죽은 자 가운데서 찾느냐? 여기 계시지 않고 살아나셨느니라. 갈릴리에 계실 때에 너희에게 어떻게 말씀하셨는지를 기억하라. 이르시기를 인자가 죄인의 손에 넘겨져 십자가에 못 박히고 제삼일에 다시 살아나야 하리라 하셨느니라"(눅 24:5-7).

여인들이 돌아와 사도들에게 알렸으나 아무도 그들의 말을 믿으려고 하지 않았다. 뒤늦게 베드로가(요한복음을 보면 다른 제자와 함께) 무덤에 달려가서 보았지만 세마포뿐이었다. 그는 반신반의하며 산을 내려갔다. 그리고 엠마오로 내려가다가 부활하신 예수님을 만난 두 제자들의 이야기가 나온다. 마가복음에 두 절로 요약된 이야기를 누가는 자세히 들려주고 있다.

가슴에 소망을 품고 걸어 올라가는 길은 비록 그 길이 가파르고 험해도 고달프지 않다. 그러나 모든 꿈이 사라지면 내리막길을 걸어가도 힘들고 피곤하다. 예수님을 따르던 많은 제자들 중에 두 사람이 절망 가운데 예루살렘에서 서북쪽으로 12km 떨어진 엠마오로 내려가고 있었다. 그들은 지난 며칠 동안 예루살렘에서 일어난 일들을 회상해 보았다. 예수님께서 나귀 새끼를 타고 예루살렘 성에 들어오실 때, 수많은 사람들이 종려나무 가지를 들고 '호산나! 호산나!' 하며 부르짖던 소리가 아직도 귀에 들리는 것 같았다. 그런데 며칠이 안 되어 다른 소리가 들려왔다. '십자가에 못 박게 하소서. 십자가에 못 막게 하소서.' 그리고 예수님의 손과 발에 못을 박는 소리, 온 땅을 덮는 어두움, 예수님의 죽으심, 안식일이 되기 전에 급히 무덤에 묻히시는 장면들이 주마등처럼 지나갔다. 두 사람은 그 일들을 반추(ruminate)하며 걸어가고 있었다.

그때 예수님이 그들 사이에 끼어드셨다. 아무도 그가 예수님인 줄 알아보지 못했다. 예수님이 물으셨다. '무슨 이야기를 그렇게 진지하게 하면서 가세요?' 그 중에 글로바라고 하는 사람이 대답했다. '당신은 예루살렘에서 내려오면서 요즘 거기에서 된 일을 혼자만 모르고 계신단 말이오?' 글로바는 온 예루살렘 사람들이 다 알고 있는 사건을 이 사람만 모르고 있다는 사실이 믿을 수가 없었다. 그래서 자초지종을 설명해 주었다. '나사렛 예수라는 사람이 있었는데, 그는 하나님과 모든 백성들 앞에서 말과 일에 능하신 선지자였으나 대제사장들과 관리들이 그를 십자가에 못 박았다'고 말할 때에는 자기도 모르게 음성이 높아졌다. 그러나 이내 풀이 죽은 목소리로 말끝을 흐렸다. "우리는 그분이 이스라엘을 구해 주실 분이라고 잔뜩 기대했었는데 말입니다"(현대인의 성경에서).

잠시 동안 침묵이 흐른 후에 글로바가 말을 계속했다.

> "어디 이뿐이겠습니까? 이런 일이 일어난 지 사흘이나 되었는데 우리 가운데 어떤 여자들이 우리를 깜짝 놀라게 했습니다. 그들은 새벽에 무덤에 갔다가 예수님의 시체는 보지 못하고 돌아와서 천사가 나타나 그분이 살아나셨다고 말하더라는 이야기를 해 주었습니다. 그리고 우리와 함께 있던 몇 사람도 무덤에 가 보고 여자들이 말한 것이 사실임을 확인했으나 예수님은 보지 못했습니다"(눅 24:21-24, 현대인의 성경에서)

두 사람은 빈 무덤을 목격한 증인들의 말을 믿을 수가 없었다. 여인들에게 천사가 나타나 '그분이 살아나셨다'고 했다는 말도 믿을 수가 없었다. 여인들의 말을 듣고 무덤에 다녀온 베드로와 다른 제자(아마도 요한)의 말도 믿을 수가 없었다. 다만 한 가지 사실은 분명했다. 예수님의 시신이 사라졌다는 사실이다. 침묵을 깨고 예수님께서 두 제자들에게 말씀하셨다. (헬라어에는 존댓말과 낮춤말이 없다.)

> "(당신들은) 어리석은 사람들입니다. 예언자들이 말한 모든 것을 믿는 마음이 그렇게도 무디니 말입니다. 그리스도가 마땅히 이런 고난을 겪고서, 자기 영광에 들어가야 하지 않겠습니까?"(눅 24:25-26, 새번역에서)

그리고 예수님은 모세와 모든 선지자의 글로 시작하여 자신에 관하여 기록한 성경말씀들을 자세히 설명해 주셨다.

언젠가 은행직원이 제가 목사인 줄 알아보고 '지난 주말에는 아주 바빴겠군요' 하고 인사를 건넸다. 그의 말은 '지난 일요일이 부활절이었으니 바빴을 것'이라는 뜻이었다. 은행을 나오면서 '왜 부활절이 바쁜 날이지?' 하고 생각해 보았다. 물론 바쁘기는 했다. 새벽부터 부활절 연합새벽예배를 드리고 그 후에도 세 번 더 주일 예배를 인도했으니까. 그렇다면 부활절은 단지 그리스도인들을 바쁘게 만드는 하나의 연중행사에 불과할까? 아니다. 예수님의 부활은 인류의 역사와 우리의 삶 속에 현재도 진행되고 있는 놀라운 사건이다. 예수님께서 살아나셨기 때문이다. 그래서 우리는 '예수 안에서'라는 말을 사용할 수 있다. 만일 예수님이 부활하시지 않았다면, '예수 안에서'라는 말은 아무 의미도 없을 것이다. 바울은 말했다.

> "그리스도께서 다시 살아나신 일이 없으면 너희의 믿음도 헛되고 너희가 여전히 죄 가운데 있을 것이요"(고전 15:17).

예수님의 '부활' 다음에 반드시 '믿음'이라는 단어가 따라와야 한다. 예수님의 부활을 믿는 사람에게만 그 부활의 능력이 재현(再現)되기 때문이다. 믿음으로 되는 일은 언제나 우리의 능력 밖에서 일어나는 일들이다. 믿음으로 우리는 하나님의 자녀가 되고, 구원을 받으며, 하나님께 담대히 나갈 수 있다.

> "너희가 다 믿음으로 말미암아 그리스도 예수 안에서 하나님의 아들이 되었으니"(갈 3:26).

“너희는 그 은혜에 의하여 믿음으로 말미암아 구원을 받았으니 이것은 너희에게서 난 것이 아니요 하나님의 선물이라”(엡 2:8).

“우리가 그 안에서 그를 믿음으로 말미암아 담대함과 확신을 가지고 하나님께 나아감을 얻느니라”(엡 3:12).

십자가의 진정한 가치는 부활에 있다. 예수님의 부활이 우리 믿음의 근거가 된다. 예수님께서 부활하셨기 때문에 하나님의 모든 약속이 우리에게 성취된다.

예수님과 두 제자들이 엠마오에 도착하자 날이 저물었다. 그들은 예수님에게 함께 여관에 투숙하자고 간청했다. 저녁 식사 시간에 예수님께서 떡을 가지사 축사하셨다. 바로 그 순간 그들의 눈이 떠졌다. 그들이 예수님을 알아보는 순간 예수님께서 그들을 떠나셨다. 예수님과 함께 떡을 떼었다는 말씀은 예배를 연상케 한다. 예배드릴 때마다 우리는 부활하신 예수님을 만나게 된다. 예수님의 부활은 우리의 노력이나 이해로 믿어지는 것이 아니다. 성령의 도우심으로 믿을 수 있게 된다. 그것이 우리가 받는 가장 큰 축복이다.

두 제자는 즉시 예루살렘으로 돌아갔다. 그리고 제자들에게 자기들이 부활하신 예수님을 만났다고 증거했다. 그날 밤, 그 자리에 예수님께서 찾아오셨다. 제자들은 예수님의 영이 나타났다고 생각했다. 예수님은 구운 생선 한 토막을 잡수시면서 그가 육체로 부활하셨음을 확신시켜 주셨다. 그리고 성경을 풀어 깨닫게 해주셨다.

“이같이 그리스도가 고난을 받고 제삼일에 죽은 자 가운데서 살아날 것과 또 그의 이름으로 죄 사함을 받게 하는 회개가 예루살렘에서 시작하여 모든 족속에게 전파될 것이 기록되었으니 너희는 이 모든 일의 증인이라. 볼지어다. 내가 내 아버지께서 약속하신 것을 너희에게 보내리니 너희는 위로부터 능력으로 입혀질 때까지 이 성에 머물라"(눅 24:46-49).

예수님은 그 후에 40일 동안 제자들과 함께 지내시며 하나님의 나라에 대하여 가르치셨다. 그리고 제자들이 보는 앞에서 하늘로 올라가셨다. 제자들은 큰 기쁨으로 예루살렘에 돌아가 늘 성전에서 하나님을 찬송했다. 누가는 이 장면을 사도행전에서 다시 기록하고 있다.

가슴으로
읽는 6 LUKE &
성경 ACTS

제2부

사도행전

누가는 특별한 의도를 가지고 누가복음과 사도행전을 기록했다. 이 두 책은 데오빌로라는 로마의 고위관리에게 보낸 책의 전편과 후편이다. 그러나 사실은 데오빌로와 같은 모든 이방인들에게 복음을 전파하기 위해 기록한 책이다. 전편이 예수님의 행적에 관한 기록이라면 후편은 예수님께서 세우신 사도들이 복음을 전하는 기록이다. 그러므로 누가복음과 사도행전은 한 권의 책으로 읽어야 한다.

신약성경을 인체(人體)에 비유하면 사복음서가 머리이고, 로마서부터 요한계시록까지는 몸통과 사지(四肢)이며, 사도행전은 그 두 부분을 연결하는 목(neck)에 해당한다. 사도행전은 신약성경 27권 가운데 유일하게 초대교회의 역사를 다루는 책이다. 만일 누가가 사도행전을 기록하지 않았다면 우리는 몇 개의 파편들로 조각 그림을 맞추기 위해 애썼을 것이다. 우선 교회의 갑작스런 등장을 설명할 길이 없을 것이다. 또 바울과 다른 지도자들의 출현에 대해서도 의구심을 떨칠 수 없을 것이다. 무엇보다도 복음이 어떻게 이방 세계에 전파되었는가에 대하여 아무도 자신 있게 설명할 수 없을 것이다. 그러나 사도행전은 이 모든 질문에 선명한 답을 제공하고 있다.

사도행전의 핵심구절은 1장 8절이다.

> "오직 성령이 너희에게 임하시면 너희가 권능을 받고 예루살렘과 온 유대와 사마리아와 땅 끝까지 이르러 내 증인이 되리라 하시니라."

사도행전은 예수님의 이 말씀이 성취되는 과정을 보여주는 책이다. 누가는 예루살렘에서 시작하여 땅 끝까지 퍼져가는 교회의 모습을 기록했다. 그런 면에서 사도행전은 크게 세 부분으로 나누어 진다.

1. 예루살렘에서의 증인들(행 1:1-6:7)
2. 유대와 사마리아에서의 증인들(행 6:8-9:31)
3. 땅 끝까지의 증인들(행 9:32-28:31)

누가는 사도행전의 자료들을 어떻게 구했을까? 사도행전은 일반적으로 '그들'이라는 3인칭 복수 대명사를 사용한다. 그러나 특정한 부분에 이르면 '우리'라는 1인칭 복수가 나온다(16:10-40, 20:5-28:31). 이 '우리' 속에는 누가도 포함된다. 누가는 그때 그 자리의 목격자(eye witness)로 동참했다. 대략 사도행전의 3분의 1에 해당하는 분량이다. 그 외의 자료들은 바울과 베드로, 그리고 다른 사도들이나 제자들로부터 모았을 것이다. 사도행전은 처음부터 교회에서 정경(正經)으로 받아들여졌다. 이 사실이 사도행전에 기록된 내용들의 진정성(眞正性)을 보증하고 있다.

그럼 누가는 언제 사도행전을 기록했을까. 사도행전 후반부에 기록된 바울의 1차 연금은 60-62년경이었다. 그 후에 바울이 석방되었다. 그리고 64년에 로마의 대화재와 함께 네로의 기독교 박해가 시작되었다. 그 후 바울은 다시 투옥되어 주후 66-68년 사이에 순교했다. 우리는 누가가 바울과 함께 로마에서 지내던 60-62년경에 사도행전을 기록했으리라고 생각한다. 그래서 사도행전에는 바울의 순교 이야기가 없다. (바울의 연도별 행적은 312-313쪽을 참고하시라.)

이제 누가가 전해준 증인들의 이야기를 가슴으로 읽어보자.

제1장

예루살렘을 뒤집어 놓은 증인들

행 1:1-6:7

오직 성령이 너희에게 임하시면

:: 행 1:1-11 ::

누가는 다음과 같은 서문(序文)으로 누가복음과 사도행전을 견고하게 연결했다.

> "데오빌로여 내가 먼저 쓴 글에는 무릇 예수께서 행하시며 가르치시기를 시작하심부터 그가 택하신 사도들에게 성령으로 명하시고 승천하신 날까지의 일을 기록하였노라. 그가 고난받으신 후에 또한 그들에게 확실한 많은 증거로 친히 살아 계심을 나타내사 사십 일 동안 그들에게 보이시며 하나님 나라의 일을 말씀하시니라. 사도와 함께 모이사 그들에게 분부하여 이르시되 예루살렘을 떠나지 말고 내게서 들은 바 아버지께서 약속하신 것을 기다리라. 요한은 물로 세례를 베풀었으나 너희는 몇 날이 못되어 성령으로 세례를 받으리라 하셨느니라"(행 1:1-5).

예수님께서 몸으로 부활하셨다는 확신을 제자들에게 심어주시는 데 40일이 필요했다. 사도행전의 첫 대목을 읽을 때마다 나는 '예수님께서 40일 동안 제자들에게 보이시며 말씀하신 하나님 나라의 일은 무엇이었을까?' 하는 호기심을 갖곤 한다. 제자 중의 누군가가 그 말씀들을 따로 모아두었다면 얼마나 좋았을까. 그 40일 동안은 오롯이 제자들과 지냈던 시간이 아닌가. 아마도 예수님의 가르치심의 핵심만 모아놓을 수 있었을 터인데, 그런 생각을 하다가 마태복음의 마지막 구절이 떠올랐다.

> "그러므로 너희는 가서 모든 민족을 제자로 삼아 아버지와 아들과 성령의 이름으로 세례를 베풀고 내가 너희에게 분부한 모든 것을 가르쳐 지키게 하라. 볼지어다. 내가 세상 끝날까지 너희와 항상 함께 있으리라 하시니라"(마 28:19-20).

예수님은 제자들이 또 다른 제자들에게 가르칠 모든 내용들을 이미 분부해 두셨다. '분부'는 명령을 의미한다. 그렇다면 예수님은 그 40일 동안 사복음서에 기록된 모든 말씀들을 다시 한 번 설명하시며 부탁하셨을 것이다.

예수님은 '아버지의 약속하신 것'을 기다리라고 하셨다. 그것은 곧 '성령으로 받는 세례'였다. 세례 요한이 베푼 물세례와 성령으로 받는 세례는 무엇이 다를까? 우선 물세례는 능동태이고 성령세례는 수동태다. 물세례는 요한과 세례 받는 이들 사이에 있었던 능동적 행동이었다. 다시 말하면 세례 요한의 말을 듣고 양심에 찔린 사람들이 회개의 표현으로 요단 강에 들어가서 물로 세례를 받았다. 그러나 성령으로 받는 세례는 수동태이다. 자신이 세례 받는 시간을 정할 수도 없고 그 방식을 선택할 수도 없다. '성령으로 받는 세례'는 약속하신 성부 하나님께서 주도권을 쥐고 행하신다. 그렇다면 기다리는 수밖에 없다. 그것이 바로 예수님 말씀의 핵심이었다.

그러나 '몇 날이 못되어'라는 말씀이 제자들의 궁금증을 자극했다. 그래서 물었다.

"주께서 이스라엘 나라를 회복하심이 이때니이까?"(행 1:6).

"이르시되 때와 시기는 아버지께서 자기의 권한에 두셨으니 너희가 알 바 아니요 오직 성령이 너희에게 임하시면 너희가 권능을 받고 예루살렘과 온 유대와 사마리아와 땅 끝까지 이르러 내 증인이 되리라 하시니라"(행 1:7-8).

제자들은 성령으로 받는 세례를 이스라엘이 회복하는 때와 연결했다. 이스라엘은 그때까지 6백여 년 동안 강대국들의 속국으로 살아왔다. 그들의 소원은 정치적 독립이었다. 그동안 여러 차례 독립운동이 일어났지만 결과는 언제나 비참했다. 이번에 하나님께서 그의 영으로 개입하시면 독립이 가능할 것이다. 그것이 제자들이 성령세례를 이해한 방식이었다. 부활하신 예수님의 존재감이 그들 가슴 속에 남아있는 독립에 대한 불씨를 부채질하고 있었다. 이보다 더 가능성이 높았던 '때'가 지금까지 없었다.

그러나 예수님의 말씀은 그런 의미가 아니었다. 제자들이 '세상 나라'를 생각할 때에 예수님은 '하나님의 나라'를 말씀하셨다. 이스라엘의 회복은 반드시 이루어질 것이다. 그러나 그때와 시기는 하나님의 주권에 달려있다(롬 11:25-29). 예수님은 유대 나라의 회복을 위해 제자들을 훈련시키지 않으셨다. 예루살렘과 유대뿐만 아니라 사마리아와 땅 끝까지 예수 그리스도의 증인이 되라고 하셨다. 그들은 모든 나라와 백성들을 향하여 예수 그리스도를 증거해야 할 사람들이다.

'증인'이라는 헬라어 '마루투스'(μάρτυς)는 '순교자'라는 의미로도 사용된다. 둘을 합하면 '목숨 걸고 증언한다'는 뜻이다. 어떻게 그런 증인들이 될 수 있을까. 성령이 그들에게 임하셔서 권능을 주시면 된다. 이 권능은 다이너마이트 같은 폭발력이다. 성령이 임하시면 권세와 능력을 받게 된다. 여기에서 '받고'(람바노, λαμβάνω)라는 동사와 '되리라'는 동사는 능동태가 아니고 중간태(中間態)이다. 능동태는 내가 주체가 되어 받을 수도 있고 안 받을 수도 있다. 다른 말로 하면 증인이 될 수도 있고 안 될 수도 있다. 그러나 누가는 중간태 동사를 사용함으로써 권능을 주시는 하나님의 일차적인 행위에 믿음으로 동참하는 제자들의 이차적 행위를 강조하고 있다. 그러므로 '내 증인이 되리라'는 말씀 속에는 '내 증인이 되어야만 한다'는 하나님의 절대 명령이 담겨 있다.

지금까지의 말씀을 정리해 보자. 예수님께서 제자들에게 '아버지께서 약속하신 것을 기다리라'고 하셨다. 그 약속하신 것은 무엇일까? 성령님이 아니다. '약속하신 것'과 '권능'은 여성명사이고 성령님은 중성명사이다. 헬라어에서 남성과 여성과 중성을 뒤섞어 사용할 수 없다. 그러므로 하나님께서 약속하신 것은 바로 이 '권능'이다. 이 권능은 손으로 받는 물건처럼 분명하고 확실한 '어떤 것'이다. 이 권능은 성령님이 임하실 때에 우리에게 주어진다. 이 권능을 받으면 목숨을 걸고 예수님을 증거할 수 있다. 그리하여 복음은 예루살렘에서 시작하여 세계 끝까지 활기차게 전파될 것이다.

사도행전 1장 8절 말씀은 교회의 청사진이다. 이 말씀은 예수님께서 재림하실 때까지 변할 수 없는 원칙이다. 오늘날 지구상에 있는 모든 교회들도 이 말씀에 의해 존재되고 구성되고 진행되어야 한다. 이 말씀과 유리(遊離)된 교회는 교회가 아니다. 모든 교회는 '성령이 임하시면'으로부터 시작되어야 한다.

성령님이 임하시면 어떤 일이 일어날까. 첫째로, 복음이 깨달아진다. 예수 그리스도를 통하여 부어주신 하나님의 은혜가 깨달아진다. 둘째로, 잃어버린 영혼들을 긍휼히 여기는 마음을 갖게 된다. 셋째로, 예수의 복음을 듣는 사람들이 회개하고 주께로 돌아온다. 이 세 가지가 바로 성령님이 주시는 권능이다. 우리는 사도행전에서 이 세 가지 일들이 사도들을 통하여 일어나는 과정을 보게 될 것이다.

예수님께서 마지막 말씀을 마치신 후 제자들이 보는 데서 들려 올라가셨다.

> "이 말씀을 마치시고 그들이 보는데 올려져 가시니 구름이 그를 가리어 보이지 않게 하더라. 올라가실 때에 제자들이 자세히 하늘을 쳐다보고 있는데 흰 옷 입은 두 사람이 그들 곁에 서서 이르되 갈릴리 사람들아 어찌하여 서서 하늘을 쳐다보느냐. 너희 가운데서 하늘로 올려지신 이 예수는 하늘로 가심을 본 그대로 오시리라 하였느니라"(행 1:9-11).

만일 예수님의 승천(昇天)이 없었다면 어떻게 되었을까? 만일 예수님이 죽은 자 가운데서 사흘 만에 부활하셔서 몇십 년 더 사시다가 늙어 죽으셨다면, 그리고 시체를 묻은 무덤이 지금까지 보존되어 있다면 어떻게 되었을까? 이전에 있었던 그의 부활은 특별한 의미가 없게 될 것이다. 그가 하셨던 말씀, 곧 "나를 믿는 자는 죽어도 살겠고, 무릇 살아서 믿는 자는 영원히 죽지 아니하리라"는 말씀도 무의미하게 될 것이다(요 11:25-26). 물론 제자들이 예수님의 가르침과 행적들을 모아서 경전을 만들고 나름 하나의 종교를 창시할 수 있다. 그러나 그 종교는 생명도 없고, 능력도 없고, 증거도 없는 세상 종교 중의 하나가 될 것이다. 그리고 오래지 않아 역사 속으로 사라질 것이다.

그러므로 예수님의 승천(昇天)은 그의 생애뿐만 아니라 교회를 위해서도 절대 필요한 부분이다. 하나님 나라의 실제가 예수님의 승천으로 인하여 더 분명하게 되었다. 승천하신 예수님은 훗날 하늘로부터 다시 오실 것이다. 우주왕복선을 연상하고 계신가. 천지와 만물을 지으신 하나님이시다. 그의 광대하심과 그의 무한하신 능력을 어떻게 과학이나 우주선과 비교할 수 있겠는가.

맛디아를 제비 뽑다

:: 행 1:12–26 ::

하나님의 약속에 대한 '기다림', 그것이 바로 믿음의 증거다. 약속에 대한 믿음이 우리로 하여금 기다리게 한다. 사울 왕은 믿음이 없었기 때문에 기다리지 못하고 스스로 제사 드리다가 망했다(삼상 15장).

예수님이 승천하신 감람산은 예루살렘의 동쪽에 있다. 거리도 안식일에 갈 만큼(0.8km) 가까운 곳이다. 열한 사도들과 예수님의 가족들, 그리고 다른 제자들과 여인들이 다락방으로 돌아왔다. 다락방 앞에 '그'라는 정관사를 붙인 것으로 미루어볼 때 '그 다락방'은 마지막 유월절 만찬을 드셨던 곳일 것이다. 적어도 초대교회 성도들이 다 알고 있는 방이었다. 그 다락방에 모인 숫자가 120여 명이었다. 그 정도면 꽤 큰 방이다. 그들은 그곳에서 하나님의 약속하신 것을 간절히 구하며 기도했다.

이 대목을 읽을 때마다 나는 숙연함을 느낀다. 사람들은 현란한 공연이 끝나면 반복해서 들었던 노랫가락을 흥얼거리며 초라한 현실 세계로 되돌아간다. 제자들도 예수님께서 승천하신 후에 각기 고향으로 돌아갈 수 있었다. 이제 그들을 붙잡아줄 사람은 아무도 없었다. 그런데 그들이 흩어지지 않고 다시 모였다. 모여서 하나님의 약속하신 선물을 기다리며 기도했다. 그것도 열흘 동안이나. 얼마나 감격스러운가? 물론 하나님의 능력의 손이 그들을 붙잡고 있었다. 그렇더라도 예수님의 말씀에 순종하고 기다려준 제자들이 참 고맙다. 왜냐하면 그들 때문에 하나님의 나라가 우리에게 연결되었으니까.

기도하던 중에 베드로가 일어나서 주위를 조용하게 했다. 그리고 열두 사도 중의 하나였던 유다가 예수님을 배반하고 스스로 목숨을 끊었던 슬픈 기억을 되살리며 이렇게 말했다.

> "이러하므로 요한의 세례로부터 우리 가운데서 올려져 가신 날까지 주 예수께서 우리 가운데 출입하실 때에 항상 우리와 함께 다니던 사람 중에 하나를 세워 우리와 더불어 예수께서 부활하심을 증언할 사람이 되게 하여야 하리라"(행 1:21-22).

이스라엘의 열두 족속들 때문일까. 그들은 '열둘'이라는 숫자를 항상 특별하게 여겼다. 예수님께서도 훗날 제자들이 '열두 보좌에 앉아 이스라엘 열두 지파를 심판하리라'고 말씀하셨다(마 19:28). 모인 무리들이 베드로의 말을 듣고 바사바와 맛디아 두 사람을 천거했다. 두 사람 모두 제자들이었다. 그들은 기도한 후에 제비를 뽑아 맛디아를 사도들 중의 한 사람이 되게 했다. 이 대목을 읽을 때마다 나는 복음서에 나오는 젊은 부자 관원을 생각하곤 한다. 만일 그가 예수님의 명령에 순종했더라면 사도 중의 하나가 되었을 것이다. 한편 누가는 사도행전에서 두 번이나 바울과 바나바를 '두 사도'라고 표현하고 있다. 그렇게 함으로써 '열두 사도'라는 고정관념에서 벗어났다. 어쨌든 맛디아는 그날부터 열두 사도 중의 하나로 봉사의 직무를 하게 되었다(행 6:2). 그러나 그의 구체적인 역할에 대해서는 대부분의 사도들처럼 성경에 기록되지 않았다.

성령이 임하시자 교회가 세워졌다

:: 행 2:1–47 ::

마침 그날은 오순절이었다. '오순절 날이 이미 이르매'라는 표현으로 보아 이른 저녁, 아마도 저녁식사 후였을 것이다. 오순절은 예수님이 운명하신 유월절부터 50일이 지난 날이다. 예수님은 부활하신 후에 40일 동안 제자들과 함께 계시다가 승천하셨다. 그리고 제자들은 오순절까지는 열흘 동안 다락방에 모여서 기도하고 있었다. (누가는 로마식으로 날짜를 계산했다.) 그날 놀라운 일이 일어났다.

"오순절 날이 이미 이르매 그들이 다 같이 한 곳에 모였더니 홀연히 하늘로부터 급하고 강한 바람 같은 소리가 있어 그들이 앉은 온 집에 가득하며 마치 불의 혀처럼 갈라지는 것들이 그들에게 보여 각 사람 위에 하나씩 임하여 있더니 그들이 다 성령의 충만함을 받고 성령이 말하게 하심을 따라 다른 언어들로 말하기를 시작하니라" (행 2:1-4).

갑자기 하늘로부터 급하고 강한 바람 같은 소리가 온 집에 가득했다. 여기에서 바람은 '생명의 호흡'(breath of life)이라는 뜻을 지니고 있다. 또 이 '바람'(프노에, πνοή)에서 '성령'(프뉴마, πνεῦμα)이라는 단어가 나왔다. 그러므로 '온 집에 가득한 바람 같은 소리'는 성령님의 강력한 임재하심을 의미한다. 성령님의 임재하심은 소리뿐만 아니라 불로도 나타났다. 불의 혀처럼 갈라지는 것들이 각 사람 위에 임하여 있는 장면을 거기 있는 모든 사람들이 보았다. 그 불은 아래에서 올라가는 불이 아니고 위에서 내려오는 불이었다. 불은 하나인데 각 사람들 위에 혀들처럼 여러 갈래로 갈라져 내려왔다. 바울이 말했던 '은사는 여러 가지나 성령은 같고'라는 말씀이 기억난다(고전 12:4).

그러자 그들이 다 성령의 충만함을 받고 성령이 말하게 하심을 따라 다른 언어들로 말하기를 시작했다. '불의 혀처럼 갈라지는' 현상과 '다른 언어들로 말하기 시작하는' 현상이 서로 연결된다. '혀와 언어'가 같은 단어(글롯사, γλῶσσα)를 사용하고 있기 때문이다. 다른 점이 있다면 혀는 복수형이고 언어는 단수형일 뿐이다. 이 말씀을 요약하면 '모인 사람들에게 성령이 임하실 때에 그들이 각기 다른 언어로 말하기 시작했다'가 된다. 그것이 바로 세례 요한이 예언했고 예수님께서 약속하신 성령의 세례였다. 얼마나 놀라운 사건인가. 그들이 한 일은 아무것도 없다. 믿음으로 순종하고 기다렸더니 이 모든 축복이 하늘로부터 임했다. 이런 성령세례가 사도행전에 여러 번 기록되어 있다. 그리고 이 성령세례는 지금도 모든 믿는 자들을 위해 예비되어 있다. 한번 성령으로 세례를 받은 사람들은 계속하여 충만함을 받아야 한다. 그래야 그리스도의 증인이 될 수 있다. 할렐루야.

성령님은 바람이나 불처럼 외형적으로만 오신 것이 아니었다. 내면적으로도 오셨다. 그곳에 모인 사람들은 모두 성령님께서 그들을 가득 채우고 계신다는 느낌을 가졌다. 피가 심장을 채우고 공기가 허파를 채우며 생각이 머리를 채우듯이 성령님께서 그들을 채우고 계셨다. 그들 모두가 성령님의 완전한 통제 아래 놓이게 되었다. 그들은 성령님이 말하게 하심을 따라 다른 언어들로 말하기 시작했다. 그것은 배워서 하는 말이 아니었다. 하고 싶어서 하는 말도 아니었다. 성령님께서 그들로 하여금 그런 말을 하게 하셨다. 입속으로 중얼거리는 말이 아니었다. 모든 사람들이 들을 수 있도록 큰 소리로 하는 말이었다. 더욱 놀라운 것은 듣는 사람들이 그 말의 뜻을 이해했다는 사실이다. 이 '방언 말함'은 그 이후로 성령세례의 명백한 증거가 되었다.

다시 한 번 그 장면을 연상해 보자. 120여 명이나 되는 사람들이 각기 다른 언어로 예수님에 관한 증언을 하며 하나님께 영광을 돌렸다. 그들은 밤새도록 하나님을 찬양하고 방언으로 기도했을 것이다. 이튿날 아침 다락방 아래로 지나던 사람들이 그 소리를 듣게 되었다. 예루살렘에서 32km 반경 거리에 있는 유대인들은 유월절과 오순절과 수전절에 성전에 모일 종교적 의무가 있었다. 오순절에는 많은 디아스포라(다른 나라에 흩어져 사는 유대인들)들도 예루살렘을 찾아왔다. 적어도 15개국 이상에서 온 사람들이 그날 아침 자기네 말로 하나님께서 행하신 놀라운 일들을 듣게 되었다. 그러자 소동이 일어났다.

"다 놀라 신기하게 여겨 이르되 보라 이 말하는 사람들이 다 갈릴리 사람이 아니냐? 우리가 우리 각 사람이 난 곳 방언으로 듣게 되는 것이 어찌 됨이냐? 우리는 바대인과 메대인과 엘람인과 또 메소보다미아, 유대와 갑바도기아, 본도와 아시아, 브루기아와 밤빌리아, 애굽과 및 구레네에 가까운 리비야 여러 지방에 사는 사람들과 로마로부터 온 나그네 곧 유대인과 유대교에 들어온 사람들과 그레데인과 아라비아인들이라. 우리가 다 우리의 각 언어로 하나님의 큰 일을 말함을 듣는도다 하고 다 놀라며 당황하여 서로 이르되 이 어찌 된 일이냐?"(행 2:7-12).

각기 다른 언어지만 내용은 하나였다. 무엇이 '하나님의 큰 일'이었을까. 하나님께서 예수 그리스도를 죽은 자 가운데서 살아나게 하신 일보다 더 큰 일이 무엇이겠는가. 그러나 어떤 사람들은 '그들이 새 술에 취했다'고 조롱했다. 누군가 이 상황을 설명해 주어야 했다. 그때 베드로가 나서서 큰 소리로 말하기 시작했다. 그 곁에는 열한 사도들이 서 있었다.

"유대인들과 예루살렘에 사는 모든 사람들아 이 일을 너희로 알게 할 것이니 내 말에 귀를 기울이라. 때가 제삼 시(오전 9시)니 너희 생각과 같이 이 사람들이 취한 것이 아니라"(행 2:14-15).

오전 9시면 유대인들이 성전에서 기도하는 시간이다. 명절 아침 기도시간부터 술에 취할 사람이 누가 있겠는가. 베드로는 생전 처음으로 군중 앞에서 복음을 선포하기 시작했다. 베드로의 말을 듣다보면 그가 어떻게 이런 성경 지식을 갖게 되었는지 놀라게 된다. 베드로는 당시 유대교 지도자들이 자주 언급했듯이 '배운 것이 없는 사람'이었다. 예수님께서 승천하신 지 겨우 10여 일이 지났을 뿐이다. 따로 공부하고 준비할 시간도 없었다. 그러나 해답은 예수님의 말씀에 있었다.

> "사람이 너희를 회당이나 위정자나 권세 있는 자 앞에 끌고 가거든 어떻게 무엇으로 대답하며 무엇으로 말할까 염려하지 말라. 마땅히 할 말을 성령이 곧 그때에 너희에게 가르치시리라 하시니라"(눅 12:11-12).

베드로가 선포했던 내용, 곧 성령님이 그에게 가르쳐주신 말씀들을 네 단락으로 나누어 살펴보자.

첫째로, '이 모든 일들이 (구약)성경에 이미 다 예언되어 있다'고 선포했다(행 2:16-21). 오순절 사건을 해석하는 데 요엘의 예언보다 더 적절한 내용이 없었다. 베드로는 성령님의 도우심으로 정확하게 요엘서 2장 28-32절에 기록된 말씀을 거의 문자적으로 인용했다.

> "이는 곧 선지자 요엘을 통하여 말씀하신 것이니 일렀으되, 하나님이 말씀하시기를 말세에 내가 내 영을 모든 육체에 부어 주리니 너희의 자녀들은 예언할 것이요 너희의 젊은이들은 환상을 보고 너희의 늙은이들은 꿈을 꾸리라. 그때에 내가 내 영을 내 남종과 여

종들에게 부어 주리니 그들이 예언할 것이요 또 내가 위로 하늘에서는 기사를 아래로 땅에서는 징조를 베풀리니 곧 피와 불과 연기로다. 주의 크고 영화로운 날이 이르기 전에 해가 변하여 어두워지고 달이 변하여 피가 되리라. 누구든지 주의 이름을 부르는 자는 구원을 받으리라 하였느니라"(행 2:16-21).

주변 강대국에 포로로 잡혀갔던 이스라엘을 하나님께서 회복시키신 후에 영적으로 축복하시겠다는 예언의 말씀이다. 이 예언의 핵심은 두 가지의 약속이다. 하나는 '내가 말세에 내 영을 모든 육체에 부어주겠다'는 약속이요, 다른 하나는 '누구든지 주의 이름을 부르는 자는 구원을 받으리라'는 약속이다. 둘 모두 하나님의 약속이다. '주의 크고 영화로운 날'은 심판의 날을 의미한다. 심판의 날은 예수님께서 십자가 위에서 우리의 죄를 대속하시기 위해 돌아가시고 부활하신 그날부터 시작되었다. 누구든지 주의 이름을 부르는 자는 구원을 얻을 것이고 그렇지 않는 자는 멸망을 당할 것이다. 베드로는 요엘의 '누구든지 여호와의 이름을 부르는 자'를 '누구든지 주의 이름을 부르는 자'로 바꾸었다. 예수님은 성자 하나님이시기 때문이다. 베드로 설교의 첫 번째 주제는 '오늘 구원의 날이 너희에게 이르렀다'는 내용이었다.

둘째로, '예수님이 바로 메시아(그리스도)'라고 선포했다(행 2:22-32).

"이스라엘 사람들아 이 말을 들으라 너희도 아는 바와 같이 하나님께서 나사렛 예수로 큰 권능과 기사와 표적을 너희 가운데서 베푸사 너희 앞에서 그를 증언하셨느니라. 그가 하나님께서 정하신 뜻과 미리 아신 대로 내준 바 되었거늘 너희가 법 없는 자들의 손을 빌려 못 박아 죽였으나 하나님께서 그를 사망의 고통에서 풀어 살리셨으니 이는 그가 사망에 매여 있을 수 없었음이라."

베드로의 변화된 모습을 보라. 여종 앞에서 예수님을 모른다고 부인했던 베드로가 아니던가. 불과 두 달도 채 되지 않았는데 이제는 담대하게 '너희가 율법도 모르는 저 로마 사람들의 손을 빌려 예수를 죽였다'고 호통을 치고 있다. 기가 막힌 반전이다. 무엇이 베드로를 그렇게 변화시켰을까. 성령으로 받은 세례 외에는 달리 설명할 길이 없다. 새로운 권능이 그에게 주어진 것이다. 베드로는 예수님의 부활을 예언한 다윗의 시를 인용했다.

"다윗이 그를 가리켜 이르되 내가 항상 내 앞에 계신 주를 뵈었음이여 나로 요동하지 않게 하기 위하여 그가 내 우편에 계시도다. 그러므로 내 마음이 기뻐하였고 내 혀도 즐거워하였으며 육체도 희망에 거하리니 이는 내 영혼을 음부에 버리지 아니하시며 주의 거룩한 자로 썩음을 당하지 않게 하실 것임이로다. 주께서 생명의 길을 내게 보이셨으니 주 앞에서 내게 기쁨이 충만하게 하시리로다 하였으므로"(행 2:25-28).

베드로가 다윗을 선지자라고 불렀다. 다윗이 말한 '내 앞에 계신 주'는 예수님을 가리킨다. 다윗은 그 거룩하신 자가 죽어 썩음을 당하지 않을 것이라고 예언했다. 예수님의 부활이 우리에게 영원한 생명을 주셨다. 베드로는 '이 예수를 하나님이 살리신지라. 우리가 다 이 일에 증인이다' 하고 외쳤다.

셋째로, '메시아 예수님이 우리에게 성령을 부어주셨다'고 선포했다(눅 2:33-36).

> "하나님이 오른손으로 예수를 높이시매 그가 약속하신 성령을 아버지께 받아서 너희가 보고 듣는 이것을 부어 주셨느니라. 다윗은 하늘에 올라가지 못하였으나 친히 말하여 이르되 주께서 내 주에게 말씀하시기를 내가 네 원수로 네 발등상이 되게 하기까지 너는 내 우편에 앉아 있으라 하셨도다 하였으니."

하나님께서 예수님을 오른손으로 높이 들어 올리셔서 그의 보좌 우편에 앉게 하셨다. 그리고 예수님은 하나님의 약속하신 성령을 보내셔서 '너희가 오늘 보고 듣는 이것'을 부어주셨다. 이 예수님은 아버지 하나님께서 모든 원수들을 그의 발아래 두실 때까지 보좌 우편에 앉아 계실 것이라고 다윗이 예언한 분이시다. 그 대목에서 베드로 목소리가 갑자기 높아졌다.

> "그런즉 이스라엘 온 집은 확실히 알지니 너희가 십자가에 못 박은 이 예수를 하나님이 주와 그리스도가 되게 하셨느니라."

보통 같았으면 유대인들이 베드로의 말을 거칠게 반박했을 것이다. 손에 돌을 들고 달려들었을지도 모른다. 그런데 그날은 모두들 풀이 죽어 있었다. 베드로에게 특별한 말씀의 지식을 주시고 담대하게 복음을 선포하게 하신 성령님께서 듣는 사람들의 마음에 두려움을 심어주셨기 때문이다.

넷째로, '회개하고 예수 그리스도의 이름으로 세례를 받고 죄 사함을 받으라'고 선포했다(행 2:37-40).

"그들이 이 말을 듣고 마음에 찔려 베드로와 다른 사도들에게 물어 이르되 형제들아 우리가 어찌할꼬 하거늘 베드로가 이르되 너희가 회개하여 각각 예수 그리스도의 이름으로 세례를 받고 죄 사함을 받으라. 그리하면 성령의 선물을 받으리니 이 약속은 너희와 너희 자녀와 모든 먼 데 사람 곧 주 우리 하나님이 얼마든지 부르시는 자들에게 하신 것이라 하고 또 여러 말로 확증하며 권하여 이르되 너희가 이 패역한 세대에서 구원을 받으라 하니"(행 2:27-40).

성령님께서 듣는 이들의 마음을 아프게 찌르셨다. 그러나 아무리 큰 두려움을 심어주어도 구원받을 길을 제시하지 못하면 그것은 복음이 아니다. 베드로의 대답은 의외로 단순했다. 그들의 잘못을 회개하고 예수 그리스도의 이름으로 세례를 받으면 그들의 모든 죄가 사함 받는다고 선포했다. 그러면 그들도 똑같은 성령을 선물로 받게 될 것이다. 그것은 하나님께서 부르신 모든 사람에게 주시는 은혜로운 약속이었다. '먼 데 사람'은 이방인을 가리킨다. 누구든지 말씀대로 순종하면 '이 패역한(구부러진) 세대'에서 구원받게 될 것이다. 세상에 이보다 더 좋은 소식이 어디 또 있겠는가.

마침내 흩어져 살던 디아스포라 유대인들에게 놀라운 반응이 나타났다. 그날 3천여 명이 예수님을 구주로 영접하고 세례를 받았다. 어떻게 그 많은 사람들에게 세례 주는 일이 가능했을까. 상상에 맡길 뿐이다. 그들은 성전에 모여서 사도들의 가르침을 받으며 (성찬의) 떡을 떼고 오로지 기도에 힘을 썼다. 여행 중이었으므로 서로의 물건들을 나누어 사용했다. (이 표현이 두 번이나 나온다.) 날이 갈수록 더 많은 사람들이 세례를 받고 가르침을 받았다. 사도들을 통하여 많은 기적들이 나타났다. 이 소식을 들은 사람들은 모두 두려워했다. 그러나 육신의 양식도 필요했다. 그래서 사람들은 자기의 재산과 소유를 팔아서 각 사람에게 필요한 만큼 나누어주기 시작했다. 수많은 사람들이 그들의 선한 행동을 보고 하나님을 찬양했다. 이렇게 시작된 모임은 어느새 축제가 되었다. 구경하던 사람들의 입에서 칭찬이 터져 나왔다. 그리고 날마다 구원받은 사람들의 숫자가 늘어갔다.

하나님께 영광을 돌리고 사람들에게서 칭찬을 듣는 성도들의 거룩한 모임, 이 놀라운 장면이 눈앞에 그려지는가? 마침내 예수 그리스도께서 말씀하신 교회가 세워졌다. 이 모든 변화의 중심에 성령님이 계셨다. 성령님께서 그들에게 임하시니 두려워 숨어 지내던 제자들이 밖으로 뛰쳐나가 복음을 전했다. 듣는 사람들은 모두 회개하고 세례를 받았다. 자기 소유물을 이웃에게 나누어줄 만큼 큰 자유와 기쁨이 그들을 사로잡았다. 떡을 떼며 예수님의 죽으심과 부활하심을 기념하는 예배가 성전에서 시작되었다. 성령님이 바람처럼, 불처럼 임하셨던 오순절 그날부터 시작된 예배였다. 그것은 성전이 세워지고 나서 드려진 가장 기쁨이 충만한 제사였다. 그들은 성전뿐만 아니라 집에서도 모였다.

삽화 2 스테파니 이야기

사도행전 3장으로 넘어가기 전에 은혜로운 이야기 한 편을 나누려고 한다. 리 스트로벨(Lee Strobel)의 《은혜, 은혜, 하나님의 은혜》(The Case for Grace, 두란노 서원, 2015)에 나오는 첫 번째 이야기다. 한국에서 자란 전쟁 혼혈 고아의 이야기라서 더 가슴을 아리게 한다.

스테파니(Stephany)는 미국의 양부모님이 지어준 이름이다. 한국 전쟁 중에 태어난 혼혈아로서 아버지가 누구인지도 모르는 사생아다. 그녀가 서너 살쯤 되었을 때 어머니는 결혼을 생각하게 되었고 스테파니는 어머니의 앞날에 걸림돌이 되었다. 어느 날 어머니가 스테파니를 기차에 태워주면서 말했다. "무서워할 것 없어. 이따가 다른 사람들을 따라 기차에서 내리면 삼촌이 너를 데리러 나와 있을 거야." 그리고 엄마는 가버렸다. 나중에 기차가 서고 사람들을 따라 내렸지만 거기에는 삼촌이 없었다. 사람들이 스테파니를 튀기라고 부르며 놀렸다. 삼촌을 기다리다 지칠 무렵 역장(驛長)이 그녀를 쫓아냈다.

첫날 밤은 소달구지 밑에 들어가 엄마가 싸주신 봇짐을 풀고 거기에 있는 음식을 먹었다. 그리고는 방랑의 날들이 시작되었다. 여름철에는 밭의 열매들을 훔쳐 먹고, 가을이면 메뚜기들을 잡아 먹고, 겨울에는 들쥐들을 잡아 먹거나 동네에 내려가 음식을 훔쳐 먹으며 2-3년을 버텼다. 가끔 마음씨 착한 부인들이 먹을 것도 주고 부엌에서 불로 몸도 녹이게 했지만 대부분의 사람들은 소리치며 내어 쫓았다. 한번은 먹을 것을 훔치다가 농부에게 잡혔는데 그가 스테파니를 마른 우물 속에 던져버렸다. 다행히 어떤 할머니가 스테파니의 부르짖는 소리를 듣고 구해주며 말했다. "이 사람들이 너를 해칠 것이다. 그러나 명심해라. 너는 꼭 살아야 한다."

고개 하나만 넘으면 어머니가 사는 동네일 것이라고 생각하면서 스테파니는 이 동네 저 동네로 떠돌아다녔다. 어떤 동네에서는 음식을 훔치다가 들켰는데 남자들이 그녀를 물레방아에 묶어서 돌렸다. 물속을 들어갔다가 다시 하늘을 보다가, 그렇게 피를 흘리며 울부짖고 있는데 흰옷 입은 남자가 나타나 구해주면서 말했다. "이 사람들이 너를 해치려 하니 여기에서 떠나거라. 하지만 얘야, 너는 꼭 살아야 한다. 내 말 깊이 명심하고 꼭 살아야 한다." 그렇게 일곱 살쯤 되던 무렵부터는 많은 남자 아이들의 성적인 노리갯감이 되기도 했다.

그러다가 스웨덴에서 온 간호사 출신의 선교사를 만나게 되었다. 입양할 어린 고아들을 찾아다니던 에릭슨(Ericson) 선교사가 '이 아이는 너무 크구나' 하고 생각하며 돌아서려는데 스웨덴 말로 음성이 들려왔다. "그 아이는 내 것이다."

선교사는 그 말이 하나님의 음성이라고 생각하고 스테파니를 진료소로 데리고 갔다. 그리고 몇 주 후에 건강이 회복되자 월드비전 고아원으로 데려갔다. 스테파니는 그 고아원에서 훗날 양부모님이 된 선교사 부부를 만나 아홉 살 때 그 가정으로 입양이 되었다. 그 가정에서 한없는 사랑을 받고 자란 스테파니는 17살 때에 목사님이신 아버지로부터 세례를 받게 된다.

스테파니는 사춘기를 지나면서 양부모님에게 함부로 대들었다. 정체성의 혼란이 다가왔던 것이다. 어느 날 아버지가 지친 음성으로 말했다. "네 엄마와 내가 너를 한없이 사랑한다는 걸 네가 알았으면 좋겠다. 하지만 너는 그 사랑이 받아들여지지 않아 힘든 것 같구나. 이제 우리가 너를 하나님께 맡겨 드릴 때가 되었다." 그러면서 예수님에 대하여 생각해 보라고 하셨다. 다음은 스테파니의 말이다.

"그 순간까지 저는 예수님을 하나님의 아들로만 생각했어요. 그 분이 이 땅에 오신 거야 당연히 알았지만 그분이 저를 이해하신다는 생각이 든 건 그날 밤이었습니다. 그분도 제 입장이 되어보셨던 거예요. 사실 그분도 일종의 튀기였잖아요. 이 땅의 아빠가 친아빠가 아니었으니까요. 그분도 어렸을 때에 짚더미를 덮고 잤고, 사람들에게 조롱과 학대를 당했습니다."

예수님이 나를 이해하신다는 생각을 하는 순간 스테파니의 울음보가 터졌다. 그동안에는 울면 울수록 고통만 더 심해진다는 생각 때문에 절대로 울지 않고 지냈는데, 마침내 예수님 때문에 스테파니의 가슴이 무너져 내리기 시작했다. 몸부림을 치며 우는 스테파니의 손과 발을 엄마와 아빠가 붙들고 함께 울며 기도했다. 그리고 그 순간에 스테파니는 초자연적인 하나님의 사랑을 경험하게 되었다. '예수님이 나를 아신다. 그런데도 나를 사랑하신다. 그분이 내 모든 수치를 아신다. 강간당하고 성적인 노리갯감이 되었던 내 수치를 아신다. 그분이 내 모든 죄를 아신다. 내 모든 두려움을 아시고, 내 모든 외로움을 아신다. 그런데도 나를 사랑하신다.'

그 순간 스테파니는 새로운 사람으로 태어나게 되었다. 치유받는 시간이 좀 길기는 했지만 스테파니는 마침내 완전히 새로운 존재가 되었다. 그리고 지금은 선교사의 부인이 되어 그녀 자신이 학대받는 여성들을 상담으로 돕고 있는 할머니가 되었다.

스테파니는 그의 지난날들을 '은혜'라는 안경을 쓰고 다시 돌아보았다. 스테파니의 마지막 말이 이 책의 저자 리 스트로벨을 충격 속으로 몰아넣었다.

"솔직히 고백하건대, 제 삶에 없었더라면 더 좋았을 뻔한 사건은 하나도 없습니다."

예수님의 이름으로

:: 행 3:1-4:31 ::

옛말에 '인심은 곳간(穀間)에서 나온다'고 했다. 창고에 곡식이 풍족해야 어려운 사람을 도와줄 마음이 생긴다는 말이다. 성령님이 임하시자 제자들의 마음도 너그럽게 변화되었다.

베드로와 요한이 오후 3시 기도를 드리기 위해 성전으로 올라가고 있었다. 마침 사람들이 나면서부터 40세가 되도록 걸어본 적이 없는 걸인을 떠메다가 성전 미문(美門) 옆에 내려놓고 있었다. 그 순간 베드로와 요한이 걸인과 눈이 마주쳤다. 걸인은 애처로운 표정을 지으며 손을 내밀었다. 그때 베드로가 걸인을 바라보며 말했다.

"우리를 보라."

걸인이 큰 기대를 가지고 그들을 쳐다보았다.

"은과 금은 내게 없거니와 내게 있는 이것을 네게 주노니 나사렛 예수 그리스도의 이름으로 일어나 걸으라."

베드로가 그의 오른손을 잡아 일으켰다. 그 순간 걸인의 발과 발목이 즉시로 힘을 얻고 벌떡 일어서서 걷기 시작했다. 그는 베드로와 요한을 따라 성전으로 들어가면서 걷기도 하고 뛰기도 하며 하나님을 찬송했다. 솔로몬의 행각에 모여든 많은 사람들이 놀라며 마음으로 생각했다. '도대체 베드로가 걸인에게 어떤 일을 했기에 저렇게 걷고 뛸 수 있을까.' 그들의 생각을 다 알고 있는 것처럼 베드로가 말했다.

"이스라엘 사람들아 이 일을 왜 놀랍게 여기느냐. 우리 개인의 권능과 경건으로 이 사람을 걷게 한 것처럼 왜 우리를 주목하느냐. 아브라함과 이삭과 야곱의 하나님 곧 우리 조상의 하나님이 그의 종 예수를 영화롭게 하셨느니라. 너희가 그를 넘겨 주고 빌라도가 놓아 주기로 결의한 것을 너희가 그 앞에서 거부하였으니 너희가 거룩하고 의로운 이를 거부하고 도리어 살인한 사람을 놓아 주기를 구하여 생명의 주를 죽였도다. 그러나 하나님이 죽은 자 가운데서 그를 살리셨으니 우리가 이 일에 증인이라"(행 3:12-15).

베드로는 다시 한 번 복음을 전했다. "하나님께서 그의 종 예수를 영화롭게 하셨다. 너희가 생명의 주이신 예수를 죽였지만 하나님께서 그를 죽은 자 가운데서 살리셨다. 우리가 이 일에 증인이다." 이것이 베드로가 전한 복음의 핵심이었다. 그런 후에 사람들의 궁금증을 풀어줄 만한 대답을 했다.

"그 이름을 믿으므로 그 이름이 너희가 보고 아는 이 사람을 성하게 하였나니 예수로 말미암아 난 믿음이 너희 모든 사람 앞에서 이같이 완전히 낫게 하였느니라"(행 3:16).

이 구절에 믿음이라는 말이 두 번이나 나온다. '그 이름을 믿음으로'에서 믿는 사람은 치료받은 사람이 아니다. '예수로 말미암아 난 믿음'도 그의 믿음이 아니다. 둘 모두 베드로와 요한의 믿음이다. 베드로가 말한 '내게 있는 것'은 바로 이 믿음을 의미했다.

이제 그 믿음의 역학관계(力學關係)를 살펴보자. 오순절에 성령이 임하자 제자들은 권능을 받았다. 예수님의 부활을 증언할 수 있는 권능이다. 만일 제자들이 3년여 동안 예수님과 함께 지내며 가르침과 훈련을 받지 않았다면, 그리고 부활하신 주님과 40일 동안 동행하지 않았다면 증인이 될 수 없었을 것이다. 그래서 제자들은 유대교의 지도자들에게 "우리는 보고 들은 것을 말하지 아니할 수 없다"고 했다(행 4:20). 그러나 그것만으로는 부족하다. 예수님께서 부활하시고 승천하신 장면까지 목격했지만 시간이 지나면 추억으로 남고 말 것이다. 더구나 그들은 막강한 권력을 지닌 종교 지도자들을 두려워하고 있었다. 잘못하면 베드로의 '나는 물고기 잡으러 가노라'는 말로 끝날 수도 있었다. 그런데 예수님께서 약속하신 성령님이 오순절에 임하셨다. 만일 성령님이 그들에게 임하시지 않았다면 그들은 절대로 증인이 될 수 없었을 것이다. 그럼 베드로가 말한 '예수로 말미암아 난 믿음'은 어디에서 왔을까? 예수님께서 약속하신 말씀으로부터 왔다.

> "너희가 내 이름으로 무엇을 구하든지 내가 행하리니 이는 아버지로 하여금 아들로 말미암아 영광을 받으시게 하려 함이라. 내 이름으로 무엇이든지 내게 구하면 내가 행하리라"(요 14:13-14).

이 말씀을 믿을 수 있는 믿음을 성령님께서 베드로와 요한에게 부어주셨다. 그 믿음을 통하여 예수님께서 약속하신 '권능'이 나타났다(행 1:8). 이것이 성령님과 믿음의 역동적인 관계이다. 이 믿음이 베드로가 외쳤던 '내게 있는 것'이다. 베드로는 군중들을 향한 연민의 정을 품고 말을 이어갔다.

> "형제들아 너희가 알지 못하여서 그리하였으며 너희 관리들도 그

리한 줄 아노라. 그러나 하나님이 모든 선지자의 입을 통하여 자기의 그리스도께서 고난 받으실 일을 미리 알게 하신 것을 이와 같이 이루셨느니라. 그러므로 너희가 회개하고 돌이켜 너희 죄 없이 함을 받으라. 이같이 하면 새롭게 되는 날이 주 앞으로부터 이를 것이요 또 주께서 너희를 위하여 예정하신 그리스도 곧 예수를 보내시리니 하나님이 영원 전부터 거룩한 선지자들의 입을 통하여 말씀하신 바 만물을 회복하실 때까지는 하늘이 마땅히 그를 받아 두리라"(행 3:17-21).

죄인을 긍휼히 여기는 베드로의 너그러움을 보라. '너희가 알지 못해서 그런줄 아노라.' 어느새 예수님을 닮아가고 있다. 죄인을 회개시키는 데 필요한 것은 율법과 책망이 아니고 은혜와 긍휼히 여김이다. 그날 회개하고 예수님을 믿게 된 성도들이 남자만 5천여 명이었다. 여자들까지 계수했더라면 족히 갑절은 넘었을 것이다. 베드로는 그들에게 다시 오실 예수님에 대해서도 말씀을 전했다. 그리고 예수 그리스도는 모세가 장차 오리라고 예언했던 바로 그 선지자라고 선포했다.

그날 기적이 일어난 때는 오후 3시 경이었다. 유대교 지도자들은 베드로와 요한이 '예수 안에 죽은 자의 부활이 있다'고 가르친다는 말을 듣고 붙잡아다가 감옥에 가두었다. 날이 이미 저물었기 때문이다. 이튿날 아침에 대제사장을 비롯한 종교지도자들은 사도들을 가운데 세우고 "너희가 무슨 권세와 누구의 이름으로 이 일을 행하였느냐' 하고 엄히 물었다. 성령으로 충만한 베드로가 대답했다.

"백성의 관리들과 장로들아, 만일 병자에게 행한 착한 일에 대하여 이 사람이 어떻게 구원을 받았느냐고 오늘 우리에게 질문한다면, 너희와 모든 이스라엘 백성들은 알라. 너희가 십자가에 못 박고 하나님이 죽은 자 가운데서 살리신 나사렛 예수 그리스도의 이름으로 이 사람이 건강하게 되어 너희 앞에 섰느니라. 이 예수는 너희 건축자들의 버린 돌로서 집 모퉁이의 머릿돌이 되었느니라. 다른 이로써는 구원을 받을 수 없나니 천하 사람 중에 구원을 받을 만한 다른 이름을 우리에게 주신 일이 없음이라"(행 4:8-12).

얼마나 생생한 간증인가. 베드로는 여기에서 멈추지 않았다. 건축자들이 쓸모없다고 버린 돌이 집모퉁이의 머릿돌이 된 것처럼, 십자가에 못 박힌 예수님이 천하 모든 사람들을 구원하시는 유일한 구주가 되셨다고 증언했다. 이 지혜와 담대함은 어디에서 왔을까? 성령 충만함으로 받은 '권능'이다. ('담대히'라는 말이 신약성경에 37회 나오는데 그중 14회가 사도행전에 나온다. 한결같이 복음전도와 관련된 수식어로 사용되었다.)

베드로와 요한의 말을 듣던 종교 지도자들이 할 말을 잃었다. 본래 학문 없는 평범한 사람들인 줄 알았는데 그들이 구약의 말씀을 적절히 인용하는 모습을 보고 놀랄 뿐이었다. 더구나 고침 받은 사람이 지금 눈앞에 증인으로 서 있지 아니한가. 갑자기 궁색하게 된 지도자들이 '도무지 예수의 이름으로 말하지도 말고 가르치지도 말라'고 겁박했지만 베드로의 명쾌한 대답 앞에서 입을 다물 수밖에 없었다.

"하나님 앞에서 너희의 말을 듣는 것이 하나님의 말씀을 듣는 것보다 옳은가 판단하라. 우리는 보고 들은 것을 말하지 아니할 수 없다"(행 4:19-20).

사도들이 풀려났다는 소식은 불에 기름을 끼얹듯이 성도들을 열광시켰다. 그들은 시편 2편에 기록된 다윗의 예언적인 시구(詩句)를 기억했다.

> "또 주의 종 우리 조상 다윗의 입을 통하여 성령으로 말씀하시기를 어찌하여 열방이 분노하며 족속들이 허사를 경영하였는고. 세상의 군왕들이 나서며 관리들이 함께 모여 주와 그의 그리스도를 대적하도다 하신 이로소이다"(행 4:25-26).

예수의 이름으로 말하지도 말고 가르치지도 말라는 종교지도자들의 위협은 공허한 소리가 되었다. 누가 예수님의 이름과 그 권세를 대적하리요. 제자들은 하나님께 감사드리며 간절히 기도했다. 이 기도는 주님 오실 때까지 온 교회가 계속하여 드려야 할 기도의 모범이다.

> "주여 이제도 그들의 위협함을 굽어보시옵고 또 종들로 하여금 담대히 하나님의 말씀을 전하게 하여 주시오며 손을 내밀어 병을 낫게 하시옵고 표적과 기사가 거룩한 종 예수의 이름으로 이루어지게 하옵소서 하더라"(행 4:29-30).

기도가 끝날 무렵, 모인 곳이 진동했다. 그리고 온 무리가 다 성령이 충만하여 담대히 하나님의 말씀을 전하기 시작했다. 이때의 진동은 지진이라기보다는 오순절에 성령이 임하실 때와 같은 느낌이었을 것이다. 그때도 성도들이 모인 곳에만 그런 진동이 있었기 때문이다.

서로 물건 나누기

:: 행 4:32–5:11 ::

"믿는 무리가 한마음과 한뜻이 되어 모든 물건을 서로 통용하고 자기 재물을 조금이라도 자기 것이라 하는 이가 하나도 없더라"(행 4:32).

어떻게 하면 이런 교회가 될 수 있을까. 누가는 그들이 '큰 은혜를 받아' 그렇게 되었다고 기록하고 있다. 밭과 집 있는 사람들이 그것을 팔아 '그 판 것의 값'을 사도들의 발 앞에 두었다. 그러면 사도들은 그 돈을 각 사람의 필요에 따라 나누어주었다. 그래서 궁핍한 자가 없었다. 그중에 구브로에서 태어난 레위족으로 요셉이라는 사람이 있었다. 사도들은 그에게 '바나바'(위로의 아들)라는 이름을 지어주었다. 바나바도 밭을 팔아 사도들의 발 앞에 두었다. 그 다음에 아나니아와 삽비라의 슬픈 이야기가 나온다.

아나니아와 삽비라는 좋은 이름이다. 아나니아는 히브리어로 '하나님은 은혜로우시다'(God is gracious)이고, 삽비라는 아람어로 '아름다운'(beautiful)이라는 뜻이다. 만일 그날, 그런 비극적인 일이 없었더라면 지금쯤 많은 아이들이 그 이름을 가졌을 것이다.

그날 아나니아도 밭을 판 돈을 가지고 사도들을 찾아갔다. 마침 삽비라는 다른 일이 있어서 남편만 혼자 갔다. 아나니아는 사도들에게 칭찬을 듣고 사람들로부터 박수를 받는 모습을 상상했을 것이다. 그런데 충격적인 일이 벌어졌다. 아나니아가 밭을 판 돈을 사도들의 발 앞에 놓았을 때 베드로에게서 들은 말은 칭찬이 아니라 책망이었다.

> "아나니아야, 어찌하여 사탄이 네 마음에 가득하여 네가 성령을 속이고 땅 값 얼마를 감추었느냐? 땅이 그대로 있을 때에는 네 땅이 아니며 판 후에도 네 마음대로 할 수가 없더냐? 어찌하여 이 일을 네 마음에 두었느냐? 사람에게 거짓말한 것이 아니요 하나님께로다"(행 5:3-4).

베드로의 말을 주의 깊게 들어보면 아나니의의 '생략된 말'이 무엇인지 짐작할 수 있다. 아마도 밭 판 돈을 전부 다 가져왔다고 필요 없는 허세를 부렸을 것이다. 베드로의 말이 끝나자마자 아나니아가 엎드러지고 혼이 떠나갔다. 중동지방에서는 사람이 죽으면 무더운 날씨 때문에 그날 바로 시신을 묻어야 했다. 젊은 사람들이 즉시로 아나니아의 시신을 싸매고 나가 장사를 지냈다.

누구도 밭 판 돈을 사도들에게 다 가져올 의무가 없었다. 이 이야기는 '기독교 사회주의'를 의미하는 것이 아니다. 어렵고 가난한 사람들을 긍휼히 여기는 마음에서 우러나온 자발적 행동이어야 했다. 베드로의 책망은 '왜 밭 판 값을 모두 가지고 오지 않았느냐'는 뜻이 아니다. 그냥 형편껏 가지고 오면 될 일을, 왜 다 가지고 온 것처럼 거짓말을 했느냐는 뜻이었다. 베드로는 그가 사람에게 거짓말을 한 것이 아니고 성령 하나님에게 했다고 책망했다.

세 시간쯤 지나서 그의 아내가 영문도 모른 채 돌아왔다. 베드로가 물었다. "그 땅 판 값이 이것뿐이냐? 내게 말하라." 삽비라는 시치미 뚝 뗀 채 그렇다고 대답했다. 그러자 베드로의 책망이 떨어졌다.

> "너희가 어찌 함께 꾀하여 주의 영을 시험하려 하느냐? 보라. 네 남편을 장사하고 오는 사람들의 발이 문 앞에 이르렀으니

또 너를 메어 내가리라."

그 순간 삽비라의 혼이 떠나갔다. 아나니아를 장사 지내고 돌아오던 젊은이들이 삽비라의 시신을 메어다가 남편 곁에 묻었다. 이 일로 인하여 온 교회와 모든 사람들에게 두려움이 임했다.

이 말씀을 읽으면서 혹시 마음이 불편하신가? '아나니아와 삽비라가 거짓말을 했지만, 그렇다고 그것이 과연 죽을 죄인가? 좀 더 은혜를 베푸실 수는 없었을까? 아나니아를 꾸짖고 회개하게 했으면 될 일 아닌가? 아나니아는 그렇다 치더라도 삽비라가 들어왔을 때 베드로가 전후사정을 다 설명하고 정말 이것이 그 밭을 판 돈의 전부냐고 물을 수는 없었을까? 그래도 삽비라가 계속 거짓말할 수 있었을까?' 이런 생각들이 우리를 불편하게 할 수 있다. 그렇다면 누가는 왜 이 사건을 사도행전에 포함시켰을까? 누가가 이 사건을 통하여 보여주려고 했던 의도는 무엇일까? 이 사건을 통하여 교회에 주시려는 하나님의 교훈은 무엇일까?

사도행전의 주인공은 사도들이 아니다. 예수님을 믿고 세례 받은 수천수만의 사람들도 아니다. 성령님이 사도행전의 주인이시다. 성령님께서 사도들을 통하여 권능을 베푸시는 내용이 사도행전의 핵심이다. 사도행전 5장 11절에 처음으로 '교회'라는 단어가 나온다. 교회에서 성령님을 빼면 아무것도 남지 않는다. 성령님을 무시하는 교회는 교회가 아니다. 성령님은 삼위일체 하나님 중의 한 분이시다. 그런데 아나니아와 삽비라가 하나님이신 성령님을 속였다. 물론 성령 하나님은 속임을 당하시지 않는다. 다만 아나니아와 삽비라가 '하나님도 속일 수 있다'고 잘못 생각했을 뿐이다.

그래서 베드로가 "아나니아야 어찌하여 사탄이 네 마음에 가득하여 네가 성령을 속이고 땅 값 얼마를 감추었느냐?"고 책망했던 것이다. 모든 사람들이 성령으로 충만해 있을 때에 아나니아의 마음은 사탄으로 가득 차 있었다. 이들 부부는 하나님을 속였다. 하나님을 멸시했다. 마치 하나님이 안 계시는 것처럼 행동했다. 그 순간 그들은 하나님께로부터 버림을 받았다.

이스라엘이 처음으로 가나안 땅에 들어갈 때도 비슷한 일이 있었다. 여리고 성을 공격하면서 여호수아는 백성들에게 단단히 일렀다. "너희는 온전히 바치고 그 바친 것 중에서 어떤 것이든지 취하여 너희가 이스라엘 진영으로 바치는 것이 되게 하여 고통을 당하게 되지 아니하도록 오직 너희는 그 바친 물건에 손대지 말라"(수 6:18). 그러나 견물생심(見物生心), 값진 물건을 보면 누구나 욕심이 생기는 법이다. 아간이 탐심에 이끌려 '아름다운 외투 한 벌과 은 이백 세겔(5파운드), 그리고 오십 세겔짜리 금덩이 하나(1과 4분의 1파운드, 20온즈)'를 천막 속에 숨겨두었다. 그 결과 아이 성을 치러 갔던 이스라엘 백성들 중 3천 명이 전사했다. 이스라엘의 진중에 계시는 하나님을 멸시한 아간 한 사람 때문에 회중에게 큰 재난이 임했다. 베드로는 그 점을 염려했다. 성령님께서 좌정하여 계시는 교회의 생명은 거룩함에 있다. 하나님께서 모세에게 말씀하셨다.

> "나를 존중히 여기는 자를 내가 존중히 여기고 나를 멸시하는 자를 내가 경멸하리라"(삼상 2:30).

아나니아와 삽비라에게 회개할 기회가 전혀 없었을까? 아니다. 있었다. 베드로가 '그 땅 판 값이 이것뿐이냐? 내게 말하라' 할 때에 얼마든지 회개할 수 있었다. 그러나 사탄이 마음에 가득하였으므로 그들은 회개할 수가 없었다. 회개할 수 없는 일보다 더 슬픈 일도 없다. 에스겔이 전해준 하나님의 말씀이다.

> "너는 그들에게 말하라. 주 여호와의 말씀이니라. 나의 삶을 두고 맹세하노니 나는 악인이 죽는 것을 기뻐하지 아니하고 악인이 그의 길에서 돌이켜 떠나 사는 것을 기뻐하노라. 이스라엘 족속아 돌이키고 돌이키라. 너희 악한 길에서 떠나라. 어찌 죽고자 하느냐?" (겔 33:11)

이 말씀이 우리에게 놀라운 깨달음을 주신다. 그것은 아간의 죽음과 아나니아 부부의 죽음을 하나님만큼 슬퍼하신 분이 이 세상에 아무도 없다는 깨달음이다. 비록 그들이 자신들의 악행으로 인하여 죽었지만, 하나님의 소원은 그들이 죽지 않고 사는 것이었다. 성령으로 충만하여 권능을 받고 예수 그리스도의 증인이 되는 것이었다. 그런데 이 일은 교회에 어떤 영향을 끼쳤을까.

> "온 교회와 이 일을 듣는 사람들이 다 크게 두려워하니라."

단순한 두려움이 아니다. 살아계신 하나님을 경외하는 두려움이다. 아간의 죽음으로 온 이스라엘이 하나님의 말씀에 온전히 순종하며 가나안을 정복할 수 있었던 것처럼, 아나니아와 삽비라의 죽음으로 온 교회가 세상으로부터 거룩하게 구별될 수 있었다. 그 후에도 같은 부류의 사람들이 왜 없었겠는가. 다만 하나님께서 동일한 심판을 미루고 계실 뿐이다. 속히 회개하기를 바라시면서….

사도들이 당한 박해

:: 행 5:12-42 ::

교회가 갑자기 태산처럼 솟아올랐다. 그 굉장한 소용돌이 앞에서 예루살렘 전체가 휘말려 들어가는 것 같았다. 사도들의 손으로 표적과 기사가 많이 일어났다. 수많은 병자들과 귀신들린 자들이 고침을 받았다. 베드로의 그림자라도 덮힐까 싶어 길가에 병자들이 누워 기다리고 있었다. 예수님을 믿는 사람들의 수가 하루가 다르게 늘어났다. 이제는 '남녀의 큰 무리'라는 표현 외에 달리 표현할 길이 없었다. 숫자뿐만 아니었다. 교회를 비난하는 사람도 없었다. 오히려 칭찬했다. 교회의 앞날은 순탄해보였다.

그러나 대제사장과 사두개인들의 마음에는 시기가 쌓여갔다. 하루는 아무 이유도 없이 사도들을 잡아다가 감옥에 가두었다. 베드로와 요한에게는 이번이 두 번째 투옥이다. 그날 밤에 주의 사자가 옥문을 열고 들어가 사도들을 끌어내며 말했다. "가서 성전에 서서 이 생명의 말씀을 다 백성에게 말하라." 그들은 새벽부터 성전에 들어가 '사람 살리는 생명의 말씀'을 가르쳤다. 아침 식사 후 느긋하게 모인 공회원들과 원로들이 사도들을 데려오라고 감옥으로 사람을 보냈다. 그런데 빈손으로 돌아왔다. 감옥이 텅 비어 있더란다. 기가 막혔다. '이 일이 어찌될까' 하고 생각하니 두려움이 밀려왔다. 그 순간 누군가가 소리쳤다. "보소서. 옥에 가두었던 사람들이 성전에 서서 백성을 가르치고 있습니다." 성전 경비대장이 가서 조심스럽게 사도들을 데려왔다. 백성들 때문에 함부로 대할 수가 없었다. 다음은 지도자들과 베드로 사이에 오간 대화 내용이다.

"우리가 이 이름으로 사람을 가르치지 말라고 엄금하였으되 너희가 너희 가르침을 예루살렘에 가득하게 하니 이 사람의 피를 우리에게로 돌리고자 함이로다."

"사람보다 하나님께 순종하는 것이 마땅하니라. 너희가 나무에 달아 죽인 예수를 우리 조상의 하나님이 살리시고 이스라엘에게 회개함과 죄 사함을 주시려고 그를 오른손으로 높이사 임금과 구주로 삼으셨느니라. 우리는 이 일에 증인이요 하나님이 자기에게 순종하는 사람들에게 주신 성령도 그러하니라."

이쯤 되면 누가 누구를 책망하는지 알 수가 없다. 모두들 어안이 벙벙하고 할 말이 없었다. 그때 존경받는 율법 선생 가말리엘이 사도들을 잠시 다른 방으로 보낸 후에 이렇게 말했다.

"이스라엘 사람들아 너희가 이 사람들에게 대하여 어떻게 하려는지 조심하라 … 이제 내가 너희에게 말하노니 이 사람들을 상관하지 말고 버려 두라. 이 사상과 이 소행이 사람으로부터 났으면 무너질 것이요 만일 하나님께로부터 났으면 너희가 그들을 무너뜨릴 수 없겠고 도리어 하나님을 대적하는 자가 될까 하노라"(행 5:35, 38-39).

달리 좋은 방법이 없었다. 그래서 사도들을 불러다가 짐짓 엄한 채 채찍질을 하며 '다시는 예수의 이름으로 말하지 말라'고 위협하며 쫓아냈다. 그런데 사도들의 반응이 놀라웠다. 그들은 예수님의 이름을 위하여 능욕 받는 일에 합당한 자로 여김을 기뻐하며 당당하게 그 자리를 떠났다. 그리고 날마다 공개적으로 성전과 집에서 '예수는 그리스도'라고 가르치며 복음을 전했다. 하나님께서 하시는 일을 누가 막을 수 있겠는가. 전능하신 하나님, 엘 샤다이(El Shaddai)!

초대교회의 행정 조직

:: 행 6:1-7 ::

성령님께서 사도들에게 지혜를 주셨다. 곤란한 문제에서 벗어날 수 있도록 도와주셨다. 언제나 재물이 사람을 추하게 만든다. 아무리 청렴하게 살아도 악한 자가 모함하면 흙탕물을 뒤집어쓰게 마련이다. 제자들에게 위기가 닥쳐왔다. 그동안 성령으로 충만한 성도들이 재산을 팔아 사도들의 발 앞에 두었다. 의도하지 않은 재물 관리를 사도들이 하게 되었다. 사도들이 관리했으니 얼마나 청렴하고 빈틈없겠는가. 그런데 시비는 엉뚱한 데서 터져 나왔다. 같은 유대인들이라도 나라 안에 사는 유대인과 나라 밖에 사는 유대인 사이에 눈에 보이지 않는 차별이 있었다. 손은 안으로 굽게 마련이다. 헬라파 유대인들이 자기네 과부들이 부당한 대우를 받고 있다고 히브리파 유대인들을 원망했다. 외지(外地)에서 왔다고 무시해도 되느냐고 불평했다. 잘못하면 교회에 금이 가게 생겼다. 사도들이 제자들을 불러 모으고 말했다.

"열두 사도가 모든 제자를 불러 이르되 우리가 하나님의 말씀을 제쳐 놓고 접대를 일삼는 것이 마땅하지 아니하니 형제들아 너희 가운데서 성령과 지혜가 충만하여 칭찬 받는 사람 일곱을 택하라. 우리가 이 일을 그들에게 맡기고 우리는 오로지 기도하는 일과 말씀 사역에 힘쓰리라"(행 6:2-4).

지도자의 덕목 중의 하나가 '위임'(delegation)이다. 예수님도 제자들에게 복음 전파를 맡기셨다. 자기 혼자서 다 하려는 사람은 열매도 적거니와 쉽게 지치며 하는 일에도 허점이 나타난다. 만일 사도들이 끝까지 자신들의 권위를 주장하고 다른 사람들을 불신하며 돈주머니를 쥐고 있었다고 상상해 보라. 결과는 끔찍하게 될 것이다. 그런데 얼마나 다행스러운 일인가. 성령님께서 그들의 마음을 비워주셨다. 무엇이 더 중요한지 깨닫게 해주셨다. 그리고 믿을 만한 중간지도자들을 세워주셨다.

"온 무리가 이 말을 기뻐하여 믿음과 성령이 충만한 사람 스데반과 또 빌립과 브로고로와 니가노르와 디몬과 바메나와 유대교에 입교했던 안디옥 사람 니골라를 택하여 사도들 앞에 세우니 사도들이 기도하고 그들에게 안수하니라"(행 6:5-6).

안수는 위임을 의미한다. 사도들이 손을 얹어 안수하고 '성령 충만한 사람, 지혜 충만한 사람, 칭찬 듣는 사람 일곱'으로 교회의 행정을 맡게 했다. 그랬더니 하나님의 말씀이 점점 왕성하여 제자의 수가 심히 많아지고 많은 제사장의 무리도 복음의 가르침에 복종하기 시작했다. 이런 사람들로 교회의 중직자(重職者)를 세운다면 교회는 틀림없이 부흥할 것이다.

제2장

온 유대와 사마리아로 퍼져나간 증인들

행 6:8-9:31

이 단락에는 세 사람들의 이야기가 나온다. 스데반의 순교 이야기, 사마리아에서 사역하다가 가이사랴에 정착한 빌립의 선교 이야기, 그리고 사울이라고 하는 바울의 회심 이야기들이다. 아마도 누가는 바울이 가이사랴에서 연금상태로 지낸 2년 동안 빌립 집사를 통하여 스데반의 순교사화(殉教史話)를 자세히 들었을 것이다.

첫 순교자 스데반 집사

:: 행 6:8-8:1상반절 ::

스데반은 일곱 집사들 중의 한 사람으로 성령과 지혜가 충만하며 칭찬 받는 사람이었다. 그는 은혜와 권능이 충만하여 큰 기사와 표적도 행하였다. 당시 예루살렘에는 나라 밖에 흩어져 살던 디아스포라들이 돌아와 세운 회당들이 있었다. 누가는 그들을 '자유인들'이라고 부른다. 어떤 학자들은 이 자유인들을 포로로 잡혀갔다가 자유롭게 된 자들의 후손들이라고 생각한다. 자유인들은 크게 세 지방에서 왔다. 구레네와 알렉산드리아로 대표되는 북아프리카 지방, 아시아로 불리는 현대 터키의 서부지역, 그리고 사울의 고향 다소가 있는 길리기아(터키의 동부) 지역이다. 스데반의 순교 장면에 사울이 나오는데 그 이유는 사울이 길리기아 회당 소속이었기 때문이리라.

이 세 지방에서 온 디아스포라들과 스데반 사이에 논쟁이 일어났다. 그들은 스데반을 이겨낼 수가 없었다. 스데반이 '지혜와 성령'으로 충만했기 때문이다. 그들은 말싸움에서 밀리자 사람들을 매수하여 공회 앞에 고소했다. 그들은 스데반이 '나사렛 예수가 이 성전을 헐고 또 모세가 우리에게 준 규례를 고치겠다'고 하는 말을 들었다고 공회 앞에서 거짓 증거하게 했다. 그때 스데반의 얼굴이 천사의 얼굴처럼 변했다. 대제사장이 '이것이 사실이냐'고 묻자 스데반은 구약에 기록된 역사를 인용하며 대답하기 시작했다. 누가는 스데반을 통하여 (이방인들이 이해할 수 있도록) 이스라엘의 긴 역사를 요약하고 있다. 핵심은 하나님의 은혜와 이스라엘의 반역에 대한 이야기다. 몇 단락으로 나누어 살펴보기로 하자.

첫째로, 믿음의 조상 아브라함에 대한 이야기다(행 7:2-8). 아브라함이 "네 고향과 친척을 떠나 내가 네게 보일 땅으로 가라"는 하나님의 명령에 순종하여 가나안 땅으로 내려왔다. 그런데 스데반은 '하나님이 그를 옮기셨다'고 표현함으로 아브라함에게 임한 하나님의 은혜를 강조하고 있다. 하나님께서 아브라함에게 보여주신 땅은 그를 위한 것이 아니라 그의 자손들을 위한 땅이었다. 그것도 4백여 년 후에 일어날 일이다. 그 사실을 알면서도 아브라함은 하나님의 약속을 믿고 순종하며 거처를 옮겼다. 아브라함의 믿음은 미래를 바라보는 소망의 믿음이었다. 하나님께서 그런 아브라함과 할례의 언약을 세우셨다.

둘째로, 은혜와 지혜의 사람 요셉에 대한 이야기다(행 7:8-16). 왜 스데반은 이삭과 야곱을 건너뛰고 요셉의 이야기를 했을까? 그가 이스라엘의 구원역사에 있어서 중요한 이정표를 세웠기 때문이다. 요셉은 아버지 야곱이 죽은 후에 두려워하는 형제들에게 이런 말을 했다.

> "요셉이 그들에게 이르되, '두려워하지 마소서 내가 하나님을 대신하리이까. 당신들은 나를 해하려 하였으나 하나님은 그것을 선으로 바꾸사 오늘과 같이 많은 백성의 생명을 구원하게 하시려 하셨나니 당신들은 두려워하지 마소서. 내가 당신들과 당신들의 자녀를 기르리이다.' 하고 그들을 간곡한 말로 위로하였더라"(창 50:19-21).

요셉은 이스라엘 백성들을 흉년에서 구원했다 그리고 4백여 년 동안 애굽의 고센 땅에서 이스라엘이 나라로 발전할 수 있는 근간을 세웠다. 그 일을 위하여 하나님께서 그에게 특별한 은혜와 지혜를 주셨다.

셋째로, 이스라엘 백성을 애굽에서 구해낸 모세의 이야기다(행 7:17-38). 스데반은 모세의 이야기에 가장 많은 분량을 할애했다. 이스라엘의 구원사에 있어서 모세보다 더 중요한 인물이 없기 때문이다. 스데반은 하나님께서 모세를 '관리와 속량하는 자로 보내셨다'고 말했다(35절). '속량자'는 여기에만 나오는 단어로 '구속자, 구출자, 해방자'의 의미를 지니고 있으며 성경 외의 다른 문서에는 사용된 적이 없는 헬라어 단어다. 모세는 "하나님이 너희 형제 가운데서 나와 같은 선지자를 세우리라"고 예언했다. 그는 광야 교회에서 하나님의 구원의 복음을 백성들에게 전했다.

넷째로, 반역하는 이스라엘 백성들에 대한 이야기다(행 7:38-53). 이스라엘 백성들은 모세를 거절하고 대항했다. 금송아지를 만들고 애굽으로 돌아가려 했던 그들은 끝내 '몰록과 레판' 같은 우상들을 버리지 못했다. 광야생활 내내 하나님의 은혜와 이스라엘의 반역이 평행선을 이루고 있었다. 만일 하나님의 회막이 그들 가운데 없었더라면 그들은 광야에 묻혀버리고 말았을 것이다. 다윗은 훗날 그 회막을 대신할 성전을 건축하고 싶어 했다. 그러나 하나님은 그의 아들 솔로몬에게 그 일을 맡기셨다. 예루살렘에 솔로몬의 성전이 건축된 이후, 그리고 그 성전이 바벨론 군대에 의해 불타고 스룹바벨이 70여년 만에 초라한 성전을 다시 건축할 때, 그뿐만 아니라 헤롯이 다시 황금빛 찬란한 성전을 건축한 때도, 이스라엘 백성들은 늘 하나님을 그 성전 안에 모셔두려고 했다. 그렇게 함으로 '오직 이스라엘만을 위한 하나님'이라는 선민사상(시오니즘, Zionism)을 구축했다. 그 결과 '예루살렘 성전'은 '반(反)이방주의'의 상징이 되었다. 그러나 하나님은 성전 안에 머무실 수 없는 분이었다. 스데반은 이사야 66장 1절 말씀을 인용했다.

> "그러나 지극히 높으신 이는 손으로 지은 곳에 계시지 아니하시나니 선지자가 말한 바 주께서 이르시되 하늘은 나의 보좌요 땅은 나의 발등상이니 너희가 나를 위하여 무슨 집을 짓겠으며 나의 안식할 처소가 어디냐. 이 모든 것이 다 내 손으로 지은 것이 아니냐 함과 같으니라"(행 7:48-50).

갑자기 스데반의 음성이 높아졌다. 지금 자신이 유대교 지도자들 앞에 잡혀온 이유는 성전을 모욕하고 율법을 경시(輕視)했다는 죄목이다. 이제 그 고발에 대하여 대답할 차례가 되었다.

> "목이 곧고 마음과 귀에 할례를 받지 못한 사람들아 너희도 너희 조상과 같이 항상 성령을 거스르는도다. 너희 조상들이 선지자들 중의 누구를 박해하지 아니하였느냐. 의인이 오시리라 예고한 자들을 그들이 죽였고 이제 너희는 그 의인을 잡아 준 자요 살인한 자가 되나니 너희는 천사가 전한 율법을 받고도 지키지 아니하였도다"(행 7:51-53).

스데반이 스스로 순교자의 문을 열고 들어섰다. 구구절절이 듣는 이들의 가슴을 후벼 팠다. '조상들처럼 성령을 거스른 자들', 조상들은 의인이 오리라고 예언한 선지자들을 죽였고, 후손들은 마침내 오신 그 의인(예수님)을 잡아 죽였다. 그들은 율법의 수호자(守護者)들이 아니다. 오히려 율법을 멸시한 자들이다. 스데반은 구차하게 목숨을 구걸할 생각이 없었다. 지금이 하나님께서 주신 기회라 생각하며 역사의 한 페이지를 장식했다. 복음이 예루살렘을 지나 유대와 사마리아와 땅 끝으로 전파될 수 있도록 대문을 활짝 열었다. 스데반이 처음부터 그런 생각을 했을까. 그래서 말을 시작하기도 전에 그의 얼굴이 천사의 얼굴처럼 변했던 것일까.

잠시 침묵이 흘렀다. 스데반의 말에 마음이 찔린 지도자들이 그를 쏘아보며 이를 갈았다. 그러나 스데반은 성령이 충만하여 하늘을 우러러 보았다. 그곳에 예수님께서 하나님 우편에 서계셨다.

> "보라 하늘이 열리고 인자가 하나님 우편에 서신 것을 보노라"(행 7:56).

더 이상 견딜 수가 없었다. 고소하던 자들이 큰 소리를 지르며 귀를 막고 일제히 스데반에게 달려들어 성밖으로 끌어냈다. 그리고 돌로 치기 시작했다. 어떤 이들은 자기 옷을 벗어 사울이라는 청년의 발 앞에 두었다. 스데반은 죽어야 마땅할 자이며 자기가 이 일에 증인이 되겠다고 앞으로 나선 청년이다. 그런데 돌에 맞고 있는 스데반의 반응이 놀라웠다.

> "그들이 돌로 스데반을 치니 스데반이 부르짖어 이르되 주 예수여 내 영혼을 받으시옵소서 하고 무릎을 꿇고 크게 불러 이르되 주여 이 죄를 그들에게 돌리지 마옵소서 이 말을 하고 자니라"(눅 7:59-60).

스데반은 예수님께서 십자가에서 하셨던 기도를 따라 했다. 마지막까지 그는 자기 십자가를 지고 예수님을 따랐다. 그 모습이 사울의 가슴속에 깊이 새겨졌을까? 아니다. 사울은 그가 죽임 당함을 마땅히 여겼다. 예수님께서 그를 부르시기 전까지는….

여기에서 잠깐 사울과 바울의 관계를 분명하게 하고 넘어가자. 사울은 예수님을 만나기 전의 사람이고 바울은 후에 개종한 사람이라고 해서는 안 된다. 그렇게 생각할 아무런 근거가 없다. 대답은 의외로 단순하다. 사울은 히브리어 이름으로 '간절히 원하는'이라는 뜻이다. 바울은 헬라어 이름으로 '작은'이라는 뜻이다. 바울은 길리기아 다소에서 태어난 디아스포라로서 히브리의 이름과 헬라 이름을 가지고 있었다. '바울'이라는 이름은 1차 선교여행 중에 구브로에서 처음 나온다. 이방인의 세계에서 복음을 전파할 때 헬라 이름이 히브리 이름보다 더 친근하게 들렸을 것이다. 그때까지만 사울이라는 히브리식 이름으로 그를 불러보자.

사마리아에 복음을 전한 빌립 집사

:: 행 8:1하반절-40 ::

복음이 이방인 세계로 향하는 대문을 열었던 사람은 스데반이었다.

> "그날에 예루살렘에 있는 교회에 큰 박해가 있어 사도 외에는 다 유대와 사마리아 모든 땅으로 흩어지니라"(행 8:1).

그 박해의 선봉에 선 사람이 사울이다. 그는 예루살렘에서 예수의 이름을 부르는 사람들을 색출하기 시작했다. 아예 뿌리째 뽑아 잔멸(殘滅)할 생각이었다. 닥치는 대로 잡아다가 감옥에 가두었다. 교회는 스데반의 시신을 가져다가 장사 지내면서도 슬퍼할 겨를이 없었다. 교회의 지도자들이 연기처럼 예루살렘을 빠져나가기 시작했다. 그런데 먼 안목으로 보면 그렇게 하기를 잘했다. 참 잘했다. 그러지 않았더라면 교회가 예루살렘에 둥지를 틀고 앉아서 제2의 유대교가 되지 않았으리라고 누가 보장하겠는가.

흩어진 사람들이 두루 다니며 복음을 전하기 시작했다. 그들의 가슴속에 성령의 불이 타오르고 있었다. 그 중의 한 사람이 빌립 집사였다. 그는 사마리아로 내려가 그리스도를 전파했다. 그러자 표적이 일어나기 시작했다. 많은 사람들에게 붙어있던 귀신들이 소리 지르며 나가고 많은 중풍병자가 일어나며 앉아 살던 사람들이 걷기 시작했다. 그리하여 성 안에 큰 기쁨이 있었다. 성 안의 많은 사람들이 예수님을 믿고 세례를 받았다. 이름난 마술사 시몬도 빌립을 전심으로 따라다니면서 큰 표적과 능력을 보고 놀라워했다. 그것은 자기의 마술과 비교할 수가 없었다. 그래서 예수님을 믿고 세례를 받았다. 다행히 사마리아까지 따라와서 박해하는 사람은 없었다. 본래 상종도 하지 않던 사이였으니까.

사마리아 성에서 일어난 일들이 예루살렘 교회에 전해졌다. 교회는 베드로와 요한을 보내어 형편을 알아보게 했다. 와서 보니 물세례는 받았지만 성령으로 세례 받은 사람은 아무도 없었다. 두 사도가 안수하며 기도하자 사람들이 성령을 받기 시작했다. 성령을 받을 때에 방언도 했을 것이다. 평범한 사람들이 갑자기 다른 나라 말을 하는 것을 보면서 마술사 시몬은 '저 정도의 권능이면 더 많은 돈을 벌 수 있겠다'고 생각했다. 그래서 돈을 가지고 와서 말했다. "이 권능을 내게도 주어 누구든지 내가 안수하는 사람은 성령을 받게 하여 주소서." 그 말을 듣고 베드로가 엄히 꾸짖었다.

> "네가 하나님의 선물을 돈 주고 살 줄로 생각하였으니 네 은과 네가 함께 망할지어다. 하나님 앞에서 네 마음이 바르지 못하니 이 도에는 네가 관계도 없고 분깃 될 것도 없느니라. 그러므로 너의 이 악함을 회개하고 주께 기도하라. 혹 마음에 품은 것을 사하여 주시리라. 내가 보니 너는 악독이 가득하며 불의에 매인 바 되었도다" (행 8:20-23).

은혜는 선물이다. 돈으로 살 수 있다면 그것은 은혜가 아니다. 선물이 아니기 때문이다. 마술사 시몬이 예수님을 믿게 된 동기는 돈 버는 데 있었다. 예수님과 상관없는 사람이었다. 성령으로 거듭나기 전에는 예수님을 믿는다고 말할 수 없다. 그것은 가짜 믿음이다. 그의 내면에는 아직도 '악독과 불의'가 가득했다. 화들짝 놀란 시몬은 제발 그런 일이 일어나지 않게 기도해 달라고 베드로에게 매달렸다. 알면서도 성령을 대적하고 훼방하는 죄가 아니라면 모든 죄에는 용서 받을 기회가 있다. 그런데 시몬은 진심으로 회개하고 돌이켰을까? 성경에 결론이 기록되지 않는 이야기는 언제나 우리들에게 질문을 던지고 있다. 성경은 우리에게 '당신이 예수님을 믿는 동기는 무엇인가?'라고 묻고 있다.

베드로와 요한은 예루살렘으로 돌아가는 길에 사마리아의 여러 마을에서 복음을 전했다. 사도행전 1장 8절 말씀이 그대로 이루어지고 있었다.

그 다음에 빌립이 에디오피아의 재정장관을 만나는 아름다운 이야기가 나온다(행 8:26-40).

천사가 빌립에게 말했다. "일어나서 남쪽으로 향하여 예루살렘에서 가사로 내려가는 길까지 가라." 원래의 가사(Gaza)는 주전 93년에 멸망했고 새로운 가사가 주전 57년에 건설되었다. 가사를 지나는 길은 지중해 윗 지방과 아프리카를 연결하는 국제적 도로였다. 예루살렘에서 가사로 내려가다 보면 광야가 나왔다. 빌립은 천사가 말한 대로 광야길을 따라 내려갔다. 빌립이 복음을 전한 사마리아 지역을 세겜이라고 가정해 보자. 그곳으로부터 가사로 내려가는 광야길은 적어도 80km가 넘는다. 사흘 길이다. 빌립은 길을 가다가 잘 장식된 고가(高價)의 수레 하나를 만났다. 에디오피아 여왕 간다

게의 모든 재산을 관리하는 내시가 탄 수레였다. (지금의 에티오피아 가 아니고 이집트의 아스완과 수단의 Khartoum 사이에 있는 Nubia 지역이다.) 그는 '하나님을 경외하는 자'(God-fearer)로서 예루살렘에 예배드리러 왔다가 돌아가는 길이었다. 성령님께서 빌립에게 '수레로 가까이 나아가라'고 명령하셨다. 가보니 수레 안에서 누군가 이사야서를 읽고 있었다. 빌립이 내시에게 물었다.

"읽는 것을 깨달았느냐?"

내시가 대답했다.

"지도해 주는 사람이 없으니 어찌 깨달을 수 있느냐."

내시는 빌립을 수레로 올라오게 했다. 내시가 읽고 있던 성경구절은 이사야 53장이었다.

> "그가 도살자에게로 가는 양과 같이 끌려갔고 털 깎는 자 앞에 있는 어린 양이 조용함과 같이 그의 입을 열지 아니하였도다. 그가 굴욕을 당했을 때 공정한 재판도 받지 못하였으니 누가 그의 세대를 말하리요. 그의 생명이 땅에서 빼앗김이로다"(행 8:32-33).

이 말씀은 이사야서 53장 7-8절의 인용이다. 그런데 실제 구약성경과 대조해 보면 어순이 조금 다르다. 히브리어에서 헬라어로 번역된 70인역을 사용했기 때문이다. 그러나 같은 내용이다. 내시가 물었다.

"청컨대 내가 묻노니 선지자가 이 말한 것이 누구를 가리킴이냐. 자기를 가리킴이냐, 타인을 가리킴이냐?"

빌립은 그 기회를 놓치지 않고 예수 그리스도의 복음, 곧 우리의 죄를 위하여 고난당하신 메시아에 대한 복음을 전했다. 얼마 후 길을 가다가 물 있는 곳에 이르자 내시는 자원(自願)해서 세례를 받았다. 세례를 받고 물에서 올라올 때에 성령님이 빌립을 (낚아채듯이) 이끌어 가셨다. 한편 내시는 기뻐하며 자기의 길을 갔다. 그는 틀림없이 복음의 기쁜 소식을 에디오피아에 전했을 것이다. 그 뒤로 빌립은 아소도(현재의 Ashdod)에 나타나 여러 성에서 복음을 전하다가 가이사랴에 정착했다. 그리고 그때로부터 20여 년이 지난 후, 바울과 누가는 예루살렘에 올라가는 길에 빌립의 집에 잠시 머물렀다 (행 21:8).

예수님을 만난 사울

:: 행 9:1-31 ::

모든 사람에게는 타고난 기질(氣質)이 있다. 기질은 어떤 상황에 반응하는 그 사람만의 행동 방식이다. 같은 상황을 두고 어떤 사람은 정면으로 해결하고 어떤 사람은 도피한다. 어떤 사람은 끝까지 견디고 어떤 사람은 쉽게 포기한다. 어떤 사람은 시시비비를 가리고 어떤 사람은 두루뭉술 넘어간다. 어떤 사람은 지도력이 강하지만 포용력이 부족하고 어떤 사람은 너그럽지만 이끌어가는 힘이 약하다. 기질은 사람에 따라 천차만별이다. 딱히 어떤 기질이 더 좋다고 말하기도 어렵다. 타고난 기질이기 때문에 쉽게 바꿀 수도 없다. 표범이 그 반점을 바꾸는 편이 더 쉬울지 모른다. 기질은 그냥 기질이다.

그렇다면 신앙과 기질의 관계는 어떨까. 예수님을 아무리 잘 믿어도 제 성질은 버리지 못한다는 말이 있다. 사실일까? 그런데 기질마다 주인이 다르다. 누가 그 기질을 사용하느냐에 따라 결과도 달라진다. 재미있는 일이 기억난다. 아이들이 어렸을 때에 중부 캘리포니아 해안으로 여행을 간 적이 있다. 그곳에서 우리 네 식구가 말을 탔다. 가이드가 해변의 잡목 사이로 우리를 안내했다. 그런데 내가 탄 말이 자꾸 딴청을 부리며 뒤로 처졌다. 처음 말을 타본 나는 난감했다. 얼마 후에 앞서가던 딸이 뒤를 돌아보며 "아빠, 아빠가 탄 말이 혀를 길게 내밀고 있어요" 하고 말했다. 가이드가 돌아오더니 '말이 걸을 때 말과 함께 호흡을 맞추라'고 조언해 주었다. 100킬로그램의 거구(지금은 아니다)가 엇박자로 타고 있으니 말도 몹시 힘들었을 것이다. 가이드의 조언을 따라 리드미컬하게 탔더니 한결 수월해졌다.

기질도 마찬가지다. 내가 주인이 되어 기질대로 살다보면 기질의 부정적인 요소들이 드러난다. 그러나 성령님이 나를 다스리시면 타고난 기질의 긍정적 요소들이 드러난다. 성령님께서 내 기질을 선용(善用)하시기 때문이다. 그래서 '급한 성격'은 올바른 결단력으로, '강한 성격'은 담대함으로, '우유부단한 성격'은 신중함과 격려와 권면으로, '고집스러움'은 죄를 대항하고 승리함으로 나타나게 하신다. 이렇게 성령님에 의해 기질이 가장 긍정적으로 쓰임 받은 사람이 바로 사도 바울이다.

강인한 성격으로 보면 사울(바울)을 따라갈 사람이 없다. 스데반을 돌로 쳐서 죽일 때 사람들은 옷을 벗어 바울의 발 앞에 두었다. 사울이 그 사건에서 주도적인 역할을 했다는 증거다. 그는 집집마다 다니면서 예수님을 믿는 성도들을 잡아다가 옥에 가두었다. 그것도 모자라 대제사장의 편지를 들고 안디옥까지 내려갔다. 그 성에서 많은 유대인들이 예수님을 믿고 있다는 소식이 들려왔기 때문이다. 이번에도 남녀를 무론하고 예수 믿는 사람들을 잡아올 생각이었다.

사울은 그의 스승이었던 가말리엘보다 성격이 더 강했다(행 5:34 이하 참조). 왜 사울은 성도들을 핍박하는 일에 그토록 열심이었을까. 자신이 헬라파 유대인이었기 때문에 더 강한 정체성을 보여주고 싶었을까? 그러나 그가 예수님을 만난 후에 대반전이 일어났다. 그는 누구보다도 더 인내하고, 사랑하고, 용서하고, 포용하고, 격려하는 그리스도의 사도가 되었다. 그의 기질이 변화된 것일까. 아니다. 지금까지는 사울이 자기 기질대로 살았지만 예수님을 만난 후부터는 성령님께서 그의 기질을 선용하셨기 때문이다. 어떻게 그런 변화가 가능하게 되었을까. 사도행전 9장은 사울의 생애에 일어났던 놀라운 사건을 기록하고 있다.

예루살렘에서 시리아의 다메섹까지는 직선거리로 250km이다. 요즘처럼 잘 닦아놓은 도로를 사용해도 325km, 자동차로 5시간을 달려야 한다. 걸어서는 8백 리 길, 안식일을 지키며 가노라면 족히 열흘은 걸렸을 것이다. 살기등등한 사울이 몇몇 성전 경비병들과 함께 그 길을 걸어가고 있었다. 안디옥에 가까이 다가갈수록 그에게서 살기가 느껴졌다. 바로 그때였다. 갑자기 하늘로부터 햇빛보다 더 밝은 빛이 그를 둘러 비추었다. 사울은 즉시로 땅에 엎드렸다. 빛 가운데서 그를 부르는 소리가 들려왔다.

"사울아 사울아 네가 어찌하여 나를 박해하느냐?"

"주여, 누구시니이까?"

"나는 네가 박해하는 예수라. 너는 일어나 시내로 들어가라. 네가 행할 것을 네게 이를 자가 있느니라."

그때 사울이 받은 충격이 얼마나 컸을까. 예수 믿는 사람들을 잡으러 가는데 바로 그 예수가 그의 이름을 부르며 찾아오셨다. 예수님은 박해 받는 성도들과 자신을 동일시하셨다. 같이 가던 사람들은 소리만 듣고 아무것도 보지 못한 채 말을 못하고 서있었다. 물론 그들도 놀라기는 마찬가지였으리라. (사도행전 26장 13절에서 바울은 함께 가던 동행들에게도 그 빛이 비추었다 했다. 그리고 14절에서는 그 일행들도 함께 엎드려졌다고 했다.) 그러나 빛 때문에 시력을 잃은 사람은 사울뿐이었다. 빛의 초점이 사울에게 맞추어졌을 것이다. '일어나 시내로 들어가라', 예수님께서 사울에게 내리신 첫 번째 명령이었다. 그는 함께 가던 사람들의 손에 이끌려 다메섹으로 들어갔다. 살기등등했던 모습은 찾아볼 수가 없었다. 사울은 사흘 동안 보지 못했고 먹지도 마시지도 않았다.

(사흘 후에) 주께서 환상 중에 아나니아를 부르셨다. 아나니아는 다메섹에 살고 있는 성도로서 그의 이름은 '여호와는 은혜로우시다'는 의미를 지니고 있다. 그가 언제 어떤 경로로 복음을 받아들였는지 모르지만 그 지역의 영적 지도자였음이 분명하다. 주께서 환상 중에 찾아오셔서 말씀하셨다.

> "일어나 직가라 하는 거리로 가서 유다의 집에서 다소 사람 사울이라 하는 사람을 찾으라. 그가 기도하는 중이니라. 그가 아나니아라 하는 사람이 들어와서 자기에게 안수하여 다시 보게 하는 것을 보았느니라"(행 9:11-12).

'직가'는 다메섹의 동문과 서문을 연결하는 곧은 길이다. 놀란 아나니아가 대답했다.

"주여 이 사람에 대하여 내가 여러 사람에게 듣사온즉 그가 예루살렘에서 주의 성도에게 적지 않은 해를 끼쳤다 하더니 여기서도 주의 이름을 부르는 모든 (예수 믿는) 사람을 결박할 권한을 대제사장들에게서 받았나이다."

그 악명 높은 사울이 다메섹으로 오고 있다는 소식이 이미 퍼져 있었다. 그런데 그 사람을 찾아가서 안수하고 기도하여 다시 보게 하라고 하신다. 그때까지만 해도 아나니아는 주님의 계획이 무엇인지 모르고 있었다.

> "주께서 이르시되, 가라. 이 사람은 내 이름을 이방인과 임금들과 이스라엘 자손들에게 전하기 위하여 택한 나의 그릇이라. 그가 내 이름을 위하여 얼마나 고난을 받아야 할 것을 내가 그에게 보이리라"(행 9:15-16).

예수님께서 사울을 택하셨다. 사울은 '이방인과 임금들과 이스라엘 자손들'에게 복음을 전하기 위해 보내심을 받게 될 것이다. 옳은 일이라고 생각하면 타협하지 않는 사울의 기질을 예수님께서 사용하실 것이다. 그동안 가말리엘 문하에서 배웠던 폭넓은 성경 지식도 사용하실 것이다. 지금까지 잘못된 방향으로 달려가던 사울을 예수님께서 빛 가운데로 부르셨다. 앞을 못 보며 지낸 사흘 동안 사울의 신념이 크게 흔들렸다. 자신이 지금까지 했던 일에 대하여 깊은 회의에 빠졌다. 사울에게 있어서 신념을 버린다는 말은 거의 '자기 해체'나 다름없었다. 굉장한 충격이 그를 사로잡았다. 그러나 충격만으로는 부족했다. 성령으로 거듭나야 했다. 그 과정에 아나니아의 순종이 필요했다.

"아나니아가 떠나 그 집에 들어가서 그에게 안수하여 이르되 형제 사울아 주 곧 네가 오는 길에서 나타나셨던 예수께서 나를 보내어 너로 다시 보게 하시고 성령으로 충만하게 하신다 하니 즉시 사울의 눈에서 비늘 같은 것이 벗어져 다시 보게 된지라. 일어나 세례를 받고 음식을 먹으매 강건하여지니라"(행 9:17-19).

아나니아가 '형제 사울아' 하고 불렀다. 얼마나 따뜻한 환영인가. 사울은 더 이상 성도들을 핍박하는 자가 아니라 형제가 되었다. 아나니아는 사울에게 안수하며 그가 최근에 경험한 놀라운 일들을 해석해 주었다. 그리고 예수님께서 하실 일을 선포했다. "예수께서 나를 보내어 너로 다시 보게 하시고 성령으로 충만하게 하신다." 그 순간 사울의 눈에서 비늘 같은 것들이 벗겨지고 시력이 회복되었다. 그리고 세례를 받은 후에 성도들과 함께 음식을 나누며 기독교 신앙공동체의 일원이 되었다.

아나니아가 안수하자 사울이 성령님으로 충만하게 되었다. 성령님이 그의 전 존재를 지배하셨다. 다메섹에 있는 제자들과 지내는 며칠 동안 놀라운 일이 사울의 내면세계에서 일어나기 시작했다. 예수님이 하나님의 아들이라는 진리가 깨달아졌다. 예수님은 마땅히 죽어야 할 죄인이 아니고 우리를 위해 대신 죽으신 하나님의 어린양이라는 진리가 깨달아졌다. 예수님은 그가 그토록 기다리던 '기름 부음 받은 자' 곧 메시아(그리스도)라는 진리가 깨달아졌다. 하나님의 은혜가 모세의 율법 위에 존재한다는 진리도 깨달아졌다. 모두 다 성령님의 기름 부으심을 통하여 얻게 된 특별한 지식들이었다.

"사울이 다메섹에 있는 제자들과 함께 며칠 있을새, 즉시로 각 회당에서 예수가 하나님의 아들이심을 전파하니 듣는 사람이 다 놀라 말하되 '이 사람이 예루살렘에서 이 이름을 부르는 사람을 멸하려던 자가 아니냐. 여기 온 것도 그들을 결박하여 대제사장들에게 끌어 가고자 함이 아니냐.' 하더라"(행 9:19-22).

다메섹에 살던 성도들이 큰 위로와 용기를 얻었다. 반면에 유대인들은 당혹감을 감출 수가 없었다. 그렇게 여러 날이 지났다. 제자들과 함께 지낸 '며칠'과 그 후의 '여러 날'은 서로 다른 표현이다. 전자는 문자적으로 며칠이지만 후자는 꽤 많은 날들을 의미한다. 그 날들이 얼마나 길었을까? 갈라디아서를 보면 사울은 아라비아에 갔다가 다시 다메섹으로 돌아왔다. 성경학자들은 그 '여러 날' 동안에 이런 일들이 일어났으리라고 생각한다. 그 '여러 날' 동안에 사울의 가르침을 통해 예수님의 제자들이 생겨났다. 그러나 다메섹에 사는 유대인들은 극도의 반감을 갖게 되었다. 이제 다메섹을 떠날 때가 되었다.

"여러 날이 지나매 유대인들이 사울 죽이기를 공모하더니 그 계교가 사울에게 알려지니라. 그들이 그를 죽이려고 밤낮으로 성문까지 지키거늘 그의 제자들이 밤에 사울을 광주리에 담아 성벽에서 달아 내리니라"(행 9:23-25).

사울은 훗날 그때의 상황을 이렇게 기록하고 있다.

"다메섹에서 아레다 왕의 고관이 나를 잡으려고 다메섹 성을 지켰으나 나는 광주리를 타고 들창문으로 성벽을 내려가 그 손에서 벗어났노라"(고후 11:32).

성벽 위에 있는 집의 창문이 열리고 사람을 태운 광주리가 내려오는 장면이 연상된다. 유대인의 회당에서 담대하게 '하나님의 아들 예수는 우리의 그리스도'라고 외쳤던 사울의 다른 모습이다. 사울이 그렇게 소심한 사람이었을까? 아니다. 기질은 변하지 않는다. 이제 그가 해야 할 더 큰 일이 기다리고 있었다. 바다를 사모하는 사람은 연못에 머물 수가 없다.

사울은 그 길로 예루살렘에 올라갔다. 다메섹으로 내려온 지 3년 만이다(갈 1:17-18) 제자들을 사귀고 싶은 마음이 간절했지만 만나주는 사람이 없었다. 누가 그 악명 높은 사울을 만나려 하겠는가. 제자들은 아직도 그가 두려웠다. 그가 예수님의 제자가 되었다는 말을 믿을 수도 없었다. 그때 바나바가 먼저 사울에게 손을 내밀었다. 사울의 이야기에 귀를 기울여 주었다. 그리고 공감(共感)했다. 누가가 '위로자의 아들'이라고 번역한 그의 히브리식 이름은 우연히 붙여진 별명이 아니었다(행 4:36). 바나바는 사울을 위한 대변자가 되기로 했다. 그는 사도들에게 사울이 경험했던 모든 일과 그가 다메섹에서 어떻게 예수님의 이름을 담대히 전했는지를 자세히 전해주었다. 다른 사람의 말은 몰라도 바나바의 말은 사도들도 신뢰할 수 있었다. (누군가에게 이런 신뢰를 받는 사람은 행복하다.)

결국 사울은 제자들과 함께 예루살렘에 출입하며 예수 그리스도의 증인이 되었다. 그는 헬라파 유대인들과 변론하는 데 탁월한 능력을 발휘했다. 당연히 유대인들이 그를 죽이려고 나섰다. 형제들은 이 사실을 알고 사울을 지중해 연안에 있는 도시 가이사랴로 데리고 가서 (아마도 배편으로) 그의 고향 다소로 보내주었다.

누가는 사울의 예루살렘 방문을 커다란 느낌표가 붙은 한 문장으로 마무리했다.

> "그리하여 온 유대와 갈릴리와 사마리아 교회가 평안하여 든든히 서 가고 주를 경외함과 성령의 위로로 진행하여 수가 더 많아지니라!"(행 9:31).

사울의 핍박 때문에 시작된 '유대와 사마리아' 선교의 파장이 이제는 '땅 끝'을 향하여 넓게 퍼져나가기 시작했다.

제3장

땅 끝으로 달려가는 증인들

행 9:32-28:31

누가는 "예루살렘과 온 유대와 사마리아와 땅 끝까지 이르러 내 증인이 되리라"는 예수님의 말씀을 뼈대로 삼아 사도행전을 기록하고 있다. 그래서 1장부터 6장 7절까지는 예루살렘 중심의 증언을, 그리고 6장 8절부터 9장 31절까지는 유대와 사마리아와 안디옥 중심의 증언을 기록했다. 이제 '땅 끝까지'의 증언을 기록할 차례다. 누가는 이 세 번째 단계를 베드로의 사역으로 시작했다.

베드로, 이방인을 향한 전도의 문을 열다

:: 행 9:32-10:48 ::

누가는 베드로가 어떻게 이방인을 향하여 전도의 문을 열었는가에 대하여 세 가지 이야기로 풀어간다. 첫째는 룻다에서 중풍병자 애니아를 고쳐준 이야기다. 둘째는 욥바에서 도르가를 살려낸 이야기다. 그리고 셋째는 백부장 고넬료에게 복음을 전한 이야기다.

이 세 이야기는 이방인을 향하여 베드로의 마음이 열려가는 과정을 잘 보여주고 있다.

이전에 베드로가 빌립의 사역지였던 사마리아를 방문한 적이 있었다. 그는 예루살렘으로 돌아오는 길에 사마리아의 여러 마을에서 복음을 전했다. 룻다 방문도 그렇게 '사방으로 두루 행하다가' 이루어졌을 것이다. 룻다는 오늘날의 로드(Lod)로서 예루살렘 북서쪽 40km 지점, 벤구리온 공항의 남쪽 10km 지점에 있다. 베드로는 그 지역에 성도들이 있다는 소식을 듣고 방문했다. (누가와 바울은 '성도'라는 칭호를 자주 사용했다. 원래는 '구별된 무리'라는 뜻으로 선택받은 이스라엘을 의미했다. 그러나 바울은 예수님을 믿는 모든 이들을 가리켜 성도라고 불렀다. 그들만이 '참 이스라엘'이기 때문이다.)

베드로는 룻다에서 8년 동안 침상에 누워 지내는 애니아라는 중풍병자를 만났다. '애니아'는 헬라어로 '칭찬 받는 자'라는 의미다. 베드로가 그를 향해 말했다.

> "애니아야, 예수 그리스도께서 너를 낫게 하시니 일어나 네 자리를 정돈하라"(행 9:34).

얼마나 당당한 명령인가. 윌리엄 바클레이(W. Barclay)는 "우리는 우리가 할 수 있는 일에 대하여 너무 많이 생각하고 예수님께서 우리를 통하여 하실 수 있는 일에 대하여는 너무 적게 생각한다"고 말했다. 뜻깊은 말이다. 애니아는 베드로의 말에 즉각적인 반응을 보였다. 8년 동안 누워있던 자리에서 일어난 애니아를 보고 룻다와 사론에 사는 사람들이 다 주께로 돌아왔다.

룻다에서 서쪽 지중해 해안으로 16km 떨어진 곳에 욥바가 있었다. 현재는 야파(Yafa)라고 불리며 텔아비브(Tel Aviv) 시의 남쪽에 연결되어 있다. 거기 살던 여제자 다비다(어린 양, 헬라어 이름 '도르가'도 같은 의미)가 세상을 떠났다. 평소에 그녀는 선행과 구제하는 일을 많이 했다. 특히 가난한 과부들을 많이 돌보았다. 그 자신이 과부였는지 아닌지는 알 수 없으나 생활이 넉넉했던 것만은 분명하다. 마침 베드로가 가까운 룻다에 있다는 말을 듣고 제자들이 두 형제들을 보내며 속히 오라고 청했다. 제자들은 도르가의 시체를 씻어 다락에 뉘어놓고 베드로가 오기를 기다렸다. 베드로가 다락에 올라가니 모든 과부들이 도르가가 생전에 그들과 함께 (가난한 자들을 위하여) 지었던 속옷들과 겉옷들을 보여주며 울기 시작했다. 베드로는 모든 사람들을 다락에서 내려가게 한 다음 홀로 무릎을 꿇고 기도했다. 죽은 사람을 살리는 일은 처음이었다. 그는 예수님께서 야이로 회당장의 딸을 살리시던 일을 회상했을 것이다(눅 8:54). 기도 중에 예수님의 영이 그와 함께 하신다는 확신이 들자 그는 시체를 향하여 단호히 명령했다.

"다비다야, 일어나라"(행 9:40).

이 말을 아람어로 표현하면 예수님께서 하셨던 말씀, '달리다굼'과 같은 말이다. 그 말에 다비다가 눈을 떠 베드로를 보고 일어나 앉았다. 베드로는 (성전 미문 가의 걸인에게 했던 것처럼) 손을 내밀어 그녀를 일으킨 후에 성도들과 과부들에게 보여주었다. 그러자 룻다에서처럼 욥바 사람들이 예수님을 믿게 되었다. 그런 소문은 순식간에 퍼지게 마련이다.

사도행전 9장의 마지막 절은 특별한 의미를 지닌다.

"베드로가 욥바에 여러 날 있어 시몬이라 하는 무두장이의 집에서 머무니라."

무두장이는 죽은 짐승의 가죽에서 털과 기름을 제거하고 부드럽게 하여 가죽제품을 만드는 사람이다. 짐승의 사체(死體)를 만지는 사람은 율법에 의하면 부정했다. 그런데 왜 하필 베드로가 무두장이의 집에 오래 동안 머물렀을까. 하나님의 깊은 뜻이 있었다. 누가는 베드로가 최초로 이방인에게 복음을 전하는 이야기를 사도행전 10장에 기록하고 있다.

욥바에서 북쪽으로 64km 정도 떨어진 지중해 연안에 가이사랴가 있었다. 빌립 집사가 정착하고 복음을 전하던 곳이다. 지금도 경주장을 비롯하여 많은 로마 유적지들이 남아 있다. 그곳에 로마의 총독관저가 있었다. 이달리야 대(隊)라는 황제 직속의 부대도 있었는데 대략 6백여 명의 군인들로 구성되어 있었다. 그 중에 백 명의 군인들을 지휘하는 고넬료라는 백부장이 있었다. 성경에 나오는 다른 백부장들처럼 고넬료도 칭찬받을 만한 사람이었다. 특히 그는 '경건하여 온 집안과 더불어 하나님을 경외하며 백성을 많이 구제하고 하나님께 항상 기도하는' 생활을 했다. 경건과 구제는 식민지에 주둔하는 로마군의 지휘관에게 어울리는 어휘가 아니다. 고넬료는 하나님과 사람 앞에서 그만큼 특별한 사람이었다. 하나님께서 그를 부르시고 복음의 축복을 받게 하셨다. 누가는 고넬료를 위하여 사도행전 10장 전체를 할애하고 있다. 크게 다섯 부분으로 나누어 살펴보도록 하자.

첫째로, 고넬료가 기도 중에 환상을 보다(행 10:1-8).

그날도 고넬료가 습관을 따라 오후 3시경에 기도를 드리고 있었다. 유대인들은 오전 9시와 오후 3시에 규칙적으로 기도를 드렸다. 이로 보건대 그는 유대교에 친밀한 '하나님을 경외하는(God-fearing) 사람'이었음이 분명하다. 그의 경건함도 이런 기도생활에서 나왔을 것이다. 기도 중에 천사가 찾아와 그의 이름을 불렀다. 놀란 고넬료가 천사에게 물었다.

"주여, 무슨 일이니이까."

"네 기도와 구제가 하나님 앞에 상달되어 기억하신 바가 되었으니 네가 지금 사람들을 욥바에 보내어 베드로라 하는 시몬을 청하라. 그는 무두장이 시몬의 집에 유숙하니 그 집은 해변에 있다."

고넬료의 기도와 구제가 하나님께 올려지고 기억되었단다. 얼마나 큰 축복인가. 하나님께서 우리의 기도를 들으시고 우리의 행위를 보신다. 하나님과 동행하는 사람은 신뢰할 만한 사람이다. 천사가 떠나자 고넬료는 종 둘과 경건한 부하 한 사람을 불러서 방금 전에 있었던 일들을 자세히 설명해 주고 욥바로 보냈다. 그들은 고넬료가 그의 신비한 경험을 나눌 만큼 영적으로 가까운 사람들이었다.

둘째로, 베드로가 환상을 보다(행 10:9-17 상반절).

고넬료의 종들과 부하가 욥바에 도착할 그 즈음에 베드로에게 환상이 나타났다. 이 모든 과정이 얼마나 정확하게 진행되고 있는가. 성령님 아니고서는 아무도 할 수 없는 일이다.

제6시, 곧 낮 12시경에 베드로가 기도하기 위해 옥상으로 올라갔다. 아래층에서는 사람들이 점심식사를 준비하고 있었다. 베드로는 기도하는 중에 갑자기 황홀한 느낌에 사로잡혔다. '황홀'은 무아지경 상태를 말한다. 그때 하늘이 열리며 큰 보자기 같은 그릇 하나가 네 귀에 매인 채 땅에 내려왔다. 그 안에는 각종 짐승들과 기는 것들과 새들이 있었다. 하늘에서 소리가 들려왔다.

"베드로야 일어나 잡아 먹어라."

"주여 그럴 수 없나이다. 속되고 깨끗하지 아니한 것을 내가 결코 먹지 아니하였나이다."

베드로는 단호히 거절했다. 비록 어부로 살았지만 율법이 금하는 음식을 먹어본 적이 없었다. 그러자 하늘에서 두 번째 음성이 들려왔다.

"하나님께서 깨끗하게 하신 것을 네가 속되다 하지 말라."

그런 일이 세 번 있은 후에 보자기가 하늘로 올려갔다. 아마도 베드로는 세 번 다 완곡히 거절했을 것이다. 환상이 사라진 후에 베드로는 깊은 생각에 잠겼다. 분명히 모세는 속(俗)된 것들을 먹지 말라고 했다. 보자기 안에 있는 것들은 하나같이 부정(不淨)한 것들이었다. 그런데 하나님께서 그것들을 깨끗하게 하셨으니 '속되다'고 하지 말라고 하셨다. 무슨 말씀일까. 베드로는 깊은 혼란에 빠져들었다.

셋째로, 세 사람의 불청객들이 찾아오다(행 10:17하반절-23상반절).

그때 아래층에서 문 두드리는 소리와 함께 음성이 들려왔다.

"베드로라 하는 시몬이 여기 유숙하느냐?"

그 순간 성령님께서 베드로에게 말씀하셨다.

"두 사람이 너를 찾으니 일어나 내려가 의심하지 말고 함께 가라. 내가 그들을 보내었느니라."

성령님께서 베드로의 마음속에 피어오르는 의심의 안개를 보셨다. 그래서 '내가 그들을 보내었다'고 확신시켜 주셨다. 성령님께서 이 모든 일을 주권적으로 진행하고 계셨다. 아래층으로 내려가 보니 두 사람이 문밖에 서있었다. (다른 사본에는 세 사람으로 기록되어 있다. 아마도 이방인 신분의 군인은 잠시 자리를 피했을 것이다.) 신분을 밝힌 베드로는 그들에게 무슨 일로 왔느냐고 물었다. '왜 나를 찾느냐'는 말이다. 그들이 대답했다.

> "백부장 고넬료는 의인이요 하나님을 경외하는 사람이라. 유대 온 족속이 칭찬하더니 그가 거룩한 천사의 지시를 받아 당신을 그 집으로 청하여 말을 들으려 하느니라."

이방인 백부장이 그를 청하여 말을 듣겠단다. 그렇다면 환상 중에 보았던 속된 것들은 이방인들을 가리킬까? 의심의 안개가 조금씩 걷히는 것 같았다. 그러나 선뜻 나서기에는 아직 자신이 없었다. 베드로는 그들을 불러들여 그날 밤 함께 지냈다. 그나마 이방인들을 불러들여 함께 지냈다는 사실만으로도 장족의 발전이다. 베드로는 하나님께 기도하며 그 밤을 지냈을 것이다.

넷째로, 베드로가 고넬료의 집을 방문하고 설교하다(행 10:23하반절-43).

이튿날 베드로는 욥바에 있던 형제들과 함께 그 사람들을 따라 나섰다. 그들은 모두 할례 받은 유대인들이었다. 이방인의 집을 혼자 방문하기가 꺼림칙했기 때문이다. 베드로 일행은 이틀 후에 가이사랴에 도착했다. 고넬료의 집에는 그의 친척들과 가까운 친구들이 모여서 베드로를 기다리고 있었다. 베드로가 들어서자 고넬료가 엎드려 절했다. 놀란 베드로가 '나도 사람이라'면서 그를 일으켰다. 백부장이 베드로 앞에 엎드려 절을 하다니, 유대인으로서는 상상할 수도 없는 일이었다. 잠시 인사말을 주고받은 후에 베드로가 단도직입적으로 물었다.

"유대인으로서 이방인과 교제하며 가까이 하는 것이 위법인 줄은 너희도 알거니와 하나님께서 내게 지시하사 아무도 속되다 하거나 깨끗하지 않다 하지 말라 하시기로 부름을 사양하지 아니하고 왔노라. 묻노니 무슨 일로 나를 불렀느냐?"

'사양하지 아니하고 왔노라'는 말을 직역하면 '반대할 수가 없어서 왔다'는 뜻이다. 고넬료의 청을 사양할 수 없어서가 아니고 '의심하지 말고 함께 가라'는 성령님의 명령을 거역할 수 없어서 왔다는 말이다. 베드로의 말에 살얼음 같은 차가움이 서려있다. 아직까지도 그는 마음 문을 열지 못하고 있었다. 그렇다고 너무 베드로를 탓하지 말자. 유대인과 이방인 사이에는 우리가 상상할 수 없는 괴리(乖離)가 있었으니까. 고넬료의 집에 들어가는 것마저도 베드로에게는 큰 용기가 필요했다. 성령님의 명령이 아니라면 절대 불가능한 일이다. 고넬료는 자초지종을 설명한 후에 이렇게 말을 마쳤다.

"내가 곧 당신에게 사람을 보내었는데 오셨으니 잘하였나이다. 이제 우리는 주께서 당신에게 명하신 모든 것을 듣고자 하여 다 하나님 앞에 있나이다."

성령님께서 이미 그곳에 있는 사람들의 마음 밭을 옥토로 일구어 놓으셨다. 복음의 씨앗이 떨어지기만 하면 즉시로 싹이 나고 백배의 열매를 맺을 것이다. 베드로는 더 이상 망설일 수가 없었다. 예수님께서 마지막으로 하신 말씀, "성령이 임하면 권능을 받고 예루살렘과 온 유대와 사마리아와 땅 끝까지 이르러 내 증인이 되리라"는 말씀이 기억났다. 그동안 이방인들에 대해 가졌던 오해도 사라졌다.

"내가 참으로 하나님은 사람의 외모를 보지 아니하시고 각 나라 중 하나님을 경외하며 의를 행하는 사람은 다 받으시는 줄 깨달았도다."

이 고백을 하고 나자 그의 입에서 놀라운 말씀이 선포되기 시작했다.

> "만유의 주 되신 예수 그리스도로 말미암아 화평의 복음을 전하사 이스라엘 자손들에게 보내신 말씀 곧 요한이 그 세례를 반포한 후에 갈릴리에서 시작하여 온 유대에 두루 전파된 그것을 너희도 알거니와 하나님이 나사렛 예수에게 성령과 능력을 기름 붓듯 하셨으매 그가 두루 다니시며 선한 일을 행하시고 마귀에게 눌린 모든 사람을 고치셨으니 이는 하나님이 함께 하셨음이라. 우리는 유대인의 땅과 예루살렘에서 그가 행하신 모든 일에 증인이라. 그를 그들이 나무에 달아 죽였으나 하나님이 사흘 만에 다시 살리사 나타내시되 모든 백성에게 하신 것이 아니요 오직 미리 택하신 증인 곧 죽은 자 가운데서 부활하신 후 그를 모시고 음식을 먹은 우리에게 하신 것이라. 우리에게 명하사 백성에게 전도하되 하나님이 살아 있는 자와 죽은 자의 재판장으로 정하신 자가 곧 이 사람인 것을 증언하게 하셨고 그에 대하여 모든 선지자도 증언하되 그를 믿는 사람들이 다 그의 이름을 힘입어 죄 사함을 받는다 하였느니라"(행 10:36-43).

'만유의 주'는 '모든 민족을 포함한 만물의 주'라는 뜻이다. 베드로는 특히 '화평의 복음'이라는 말을 강조했다. 만유의 주께서 지금 유대인과 이방인 사이에 화평의 복음을 전하고 계시기 때문이다. 성령님께서 기름 부어주시니 베드로가 전하는 말씀에 생기가 넘쳤다. 베드로의 능력만으로는 그렇게 깔끔하게 정리된 복음을 전할 수 없었을 것이다. 그런데 정작 놀라운 일은 그 다음에 일어났다.

다섯째로, 이방인들도 성령을 받았다(행10:44-48).

"베드로가 이 말을 할 때에 성령이 말씀 듣는 모든 사람에게 내려 오시니 베드로와 함께 온 할례 받은 신자들이 이방인들에게도 성령 부어 주심으로 말미암아 놀라니 이는 방언을 말하며 하나님 높임을 들음이러라"(행 10:44-46).

놀라운 일이 일어났다. 성령님이 베드로의 설교를 멈추게 하시고 그 자리에 있는 모든 이방인들에게 임하셨다. (나도 35년 목회하는 동안 성령님께서 나의 설교를 이처럼 멈추게 하시기를 얼마나 사모했는지 모른다.) 누가는 '할례 받은 신자들'과 '이방인들'을 특별히 강조하고 있다. 이방인들에게 성령이 임하시는 장면을 본 할례 받은 신자들이 놀랐다. 이방인들은 방언을 (계속해서) 말하고 하나님을 (계속해서) 찬양했다. 오순절 다락방에서 있었던 일이 동일하게 재현되고 있었다. 할례 받은 신자들과 이방인들 사이에 있던 높은 담이 무너져 내렸다. 서로가 서로에게 조금도 다름이 없었다. 이제 그들에게 물로 세례 주는 일을 망설일 이유가 없었다.

"이에 베드로가 이르되 이 사람들이 우리와 같이 성령을 받았으니 누가 능히 물로 세례 베풂을 금하리요 하고 명하여 예수 그리스도의 이름으로 세례를 베풀라 하니라"(행 10:47-48).

세례를 통하여 그 집에 있던 모든 이방인들을 성도로 인정하고 받아들였다. 베드로는 고넬료의 집에 며칠 더 머물렀다. 그 며칠은 주의 말씀을 가르치는 복된 시간이 되었다.

누가 고넬료와 그의 가정에 복음을 전했을까? 베드로일까? 아니다. 성령님께서 하셨다. 철저히 성령님께서 계획하시고 진행하셨다. 베드로는 심부름꾼에 불과했다. 성령님께서 강권적으로 베드로를 불러오셨다. 그리고 결정적인 순간에 임하셔서 그 집에 모인 사람들을 거듭나게 하셨다. 선교는 하나님이 하신다. 누가는 사도행전에서 항상 그 점을 강조했다. 이제 성령의 능력으로 복음이 사방에 퍼져 나갈 것이다. 베드로가 환상 중에 보았던 보자기의 네 귀퉁이처럼….

땅 끝까지 복음을 전하기 위한 사도들의 준비

:: 행 11:1-18 ::

소문은 사람의 발보다 훨씬 더 빠르다. 유대에 사는 사도들과 형제들이 '이방인들도 하나님의 말씀을 받았다'는 소문을 들었다. 베드로가 예루살렘에 올라가니 (예수님을 믿는) 할례자들이 '네가 무할례자의 집에 들어가 함께 먹었다'고 비난했다. 그냥 투정 섞인 비난이 아니다. 집요하게 공격하여 베드로의 기를 꺾어 놓으려는 과격한 비난이다. 그들의 관심은 복음과 구원이 아닌 율법과 전통에 있었다. 베드로가 이방인들과 함께 식사했다는 사실이 그들을 불편하게 만들었다. 베드로를 비난했던 할례자들은 예수님을 믿고, (아마도) 성령으로 세례까지 받은 유대인들이었다. 그러나 세상을 향한 하나님의 뜻을 이해하지 못했다. 비본질적인 것을 중요하게 생각하는 사람은 고집까지 세다. 그들과 시비를 논해서 해결될 일이 아니었다. 베드로는 성령님께서 하신 일을 자세히 설명해 주었다.

"성령이 내게 명하사 아무 의심 말고 함께 가라 하시매 이 여섯 형제도 나와 함께 가서 그 사람의 집에 들어가니 … 내가 말을 시작할 때에 성령이 그들에게 임하시기를 처음 우리에게 하신 것과 같이 하는지라. 내가 주의 말씀에 요한은 물로 세례를 베풀었으나 너희는 성령으로 세례를 받으리라 하신 것이 생각났노라"(행 11:12-16).

이런 일이 있으리라고 예상했을까. 욥바에서 베드로와 함께 고넬료의 집을 방문했던 여섯 (할례 받은) 형제들이 예루살렘까지 동행했다. 베드로는 행동의 주격(主格)을 '우리'에서 '성령'으로 전환시켰다. '우리의 할례보다 성령님의 임재하심이 더 중요하지 않느냐'는 말이었다. 그리고 예수님의 말씀, "요한은 물로 세례를 베풀었으나 너희는 성령으로 세례를 받으리라"는 말씀을 회상했다. 베드로는 좌중을 둘러보면서 나지막하지만 가슴에서 울려오는 깊은 목소리로 말했다.

"그런즉 하나님이 우리가 주 예수 그리스도를 믿을 때에 주신 것과 같은 선물을 그들에게도 주셨으니 내가 누구이기에 하나님을 능히 막겠느냐?"(행 11:17).

잠시 침묵이 흘렀다. 고넬료의 집에서 베드로의 마음을 열어주셨던 성령님께서 역사하시기 시작했다. 봄에 눈 녹듯 제자들의 마음이 돌아섰다. 이방인과 함께한 식탁이 더 이상 문제되지 않았다.

"그들이 이 말을 듣고 잠잠하여 하나님께 영광을 돌려 이르되 그러면 하나님께서 이방인에게도 생명 얻는 회개를 주셨도다 하니라"(행 11:18).

교회에서 논쟁이 일어나거든 다투기를 멈추고 함께 기도하자. 모든 논쟁은 성령님께 임재하시는 순간 사라질 것이다. 하나님께서 이방인에게 생명을 얻는 회개의 축복을 주셨는데 누가 이의를 걸겠는가. 이렇게 해서 땅 끝까지 복음을 전하게 될 천국 문이 예루살렘에서도 열렸다.

땅 끝까지 복음을 전하기 위한 교회의 준비

:: 행 11:19-30 ::

"그때에 스데반의 일로 일어난 환난으로 말미암아 흩어진 자들이 베니게와 구브로와 안디옥까지 이르러 유대인에게만 말씀을 전하는데 그 중에 구브로와 구레네 몇 사람이 안디옥에 이르러 헬라인에게도 말하여 주 예수를 전파하니 주의 손이 그들과 함께 하시매 수많은 사람들이 믿고 주께 돌아오더라"(행 11:19-21).

안디옥에 많은 유대인들이 살고 있었다. 스데반의 순교로 일어난 환난 때문에 흩어진 성도들이 베니게(현재의 레바논)와 구브로(현재의 키프러스 섬)와 안디옥(예루살렘에서 북쪽으로 482km 떨어진 터키의 안타키아 성읍)에 이르러 유대인들에게 복음을 전했다. 그 중에 구브로와 구레네(현재 리비아의 북부에 있는 Shahat)에서 온 몇 사람들은 안디옥에 사는 헬라인들에게도 '주 예수'를 전했다. 그 몇 사람은 틀림없이 오순절에 베드로의 설교를 듣고 예수님을 믿게 된 디아스포라였을 것이다. 주의 손이 그들과 함께 하시매 수많은 (헬라) 사람들이 믿고 주께로 돌아왔다. 주의 손이 함께 하셨다는 표현은 많은 기적들이 일어났다는 뜻이다(눅 11:20). 예루살렘 교회는 상황을 파악하기 위해 바나바를 안디옥으로 보냈다. 바나바는 10여 년 전에 사울을 교회의 지도자들에게 연결해 주었던 마음이 따뜻한 제자다.

안디옥에 도착한 바나바는 놀라운 광경을 목격했다. 오직 예수님의 이름으로 모인 무리들(유대인들과 헬라인들) 가운데 하나님의 은혜가 넘치고 있었다. 너무 기쁜 나머지 그가 할 수 있는 말은 "굳건한 마음으로 주와 함께 머물러 있으라"는 말이 전부였다. (개역성경은 "주께 붙어 있으라"고 번역했다. 조금 투박해 보이는 이 표현이 더 마음에 와 닿는다.)

모닥불에 나무를 넣으면 불길이 더 세지는 법, 예루살렘 교회에서 내려온 위대한 지도자 바나바로 인하여 안디옥 교회는 크게 부흥하기 시작했다. 혼자서는 그 많은 사람들을 다 가르칠 수가 없었다. 그때 다소(Tarsus)에 있는 사울이 생각났다. 바나바가 누구인가. 성정이 착하고 성령과 믿음이 충만한 사람 아닌가. 바나바는 사울을 찾으러 직접 다소를 방문했다. 요즘의 도로를 사용해도 안디옥에서 서북쪽으로 240km의 거리, 차로 3시간, 걸으면 8일이 소요되는 먼 거리다. 바나바는 그 먼 거리를 찾아가서 사울을 안디옥으로 데려왔다. 그리고 1년 동안 함께 큰 무리들을 가르쳤다. 그때 최초로 안디옥에서 '그리스도인'이라는 칭호가 제자들에게 주어졌다. (누가는 가끔 성도들을 제자라고 불렀다.) '그리스도인'이라는 칭호는 '그리스도를 따르는 사람'이라는 뜻으로서 제3자에 의해 붙여진 이름이다. 그러나 훗날에는 성도들 자신이 스스로를 그리스도인이라 불렀다. 이보다 더 멋있는 이름이 또 있을까 싶다.

사울은 다메섹에서 처음 예루살렘을 방문한 후 약 12년 동안 고향에서 지냈다. 어떻게 지냈을까? 기록이 없다. 그러나 한 가지는 분명하다. 바나바가 그를 안디옥으로 데려올 때까지 사울의 선교적 열정에 변함이 없었다는 사실이다. 그 동안 사울은 고향 인근의 이방인들에게 예수님을 전하며 지냈을 것이다.

이쯤에 사울(바울)의 연대기를 넣는 것이 좋겠다. 예수님의 출생까지 포함된 이 연대기는 존 파이퍼(John Piper) 목사님의 논문에서 빌려왔다(1976년 10월 10일 발표). 더 자세히 읽어보고 싶으시면 다음 웹사이트를 참고하시면 된다.

(https://www.desiringgod.org/articles/the-chronology-of-the-new-testament?lang=ko)

■ 바울의 연대기

주전 7년	예수님의 탄생(마 2:1), 헤롯은 주전 4년에 죽었다.
주후 27년	예수님의 공적 사역 시작(눅 3:23)
30년	예수님의 죽음(막 15:37)
30년	오순절(행 2:1)
32년	바울의 회심(행 9:1–19)
34년	바울의 1차 예루살렘 방문(행 9:26–30)
43년	사도 야고보의 죽음(행 12:2)
47년	바울의 2차(흉년) 예루살렘 방문(행 11:30)
47–48년	바울의 첫 번째 선교여행(행 13:4–14:28)
48년	바울의 3차 예루살렘 방문(교회 회의, 행 15:1–29)
50년 초	바울의 두 번째 선교여행(고린도 도착, 행 18:1)
51년 가을	바울이 고린도를 떠남(행 18:18)
52–55년	바울이 세 번째 선교여행 중 에베소에 머뭄

56-57년	바울이 고린도에서 겨울을 보냄(행 20:3, 고전 16:6)
57년	바울이 빌립보에서 유월절을 보냄(행 20:6)
57년 중반	바울이 예루살렘에 도착, 투옥됨(행 21:15)
59년	가이사랴에서 2년 투옥 후 로마로 압송(행 24:27, 27:2)
60년 초	바울이 로마에 도착(행 28:14)
60-62년	바울이 로마에 2년간 연금상태로 거주함(행 28:30)
62-64년	바울의 마지막 동방에서의 사역(?)
62년	예수님의 형제 야고보의 순교
64년	네로 황제의 핍박으로 베드로와 바울이 순교 당함
70년	예루살렘의 멸망

바나바와 사울이 1년 동안 안디옥에서 큰 무리들을 가르치고 있을 때 어떤 선지자들이 예루살렘에서 내려왔다. 그 중에 아가보라는 선지자가 성령이 충만하여 큰 흉년이 도래할 것을 예언하더니 글라우디오 황제(주후 41-54년까지 로마를 통치) 때에 그렇게 되었다. 안디옥 교회는 힘을 다하여 유대에 사는 형제들에게 구제헌금을 보내기로 작정하고 이를 바나바와 사울의 손에 들려 보냈다. 얼마나 아름다운가. 주후 47년경에 있었던 일이다. 이때부터 시리아의 안디옥 교회가 기독교 초기 역사에 중요한 위치를 차지하게 되었다. (당시 로마가 통치하는 지역에서 가장 큰 세 도시는 로마와 이집트 북쪽 해안가에 있는 알렉산드리아, 그리고 시리아의 안디옥이었다.)

야고보의 순교와 베드로의 투옥

:: 행 12:1-25 ::

흉년이 일어난 때가 주후 47년경이었다면, 사도 야고보의 순교와 베드로의 투옥은 그로부터 4년쯤 전인 43년경이었다. (사도행전 5:18에 베드로가 다른 사도들과 함께 투옥되었던 때는 14년 전인 주후 30년경이었다. 그때도 하나님께서 사도들을 밤에 옥에서 이끌어내셨다.) 누가는 다른 고대의 역사가들처럼 한 가지 주제를 다룬 후에 다시 거슬러 올라가서 다른 주제를 다루는 방식을 사용하고 있다. 주후 43년경(아마도 43년 유월절 직전)에 야고보가 순교했다. 어떻게 알 수 있을까. 그를 죽인 헤롯 왕이 44년 봄에 사망했기 때문이다. (그는 헤롯 대제의 손자였다.)

> "유대인들이 이 일(야고보를 죽인)을 기뻐하는 것을 보고 베드로도 잡으려 할새 때는 무교절 기간이라. 잡으매 옥에 가두어 군인 넷씩인 네 패에게 맡겨 지키고 유월절 후에 백성 앞에 끌어 내고자 하더라. 이에 베드로는 옥에 갇혔고 교회는 그를 위하여 간절히 하나님께 기도하더라"(행 12:3-5).

헤롯은 베드로를 가둔 후에 4인조 군인 네 그룹으로 번갈아가며 옥을 지키게 했다. 두 명은 옥문 밖에서, 그리고 다른 두 명은 사슬에 매여 있는 베드로의 양 옆을 지키게 했다. 베드로는 과거에도 탈옥했던 전력이 있었으니까(행 5:18). 그날 밤 온 교회는 베드로를 악한 자로부터 구해 주시라고 간절히 기도했다. 기도가 응답되었을까. 그 밤이 지나면 야고보처럼 목베임을 당할 처지에 있던 베드로를 하나님께서 극적으로 구해 주셨다. 그 광경을 현대인의 성경으로 읽어보자.

> "헤롯이 베드로를 끌어내려던 전날 밤이었다. 베드로는 두 개의 쇠사슬에 매여 두 군인 틈에서 자고 있었고 문 앞에는 경비병들이 지키고 있었다. 그런데 갑자기 주님의 천사가 나타나고 감방 안이 환해졌다. 천사가 베드로의 옆구리를 쳐서 깨우며 '어서 일어나거라' 하고 말하였다. 그러자 쇠사슬이 그의 손목에서 떨어져 나갔다. 천사가 '허리띠를 매고 신을 신어라.' 하고 말하므로 베드로는 그대로 하였다. 그리고 천사는 다시 그에게 '겉옷을 입고 나를 따라오너라.' 하고 말하였다. 그래서 베드로는 천사를 따라 나오긴 했으나 그것이 실제로 일어나고 있는 일인 줄 모르고 환상을 보는 것으로 생각하였다. 그들이 첫째와 둘째 초소를 지나 시가지로 통하는 철문에 이르자 그 문이 저절로 열렸다. 그들이 그 문을 나와 한 거리를 걸어갈 때 갑자기 천사가 베드로를 떠났다. 그제야 베드로는 제정신이 들어 주님께서 천사를 보내 자기를 헤롯의 손에서 구출하시고 유대인들의 모든 기대에서 벗어나게 하신 것을 깨닫게 되었다. 그래서 그는 마가라고도 하는 요한의 어머니 마리아의 집으로 갔는데 거기서는 많은 사람이 모여 기도하고 있었다"(행 12:6-12).

문 두드리는 소리에 '로데'라는 여종이 나와서 베드로를 발견했다. 그녀는 놀란 나머지 문도 열어주지 않은채 달려 들어가 '베드로가 대문 밖에 서있다'고 외쳤다. 아무도 그 말을 믿지 않았다. 여종이 거듭 말해도 '그러면 베드로의 천사다' 하고 대수롭지 않게 반응했다. 때로는 간절히 기도하면서도 믿지 못할 때가 있다. 우리의 연약함 때문이다. 그래도 하나님은 우리의 기도에 응답하신다. 베드로가 계속 문을 두드리자 모두들 나와 보고 놀랐다. 베드로는 그날 밤에 일어난 일들을 간단히 들려주고 형제들에게 알리라고 부탁한 후 다른 곳으로 떠났다. (어디로 떠났는지에 대하여 많은 설이 있다. 그 중에 하나가 안디옥이다. 안타키아에 있는 '베드로의 동굴' 안쪽 벽에 '베드로가 이곳에 머물렀다'는 기록이 아직 남아있다.)

날이 밝자 예루살렘에 큰 소동이 일어났다. 베드로가 사라졌기 때문이다. 파수꾼들도 어떻게 된 영문인지 알 수가 없었다. 그들에게 무슨 죄가 있겠는가. 포악한 헤롯은 파수꾼들을 다 죽인 후에 가이사랴에 있는 총독의 관저로 내려갔다. 그러나 그곳에 하나님의 심판이 그를 기다리고 있었다.

헤롯은 원래 두로와 시돈 사람들을 싫어했다. 그러나 그의 영지에서 나는 곡식이 절대 필요했던 두로와 시돈 사람들은 헤롯과 가까이 지내기를 원했다. 마지못한 헤롯이 왕의 복장을 입고 단상에 앉아서 연설을 했다. 권력자에게는 항상 아부하는 사람들이 있게 마련이다. 그날 두로와 시돈 사람들이 큰 소리로 "이것은 신의 소리요 사람의 소리가 아니"다 하고 외쳤다. 그 순간 하나님의 심판이 헤롯에게 임했다.

> "헤롯이 영광을 하나님께로 돌리지 아니하므로 주의 사자가 곧 치니 벌레에게 먹혀 죽으니라. 하나님의 말씀은 흥왕하여 더하더라" (행 12:23).

베드로를 옥에서 이끌어 내었던 '주의 사자'가 이번에는 헤롯을 쳤다. 여기에서 '쳤다'는 감옥에서 베드로의 옆구리를 쳤다와 같은 단어이다. 천사가 치자 베드로는 구원을 받았고 헤롯은 죽임을 당했다. 그리하여 하나님의 말씀은 더욱 힘 있게 퍼져 나갔다.

바울의 1차 선교여행

:: 행 13:1-52, 14:1-28 ::

사도행전 12장까지 베드로의 이름이 62회 언급된다. 그러나 13장 이후에는 단 한 번만 언급된다(행 15:7). 반면에 바울의 이름은 13장 이후에 149회나 언급된다. 사도행전 13장은 베드로에게서 바울로 활동영역이 전환되는 분기점이다. 다른 말로 하면 유대인 선교에서 이방인 선교로 변환되는 시점이다. 이 변화가 안디옥 교회에서 일어났다.

안디옥 교회에 다섯 명의 선지자들과 교사들이 있었다. 구브로(Cyprus) 출신으로 예루살렘 교회의 파송을 받아 내려온 바나바, 니게르(Niger, 흑인)이라는 별명을 가진 시몬, 아프리카 북부의 구레네(Cyrene, 현재 리비아의 Shahat)에서 온 루기오, 사도 요한의 목을 베었던 헤롯 안디바의 젖동생(함께 젖을 먹고 자랐던, 혹은 그 정도로 가까운) 마나엔, 그리고 사울이었다. 선지자(예언자)는 성령님의 감동하심을 입어 하나님의 뜻을 대언(代言)하는 은사를 지닌 사람이다. 그들이 주를 섬기며 금식할 때에 성령님께서 명령하셨다.

> "내가 불러 시키는 일을 위하여 바나바와 사울을 따로 세우라"(행 13:2).

사울의 생애에 있어서 '따로 세운다'는 단어(아포리조, ἀφορίζω)가 성경에 여기 외에 두 번 더 나온다. 하나님께서 그를 어머니의 태에서 '택정'하셨고(갈 1:15), 복음을 위하여 '택정'하셨다(롬 1:1). 바나바의 이름이 사울보다 앞선 것은 안디옥 교회에서 그의 위치 때문이다. 그러나 머지않아 그 순서가 바뀌게 될 것이다. 안디옥 교회의 지도자들은 다시 금식한 후에 그 둘에게 안수하고 떠나보내었다. 바나바의 사촌동생 요한(마가, 베드로가 옥에서 나와 찾아간 집의 아들)이 두 사람을 수행하기로 했다. 그들은 안디옥에서 서쪽으로 23km쯤 떨어진 곳에 있는 실루기아 항구에 내려가서 배를 탔다.

바나바와 사울이 맨 먼저 도착한 곳은 구브로 섬의 동쪽에 있는 살라미 항구였다. 지금은 원형극장을 비롯한 옛 흔적만 남아 있지만 당시에는 여러 곳에 유대인의 회당이 있었던 큰 도시였다. 바나바와 사울은 회당들에서 복음을 전한 후, 섬을 가로질러 서쪽에 있는 바보(Paphos)라는 항구 도시에 이르렀다. 요즘 도로를 따라 걸어가도 족히 나흘(180km)이 넘게 걸리는 먼 길이다.

바보에는 구브로 섬의 총독 '서기오 바울(Sergius Paulus)이 살고 있었다. 그는 지혜로운 사람이었으므로 먼저 바나바와 사울을 불러 하나님의 말씀을 들었다. 그러나 '바예수'라는 유대인 거짓 선지자 마술사가 총독으로 하여금 예수님을 믿지 못하게 방해했다. 사울의 마음속에 거룩한 분노가 일어났다. 때로는 하나님께서 우리의 기질을 선하게 사용하신다.

"바울이라고 하는 사울이 성령이 충만하여 그를 주목하고 이르되, '모든 거짓과 악행이 가득한 자요 마귀의 자식이요 모든 의의 원수여 주의 바른 길을 굽게 하기를 그치지 아니하겠느냐. 보라, 이제

주의 손이 네 위에 있으니 네가 맹인이 되어 얼마 동안 해를 보지 못하리라.' 하니 즉시 안개와 어둠이 그를 덮어 인도할 사람을 두루 구하는지라"(행 13:9-11).

여기에서부터 (간증과 같은 특별한 경우를 제외하고는) 사울의 이름이 바울로 바꾸어진다. 그리고 순서도 바나바에 앞서 나온다. 바울이 선교활동의 전면에 나서기 시작한 것이다. 거짓 선지자 '바예수'에게 일어난 일을 목격한 총독은 즉시로 예수님을 믿고 그의 교훈을 놀랍게 여겼다. 고넬료 백부장의 회심이 베드로에게 이방인 선교의 시작이었다면 서기오 바울 총독의 회심이 바울에게 그러했다.

바울과 그의 일행들은 바보에서 배를 타고 버가(Perga, 터키 남부, 오늘날의 Antalya 동부 외곽지대)에 이르렀다. 이곳에서 바나바의 사촌 동생(우리 성경에는 생질로 번역됨) (마가)요한이 예루살렘으로 돌아갔다. 왜 돌아갔는지 이유는 분명하지 않지만 훗날 바울은 그의 무책임한 행동을 심하게 책망했다(행 15:38). 바울과 바나바는 버가에서 비시디아 안디옥까지 높고 험한 산맥을 넘어가는 긴 여행길을 떠났다. 자동차 길로 192km, 3시간 이상을 달려야 한다. 산길로 걸어가면 일주일은 족히 걸렸다. 그 길의 동서로 토러스(Taurus) 산맥이 뻗어 있는데 최고봉은 3,916미터에 이르고 대부분이 바위산이다. 당시 그 길에는 강도가 자주 출몰했다. 마가가 동행을 포기한 이유 중의 하나가 여기에 있었을지 모른다.

바울 일행은 왜 그 험한 산길을 넘어 해발 1,200여 미터에 위치한 비시디아 안디옥으로 올라갔을까. 한 가지는 분명하다. 비시디아 안디옥은 고린도나 빌립보처럼 로마인들이 집단으로 거주하는 식민지(colony)였다. 지금에는 돌기둥들만 남아 있지만 당시에는 그 지역의 중심으로서 도시의 넓이가 116에이커, 14만 2천 평에 이르렀다. 바울과 바나바는 터키의 내륙에 자리 잡은 이 도시를 선교의 전략적 요충지로 삼았다. 마침 그곳에는 유대인의 회당도 있었다.

안식일에 바울과 바나바가 회당에 들어가 앉으니 회당장들이 사람을 보내어 무슨 권할 말씀이 있는지 넌지시 물었다. 그것은 외지에서 찾아온 손님들에 대한 특별한 대접이었다. 바울이 일어나서 복음을 전하기 시작했다. 그들로서는 생전 처음 들어본 말씀이었다. 우리 성경에는 27절로 요약되어 있지만 실제로는 꽤 긴 설교였을 것이다. 바울이 일어나 손짓하며 말했다. 성경에 기록된 그의 첫 번째 설교다.

> "이스라엘 사람들과 및 하나님을 경외하는 사람들아 들으라"(행 13:16).

'이스라엘'은 흩어져 사는 유대인들이고 '하나님을 경외하는 사람들'은 이방인들로서 '유대교에 입교한 경건한 사람들'이었다(행 13:43). 두 집단 모두 이스라엘의 역사를 익히 알고 있었다. 바울의 설교는 크게 세 부분으로 나누어진다. 각 부분마다 '형제들아' 하고 부르는 호격(呼格)으로 시작된다.

첫째 부분은 16-25절로서 메시아가 오시기까지의 역사적 정황이다. 바울은 아브라함을 통하여 이스라엘을 부르신 하나님께서 그들을 애굽에서 구하시고, 사사시대를 지나 사울 왕과 다윗 왕에 이르게 하신 긴 역사를 간결하게 정리했다. 또 하나님께서 다윗의 후손 가운데서 구주를 세우셨고 세례 요한이 그에 대하여 전파했다고 증언하며 도입 부분을 마무리지었다.

둘째 부분은 26-37절로서 다윗의 후손으로 오신 구주가 그의 백성들에게 거절당하시고, 십자가에 못 박혀 죽으시고, 부활하시고 승천하신 예수 그리스도라고 증언했다. 특히 바울은 그 예수가 '하나님의 아들'이며(33절), 그는 '주의 거룩한 자'로서 절대 썩음을 당할 수 없는 부활을 다윗의 예언을 인용하여 선포했다(시 2:7, 16:10). 이는 설교의 본론에 해당하는 부분이다.

셋째 부분은 38-41절로서 적용과 권면의 결론적 말씀이다.

> "그러므로 형제들아 너희가 알 것은 이 사람을 힘입어 죄 사함을 너희에게 전하는 이것이며 또 모세의 율법으로 너희가 의롭다 하심을 얻지 못하던 모든 일에도 이 사람을 힘입어 믿는 자마다 의롭다 하심을 얻는 이것이라. 그런즉 너희는 선지자들을 통하여 말씀하신 것이 너희에게 미칠까 삼가라"(행 12:38-40).

바울은 예수님을 힘입어 얻는 '죄 사함'의 은혜를 강조했다. 또 율법을 통해서는 아무도 의롭다 하심을 얻지 못하지만 예수님을 힘입어 '믿는 자마다 의롭다 하심'을 얻는다고 선포했다. 바울은 회당 안에 있는 사람들이 그의 말을 듣고 큰 충격을 받으리라고 예상했다. 그래서 "선지자들의 경고가 너희에게 이루어지지 않도록 조심하라"고 당부했다. 바울이 인용한 경고는 하박국 1장 5절 말씀이다.

> "여호와께서 이르시되 너희는 여러 나라를 보고 또 보고 놀라고 또 놀랄지어다. 너희의 생전에 내가 한 가지 일을 행할 것이라. 누가 너희에게 말할지라도 너희가 믿지 아니하리라."

원래는 하박국 선지자가 다가올 바벨론의 침략을 두고 예언한 말씀이다. 그런데 바울은 이 말씀을 다음과 같이 조금 변형시켜서 복음을 거절하고 믿지 않는 사람들에 대한 경고로 사용했다.

> "일렀으되 '보라 멸시하는 사람들아 너희는 놀라고 멸망하라. 내가 너희 때를 당하여 한 일을 행할 것이니 사람이 너희에게 일러줄지라도 도무지 믿지 못할 일이라 하였느니라' 하니라"(행 13:41).

바울이 전한 복음은 '사람이 일러줄지라도 도무지 믿지 못할 일'이었다. 이 믿음은 오직 하나님께로부터 오는 선물이기 때문이다(엡 2:8). 그때뿐만이 아니다. 지금도 여전히 예수님을 믿고 거듭나 하나님의 자녀가 되는 사건은 하나님의 은혜로 말미암는 기적 중의 기적이다.

사람들은 회당을 나가면서 다음 안식일에도 이 말씀을 전해달라고 부탁했다. 그 중에 많은 유대인들과 유대교에 입교한 경건한 사람들이 바울과 바나바를 따랐다. 실제로 다음 안식일에는 온 시민이 거의 다 하나님의 말씀을 듣기 위해 모였다. 그러자 유대인들 중에 바울을 시기하는 자들이 생겨났다. 그들은 바울의 말을 방해하고 반박하며 비방하기 시작했다. 그러자 바울이 엄한 어조로 말했다.

> "하나님의 말씀을 마땅히 먼저 너희에게 전할 것이로되 너희가 그것을 버리고 영생을 얻기에 합당하지 않은 자로 자처하기로 우리가 이방인에게로 향하노라. 주께서 이같이 우리에게 명하시되 내가 너를 이방의 빛으로 삼아 너로 땅 끝까지 구원하게 하리라 하셨느니라"(행 13:46-47).

유대인들은 스스로 영생 얻기를 거절했다. 그래서 바울은 이방인들에게 복음을 전하기로 했다. (물론 그 후에도 바울은 방문한 지역마다 먼저 회당을 찾았다.) 바울의 말을 듣고 이방인들이 기뻐하며 하나님의 말씀을 찬송했다. '찬송'은 그 말씀을 주신 하나님께 영광을 돌렸다는 말이다. '하나님께서 영생을 주시기로 작정된 자들'은 다 예수님을 믿었고 주변 지역에도 복음이 두루 퍼져나갔다. 바울과 바나바가 첫 선교지를 잘 선택했다. 그곳에 예수님을 믿고 영생을 얻기로 작정된 자들이 많이 있었기 때문이다. 비시디아 안디옥에서 예수님을 영접한 제자들은 기쁨과 성령이 충만했다. 이렇게 해서 든든한 교회가 로마의 식민지 도시에 세워졌다. (바울은 그 후에 두 번 더 이 교회를 방문했다.)

그러나 악에 받친 유대인들은 시내의 경건한 귀부인들과 유력자들을 선동하여 바울과 바나바를 박해하며 그 지역에서 쫓아냈다. 두 사람은 그들을 향해 발의 티끌을 떨어 버리고 이고니온으로 향했다. 이고니온(Iconium)은 오늘날의 코냐(Konya)로서 비시디아 안디옥에서 동쪽으로 180km 떨어진 곳에 있었다. 바울과 바나바가 이고니온에 있는 회당에 들어가 복음을 전하니 거기서도 유대인들과 많은 헬라인들이 예수님을 믿었다. 그러나 순종하지 않는 유대인들은 이방인들을 선동하여 두 형제들에게 악감정을 품게 했다. 바울과 바나바는 개의치 않고 온 힘을 다해 복음을 전했고 성령님께서 표적과 기사를 통하여 그 말씀을 증언해 주셨다. 이고니온 사람들은 유대인을 따르는 자들과 두 사도를 따르는 자들로 나뉘어졌다. (여기에서 누가는 처음으로 두 사람에게 '사도'라는 칭호를 사용했다.) 그리고 항상 그렇듯이, 악을 행하는 자들은 더 악하게 되어 두 사도를 모욕하고 돌로 치려고 달려들었다. 상황이 급박하게 돌아가자 두 사도는 루스드라를 향해 도망치듯 떠났다.

루스드라(Lystra)는 이고니온에서 서남쪽으로 36km 지점에 있다. 지금은 성읍의 터가 흔적도 없이 사라지고 언덕만 남아있다. 그곳에 나면서부터 한 번도 일어나 걸어보지 못한 사람이 있었다. 복음을 선포하는 바울을 쳐다보는 그의 눈빛이 예사롭지 않았다. 바울은 그에게 구원받을 만한 믿음이 있음을 직감하고 큰 소리로 "네 발로 바로 일어서라"고 외쳤다. 그러자 그 사람이 즉시 일어나 걷기 시작했다. 상상해 보라. 얼마나 큰 기적인가. 온 성읍의 사람들이 "신들이 사람의 형상으로 우리 가운데 내려오셨다!"라고 루가오니아 방언(그 지역의 언어)으로 외쳤다. 그들은 바나바를 제우스라 부르고 바울은 말을 잘하므로 헤르메스라고 칭했다. 제우스는 신들의 신이고 헤르메스는 제우스의 대변자로 언어를 지배하는 신이다. (이 단어에서 '해석학'이라는 말, hermeneutics가 나왔다.) 마침내 제우스 신당의 제사장이 두 사도들에게 제사를 드리겠다며 성문 밖으로 꽃다발과 황소를 끌고 찾아왔다. 그 순간 바울과 바나바가 군중 사이로 뛰어 들어가며 소리쳤다.

"두 사도 바나바와 바울이 듣고 옷을 찢고 무리 가운데 뛰어 들어가서 소리 질러 이르되, 여러분이여 어찌하여 이러한 일을 하느냐. 우리도 여러분과 같은 성정을 가진 사람이라. 여러분에게 복음을 전하는 것은 이런 헛된 일을 버리고 천지와 바다와 그 가운데 만물을 지으시고 살아 계신 하나님께로 돌아오게 함이라. 하나님이 지나간 세대에는 모든 민족으로 자기들의 길들을 가게 방임하셨으나 그러나 자기를 증언하지 아니하신 것이 아니니 곧 여러분에게 하늘로부터 비를 내리시며 결실기를 주시는 선한 일을 하사 음식과 기쁨으로 여러분의 마음에 만족하게 하셨느니라"(행 14:14-17).

복음을 전하다가 우상숭배의 대상이 되다니 얼마나 끔찍한 일인가. 유대인들은 견딜 수 없는 울분이나 슬픔의 순간에 옷을 찢는 습관이 있었다. "우리도 여러분과 같은 성정(性情)을 가진 사람이라." 신이 아니고 사람이라는 말이다. 그 혼란 가운데서도 두 사도는 '하나님께로 돌아오라'고 복음을 선포했다. 하늘에서 비를 내리시고 곡식을 자라게 하시며 음식과 기쁨을 주시는 이는 제우스가 아니고 하나님이라고 외쳤다. 그리하여 겨우 제사 드리는 일을 멈추게 했다.

그런데 예측 불가능한 대상이 사람의 마음인가 보다. 안디옥과 이고니온에서 내려온 유대인들이 두 사도들을 대적하며 사람들을 충동하니 대 반전이 일어났다. 신이 내려왔다고 흥분하던 루스드라 사람들이 갑자기 바울을 비난하고 돌을 던지기 시작한 것이다. 그 순간 바울은 스데반의 얼굴을 떠올렸을 것이다. 얼마나 많은 돌세례를 받았을까. 바닥에 넘어진 바울이 더 이상 움직이지 않았다. 그들은 바울이 죽은 줄 알고 성밖으로 끌어다 내버렸다. 바울에게 무슨 죄가 있단 말인가? 평생 앉아 생활하던 사람을 일어나 걷게 한 일 외에 무슨 잘못을 저질렀단 말인가?

모두들 바울이 죽은 줄 알았다. 제자들도 크게 상심한 채 바울 곁에 둘러섰다. 그 순간 바울이 부스스 흙먼지를 털고 일어났다. 성경의 다른 저자들처럼 누가도 이 감격적인 장면을 참 무심하게 처리하고 있다. 하긴 그런 일이 있을 때마다 몇 문장씩 첨가하면 성경책은 너무 무거워서 들고 다닐 수가 없을 것이다. 그보다 더 놀라운 것은 바울의 행동이었다. 그는 아무 일도 없었다는 듯이 제자들과 함께 루스드라 성 안으로 들어가서 하룻밤을 지냈다. 그 아픈 몸을 이끌고 그는 제자들을 가르쳤다. 그 중에 한 청년이 이 모든 일들을 처음부터 목격하고 있었다. 그는 훗날 바울을 끝까지 보좌한 신실한 제자가 되었다. 그에 대한 이야기가 16장에 나온다.

다음날 바울과 바나바는 루스드라에서 동남쪽으로 140km 떨어진 더베로 향했다. 지금은 언덕 위에 옛 건축물의 터가 조금 남아 있을 뿐이다. (터키 현지인들은 Kerti Huyuk가 고대의 더베였으리라고 생각하고 있다. Google도 그 언덕을 'Ancient Derbe?'라고 표시하고 있다.) 누가는 더베에서의 사역을 "복음을 그 성에서 전하여 많은 사람을 제자로 삼고"라는 한 구절로 요약했다. 훗날 바울은 그의 2차 선교여행에서 더베를 그의 첫 기착지로 삼았다(행 16:1).

바울과 바나바는 오던 길을 되짚어 돌아가며 제자들을 방문했다. 가는 곳마다 제자들의 마음을 굳게 하고 '믿음에 머물러 있으라'고 격려했다. 또한 '우리가 하나님의 나라에 들어가려면 많은 환난을 겪어야 할 것이라'고 미리 마음의 준비도 시켜 주었다. 얼마나 신실하고 충성스러운 사역인가. 그리고 교회마다 장로들을 세우고 함께 금식하며 주님의 손에 맡겼다. 앞으로 교회를 섬길 지도자들이다.

바울과 바나바의 1차 선교여행은 47-48년 사이에 있었다. 그동안 방문한 곳은 살라미, 바보, 비시디아 안디옥, 이고니온, 루스드라, 그리고 더베로서 모두 여섯 지역이다. 안디옥에서 출발해 해로와 육로를 통해 여행한 전체 동선(動線)은 (뱃길과 자동차 도로로 계산해도) 약 1,200여km, 왕복 6천 리 길이다. 하루 백 리를 걷는다고 쳐도 두 달이 필요하다. 선교기간을 1년으로 어림잡으면 평균 한 곳에서 한 달 반씩 머물렀다는 말이다. 그 짧은 기간에 복음을 전하여 그리스도의 제자들을 키우고, 그 중에서 신실한 이들을 택하여 교회의 장로(오늘날의 목회자)로 세우다니, 성령님의 도우심이 아니면 불가능한 일이었다.

두 사도는 이렇게 갔던 길을 되돌아 '토러스' 산맥을 넘어 버가로 내려왔다. 지난번에 그냥 지나쳤던 버가에서도 복음을 전했다. 그리고 앗달리아(현재의 Antalya)에서 배를 타고 안디옥으로 향했다. 안디옥 교회에 이르러서는 그동안 하나님께서 행하신 모든 일, 특히 '이방인에게 믿음의 문을 여신 것'에 대하여 선교보고를 했다. 두 사람을 위하여 간절히 기도했던 안디옥 교회가 얼마나 기뻐하며 하나님께 영광을 돌렸을지 상상하고도 남음이 있다. 그들은 주후 50년까지 약 2년 동안 안디옥 교회에서 제자들과 함께 지냈다. 그토록 열정적으로 사역한 후에는 휴식이 필요한 법이다. 그러나 그 2년은 단순한 휴식의 기간이 아니었다. 장차 이방인 선교를 위해 반드시 해결해야 할 중요한 문제가 그들을 기다리고 있었다.

예루살렘에서 열린 교회 회의

:: 행 15:1-41 ::

이방인을 향한 선교가 요원의 불길처럼 일어나자 드디어 올 것이 왔다. 예루살렘 교회의 유대주의자들이 이방인도 할례를 받고 율법을 지켜야 구원을 받는다고 주장하기 시작했다. 그들은 더 늦기 전에 잘못을 바로잡아야 한다고 생각했다. 그래서 예루살렘 교회의 허락도 없이 사사롭게 안디옥 교회를 방문했다. 사실은 안디옥 교회뿐만 아니라 바울이 다녀간 모든 지역을 방문했다. 그들은 가는 곳마다 '바울은 예수님을 직접 만나본 적도 없는 가짜 사도이며 그가 전하는 복음도 가짜 복음'이라는 악한 소문을 퍼뜨렸다. 그리고 '모세의 법대로 할례를 받지 아니하면 능히 구원을 받지 못한다'고 주장했다. 그리스도인들에게 있어서 구원보다 더 중요한 문제가 무엇이겠는가? 교회마다 대혼란이 일어났다. 안디옥 교회에서도 바울과 바나바가 그들과 논쟁했다. 그러나 이것은 논쟁과 변론으로 해결될 문제가 아니었다.

그래서 안디옥 교회는 주후 48년에 바울과 바나바, 그리고 몇 명의 교회 대표들을 예루살렘에 있는 사도와 장로들에게 보냈다(그 중에는 디도가 있었다. 갈 2:1). 유대주의자들이 주장하는 할례의 문제를 해결하기 위해서였다. 그들은 750여km에 이르는 육로(陸路)로 예루살렘에 올라가면서 베니게(현재의 베이루트)와 사마리아에 있는 이방인 교회들을 방문했다. 그리고 갈라디아 지방에서 많은 이방인들이 주께로 돌아온 일들을 간증하며 기쁨을 나누었다.

예루살렘에 도착하여 사도들과 장로들로부터 큰 영접을 받은 일행은 그동안 하나님께서 자기들을 통해 행하신 놀라운 일들을 보고했다. 그러자 바리새파 중에 예수님을 믿는 어떤 이들이 일어나 '이방인에게 할례를 행하고 모세의 율법을 지키라 명하는 것이 마땅하다'고 큰 소리로 이의를 제기했다. 갑자기 분위기가 경직되었다. 많은 논쟁이 뒤따랐지만 해결책은 보이지 않았다. 그때 베드로가 일어나 말했다.

> "형제들아 너희도 알거니와 하나님이 이방인들로 내 입에서 복음의 말씀을 들어 믿게 하시려고 오래 전부터 너희 가운데서 나를 택하시고 또 마음을 아시는 하나님이 우리에게와 같이 그들에게도 성령을 주어 증언하시고 믿음으로 그들의 마음을 깨끗이 하사 그들이나 우리나 차별하지 아니하셨느니라. 그런데 지금 너희가 어찌하여 하나님을 시험하여 우리 조상과 우리도 능히 메지 못하던 멍

> 에를 제자들의 목에 두려느냐. 그러나 우리는 그들이 우리와 동일하게 주 예수의 은혜로 구원받는 줄을 믿노라"(행 15:7-11).

베드로는 변론의 요지를 다섯 가지로 요약했다. 첫째로, '하나님께서 이방인을 구원하기 원하신다.' 둘째로, '그 일을 위해 나를 택하셨다.' 셋째로, '똑같은 성령을 부어주심으로 이방인과 우리들 사이에 다름이 없음을 증명해 주셨다. 넷째로, '그런데 왜 하나님의 뜻을 거스려 우리도 멜 수 없는 멍에를 이방인들에게 두려고 하느냐?' 다섯째로, '이방인이나 우리나 오직 주 예수의 은혜로 구원받는 줄을 나는 믿노라.' 이보다 더 명쾌한 답변이 어디 있으랴. 갑자기 좌중이 조용해졌다. 예수님의 동생 야고보가 침묵을 깨며 이렇게 말했다.

> "형제들아 내 말을 들으라. 하나님이 처음으로 이방인 중에서 자기 이름을 위할 백성을 취하시려고 그들을 돌보신 것을 시므온(베드로)이 말하였으니 선지자들의 말씀이 이와 일치하도다. 기록된 바, 이 후에 내가 돌아와서 다윗의 무너진 장막을 다시 지으며 또 그 허물어진 것을 다시 지어 일으키리니 이는 그 남은 사람들과 내 이름으로 일컬음을 받는 모든 이방인들로 주를 찾게 하려 함이라 하셨으니, 즉 예로부터 이것을 알게 하시는 주의 말씀이라 함과 같으니라"(행 15:13-18).

야고보는 교회의 존경 받는 지도자였다. 그는 아모스 9장 11-12절을 인용하여 열방을 향한 하나님의 구원계획을 설명했다. 그의 말 중에 "이는 그 남은 사람들과 내 이름으로 일컬음을 받는 모든 이방인들로 주를 찾게 하려 함이라"는 구절이 특별히 마음에 와 닿는다. '남은 사람들'은 '사람들 가운데 남은 자들'이라는 뜻이다. (아모스 9장 12절에는 '에돔의 남은 자들'이라고 기록되었다. 유대인들은 '에돔'을 단순히 '사람'이라는 뜻으로 이해했다.) 성경에서 '남은 자'(카타로이포이, κατάλοιποι, remnants)는 포로로 잡혀갔으나 끝까지 믿음을 지키고 우상을 숭배하지 않았던 자들을 의미한다. 야고보는 이처럼 신실한 유대인들(남은 사람들)과 '하나님의 이름으로 일컬음을 받는 모든 이방인들'을 하나로 묶어서 동일한 '구원의 대상'으로 이해했다. 이 두 집단이 모두 함께 주를 찾게 될 것이다. 그뿐만 아니라 이 두 집단이 하나님께로 돌아오면 무너졌던 다윗의 집이 다시 일어날 것이다. 다른 말로 하면 이 두 집단이 함께 다윗의 집에 속하게 될 것이라는 말이다. 야고보는 이미 구약에 이방인들의 구원이 예언되어 있다고 해석했다. 이것은 성령님께서 야고보를 통하여 아모스의 예언을 재해석하신 파격적인 사건이었다.

그뿐만 아니라 야고보는 할례에 대하여 일절 언급하지 않음으로써 할례의 중요성을 은연중에 약화시켰다. 놀랍게도 사도들과 장로들과 온 교회가 야고보의 말을 좋게 여겼다. 그래서 '안디옥과 수리아와 길리기아(바울의 고향이 있는 지방)'에 있는 이방인 성도들에게 다음과 같은 편지를 보내기로 결정했다.

> "사도와 장로 된 형제들은 안디옥과 수리아와 길리기아에 있는 이방인 형제들에게 문안하노라. 들은즉 우리 가운데서 어떤 사람들이 우리의 지시도 없이 나가서 말로 너희를 괴롭게 하고 마음을 혼란하게 한다 하기로 사람을 택하여 우리 주 예수 그리스도의 이름을 위하여 생명을 아끼지 아니하는 자인 우리가 사랑하는 바나바

와 바울과 함께 너희에게 보내기를 만장일치로 결정하였노라. 그리하여 유다와 실라를 보내니 그들도 이 일을 말로 전하리라. 성령과 우리는 이 요긴한 것들 외에는 아무 짐도 너희에게 지우지 아니하는 것이 옳은 줄 알았노니 우상의 제물과 피와 목매어 죽인 것과 음행을 멀리할지니라. 이에 스스로 삼가면 잘되리라. 평안함을 원하노라"(행 15:23-29).

마침내 논쟁은 끝나고 성령님의 인도하심 아래 교회에 화목과 일치가 이루어졌다. 하마터면 교회가 분열될 뻔한 사건이었다. (그런데 예루살렘 교회는 아직도 바나바의 이름을 바울 앞에 기록하고 있다.) 그 편지를 받아든 안디옥 교회에 큰 기쁨이 임했다. 편지 내용을 직접 설명하기 위해 왔던 유다와 실라가 얼마 동안 안디옥에 머물면서 형제들을 돌보다가 예루살렘으로 돌아갔다. (누가는 유다와 실라를 '선지자'라고 부르고 있다.) 교회 안에서 의견이 충돌되거든 성령님의 인도하심을 구하며 엎드려 보자. 그러면 만사가 형통하게 될 것이다.

태산 같은 문제가 해결되니 교회에 평안이 임했다. 그러나 바울은 얼마 전에 세워놓은 갈라디아 지방의 교회들이 걱정되었다. 그래서 예루살렘 회의가 열리기 직전에 갈라디아서를 기록하여 보내면서 여러 교회들로 하여금 회람하게 했다. 바울이 보낸 편지에 흥미로운 이야기 하나가 있다. 예루살렘에서 안디옥을 방문한 베드로가 안디옥의 이방인 성도들과 식사를 하고 있었다. 보통 유대인들은 이방인들과 함께 식탁을 나누지 않는다. 그러나 고넬료 가정에서 여러 날 지냈던 베드로(게바)는 안디옥에서도 거리낌 없이 이방인과 함께 식사를 했다. 그런데 하필 그날 예루살렘에서 유대주의자들이 내려왔다. 그러자 베드로는 슬그머니 자리를 옮겼다. 베드로의 행동이 그 자리에 있던 여러 유대인들, 특히 바나바에게도 영향을 끼쳤다. 그러자 바울은 공개적으로 베드로의 위선적인 행동을 책망했다.

> "야고보에게서 온 어떤 이들이 이르기 전에 게바가 이방인과 함께 먹다가 그들이 오매 그가 할례자들을 두려워하여 떠나 물러가매 남은 유대인들도 그와 같이 외식하므로 바나바도 그들의 외식에 유혹되었느니라. 그러므로 나는 그들이 복음의 진리를 따라 바르게 행하지 아니함을 보고 모든 자 앞에서 게바에게 이르되 네가 유대인으로서 이방인을 따르고 유대인답게 살지 아니하면서 어찌하여 억지로 이방인을 유대인답게 살게 하려느냐 하였노라"(갈 2:12-13).

이 사건은 바울과 바나바가 예루살렘 회의에 참석하기 전에 있었다. 바울의 책망을 달게 받아들인 베드로의 신앙인품이 돋보이는 장면이다. 바울은 그 이야기를 갈라디아서에 넣음으로 할례주의자들에 대한 분명한 선을 그었다. 그리고 '오직 믿음으로만 의롭다함을 얻는다'는 진리와 성령의 열매를 강조했다.

> "할례나 무할례가 아무것도 아니로되 오직 새로 지으심을 받는 것만이 중요하니라"(갈 6:15).

왜 바울은 할례를 강요하는 유대주의자들과 그토록 다투었을까. 이유는 단 한 가지다. 구원에 할례가 필요하다면 그것은 은혜로 받는 구원이 아니기 때문이다. '오직 예수를 믿음으로 받는 구원'은 전적인 은혜여야 한다. 행위를 앞세우는 반쪽 은혜는 은혜가 아니다. 그것은 타협할 수 없는 진리였다. (물론 은혜로 구원받은 사람에게는 의로운 행위가 자연스럽게 뒤따라야 한다.)

유다와 실라가 예루살렘으로 돌아간 며칠 후, 바울이 바나바에게 말했다.

> "우리가 주의 말씀을 전한 각 성으로 다시 가서 형제들이 어떠한가 방문하자"(행 15:36).

바나바는 지난번에 버가에서 되돌아간 마가 요한을 데려가자고 했다. 그러나 바울은 완강히 반대했다. 이 일로 두 사람은 온 교회가 알 정도로 심하게 다투고 갈라섰다. 바나바는 마가 요한을 데리고 자기 고향인 구브로 섬으로 떠나고 바울은 실라와 함께 길리기아로 올라가서 1차 선교여행의 마지막 기착지였던 더베를 방문했다. (아마도 급히 사람을 예루살렘에 보내서 실라를 불러왔던 것 같다.)

이처럼 바울과 바나바는 서로 다른 기질을 가지고 있었다. 바나바는 온유함으로 다른 사람을 배려하고 세워주는 '사람 중심의 기질'을 가지고 있었다. 예루살렘에 와서 냉대 받던 바울을 사도들에게 연결해준 사람도 바나바였다. 그는 조카 마가에게 한 번 더 기회를 주고 싶었다(골 4:10, 새번역은 사촌동생으로 표기한다). 그러나 바울은 '사명 중심의 기질'을 가지고 있었다. 성령님께서 그에게 맡겨주신 일을 효율적으로 하기를 원했다. 그래서 중도에 포기하고 떠났던 무책임한 마가를 다시 데리고 갈 수가 없었다.

누가 옳고 누가 그른지 우리는 모른다. 성령님께서도 어느 편을 더 중하게 여기지 않으셨다. 그 대신 두 사람의 사역을 각각 축복해 주셨다. 성경학자들도 바울과 바나바 중에 어느 한쪽의 손을 들어줄 수 없다고 말한다. 그것은 진리에 관한 문제가 아니고 기질에 관한 문제였기 때문이다. 목적과 방법에 있어서 둘 다 옳은 일이라고 생각하면 서로 다툴 필요가 없다. 서로 존중하고 축복하며 자기 길로 가면 된다. 그러면 하나님께서 합력하여 선을 이루게 하실 것이다.

훗날 마가는 바울과 베드로에게 칭찬받는 제자가 되었다. 사람을 세우는 바나바의 수고가 열매를 맺었던 것이다. 바울은 순교를 앞두고 디모데에게 이렇게 편지했다.

> "너는 어서 속히 내게로 오라 … 누가만 나와 함께 있느니라. 네가 올 때에 마가를 데리고 오라. 그가 나의 일에 유익하니라"(딤후 4:9, 11).

베드로는 마가를 자기 아들이라고 불렀다.

> "택하심을 함께 받은 바벨론에 있는 교회가 너희에게 문안하고 내 아들 마가도 그리하느니라"(벧전 5:13).

성령님의 도우심으로 아름다운 열매가 맺혔다. 훗날 마가는 이집트의 알렉산드리아 지역에서 사역을 했다고 전해져 오고 있다.

바울의 2차 선교여행

:: 눅 16:1–18:22 ::

아쉽게도 바나바의 선교활동에 관한 기록은 더 이상 나오지 않는다. 그러나 그의 성품처럼 어느 곳에 가든지 따뜻한 마음으로 성실하게 복음을 전했을 것이다. 실제로 바울은 고린도 교회에 보낸 편지에서 사도의 권리를 주장하면서 '어찌 나와 바나바만 일하지 아니할 권리가 없겠느냐'고 언급했다(고전 9:6). 고린도전서는 3차 선교여행 중에 에베소에서 보낸 편지이다. 그러므로 바나바는 바울과 헤어진 이후에도 계속해서 선교활동을 했으며 둘 사이에 서로 교제하고 협력했음을 알 수 있다. "할 수 있거든 너희로서는 모든 사람과 더불어 화목하라"고 가르쳤던 바울 아닌가. 그럼에도 불구하고 누가가 바울의 행적만 기록한 이유는 사적인 이유보다 '이방세계로의 선교 확장'이라는 공적인 이유 때문이었다.

바울은 실라와 함께 길리기아(바울의 고향 다소가 있는 곳)를 지나 더베와 루스드라에 이르렀다. 바울은 그가 세운 교회들을 최선을 다해 돌보았다. 루스드라는 세 번째 방문이다. 그 교회에 디모데라는 젊은이가 있었다. 루스드라와 이고니온의 형제들로부터 칭찬받는 청년이었다. 바울은 그를 선교여행의 조력자(助力者)로 삼기 원했다. 그런데 디모데의 아버지는 헬라인이고 어머니는 유대인이었다. 원래 어머니가 유대인이면 아들이 할례를 받는 전통이 있는데 웬일인지 디모데는 할례를 받지 않았다. 그 지역에 있는 유대인들이 은연중에 이를 문제 삼고 있었다. 그래서 바울은 디모데에게 할례를 받게 했다. 그토록 할례를 반대했던 바울이 왜 할례를 받게 했을까? 유대인들을 향한 선교에 걸림돌이 되지 않도록 하기 위해서였다. 훗날 고린도 교회에 보낸 편지에서 "내가 율법 아래에 있지 아니하나 율법 아래에 있는 자같이 된 것은 율법 아래에 있는 자들을 얻고자 함이요"라고 말했던 바울의 심정을 우리는 이해할 수 있다(고전 9:20). 디모데에 대한 바울의 사랑은 특별했다. 그는 디모데를 아들과 후계자로 삼았다.

"이로 말미암아 내가 주 안에서 내 사랑하고 신실한 아들 디모데를 너희에게 보내었으니 그가 너희로 하여금 그리스도 예수 안에서 나의 행사 곧 내가 각처 각 교회에서 가르치는 것을 생각나게 하리라"(고전 4:17).

바울은 여러 성을 방문하면서 사도들과 장로들이 정한 규례를 가르치고 복음을 전했다. 그리하여 교회는 굳건히 서고 그 수가 날마다 늘어갔다. 바울은 터키 서쪽의 에베소를 비롯한 소아시아에서 말씀 전하기를 원했다. 그러나 성령님께서 허락하지 않으셨다. 에베소는 2차 선교여행 말미에 잠시 방문하고 3차 선교여행에서는 3년이나 머물게 될 것이다. 사소한 차이 같지만 성령님은 과정을 중요하게 생각하신다. 바울은 아시아 위쪽에 있는 브루기아와 갈라디아 땅을 지나 무시아에 이르렀다. 거기서 좀 더 북쪽에 있는 비두니아(지금의 이스탄불이 있는 지역)로 올라가려 했으나 그 길도 성령님께서 막으셨다. 남쪽과 북쪽을 막으시니 하는 수 없이 서쪽 끝에 있는 드로아에 이르는 수밖에 없었다. 그러나 앞에는 에게해(Aegean Sea)가 가로막고 있었다. 어찌하면 좋을까.

조각가가 손에 연장을 들고 작업을 시작할 때, 옆에 있는 사람은 그가 무슨 작품을 만들지 알 수 없다. 그저 조각품이 완성될 때까지 잠잠히 기다려야 한다. 하나님께서 우리의 삶을 통해 하시는 일도 처음에는 이해할 수 없을 때가 있다. 더구나 그 일이 고통스러울 때에는 더 난해하다. 그러나 우리가 하나님의 절대 선하심을 믿는다면 하나님의 작업이 끝날 때까지 기다려야 한다. 그때 우리는 시인(詩人)이 안식일에 불렀던 노래를 함께 부를 수 있을 것이다.

"여호와여 주께서 행하신 일이 어찌 그리 크신지요. 주의 생각이 매우 깊으시니이다"(시 92:5).

어디로 가야 할지 몰라 기도하고 있을 때 성령님께서 바울에게 환상을 보여주셨다.

"밤에 환상이 바울에게 보이니 마게도냐 사람 하나가 서서 그에게 청하여 이르되 마게도냐로 건너와서 우리를 도우라 하거늘 바울이 그 환상을 보았을 때 우리가 곧 마게도냐로 떠나기를 힘쓰니 이는 하나님이 저 사람들에게 복음을 전하라고 우리를 부르신 줄로 인정함이러라"(행 16:9-10).

왜 밤에 환상을 보았을까? 환상은 꿈이 아니다. 깨어 있으면서도 현재와 전혀 다른 상황을 실제처럼 의식하는 상태이다. 그렇다면 답은 하나다. 바울이 밤에 기도하고 있었다는 말이다. 환상 가운데 마게도냐 사람 하나가 서서 바울에게 '마게도냐로 건너와서 우리를 도우라'고 간청했다. 기도 중에 본 환상이므로 그것이 하나님의 뜻이라는 확신이 들었다. 그래서 즉시로 250여km에 달하는 바다 여행에 나섰다.

여기에 처음으로 '우리'라는 표현이 나온다(행 16:10). 누가가 바울 일행과 동행했다는 말이다. 어디서부터 동행했을까? 누가는 어느 지방 출신일까? 안디옥이나 빌립보라고 추측하지만 성경에는 분명한 설명이 없다. 이후에도 '우리'라는 표현이 여러 번 나온다(20:5, 13-15; 21:1-8; 27:1-28).

바울 일행은 드로아에서 배로 떠나 사모드라게를 거쳐 이틀 만에 네압볼리에 도착했다. 아마도 순풍을 만났던 것 같다. 왜냐하면 훗날 같은 길로 돌아왔을 때는 닷새나 걸렸기 때문이다(행 20:6). 사모드라게는 에게해(海)에 있는 섬이고 네압볼리는 현재 그리스의 카발라(Kavala) 항구도시다. 이곳에서 약 16km 북서쪽으로 올라가면 빌립보(Philippi)가 있다. 빌립보는 알렉산더 대왕의 아버지 필립이 만든 도시로서 주전 42년에 옥타비안(Octavian)이 시저를 암살한 브르투스(Brutus)와 카시우스(Cassius)를 이긴 곳으로 유명하다. 그 후 황제가 된 옥타비안(Caesar Augustus)은 빌립보를 로마 황제의 식민지로 삼고 그곳에 퇴역군인들을 정착시켰다. 이런 식민지는 각종 세금의 혜택과 더불어 주(州) 법이 아닌 로마법에 의해 지배를 받았다.

지중해 연안의 큰 도시나 성읍들에는 유대인의 회당들이 있었다. 유대인 남자 10명 이상이 살고 있으면 회당을 세울 수 있었다. 그러나 빌립보에는 하나도 없었다. 그만큼 배타적이고 강고(強固)한 성읍이었다. 안식일이 되자 바울 일행은 기도할 처소를 찾아 '문밖 강가'로 나섰다. 지금도 '갱깃스 강'(Gangites River)이 그곳에 흐르고 있다. 마침 몇몇 여인들이 강가에 있었다. 바울은 그들에게 복음을 전했다. 그 중에 한 사람이 루디아였다. 그녀는 두아디라의 자주 옷감 장사(부자라는 말이다)로서 빌립보에 정착하고 있었다. 놀랍게도 루디아는 하나님을 섬기는 여자였다. 하나님께서 베드로를 고넬료에게 인도하셨듯이 바울을 루디아에게로 인도하셨다. 하나님께서 루디아의 마음을 열어주시자 그녀는 믿음으로 복음을 받아들이고 온 집이 세례를 받았다. 그리고 바울 일행을 자기 집에 거하게 했다. 네 사람을 머물게 했다면 꽤 큰 집이었을 것이다.

바울 일행은 그 후에도 성령님의 인도하심을 구하기 위해 기도처를 방문했다. 그런데 오가는 길에 동행하는 불청객이 있었다. 점치는 귀신 들린 여종이었다. 그녀는 바울 일행을 가리키며 "이 사람들은 지극히 높은 하나님의 종으로서 구원의 길을 너희에게 전하는 자라"고 소리쳤다. 평소에 점을 치고 돈을 벌어 자기 주인들에게 큰 이익을 안겨주는 여종이었다. '자기 주인들'이라니, 주인이 여럿이란 말인가? 그렇다. 아마도 퇴역군인 여럿이 퇴직금을 모아 여종을 샀을 것이다. 그 여종은 여러 사람의 노년을 책임져 줄 중요한 수입원이었다. 만일 누군가 그 여종을 건드린다면 주인들이 가만있지 않을 것이다. 바울은 여러 날 동안 심히 괴로워했다. 왜 바울이 즉시 귀신을 쫓아내지 않았을까. 그녀의 주인들이 두려웠을까. 아니다. 이제 막 시작된 빌립보 교회의 장래를 걱정했기 때문이다.

혹자는 생각할 것이다. 여종의 말이 사람들의 관심을 불러일으키면 오히려 복음전파에 유리하지 않겠느냐고. 그러나 바울은 여종을 통하여 이루려는 사탄의 계략을 잘 알고 있었다. 사탄의 목적은 항상 하나님의 영광을 나누려는 데 있다. 앞으로 바울이 기적이라도 행하면 여종의 영험(?)함이 빛을 발할 것이다. 사탄은 우리가 하나님도 섬기고 자기도 섬기기를 원한다. 사탄은 예수님을 시험할 때에 천하만국을 보여주며 "네가 만일 내게 절하면 다 네 것이 되리라"고 말했다. 그의 소유를 나누어 주겠다는 말이다. 예수님은 "기록하기를 주 너희 하나님께 경배하고 다만 그를 섬기라 하였느니라"고 대답하시며 사탄의 속내를 드러내셨다. 하나님의 나라에는 사탄이 동참할 자리가 없다.

결국 바울이 귀신에게 명령했다. "예수 그리스도의 이름으로 내가 네게 명하노니 그에게서 나오라." 그러자 귀신이 즉시로 여인에게서 나갔다. 사탄은 타협에 실패하면 핍박과 박해의 방법을 사용한다. 여종의 주인들이 자기 수익의 소망이 끊어진 것을 보고 바울과 실라를 붙잡아 장터로 끌고 가서 관리들에게 고소했다.

> "이 사람들이 유대인인데 우리 성을 심히 요란하게 하여 로마 사람인 우리가 받지도 못하고 행하지도 못할 풍속을 전한다"(행 16:20-21).

그들은 바울이 태어날 때부터 로마 시민이라는 사실을 아직 모르고 있었다. 곁에 섰던 사람들도 저들의 비난에 합세했다. 상관들은 죄도 묻지 않고 '옷을 찢어 벗기고 매로 치라'고 명령했다. 어투가 난폭했다. 아마도 퇴역한 군인 상관이었을 것이다. 많이 친 후에 옥에 가두고 간수에게 명하여 든든히 지키라고 했다. 간수는 바울과 실라를 깊은 옥에 가두고 벽에 고정된 족쇄로 두 발을 단단히 채웠다.

보통 억울하게 폭행을 당하고 감옥에 갇히면 그날 밤은 분해서 잠을 잘 수가 없다. 더구나 발까지 쇠고랑으로 채워놓았으니 불편하기 짝이 없다. 그런데 바울과 실라는 한밤중까지 기도하고 하나님을 찬송했다. 그 소리를 모든 죄수들이 조용히 듣고 있었다. 신참 죄수들이 들어오면 울기도 하고 소리도 지르는데 저렇게 기도하고 노래하다니, 이해할 수가 없었다. 무슨 기도를 드렸을까. 예수님과 스데반처럼 '저들이 알지 못하고 이런 일을 하오니 용서해 주시라'고 기도했을까. 무슨 찬송을 드렸을까. 감사찬송 외에 무슨 찬송이 있겠는가. 다른 죄수들이 바울과 실라에게 조용히 하라고 공박(攻駁) 할 수도 없었다.

한밤중에 큰 지진이 나더니 옥터가 움직이고 문이 열렸다. 사람들의 매인 것도 벗겨졌다. 아마도 천사가 감옥을 방문했을 것이다.

간수는 보나마나 죄수들이 다 도망갔다고 지레 짐작했다. 그래서 자결하려고 칼을 뽑아들었다. 그때 감옥 깊은 곳으로부터 바울의 목소리가 들려왔다.

"네 몸을 상하지 말라. 우리가 다 여기 있노라."

어떻게 그런 일이 가능할까. 문이 열리고 족쇄도 풀렸는데 왜 한 명도 도망가지 않고 제자리에 있다는 말인가. 기회만 있으면 탈옥하고 싶은 죄수들인데, 지진 때문에 정신이 혼미하게 되었을까? 아니다. 내가 사는 캘리포니아에서는 지진이 나면 사람들이 쏜살같이 거리로 뛰쳐나간다. 그런데 왜 감옥에 갇힌 사람들은 꼼짝도 하지 않았을까. 가능성은 하나뿐이다. 바울과 실라의 기도가 그들의 마음속에 '그래, 나는 죄인이다'라는 회개의 마음을 불러일으켰기 때문이 아닐까.

바울의 말에 놀란 간수장이 등불을 들고 감옥 안을 살펴보았다. 모두들 그 자리에 있었다. 진실로 자신이 죄인이라고 생각하면 감옥 문이 열려도 도망가지 않는다. 간수장은 무서워 떨며 바울과 실라 앞에 엎드렸다. 그리고 그들을 데리고 나가며 물었다.

"선생들이여, 내가 어떻게 하여야 구원을 받으리이까?"

성령님의 도우심이 아니면 할 수 없는 질문이다.

"주 예수를 믿으라. 그리하면 너와 네 집이 구원을 받으리라."

이 구절은 오늘날까지 수많은 그리스도인들이 즐겨 사용하는 진리의 말씀이다. 바울과 실라는 주의 말씀을 간수장과 그의 집에 있는 모든 사람들에게 전했다. 간수장이 얼마나 고맙고 미안했을까. 그 늦은 밤에 간수는 바울과 실라를 치료해 주고 온 가족이 세례를 받았다. 빌립보 교회에 한 가족이 더 늘었다. 세상에 구원받은 기쁨보다 더 큰 기쁨이 없다. 누가는 이렇게 덧붙였다.

> "그들을 데리고 자기 집에 올라가서 음식을 차려 주고 그와 온 집안이 하나님을 믿으므로 크게 기뻐하니라."

뒷날 아침 상관들이 사람을 보내어 바울과 실라를 석방시키라고 했다. 간수가 기뻐서 그 소식을 전하며 '이제는 나가서 평안히 가라'고 했다. 그러자 바울이 정색을 하며 말했다.

> "로마 사람인 우리를 죄도 정하지 아니하고 공중 앞에서 때리고 옥에 가두었다가 이제는 가만히 내보내고자 하느냐. 아니라. 그들이 친히 와서 우리를 데리고 나가야 하리라"(행 16:37).

여기에서 '때리고'는 문자적으로 '가죽을 벗기고'라는 뜻이다. 바울과 실라가 당한 형벌이 얼마나 가혹했는지 상상할 수 있다. 듣고 보니 보통 큰 일이 아니었다. 로마의 시민을 재판도 없이 구금하거나 때리면 엄벌을 받게 된다. 자국민을 보호하려는 배려였다. 놀란 상관들이 와서 바울과 실라를 달래며 빌립보에서 떠나기를 간청했다. 왜 바울은 뒤늦게 자신이 로마의 시민이라는 사실을 밝혔을까. 빌립보 교회의 안전 때문이었다. 이제부터는 관료들이 빌립보 교회 성도들을 함부로 대하지 못할 것이다. 두 사람은 루디아의 집에 들어가서 형제들을 만나 위로한 후에 데살로니가로 내려갔다. 분명 그 자리에 간수장의 가족들도 함께 참석했을 것이다.

사도행전 17장은 데살로니가와 베뢰아와 아덴에서의 선교사역에 대한 기록이다.

데살로니가는 빌립보 성에서 160km정도 남쪽에 자리 잡은 천혜의 항구도시이자 마게도니아 주(州)의 수도였다. 도시의 이름은 카산데르(Cassander)라는 헬라 장군이 주전 315년에 자기 아내의 이름을 따라 세운 도시다. 그의 아내는 알렉산더 대제의 이복 누이였다. 후에 황제가 된 옥타비안이 부루투스를 물리칠 때 도와주었던 대가로 자치권을 부여한 '자유도시'(Free City)가 되었다.

데살로니가에 도착한 바울은 먼저 유대인 회당을 찾아갔다. 신발의 먼지를 떨어버리며 '이제부터는 이방인에게 가리라'고 여러 차례 맹세했지만, 그래도 동족 유대인들에게 먼저 복음을 전하고 싶은 열정은 피할 수가 없었다. 바울은 세 안식일 동안 회당에서 성경으로 예수님이 메시아, 즉 그리스도라는 사실을 가르쳤다.

> "바울이 자기의 관례대로 그들에게로 들어가서 세 안식일에 성경을 가지고 강론하며 뜻을 풀어 그리스도가 해를 받고 죽은 자 가운데서 다시 살아나야 할 것을 증언하고 이르되 '내가 너희에게 전하는 이 예수가 곧 그리스도라' 하니"(행 17:2-3).

오랜 세월 동안 식민지 생활을 해왔던 유대인들은 그들을 구원할 메시아를 애타게 기다리고 있었다. 바울은 그 메시아가 오면 고난을 당하고, 죽임을 당하며, 죽은 자 가운데서 다시 살아날 것을 성경이 기록하고 있다고 가르쳤다. 그리고 단호하게 말했다. "내가 너희에게 전하는 이 예수가 곧 그리스도라." 몇몇 유대인들과 많은 경건한 헬라인들과 귀부인들이 예수님을 믿게 되었다. '경건한 헬라인'은 아직 개종은 하지 않았지만 안식일마다 회당예배에 참석하는 사람들을 말한다.

바울 일행이 데살로니가에 3주만 머물렀을까? 그보다 조금 더 머물렀을 것이다. 그들이 데살로니가에 머무는 동안 빌립보 교회 성도들이 한두 번 바울의 쓸 것을 보내주었다(빌 4:16). 그리고 바울도 그곳 사람들에게 폐를 끼치지 않기 위해서 밤낮으로 일하면서 복음을 전했다(살전 2:9). 그렇다면 바울은 3주 이상 데살로니가에 머물렀을 것이다.

바울 일행은 야손의 집에 머물고 있었다. 야손은(Jason, 여호수아 혹은 예수의 헬라어 번역) 로마서 16장 21절을 보면 바울의 친척이었던 것 같다. 경건한 헬라인들을 바울에게 다 빼앗겼다고 생각한 유대인들이 시기가 가득하여 불량배들을 앞세우고 야손의 집에 쳐들어왔다. 마침 바울은 그곳에 없었다. 유대인들은 야손과 형제들을 잡아가지고 관리들에게 가서 고소했다. 고소 내용은 '이들이 로마의 황제가 아닌 다른 임금 예수가 있다고 가르친다'는 것이었다. 무리와 읍장들이 이 말을 듣고 소동했다. '반역'이 일어났다고 보고되면 로마 정부로부터 받은 '자유도시'의 특혜가 박탈될지도 모르기 때문이다. 그래서 야손에게 (아마도 '바울과 실라가 읍내를 떠나게 하겠다'는 약속을 하게 하고) 보석금을 받은 후에 놓아주었다. 이것이 바울과 실라가 불량배들을 피하여 밤에 급히 떠나게 된 이유였다.

밤에 데살로니가를 떠난 바울 일행은 남서쪽으로 70여km 떨어진 베뢰아에 도착했다. 적어도 사흘은 걸렸을 것이다. 베뢰아 사람(유대인)들은 데살로니가 사람(유대인)들보다 더 신사적이어서 진리에 대해 마음이 열려 있었다. 그들은 바울의 말을 간절한 마음으로 받아들이고 구약 성경에서 바울이 인용한 말씀들을 자세히 읽어보았다. 많은 사람들이 믿고 헬라의 귀부인들과 남자들이 복음을 받아들였다. 그러나 데살로니가에서 내려온 유대인들이 베뢰아에서도 소동을 일으켰다. 다행히 베뢰아 사람들은 그들에게 부화뇌동(附和雷同)되지 않았다. 역시 신사적인 사람들이었다. (지금도 베뢰아 사람들은 자신들이 데살로니가 사람들보다 더 신사적이라며 자부한다.)

소동이 일어나자 형제들이 바울을 데리고 아덴까지 먼 뱃길을 동행했다. 오늘날의 도로를 사용해도 약 500km의 먼 길이다. 상황이 급한지라 바울만 떠나고 실라와 디모데는 베뢰아에 남았다. 바울을 아덴까지 인도했던 형제들은 '속히 실라와 디모데를 보내라'는 바울의 부탁을 받고 베뢰아로 돌아갔다.

실라와 디모데를 기다리는 동안 바울이 아덴을 둘러보았다. 우상으로 가득 찬 도시였다. 바울이 본 파르테논 신전(Parthenon temple)은 지금도 아테네의 역사적 유물(Landmark)로 언덕 위에 우뚝 서있다. 바울은 그 성에 우상이 가득한 것을 보고 마음에 분이 일어났다. 그래서 회당에서는 유대인들과 장터에서는 아테네 사람들과 날마다 변론하며 복음을 전했다. 한번은 철학자들이 바울을 데리고 아레오바고(파르테논 신전의 서쪽에 있는 대리석 언덕)로 올라갔다. 아덴의 시의원들이 모여서 회의하는 곳이다. 그들이 바울에게 물었다.

> "네가 말하는 이 새로운 가르침이 무엇인지 우리가 알 수 있겠느냐? 네가 어떤 이상한 것을 우리 귀에 들려 주니 그 무슨 뜻인지 알고자 하노라"(행 17:19-20).

그러자 바울이 그 유명한 아레오바고 설교를 시작했다. 현대인의 성경으로 읽어보자.

"아테네 시민 여러분, 내가 보기에 여러분은 모든 면에서 종교심이 많은 분들입니다. 내가 이리저리 다니며 여러분의 예배처를 살피다가 '알지 못하는 신에게'라고 새긴 제단도 보았습니다. 그래서 여러분이 지금까지 모르고 예배해 온 그 신을 내가 알려 주겠습니다. 그 신은 바로 천지 만물을 창조하신 하나님이십니다. 그분은 하늘과 땅의 주인이므로 사람의 손으로 만든 신전에서 사시지 않으며 또 무엇이 부족한 것처럼 사람이 드리는 것을 받지도 않습니다. 그분은 모든 사람에게 생명과 호흡과 만물을 직접 주신 분이시기 때문입니다. 그분은 한 사람에게서 모든 민족을 만들어 온 땅 위에 살게 하셨으며 각 나라의 연대를 미리 정하시고 그들의 국경을 정해 주셨습니다. 하나님이 이렇게 하신 것은 사람들이 그분을 더듬어 찾게 하려는 것입니다. 사실 하나님은 우리에게서 멀리 떠나 계신 것이 아닙니다. 우리는 그분 안에서 살고 움직이며 존재합니다. 여러분의 시인 가운데 어떤 사람이 말한 것처럼 '우리도 그분의 자녀'입니다. 이와 같이 우리가 하나님의 자녀가 되었으니 신을 사람의 생각과 기술로 금이나 은이나 돌이 새긴 형상 따위로 여겨서는 안 됩니다. 알지 못하던 시대에는 하나님이 그대로 내버려 두셨지만 이제는 각처에 있는 모든 사람에게 회개하라고 명령하십니다. 이것은 하나님이 정해 놓으신 사람을 통해 세상을 정의로 심판할 날을 정하시고 그분을 죽은 사람들 가운데서 다시 살리셔서 모든 사람에게 믿을 만한 증거를 주셨기 때문입니다"(행 17:22-31).

바울의 설교가 비교적 자세하게 기록된 곳은 비시디아 안디옥과(행 13:16-41) 이곳뿐이다. 루스드라에서는 저들의 어리석은 행동을 말리기 위해 간단한 설교를 했다(행 14:14-17). 밀레도에서는 설교라기보다 교회 지도자 훈련이었고(행 20:18-35), 예루살렘에서 체포당했을 때는 간증을 했으며(행 22:1-21), 가이사랴에서 벨릭스 총독 앞에서 했던 내용도 자기변호에 가까웠다(행 24:10-21). 아레오바고 언덕에서 바울이 했던 전도설교는 크게 세 부분으로 나눠진다.

첫째로, 바울은 아덴 사람들이 '범사에 종교심이 많다'고 인정했다(행 17:22-23). 바울이 말한 '종교심(데이시다이모네스테로스, δεισιδαιμονεστέρους)'이라는 긴 형용사는 밝은 면과 어두운 면을 지니고 있다. 밝은 면은 문자 그대로 '종교적 열심'이고 어두운 면은 '귀신을 열심히 섬기는'이라는 뜻이다. 그 단어는 '두려워하다'는 단어와 '귀신'이라는 단어의 합성어이다. 바울은 이 단어를 사용하여 아덴 사람들의 종교적 열심을 칭찬하는 동시에 그들의 어리석음을 책망했다.

둘째로, 바울은 '알지 못하는 신에게'라고 새긴 제단을 지적하면서 '여러분이 지금까지 모르고 예배해 오던 그 신을 내가 알려주겠다'고 했다(행 17:24-29). 바울은 '그 제단'에 대하여 이야기하지 않고 그 신, 곧 하나님에 대하여 이야기했다. 우선 하나님은 천지와 만물을 창조하신 창조주이시다. 하늘과 땅의 주인(主人) 되시는 하나님은 사람이 만든 신전에 계실 수도 없고 사람에게 의탁하실 필요도 없다. 하나님은 오히려 모든 사람들에게 생명과 호흡과 만물을 친히 주신다. 하나님은 사람을 창조하시고 한 사람에게서 한 혈통을 가진 인류가 나게 하셨으며, 그들에게 시간과 거주의 경계를 주셨다. 쉽게 이야기하면 '한 나라가 얼마나 오래 지탱하며 어디까지 영토가 확장되고 누가 언제까지 다스리느냐'가 모두 하나님의 주권 아래 있다는 말이다. 왜 하나님께서 이처럼 인간 가까이에 계실까? 사람들로 하여금 '하나님을 더듬어 찾아 발견하게 하려 하심'이다. 하나님은 인간들에게 발견되기를 원하신다는 말이다.

내친 김에 바울은 28절에서 두 헬라인의 말을 인용했다. 하나는 그레데의 철학자이자 시인인 에피메니데스(Epimenides, 주전 6-7세기)의 시에 나오는 말로 "우리는 그분 안에서 살고 움직이며 존재한다"는 구절이다. (바울은 이 시인의 말을 디도서 1장 12절에서도 인용했다.) 다른 하나는 시인 아라투스(Aratus, B.C. 315-240)의 말로 "우리도 그분의 자녀다"라는 구절이다. 이 두 구절을 인용하며 바울은 다름과 같은 결론에 이른다.

"이와 같이 우리가 하나님의 자녀가 되었으니 신을 사람의 생각과 기술로 금이나 은이나 돌이 새긴 형상 따위로 여겨서는 안 됩니다."

다른 말로 하면 '아덴 시민들이여, 여러분은 지금 참 신이 아닌 거짓 신들을 섬기고 있습니다'라는 말이다. (참고로 당시 아덴에는 3만여 개의 신들이 있었다고 한다.) 여기까지 바울의 이야기를 듣던 아덴 사람들은 어떤 반응을 보였을까. 매우 궁금하다. 바울이 전한 하나님은 그들의 신화에 나오는 신들과 전혀 다른 분이셨기 때문이다.

셋째로, 바울은 부활의 복음을 전하며 회개를 선포했다(행 17:30-31). 바울의 메시지에는 '지금까지'와 '이후'로 나누어진다. 지금까지는 하나님께서 인간의 죄를 심판하지 않으시고 인내하며 기다리셨다. 그러나 오늘 바울이 전하는 메시지를 들은 이후로는 심판이 있을 것이다. 그러므로 회개해야 한다. 이는 '정하신 사람'으로 하여금 천하를 공의(公義)로 심판할 날이 정해졌기 때문이다. 어떻게 그 사실을 알 수 있는가? 그 '정하신 사람'이 죽은 자 가운데서 다시 살아나셨기 때문이다. 바울은 '이보다 더 큰 증거가 없다'고 선포했다. 바울의 말을 읽다보면 성령님의 사역에 대한 예수님의 말씀이 생각난다.

"그가 와서 죄에 대하여, 의에 대하여, 심판에 대하여 세상을 책망 하시리라"(요 16:8).

아덴에서 바울이 전한 복음은 사도행전 13장에서 비시디아 안디옥에서 전한 말씀과 다르다. 전자는 헬라의 이방인에게 전한 말씀이고 후자는 유대인들에게 전한 말씀이었기 때문이다. 그러나 결론 부분, 곧 예수님의 죽으심과 부활하심, 심판과 회개에 대한 말씀은 동일하다. 몸은 감옥이며 죽음은 영혼의 해방이라고 생각하는 헬라인들에게 예수님의 부활은 놀랍고도 이상했다. 그래서 어떤 이는 조롱하고 어떤 이는 다시 더 들어보겠다고 했다. 그렇다면 아덴에서 바울이 했던 사역은 실패한 것일까. 아니다. 아덴 사람들의 완악한 마음이 하나님 알기를 실패한 것이다. 그래도 아레오바고의 관리 이오누시오와 다마리라는 여인, 그리고 몇 사람은 바울을 가까이 하고 믿었다. 가까이 했다는 말은 바울로부터 진리의 말씀을 계속해서 듣고 배웠다는 말이다.

바울은 아덴에서 실라와 디모데를 다시 마게도냐로 되돌려 보내고 자신만 고린도로 내려갔다. 만삭 되지 못하여 낳은 아이 같은 마게도냐의 교회들이 염려스러웠기 때문이다.

사도행전 18장 1-22절은 고린도에서의 사역을 기록하고 있다.

고린도는 아덴에서 80km 정도 서쪽에 있는 아가야(Achaia)의 항구도시다. 아가야는 그리스 본토에 폭 8km에 불과한 지협(地峽, Isthmus)으로 연결된 포도송이 같은 지형이다. 고린도에는 두 개의 항구가 있었다. 4km쯤 서쪽에는 아드리아(Adriatic Sea) 바다로 나가는 항구가 있고, 동쪽으로 10km쯤 떨어진 겐그레아(Cenchrea)에는 에게(Aegean Sea) 바다로 향한 항구가 있었다. 보통 아가야 반도를 돌아서 에게해로 가려면 7백여km를 항해해야 했다. 그래서 고린도의 이편 항구에서 저편 항구로 마차에 짐을 실어 옮긴 후에 다른 배로 항해하곤 했다. (그 당시부터 운하를 건설하려는 노력이 있었는데 1890년대에 마침내 8km의 운하가 완성되었다. 그러나 폭이 좁아서 작은 배들만 지나다니고 있다.)

고린도는 아가야 행정구역의 수도로서 지금껏 바울이 방문했던 도시들 중에 가장 큰 도시였다. 그러나 다른 항구도시들처럼 성적(性的)으로 심히 문란했다. 고린도인들이 섬기는 '아프로디테'(Arhrodite, 사랑의 여신) 신전에는 종교행위라는 미명 아래 성을 매매하는 많은 여인들이 있었다. 그래서 흔히 성적으로 문란한 사람을 가리켜 '고린도 사람이 되었다'고 말하곤 했다. 바울은 고린도에 도착할 당시의 심정을 훗날 이렇게 표현했다.

> "형제들아 내가 너희에게 나아가 하나님의 증거를 전할 때에 말과 지혜의 아름다운 것으로 아니하였나니 내가 너희 중에서 예수 그리스도와 그가 십자가에 못 박히신 것 외에는 아무것도 알지 아니하기로 작정하였음이라. 내가 너희 가운데 거할 때에 약하고 두려워하고 심히 떨었노라. 내 말과 내 전도함이 설득력 있는 지혜의 말로 하지 아니하고 다만 성령의 나타나심과 능력으로 하여 너희 믿음이 사람의 지혜에 있지 아니하고 다만 하나님의 능력에 있게 하려 하였노라"(고전 2:1-5).

바울은 아덴을 떠나 홀로 고린도에 도착했다. 다행히 아덴에서는 빌립보와 데살로니가와 베뢰아에서 처럼 핍박을 받거나 쫓겨나지 않았다. 만일 아덴 사람들이 좀 더 진지하게 바울의 말에 귀를 기울였다면 거기 더 오래 머물렀을지도 모른다. 바울은 아덴을 떠나면서 '십자가의 복음'만을 전하기로 결심했다. 십자가의 복음을 전하려면 필연코 죄의 문제를 다루어야 한다. 그런데 고린도는 음란의 도시였다. 그곳에서 바울이 죄의 문제를 다루면 어떤 반발과 핍박이 다가올지 잘 알고 있었다. 그 때문에 바울은 두려워하고 심히 떨었다. 그러나 성령의 나타나심과 능력이면 능히 이겨낼 수 있다고 믿었다. 바울의 소원은 오직 한 가지, 고린도 사람들의 믿음이 사람의 지혜가 아닌 하나님의 능력에 터를 두게 하는 것이었다.

고린도에 도착한 바울은 생활문제부터 해결해야 했다. 마침 바울처럼 천막 만드는 직업을 가지고 있는 아굴라와 그의 아내 브리스길라를 만났다. 그들은 최근에 글라우디오 황제의 명령으로 로마에서 쫓겨난 유대인들이었다. 바울은 주중에 일을 하고 안식일이면 회당에 가서 유대인과 헬라인에게 복음을 전했다. 아굴라와 브리스길라도 이때에 바울을 통해 그리스도인이 되었을 것이다. 설사 그 이전에 예수님을 믿었더라도 바울을 통하여 더 완전한 지식을 가지게 되었을 것이다.

때마침 실라와 디모데가 마게도냐로부터 도착했다. 디모데는 데살로니가 교회 성도들이 환난 중에도 낙심하지 않고 기쁨으로 믿음의 생활을 하고 있다는 기쁜 소식을 가지고 왔다. 그 소식을 들은 바울은 즉시로 데살로니가 교회 성도들에게 첫 번째 편지를 썼다.

> "그러므로 너희가 마게도냐와 아가야에 있는 모든 믿는 자의 본이 되었느니라. 주의 말씀이 너희에게로부터 마게도냐와 아가야에만 들릴 뿐 아니라 하나님을 향하는 너희 믿음의 소문이 각처에 퍼졌

으므로 우리는 아무 말도 할 것이 없노라"(살전 1:7-8).

"지금은 디모데가 너희에게로부터 와서 너희 믿음과 사랑의 기쁜 소식을 우리에게 전하고 또 너희가 항상 우리를 잘 생각하여 우리가 너희를 간절히 보고자 함과 같이 너희도 우리를 간절히 보고자 한다 하니 이러므로 형제들아 우리가 모든 궁핍과 환난 가운데서 너희 믿음으로 말미암아 너희에게 위로를 받았노라. 그러므로 너희가 주 안에 굳게 선즉 우리가 이제는 살리라"(살전 3:6-8).

실라와 디모데의 말에 큰 위로를 받은 바울은 전적으로 고린도 사역에 몰두했다. 두 가지 이유 때문이었다. 하나는 빌립보 교회 성도들이 보내준 선교헌금을 받고 더 이상 천막 만드는 일을 하지 않았기 때문이요, 다른 하나는 데살로니가 교회에 대한 근심에서 놓여났기 때문이다. '우리가 이제는 살리라'는 말은 '이제는 숨을 좀 쉴 것 같다'는 표현이다. 바울은 하나님의 말씀에 붙잡혀 유대인들에게 '예수가 바로 메시아다'라고 담대히 증언하기 시작했다. 아니나 다를까. 유대인들이 강한 적대감을 드러내기 시작했다. 바울은 옷을 털면서 단호한 어조로 말했다. "너희 피가 너희 머리로 돌아갈 것이요 나는 깨끗하니라. 이 후에는 이방인에게로 가리라." 그리고 하나님을 경외하는 디도 유스도의 집으로 거처를 옮겼다. 경건한 이방인의 집으로 들어갔다는 말이다. 마침 그 집은 회당 옆에 있었다. 다행히 회당장 그리스보와 그의 온 집안이 예수님을 구주로 영접했다. 그뿐만 아니라 수많은 고린도 사람들이 복음을 받아들이고 세례를 받았다. 주께서 밤에 환상 가운데 바울에게 말씀하셨다.

"두려워하지 말며 침묵하지 말고 말하라. 내가 너와 함께 있으매 어떤 사람도 너를 대적하여 해롭게 할 자가 없을 것이니 이는 이 성중에 내 백성이 많음이라"(행 18:9-10).

왜 하필 음란한 도시 고린도에 구원받을 사람들이 그렇게 많을까. 바울은 로마서에서 "죄가 더한 곳에 은혜가 더욱 넘쳤나니"라고 했다(롬 5:20). 그것이 죄인들을 향한 하나님의 마음이다. 바울은 일 년 반을 머물며 하나님의 말씀을 가르쳤다. 그러다가 갈리오가 아가야 총독으로 부임하자 유대인들이 일제히 일어나 바울을 법정으로 끌고가서 고소했다. (비문에는 갈리오가 51년 중반부터 52년 중반에 아가야의 총독으로 부임했다는 기록이 남아있다.)

"이 사람이 율법을 어기면서 하나님을 경외하라고 사람들을 권한다"(행 18:13).

왜 유대인들은 새 총독이 부임하자 바울을 고소했을까? 누구나 새로운 임지에 부임하면 현지인들과 좋은 관계를 맺고 싶어 한다. 유대인들이 그 기회를 노렸을 것이다. 그러나 가이오는 지혜로운 사람이었다. 바울이 변명하려는 순간 가이오가 먼저 말했다.

"너희 유대인들아 만일 이것이 무슨 부정한 일이나 불량한 행동이 었으면 내가 너희 말을 들어 주는 것이 옳거니와 만일 문제가 언어와 명칭과 너희 법에 관한 것이면 너희가 스스로 처리하라. 나는 이러한 일에 재판장 되기를 원하지 아니하노라"(행 18:14-15).

그리고는 법정에서 쫓아냈다. 분에 겨운 유대인들이 회당장 소스데네를 잡아 법정 앞에서 때려도 모른 체했다. 그런데 유대인들이 왜 회당장을 때렸을까. 소스데네도 그리스보 회당장처럼 바울을 통해 예수님을 믿게 되었을까? 훗날 바울은 에베소에서 고린도 교회에 보낸 편지의 서두에 소스데네를 '형제'라고 불렀다(고전 1:1). 형제라 부름으로 바울은 소스데네가 그의 에베소 사역에 동참하고 있음을 암시하고 있다.

이제 고린도를 떠날 시간이 되었다. 주후 51년 가을, 바울은 소아시아로 떠나는 길에 고린도의 동쪽에 있는 겐그레아 항구에서 머리를 깎았다. 그동안 지켜오던 나실인의 서약을 마쳤다는 표였다. (여러 해 전에 겐그레아의 항구의 남은 돌 담 위에 걸터앉아 결연한 표정으로 머리를 깎고 항구를 떠났던 바울을 마음으로 그려본 적이 있다.) 브리스길라와 아굴라가 바울 일행과 동행했다. 배편으로 에베소(현재의 Izmir)에 도착한 바울이 회당에 들어가 유대인들과 변론했지만 그곳에 오래 머물지는 않았다. 속히 안디옥으로 돌아가고 싶었기 때문이다. 간곡히 붙잡는 형제들에게 바울은 "만일 하나님의 뜻이면 너희에게 돌아오리라" 하고 배를 타고 가이사랴를 거쳐 안디옥에 이르렀다. 이렇게 해서 더베로부터 시작한 2차 선교여행이 끝나게 된다.

바울의 3차 선교여행

:: 행 18:23–21:16 ::

이전의 선교여행과 달리 세 번째 선교여행은 "얼마 있다가 떠나 갈라디아와 브루기아 땅을 차례로 다니며 모든 제자를 굳건하게 하니라"는 말로 조용히 시작한다. 주의 깊게 읽지 않으면 그것이 세 번째 여행의 시작이라는 사실도 놓치기 쉽다. 그런데 '(안디옥에) 얼마 있다가'는 어느 정도의 기간을 의미할까. 바울이 2차 선교여행에서 고린도를 떠난 시기가 51년 가을이다. 학자들은 바울이 주후 52-55년 사이에 에베소에 머물렀다고 생각한다. 만일 그가 에베소에 도착하기 전에 갈라디아와 브루기아(1,2차 선교여행 때 교회를 세웠던 곳들)를 방문했다면 그 '얼마 있다가'는 기껏해야 '몇 달' 정도였을 것이다.

바울이 안디옥에 머문 몇 달 동안 에베소에서 일어난 이야기가 사도행전 18장 24-28절에 기록되어 있다. 알렉산드리아에서 태어난 아볼로의 이야기이다. 북아프리카의 알렉산드리아는 도시 인구 3분의 1이 유대인들이었다. 아볼로는 이미 예수님에 대하여 잘 알고 있었다. 그는 성경에 능하고 언변이 좋아 에베소 회당에서 예수님에 관해 자세하고 담대하게 이야기했다. 마침 그 자리에 고린도에서 건너온 브리스길라와 아굴라 부부가 참석했다. 그런데 아볼로의 말에 어딘가 모자란 부분이 있었다. 불러다가 교제해 보니 세례 요한의 세례까지만 알고 있었다. 다른 말로 하면 그는 세례 요한만큼만 예수님에 관해 알고 있었다는 말이다.

아굴라 부부는 1년 반 동안 고린도에서 바울로부터 배웠던 복음의 진리를 아볼로에게 정확하게 전해 주었다. 특별히 십자가의 도(道)와 성령의 능력에 대하여 깊이 가르쳤다. 얼마 후 아볼로는 고린도 교회를 방문하고 싶어했다. 그러자 에베소의 형제들은 추천하는 편지와 함께 아볼로를 고린도 교회로 보내주었다. 고린도에 도착한 아볼로는 교회에 큰 은혜와 유익을 끼쳤다. 그는 오직 성경만으로 예수님이 그리스도이심을 증언하고 많은 사람 앞에서 유대인들의 반박을 이겨냈다.

아볼로는 존경과 사랑을 받아 마땅한 사람이다. 일반적으로 지식이 풍부한 사람은 다른 사람의 가르침을 받으려고 하지 않는다. 가르침은 열등한 사람이 우등한 사람에게 받는다고 생각하기 때문이다. 그러나 아볼로는 아굴라 부부로부터 하나님의 말씀을 배웠다. 얼마나 훌륭한가. 그는 성경지식이 풍부했다. 말도 잘하고 성품도 단정했다. 이 세 가지만으로도 카리스마가 넘쳐흐른다. 아니나 다를까, 고린도 교회의 성도들 가운데 그를 지나치게 좋아하는 사람들이 생겨났다. 좋아한다는 말은 누군가와 비교한다는 말이다. 그들은 아볼로가 바울보다 낫다고 말했다. 그러자 바울을 좋아하던 사람들이 반대 그룹을 형성했다. 이 일로 교회가 양분되었다. 이번에는 이쪽저쪽 다 싫다는 사람들이 '우리는 베드로 파(派)'라며 따로 뭉쳤다. 남은 사람들은 '그러면 우리는 예수 파(派)'라고 돌아섰다. 그것은 전혀 아볼로의 의도가 아니었다. 아무리 애써도 자기 힘으로 이 문제를 해결할 수 없게 되자 그는 즉시 에베소로 돌아왔다. 마침 에베소에 바울이 와 있었다. 바울은 고린도 교회에 편지를 보낸 후에 아볼로에게 다시 돌아가라고 권면했지만 요지부동이었다. 아볼로는 교회가 자기 때문에 나누어지는 아픔을 맛보았다. 그는 교회보다 더 중요한 것이 없다는 신념을 가지고 있었다. 그것은 '차라리 죽을지언정' 교회에 해를 끼치지 않겠다는 바울의 태도와 흡사했다(고전 9:15). 그래서 바울이 아볼로를 '형제'라고 불렀을지 모른다(고전 16:12).

에베소(Izmir)는 그때도 번성한 항구도시로서 무역과 해상교통의 중심지였다. 에베소에는 이미 예수님을 믿는 제자들이 있었다. 바울이 그들에게 "너희가 믿을 때에 성령을 받았느냐?"라고 물었더니 "아니라. 우리는 성령이 계심도 듣지 못하였노라"고 대답했다. 그들은 요한의 세례만 받은 사람들이었다. 바울은 그들에게 복음을 전하고 예수님의 이름으로 세례를 받게 한 후, 손을 얹어 안수했다. 그러자 성령님이 임하셨다. 그들은 방언도 하고 예언도 했다. 모두 열두 사람쯤 되었다.

바울은 유대인의 회당에 들어가 석 달 동안 담대히 복음을 전했다. 사람들은 항상 복음 앞에서 둘로 나뉘어졌다. 어떤 사람은 복음에 순종하고 어떤 사람은 대적했다. 바울은 비난하는 자들을 멀리하고 두란노 서원에서 따로 제자들을 돌보기 시작했다. (여기에서 '서원'은 학교를 의미하는데 신약성경에 여기만 나온다. 우리는 두란노 서원이 어떤 형태의 학교였는지 잘 알지 못한다.)

바울은 에베소에서 많은 기적들을 행하였다. 희한한 일들도 일어났다. 바울의 손수건이나 (작업용) 앞치마를 병자에게 얹기만 해도 병이 낫고 귀신이 떠나갔다. 그러자 떠돌이 유대인 마술사(주술사, 呪術師)들이 바울의 흉내를 내었다. 진짜가 있으면 가짜가 나오는 법이다. 한번은 유대인 제사장 '스게와'의 일곱 아들들이 귀신들린 자에게 말했다. "내가 바울이 전파하는 예수를 의지하여 너희에게 명하노라." 그러자 귀신이 말했다. "내가 예수도 알고 바울도 알거니와 너희는 누구냐?" 그리고 일곱 아들들 위에 뛰어올라 행패를 부리니 그들이 모두 상하고 벗은 몸으로 도망쳤다. (스게와가 진짜 제사장이었는지, 그리고 왜 에베소까지 와서 그의 아들들이 주술사 노릇을 하게 되었는지 우리는 알 길이 없다.)

이 일로 인하여 많은 에베소 사람들이 주 예수의 이름을 높이고 이미 예수님을 믿는 성도들도 죄를 회개했다. 또한 주술을 행하던 사람들이 주술책들을 가지고 나와 불태웠는데 책값이 무려 은 5만 드라크마나 되었다. 한 드라크마는 하루의 품삯이다. 그리하여 주의 말씀이 힘 있게 계속하여 퍼져 나갔다.

바울은 에베소에서 주후 52-55년까지 3년 동안 머물렀다. 고린도에서 지낸 기간의 갑절이다. 그동안에 무슨 일을 했을까. 바울은 두란노에서 교회 지도자들을 길러냈다. 요한계시록에 나오는 소아시아의 일곱 교회 지도자들도 그 서원에서 바울에게 훈련받았을 것이다. 그 기간 동안 고린도 교회와 숨 막히는 긴장관계도 있었다. 잠시 그 이야기를 나누어보자. 고린도전·후서를 자세히 읽어보면 고린도 교회는 바울이 1년 반 동안 말씀으로 가르쳤음에도 불구하고 신앙적으로 성숙하지 못했다. 그들은 진리를 왜곡하고, 교만하며, 음란한 옛 생활로 돌아가곤 했다. 어떤 사람은 성찬을 들기 전에 이미 술에 취해 있었다. 성도들끼리 세상 법정에서 재판하고, 아버지의 아내를 범한 자도 버젓이 교회에 출석하고 있었다. 그것은 세상에서도 볼 수 없는 추태였다. 아볼로의 열망과 달리 교회는 점점 분열되어 갔다. 수습이 불가능하다고 생각한 아볼로는 에베소로 돌아오고 말았다.

이런 상황에서 바울은 모두 네 편의 편지를 고린도 교회에 보냈다. 그가 보낸 첫 번째 편지를 받고 고린도 교회 성도들 사이에 오해가 일어났다(고전 5:9). 첫 번째 편지는 유실되고 말았다. 바울은 글로에(Chloe)의 집을 통해 오해의 내용과 교회 안에 있는 심각한 분열에 관해 듣게 되었다. 바울은 첫 번째 편지에 대한 오해도 풀어주고 교회 내의 분열도 치유하기 위해 디모데 편에 두 번째 편지를 보냈다. 그것이 바로 고린도전서다(행 19:22; 고전 4:17, 16:10). 바울은 그 편지를 아버지의 심정으로 썼다.

"내가 너희를 부끄럽게 하려고 이것을 쓰는 것이 아니라. 오직 너

> 희를 내 사랑하는 자녀같이 권하려 하는 것이라. 그리스도 안에서 일만 스승(guardian)이 있으되 아버지는 많지 아니하니 그리스도 예수 안에서 내가 복음으로써 너희를 낳았음이라. 그러므로 내가 너희에게 권하노니 너희는 나를 본받는 자가 되라"(고전 4:14-16).

그러나 고린도 교회에서 돌아온 디모데는 슬픈 소식을 가져왔다. 바울의 편지를 받고도 그들이 돌이키지 않았다고 했다. 그래서 바울이 직접 고린도 교회를 방문했다. 훗날 바울은 그때의 방문을 '고통스러운 방문'(painful visit)이라고 추억했다(고후 2:1). 이 두 번째 방문에 대한 자세한 기록도 성경에 없다. 에베소로 돌아온 바울은 애통하는 마음으로 쓴 눈물의 편지를 디도 편에 보냈다. (이 세 번째 편지도 우리에게 남아있지 않다.) 훗날 바울은 세 번째 편지를 쓰게 된 동기를 이렇게 기록했다.

> "내가 이같이 쓴 것은 내가 갈 때에 마땅히 나를 기쁘게 할 자로부터 도리어 근심을 얻을까 염려함이요 또 너희 모두에 대한 나의 기쁨이 너희 모두의 기쁨인 줄 확신함이로라. 내가 마음에 큰 눌림과 걱정이 있어 많은 눈물로 너희에게 썼노니 이는 너희로 근심하게 하려 한 것이 아니요 오직 내가 너희를 향하여 넘치는 사랑이 있음을 너희로 알게 하려 함이라"(고후 2:3-4).

세 번째 편지를 보낸 후에 바울은 좌불안석(坐不安席)했다. 고린도 교회가 그 편지에 어떤 반응을 보일지 몹시 걱정되었다. 요즘 같으면 전화로 소식을 주고받았을 터인데, 당시에는 인편(人便)을 통해야 하니 몹시 답답하고 힘들었을 것이다.

설상가상(雪上加霜)이라는 말이 있다. 눈 위에 서리가 덮인다는 뜻으로, 불행한 일이 잇따라 일어남을 두고 하는 말이다. 고린도 교회 때문에 마음이 불편한 바울에게 난처한 일이 일어났다. 데메드리오라 하는 은장색(銀匠色)이 바울을 당국에 고소했기 때문이다. 은장색은 은으로 된 신상을 만드는 사람이다. 에베소에는 다산(多産)을 상징하는 여신 '아데미'를 섬기는 신전이 있었다. 그 크기는 아덴에 있는 파르테논 신전보다 네 갑절이나 더 컸다. 로마와 메소포타미아, 그리고 아라비아까지 광범위한 지역에서 아데미 여신을 섬겼다. 에베소의 아데미 신전을 찾는 여행객들은 주로 은으로 만든 신상을 사갔다. 신전 주변에 그런 상인들이 많았다. 은장색 조합의 대표였던 데메드리오가 바울을 고소한 말을 들어보자.

> "여러분도 알거니와 우리의 풍족한 생활이 이 생업에 있는데 이 바울이 에베소뿐 아니라 거의 전 아시아를 통하여 수많은 사람을 권유하여 말하되 사람의 손으로 만든 것들은 신이 아니라 하니 이는 그대들도 보고 들은 것이라. 우리의 이 영업이 천하여질 위험이 있을 뿐 아니라 큰 여신 아데미의 신전도 무시 당하게 되고 온 아시아와 천하가 위하는 그의 위엄도 떨어질까 하노라"(행 19:25-27).

놀라운 일이다. '사람의 손으로 만든 것들은 신이 아니라'는 바울의 말이 그토록 에베소를 변화시켰다니…. 바울의 영향력이 얼마나 컸으면 우상을 파는 상인들의 장사가 안 될 정도였을까. 결국 아데미의 은장색들이 소동을 일으켰다. 그들은 두 시간 동안이나 온 시내를 소란케 하다가 가이오와 아리스다고를 붙잡아 원형극장으로 들어갔다. 둘 다 바울과 함께 사역하던 형제들이었다. 원형극장에는 2만 4천여 명이 들어갈 수 있었다. 거기에 모인 사람들이 제각기 바울을 고소했지만 중구난방(衆口難防)이었다. 절반은 왜 모였는지도 몰랐다. 바울이 변명하기 위해 극장 안으로 들어가려고 하자 관리들 중에 바울의 친구들이 이를 말렸다. 유대인들이 알렉산더라는 사람을 내세워 그리스도인들과 자기들은 무관하다고 변명하려 했지만 군중의 함성에 파묻히고 말았다. 얼마 후에 에베소의 서기장이 직접 나서서 이성적으로 호소한 후에야 소동을 가라앉힐 수 있었다. 이제 바울이 에베소를 떠날 시간이 되었다. 그는 그때 에베소에서 당한 환난을 '살 소망까지 끊어지고…우리 자신이 사형 선고를 받은 줄 알았다'고 표현했다(고후 1:8-9). 어디서나 마찬가지였지만 에베소에서의 선교활동은 3년 동안 편안한 날이 없었다.

사도행전 20장에는 에베소를 떠난 바울이 마게도냐와 헬라 지역에서 3차 선교여행을 계속한 이야기가 기록되어 있다. 이제 다시 고린도 교회 이야기로 돌아가 보자. 세 번째 눈물의 편지를 디도 편에 보낸 바울은 고린도 교회의 반응이 궁금했다. 디도를 기다리다 못한 그는 에베소에서 드로아까지 내려갔다. 그래도 마음이 놓이지 않아 배를 타고 마게도냐로 건너갔다. 그리고 거기에서 디도를 만났다. 감사하게도 디도는 기쁜 소식을 가지고 왔다. 고린도 교회가 회개하고 주께로 돌아왔다는 소식이었다. 바울은 마게도냐에서 네 번째 편지인 고린도후서를 써서 보냈다.

> "우리가 마게도냐에 이르렀을 때에도 우리 육체가 편하지 못하였고 사방으로 환난을 당하여 밖으로는 다툼이요 안으로는 두려움이었노라. 그러나 낙심한 자들을 위로하시는 하나님이 디도가 옴

으로 우리를 위로하셨으니 그가 온 것뿐 아니요 오직 그가 너희에게서 받은 그 위로로 위로하고 너희의 사모함과 애통함과 나를 위하여 열심 있는 것을 우리에게 보고함으로 나를 더욱 기쁘게 하였느니라. 그러므로 내가 편지로 너희를 근심하게 한 것을 후회하였으나 지금은 후회하지 아니함은 그 편지가 너희로 잠시만 근심하게 한 줄을 앎이라"(고후 7:5-8).

그 후 바울은 여러 교회들을 거쳐 고린도에 이르렀고 그곳에서 3개월을 지냈다. 얼마나 감격스러우며 얼마나 행복한 만남이었을까. 무거운 짐을 어깨에서 내려놓는 것 같았으리라. 바울은 이때 고린도에서 로마서를 기록했다. 그리고 계획대로(행 19:21) 예루살렘에 올라갔다가 그 후에 로마를 방문하기 위해 고린도를 떠날 준비를 했다. 그런데 유대인들이 도중에 바울을 암살하려 한다는 소식이 들려왔다. 그래서 육로를 따라 마게도냐로 올라갔다. 디모데와 두기고를 비롯한 일곱 형제들이 그와 동행했다. 여럿이 함께 가니 든든했을 것이다.

당시 예루살렘 지역은 심한 가뭄으로 고난을 당하고 있었다. 바울은 가는 길에 마게도냐 교회들을 권면하여 구제헌금을 마련했다. 바울과 함께 가는 일행들이 교회를 대표하여 그 헌금을 가져가고 있었다. 바울은 그들을 먼저 드로아에 보낸 후에 마게도냐에 잠시 머물며 교회들을 돌보았다. 그리고 주후 56년의 무교절이 지난 후 빌립보의 외항에서 배를 타고 닷새 만에 드로아에 도착하여 1주일 동안 머물렀다. 누가가 바울과 함께 여행했기 때문에 보다 더 세세한 기록들이 사도행전에 남아 있다(행 20:6).

바울은 고린도에서 로마로 보낸 편지에 '이제는 이 지방에 일할 곳이 없으므로' 로마를 거쳐 서바나(스페인)로 갈 계획이라고 썼다. 그런데 사도행전을 읽다보면 의외로 바울이 방문한 지역이 대단히 한정되었음을 알 수 있다. 바울의 말은 과장되었을까? 그런데 자세히 살펴보면 바울의 편지에 다른 지명들이 나온다. 예를 들면 니고볼리(딛 3:12)나 일루리곤(롬 15:19)과 같은 곳이다. 니고볼리는 데살로니가에서 남서쪽으로 340여km 떨어진 곳에 있는데 바울은 그곳에서 겨울을 보내겠다고 했다. 일루리곤(Dalmatia의 다른 이름)은 데살로니가에서 서북쪽으로 900여km 떨어진 현재의 크로아티아(Croatia) 남단에 있는 해안 도시로 추측된다. 특히 바울은 자신의 선교여행 범위를 '예루살렘에서 일루리곤까지'라고 묘사했다. 사도행전에 기록된 지역 외에도 여러 지역에서 복음을 전파했다는 말이다. 그 정도면 바울이 얼마나 광범위한 지역에서 이방인들에게 전도했는지 상상해볼 수 있다. 바울의 생애는 온전히 주님께 드려진 '꽉 찬 인생'이었다. 바울이 로마서에 기록한 내용을 읽어보자.

> "그리스도께서 이방인들을 순종하게 하기 위하여 나를 통하여 역사하신 것 외에는 내가 감히 말하지 아니하노라. 그 일은 말과 행위로 표적과 기사의 능력으로 성령의 능력으로 이루어졌으며 그리하여 내가 예루살렘으로부터 두루 행하여 일루리곤까지 그리스도의 복음을 편만하게 전하였노라(채웠노라). 또 내가 그리스도의 이름을 부르는 곳에는 복음을 전하지 않기를 힘썼노니 이는 남의 터 위에 건축하지 아니하려 함이라"(롬 15:18-20).

누가는 복음이 예루살렘에서 유대로, 유대에서 사마리아로, 사마리아에서 땅 끝으로 전파된 행로를 좇아 사도행전을 기록했다. 그러므로 다른 지역에서 바울이 했던 사역들은 요약하거나 생략했을 것이다. 그럼에도 불구하고 작은 에피소드들을 기록하고 있다. 그 중에 하나가 드로아에 사는 청년 유두고의 이야기다(행 20:7-12). 그 날은 안식 후 첫날, 곧 오늘날의 주일이었다. 한 주간 동안 드로아에 머물고 있던 바울은 주일 다음 날 떠나기로 했다. 그는 다락방에 성도들을 모아놓고 떡(애찬)을 떼며 마지막 강론(설교)을 했다. 이번에 떠나면 그들을 다시 보지 못할 것이다. 바울의 말이 해가 진 후에도 계속되었으므로 다락방에 많은 등불을 켜두었다. 마침 유두고라는 청년이 창에 걸터앉아 바울의 말을 듣고 있었다. 바울의 강론은 밤중까지 이어졌다. 졸음을 견디지 못한 유두고가 삼층에서 땅바닥으로 떨어졌다. 일으켜보니 이미 죽어 있었다. 적어도 그것이 의사 누가의 진단이었다. 그런데 바울은 청년의 몸을 안고 '떠들지 말라. 생명이 그에게 있다'고 말했다. 하나님께 간절히 기도한 후에 그런 확신을 얻었을 것이다. 사람들은 다시 살아난 청년을 데리고 가서 많은 위로를 받았다. 만일 그날 유두고가 죽었더라면 피차에게 큰 슬픔을 되었을 것이다. 얼마나 감사한 일인가. 그들은 올라가서 다시 떡을 먹고 날이 샐 때까지 이야기한 후에 바울을 배웅했다.

유두고를 생각할 때마다 재미있는 이야기가 떠오른다. 브레인 알렌(Blaine Allen)이라는 선교사가 침대에 들어가기 전에 가족과 함께 유두고 이야기를 성경에서 읽었다. 그리고 네 살짜리 딸 캐리 앤(Carrie Anne)에게 물었다. "오늘 저녁 성경에서 네가 배운 가장 중요한 것은 무엇이지?" 그러자 곰곰이 생각하던 딸이 대답했다. "잠들기 전에 창문을 닫으라는 거요." 알렌 선교사는 '하나님께서 죽은 자도 살리신다'는 대답을 기대하고 있었다. 누구의 대답이 맞을까.

우리도 유두고 이야기를 읽으면서 캐리처럼 생각할 수 있다. '위험하게 왜 창문에 걸터앉아!' 그러나 그 다락방에 사람들이 가득 차서 창문턱 외에 앉을 곳이 없었다고 생각하면 어떨까. 중요한 것은 죽은 자를 살려주신 하나님의 은혜와 능력이다.

누가 일행은 드로아에서 배를 타고 앗소로 향했다. 그러나 바울은 홀로 그 길을 걸어갔다. 70여km나 되는 먼 길이다. 바울은 길을 걸으면서 여러 가지 생각을 정리하고 싶었을 것이다. 일행은 앗소에서 바울을 태우고 에베소의 앞바다를 지나 사흘 후에 밀레도에 도착했다. 오순절 전에 예루살렘에 도착하여 구제헌금을 전달하려면 지체할 여유가 없었다. 바울은 에베소의 장로들을 밀레도로 오게 했다. 에베소에서 밀레도(현재의 밀레도 유적지)까지는 육로로 145km이다.

바울은 여러 달 만에 만난 에베소 교회의 장로들에게 작별 인사를 했다. 누가는 바울의 고별사를 세 가지로 간단하게 요약했다. 첫째로, 바울은 그가 지난 3년 동안 에베소에서 사역하는 동안 지녀왔던 '주의 종'의 자세를 회상했다.

> "오매 그들에게 말하되 아시아에 들어온 첫날부터 지금까지 내가 항상 여러분 가운데서 어떻게 행하였는지를 여러분도 아는 바니 곧 모든 겸손과 눈물이며 유대인의 간계로 말미암아 당한 시험을 참고 주를 섬긴 것과 유익한 것은 무엇이든지 공중 앞에서나 각 집에서나 거리낌이 없이 여러분에게 전하여 가르치고 유대인과 헬라인들에게 하나님께 대한 회개와 우리 주 예수 그리스도께 대한 믿음을 증언한 것이라"(행 20:18-21).

바울은 겸손한 눈물의 사도였다. 그의 편지들에서 다섯 번이나 자신의 눈물을 언급했다(행 20:31; 고후 2:4; 빌 3:18; 딤후 1:4). 주의 종의 눈물은 보석과 같다. 바울은 인내의 사도였다. 주의 종이 억울한 일을 당할 때에는 꾹 참고 인내하는 수밖에 다른 길이 없다. 바울은 담대한 사도였다. 성도들에게 유익한 일이면 망설이거나 타협하지 않고 바르게 가르쳤다. 바울은 균형 잡힌 사도였다. 회개와 믿음은 언제나 함께 간다. '하나님께 대한 회개와 예수 그리스도께 대한 믿음'은 무슨 뜻일까? 모든 죄는 하나님께 범하는 죄이다. 그러나 죄 사함 받는 은혜는 오직 예수 그리스도를 통해서만 우리에게 임한다. 이런 믿음 없이 회개만 하면 불완전하다. 회개할 때 우리는 그리스도를 통한 하나님의 용서를 믿어야 한다.

둘째로, 바울은 현재 자신이 처한 상황에 대하여 설명했다.

> "보라, 이제 나는 성령에 매여 예루살렘으로 가는데 거기서 무슨 일을 당할는지 알지 못하노라. 오직 성령이 각 성에서 내게 증언하여 결박과 환난이 나를 기다린다 하시나 내가 달려갈 길과 주 예수께 받은 사명 곧 하나님의 은혜의 복음을 증언하는 일을 마치려 함에는 나의 생명조차 조금도 귀한 것으로 여기지 아니하노라. 보라 내가 여러분 중에 왕래하며 하나님의 나라를 전파하였으나 이제는 여러분이 다 내 얼굴을 다시 보지 못할 줄 아노라. 그러므로 오늘 여러분에게 증언하거니와 모든 사람의 피에 대하여 내가 깨끗하니 이는 내가 꺼리지 않고 하나님의 뜻을 다 여러분에게 전하였음이라"(행 20:22-27).

미래가 불확실하기 때문에 우리는 염려한다. 그러나 성령님께서 우리를 인도하시면 두려워할 필요가 없다. 바울의 평안은 성령님과의 동행에서 왔다. 바울은 그런 평안과 담대함으로 예루살렘을 향해 가고 있다. 바울은 주께로부터 받은 사명을 완수하기 위해 그 길을 끝까지 달려갈 것이다(딤후 4:7). 죽음도 그의 가는 길을 막을 수가 없다. "다시는 내 얼굴을 보지 못하리라"는 바울의 말에 결기가 서려 있었다. 바울은 후회 없이 주의 복음을 전하고 하나님의 말씀을 가르쳤다. 때문에 "모든 사람의 피에 대하여 나는 깨끗하다"고 선언할 수 있었다(겔 33장 1-9).

셋째로, 바울은 교회의 지도자들에게 강한 책임의식을 불어넣었다.

> "여러분은 자기를 위하여 또는 온 양 떼를 위하여 삼가라. 성령이 그들 가운데 여러분을 감독자로 삼고 하나님이 자기 피로 사신 교회를 보살피게 하셨느니라. 내가 떠난 후에 사나운 이리가 여러분에게 들어와서 그 양 떼를 아끼지 아니하며 또한 여러분 중에서도 제자들을 끌어 자기를 따르게 하려고 어그러진 말을 하는 사람들이 일어날 줄을 내가 아노라. 그러므로 여러분이 일깨어 내가 삼 년이나 밤낮 쉬지 않고 눈물로 각 사람을 훈계하던 것을 기억하라. 지금 내가 여러분을 주와 및 그 은혜의 말씀에 부탁하노니 그 말씀이 여러분을 능히 든든히 세우사 거룩하게 하심을 입은 모든 자 가운데 기업이 있게 하시리라"(행 20:28-32).

바울은 에베소 교회의 장로들을 감독자라고 불렀다. 장로는 먼저 자기를 위하여, 그리고 온 양 떼를 위하여 항상 영적으로 깨어 있어야 한다. 자기를 돌보지 못하는 사람은 다른 사람도 돌볼 수 없다. 장로는 목자가 양을 돌보듯이 성도들을 잘 돌보아야 한다. 하나님께서 그의 아들의 피로 사신 교회이기 때문이다. 바울이 떠난 후에는 이단들이 이리 떼처럼 몰려올 것이다. 그들은 사탄의 하수인들이다. 지금 바울의 말을 듣고 있는 장로들 중에도 이단에 넘어갈 사람이 생겨날지 모른다. 실제로 바울의 생전에 그런 일이 일어났다(딤후 1:15, 2:17). 바울은 교회의 지도자들이 그의 눈물을 기억하고 깨어 있기를 원했다. 그러나 바울은 부탁하는 자신이나 부탁을 받는 장로들에게나 모두 한계가 있음을 잘 알고 있었다. 사람은 믿을 수가 없다. 믿음의 대상은 오직 예수님뿐이시다. 그래서 바울은 교회를 '주님과 그의 은혜의 말씀'에 부탁했다. 말씀은 살아있고 능력이 있다. 말씀이 우리를 거룩하게 한다(엡 5:26). 주의 말씀만이 교회를 든든히 세울 수 있다. 말씀으로 세워진 교회는 하나님 앞에서 상급을 받게 될 것이다.

그날 바울이 에베소 교회의 장로들에게 부탁한 말씀은 한두 페이지에 다 담을 수 없을 것이다. 비록 누가가 탁월한 능력으로 간단하게 요약했지만 우리는 이 말씀을 가슴으로 다시 풀어내야 한다. 바울의 생생한 육성이 들려올 때까지 읽고 묵상해야 한다. 바울은 마지막으로 '나를 본받으라'고 부탁했다.

> "내가 아무의 은이나 금이나 의복을 탐하지 아니하였고 여러분이 아는 바와 같이 이 손으로 나와 내 동행들이 쓰는 것을 충당하여 범사에 여러분에게 모본을 보여준 바와 같이 수고하여 약한 사람들을 돕고 또 주 예수께서 친히 말씀하신 바 주는 것이 받는 것보다 복이 있다 하심을 기억하여야 할지니라"(행 20:33-35).

예수님 한 분만으로 부요할 때 우리는 탐욕으로부터 놓여날 수 있다. 당신은 예수님 한 분으로 만족하며 사시는가. 반드시 그렇게 살아야 한다. 예수님 외에 다른 어떤 것으로도 우리의 공허함을 채울 수 없기 때문이다. 바울은 스스로 일하며 복음을 전했다. 만일 바울이 사례를 요구했다면 많은 사람들이 복음에 대하여 마음 문을 닫았을 것이다. 아직도 약한 교회를 돌보고 있는 장로들에게 바울은 자신을 닮으라고 부탁했다. 그렇다고 이미 자립한 교회를 전담하여 돌보는 목회자의 사례비까지 바울이 반대한 것은 아니다(고전 9:14). 바울은 장로들에게 수고하여 일하고 가난한 사람들을 돌보라고 권했다. '받는 자보다 주는 자가 복이 있다'는 말씀은 만고불변의 진리다.

말을 마친 바울은 무릎을 꿇고 그들과 함께 기도했다. 그들은 눈물에 젖은 얼굴로 서로 목을 안고 (볼에) 입을 맞추었다. "다시 나의 얼굴을 보지 못하리라"는 바울의 말이 장로들의 귓가에서 맴돌았다. 그들은 바울의 앞날에 어떤 일이 일어날지 근심하며 배 타는 부두까지 나와 그를 전송했다.

사도행전 21장은 바울이 밀레도를 떠나 예루살렘에 도착하기까지의 여정을 요약하고 있다. 바울 일행은 '바다라'에서 수리아로 가는 배를 탔다. 그리하여 수리아 지역의 두로(오늘날의 베이루트)에 도착한 후 일주일 동안 머물며 제자들을 만났다. 제자들은 성령의 감동을 받아 한결같이 바울더러 예루살렘에 올라가지 말라고 강권했다. 물론 성령님께서 바울더러 예루살렘에 가지 말라고 하신 말씀이 아니다. 만일 그랬더라면 성령님께서 바울에게 직접 명령하셨을 것이다. 다만 핍박이 기다리고 있다고만 하셨다. 순종의 여부는 전적으로 바울에게 달렸다. 두로에서 제자들과 작별한 바울 일행은 남쪽으로 35km쯤 떨어진 돌레마이(오늘날 이스라엘의 Acre) 항(港)에 이르렀다. 그곳에서 형제들과 하루를 지내고 이튿날 (아마도 육로로) 60km 떨어진 가이사랴에 이르렀다. 그동안 누가는 계속해서 '우리'라는 표현을 사용하고 있다. 마게도냐에서 올 때부터 그가 바울 일행과 동행해 왔다는 증거다.

가이사랴에는 최초로 사마리아 지경에 복음을 전했던 빌립 집사의 가정이 있었다. 그에게 아직 처녀로 예언하는 딸 넷이 있었다. 여러 날 머무는 동안 유대로부터 '아가보'라는 선지자가 내려왔다. 그는 전에 안디옥에 내려와 유대에 기근이 들 것을 예언했던 선지자다(행 11:127-29). 그가 바울의 띠를 가져다가 자기 수족을 잡아매면서 "성령이 말씀하시되 예루살렘에서 유대인들이 이같이 이 띠 임자를 결박하여 이방인의 손에 넘겨주리라"고 예언했다. 그 말을 듣고 이번에는 누가까지 나서서 '예루살렘으로 올라가지 말라'고 권했지만 바울은 요지부동이었다.

> "여러분이 어찌하여 울어 내 마음을 상하게 하느냐. 나는 주 예수의 이름을 위하여 결박당할 뿐 아니라 예루살렘에서 죽을 것도 각오하였노라"(행 21:13).

바울의 결심이 단호해서 더 이상 권할 수가 없었다. 모두 무거운 마음으로 여장을 꾸려 125km정도 떨어진 예루살렘으로 올라갔다. 이렇게 해서 바울의 3차 선교여행이 끝났다.

바울이 예루살렘에서 사로잡히다

:: 행 21:17-23:11 ::

예루살렘에 도착한 바울은 형제들의 환영을 받고 야고보와 장로들을 방문했다. 그리고 하나님께서 자기를 통하여 이방인들 가운데서 행하신 일들을 낱낱이 들려주었다. 바울의 말을 듣고 모두 하나님께 영광을 돌렸다. (그 가운데는 바울이 가져온 구제헌금에 대한 감사도 있었을 것이다.) 그러나 한 가지 걱정이 교회의 지도자들에게 있었다. 예루살렘 교회의 구성원은 이방 교회와 달랐다. 유대인으로서 예수님을 믿는 수만 명의 성도들이 있었는데 모두 율법에 열성을 가진 자들이었다. 때마침 누군가 교회에서 바울에 대한 나쁜 소문을 퍼뜨리고 있었다. 바울이 '이방에 있는 모든 유대인을 가르치되 모세를 배반하고 아들들에게 할례를 행하지 말고 또 관습을 지키지 말라고 한다'는 소문이었다(행 21:21).

모세를 배반하라는 말은 곧 하나님을 배반하라는 말처럼 들렸다. 바울은 유대인 중 누구에게도 할례를 행하지 말고 관습도 지키지 말라고 한 적이 없었다(고전 7:17-19). 오히려 혼혈 유대인이었던 디모데에게 할례를 받게 했다. 오직 이방인들에게만 할례나 율법을 지킬 필요가 없다고 했다. 바울은 할례를 행함으로 온전한 구원을 받을 수 있다는 유대-그리스도인들의 주장을 반박했다. 구원은 예수님을 믿음으로 충분하기 때문이다. 그러나 군중이 오해하면 오해 자체가 진실이 된다. 지도자들은 고민 끝에 묘책을 찾아냈다.

"그러면 어찌할꼬. 그들이 필연 그대가 온 것을 들으리니 우리가 말하는 이대로 하라 서원한 네 사람이 우리에게 있으니 그들을 데리고 함께 결례를 행하고 그들을 위하여 비용을 내어 머리를 깎게 하라. 그러면 모든 사람이 그대에 대하여 들은 것이 사실이 아니고 그대도 율법을 지켜 행하는 줄로 알 것이라. 주를 믿는 이방인에게는 우리가 우상의 제물과 피와 목매어 죽인 것과 음행을 피할 것을 결의하고 편지하였느니라"(행 21:22-25).

서원은 하나님 앞에 독주를 금하고 머리를 깎지 않으며 시체를 가까이하지 않겠다는 맹세다. 삼손처럼 부모에 의한 서원이 있고 바울처럼 본인이 하는 서원도 있다(행 18:18). 평생토록 지켜야 할 서원이 있고 일시적으로 지키는 서원도 있다. 유대인은 서원이 끝나는 날에 성전에서 1년 된 양으로 제사를 드리고 머리를 깎았다. 교회에서 추천한 네 사람 모두 형편이 넉넉하지 않았던가 보다. 사도들은 바울에게 그 비용을 대신 지불하고 결례를 행하는 일을 도와달라고 부탁했다. 그렇게 함으로 바울에 대한 잘못된 오해가 풀리기를 원했다. 사도들은 이전에 예루살렘 교회가 이방인들에게 너그러웠던 일을 언급하며 조심스럽게 바울의 의사를 물었다. 바울은 흔쾌히 허락했다. 그리하여 이튿날 네 사람들에게 정결의식을 행하고 성전에 들어가 일주일 후에 예물을 드릴 날을 신고했다. 모든 일이 순조롭게 진행되는 것 같았다. 이번 일이 끝나면 오해도 풀릴 것이다. 그런데 뜻밖의 사건이 터졌다. 오순절을 지키기 위해 아시아에서 올라온 유대인들이 그날 성전에서 바울을 발견하고 소리를 지르기 시작한 것이다.

"이스라엘 사람들아 도우라. 이 사람은 각처에서 우리 백성과 율법과 이곳을 비방하여 모든 사람을 가르치는 그 자인데 또 헬라인을 데리고 성전에 들어가서 이 거룩한 곳을 더럽혔다"(행 21:28).

며칠 전에 바울이 마게도냐로부터 동행한 에베소의 헬라인 드로비모와 함께 시내를 걸어간 적이 있었다. 아세아에서 온 유대인들은 바울이 그를 데리고 성전에 들어온 줄로 오해했다. 바울은 즉시 성전에서 쫓겨났고 문이 닫혔다. 성전 밖으로 끌려 나간 바울은 변명할 겨를도 없이 폭행부터 당했다. 바울이 죽음의 문턱에 이르렀을 즈음 성중에 소동이 일어났다는 소식을 듣고 '글라우디오 루시아'라는 천부장이 달려왔다(행 23:26). 그제서야 사람들은 폭행을 멈추었다. 천부장은 바울을 쇠사슬로 결박한 후에 '그가 누구이며 무슨 잘못을 저질렀느냐'고 군중들에게 물었다. 흥분한 군중들이 여러 말로 고소했지만 진상을 파악할 수가 없었다. 천부장은 일단 바울을 영내(營內)로 데려가게 했다. 난폭한 백성들 때문에 군인들이 바울을 들고 가야 했다.

바울은 영내로 들어가기 전에 천부장에게 말할 수 있는 기회를 달라고 부탁했다. 바울의 유창한 헬라말에 천부장이 놀라며 물었다. "그러면 네가 이전에 소요를 일으켜 자객 사천 명을 거느리고 광야로 가던 애굽인이냐?" 바울은 자신이 길리기아 다소 시(市)의 시민이라고 말했다. 말하기를 허락 받은 바울이 층대 위에 서서 손짓으로 백성들을 조용하게 했다. 그리고 히브리말로 자신을 변명하기 시작했다. 백성들이 숨을 죽이며 그의 말에 귀를 기울였다.

이쯤에서 바울이 예수님을 만났던 장면을 다시 회상해 보는 것도 좋을 것 같다. 사도행전 9장은 누가가 객관적인 입장에서, 그리고 여기 22장은 바울이 유대인의 입장에서 자신의 주관적인 경험을 기록한 내용이기 때문이다. 소리 내어 현대인의 성경으로 읽어보자.

"나는 길리기아의 다소에서 태어난 유대인이지만 자라기는 이곳 예루살렘에서 자랐습니다. 그리고 나는 가말리엘의 지도로 우리 조상이 전해 준 율법에 따라 엄격한 교육을 받았고 오늘 여기에 모인 여러분 못지 않게 하나님께 대해서도 열심이 있었습니다. 그래서 나는 예수 믿는 사람들을 핍박하여 남녀를 가리지 않고 잡아 가두고 죽이기까지 했습니다. 이 일은 대제사장과 온 의회가 더 잘 알고 있습니다. 나는 그들로부터 다마스커스에 사는 유대인 지도자들에게 갈 공문을 받아 가지고 길을 떠났습니다. 이것은 그곳 신자들을 예루살렘으로 잡아다가 처벌하기 위해서였습니다.

정오쯤 되어 내가 다마스커스 가까이 갔을 때 갑자기 하늘에서 눈부신 빛이 나를 비추지 않겠습니까! 그래서 나는 그만 땅에 쓰러지고 말았습니다. 그때 '사울아, 사울아, 네가 왜 나를 괴롭히느냐?' 라는 음성이 들려왔습니다. 내가 '당신은 누구십니까?' 하고 물었더니 '나는 네가 핍박하는 나사렛 예수이다.'라고 대답하셨습니다. 나와 함께 가던 사람들이 빛은 보았으나 나에게 말씀하시는 분의 음성은 알아듣지 못했습니다. '주님, 내가 무엇을 하면 되겠습니까?' 하고 내가 묻자 주님께서 '너는 일어나 다마스커스로 들어가거라. 네가 해야 할 모든 일을 일러 줄 사람이 있을 것이다'라고 말씀하셨습니다.

그러나 나는 그 강렬한 빛 때문에 앞을 볼 수 없게 되어 같이 가던 사람들의 손에 이끌려서 다마스커스로 들어갔습니다. 이때 거기에 아나니아라는 사람이 있었는데 그는 율법을 잘 지키는 경건한 사람으로 그곳에 사는 모든 유대인들에게 칭찬을 받고 있었습니다. 그가 내 곁에 와서 '사울 형제, 눈을 뜨시오.' 하는 순간 나는 눈을 뜨고 그를 보게 되었습니다. 그리고서 아나니아는 나에게 이렇게 말했습니다.

'우리 조상들의 하나님이 당신을 택하여 그분의 뜻을 알게 하시고 의로우신 그리스도를 보게 하셨으며 그 의로우신 분이 하신 말씀을 듣게 하셨습니다. 이것은 당신이 그분의 증인이 되어서 보고 들은 일을 모든 사람에게 말하게 하기 위한 것입니다. 이제 망설일 이유가 어디 있습니까? 어서 일어나 주님의 이름을 불러 세례를 받고 당신의 죄를 씻어 버리십시오.'

그 후 나는 예루살렘으로 돌아와 성전에서 기도하다가 환상을 보게 되었습니다. 그 환상 가운데서 주님이 나에게 이런 말씀을 하셨습니다. '너는 서둘러 즉시 예루살렘을 떠나라 이곳 사람들은 네가 나에 대해 증거하는 것을 받아들이지 않을 것이다.' 그래서 내가 말했습니다. '주님, 내가 회당을 찾아다니면서 주님을 믿는 신자들을 잡아 가두고 때린 일을 사람들이 다 알고 있습니다. 또 주님의 증인 스데반이 죽임을 당할 때 내가 곁에 서서 그 일을 찬성하고 그를 죽이는 사람들의 옷을 지켰습니다.' 그때 주님은 나에게 '가거라! 내가 너를 멀리 이방인들에게 보내겠다.' 하고 말씀하셨습니다" (행 22:3-21)

바울은 사도행전 9장에 없는 몇 가지를 첨가했다. 첫째로, 아나니아를 '율법을 잘 지키는 경건한 사람, 모든 유대인들에게 칭찬 듣는 사람'으로 묘사하고 있다. 그렇게 함으로 바울은 구약의 하나님과 신약의 예수님을 연결시켰다. 둘째로, 예수님을 '그 의인'이라고 불렀다. 예수님은 스데반이 증언했던 바로 '그 의인', 구약의 선지자들이 오시리라고 예언했던 의인, 곧 메시아라는 말이다(행 7:52). 셋째로, 그는 아나니아의 말대로 주님의 이름을 불러 세례를 받고 자신의 죄를 (아마도 마음속에 남아있던 죄책감을) 씻어 버렸다. 그리하여 바리새인으로서의 삶과 구별되는 그리스도인의 삶을 살기 시작했다. 넷째로, 예루살렘 성전에서 환상 중에 받은 사명, 곧 이방인에게로 보내시겠다는 주의 음성에 대한 간증이다. 하나님께서 이방인도 구원하신다는 말에 속이 뒤집어졌을까. 듣고 있던 군중들이 갑자기 옷을 벗어 던지고 티끌을 공중에 날리며 소리를 질렀다.

"이러한 자는 세상에서 없애 버리자 살려 둘 자가 아니라!"

다급해진 천부장이 바울을 채찍질하며 심문하라고 명했다. 비록 히브리말을 알아들을 수 없었지만 무슨 일로 군중들이 저렇게 흥분하는지 알고 싶었다. 군인들이 가죽 줄로 바울을 결박했다. 이전에 빌립보에서도 그런 식으로 매를 맞았다. 그때는 말없이 맞았지만 이번에는 그럴 수 없었다. 곁에 서 있는 백부장에게 '너희가 로마 시민 된 자를 죄도 정하지 않고 채찍질할 수 있느냐'고 항의했다. 듣고 보니 큰일이었다. 로마 시민을 결박한 것만으로도 이미 법을 어겼다. 백부장의 말을 듣고 천부장이 놀라서 달려왔다.

"네가 로마 시민이냐?"

"그렇다."

"나는 돈을 많이 들여 이 시민권을 얻었노라."

"나는 나면서부터라."

그 말을 듣자 심문하려던 자들이 슬그머니 물러갔다. 천부장도 바울을 결박한 일 때문에 두려워했다. 그렇게 해서 매 맞을 뻔한 위기는 일단 면했다. 이튿날 천부장이 바울을 제사장들과 공회 앞에 세웠다. 결박하지 않은 채 자유롭게 말할 수 있는 기회도 주었다. 그는 이 곤란한 문제로부터 속히 벗어나고 싶었다. 그러나 유대교 지도자들은 바울의 말조차 들으려고 하지 않았다. 바울이 "여러분 형제들아 오늘까지 나는 범사에 양심을 따라 하나님을 섬겼노라"는 말이 끝나기가 무섭게 대제사장 아나니아가 바울의 입을 치라고 명령했다. 바울도 물러서지 않았다.

"회칠한 담이여, 하나님이 너를 치시리로다. 네가 나를 율법대로 심판한다고 앉아서 율법을 어기고 나를 치라 하느냐?"

틀린 말이 아니다. 율법에서 죄인을 정죄하려면 두세 사람의 증인이 필요했다. 이런 절차도 거치지 않은 채 바울을 치라고 했으니 대제사장의 잘못이다. 그러나 그가 대제사장이라는 사실을 뒤늦게 안 바울은, "형제들아 나는 그가 대제사장인 줄 알지 못하였노라 기록하였으되 너의 백성의 관리를 비방하지 말라 하였느니라"는 말로 양해를 구했다. 당시 아나니아는 보편적 이름 중의 하나였다. 예수님을 심문했던 대제사장도 아나니아고 다메섹에서 바울을 위해 기도해 주었던 선지자도 아나니아였다. 지금 바울의 입을 치라고 명령한 아나니아는 주후 48-58년 사이에 대제사장이었던 사람이다. 그동안 이방세계에 머물며 선교활동을 했던 바울에게는 초면(初面)이었을 것이다. 교회 역사가 요세푸스는 이 아나니아가 무례하고, 성격이 급하며, 세속적이고, 탐욕스러운 사람이었다고 평가했다.

분위기를 가라앉힌 후에 바울은 주위를 둘러보았다. 그 중의 일부는 사두개인들이요 일부는 바리새인들이었다. 이성적이고 논리적인 말로는 흥분한 저들을 상대할 수가 없었다. 그래서 방향을 바꾸었다.

> "여러분 형제들아 나는 바리새인이요 또 바리새인의 아들이라 죽은 자의 소망 곧 부활로 말미암아 내가 심문을 받노라"(행 23:6).

아니나 다를까, 바리새인들과 사두개인들 사이에 다툼이 일어났다. 바리새인들은 부활을 믿고 사두개인들은 믿지 않았다. 바리새인 중에 몇 사람이 앞으로 나서며 말했다.

"우리가 이 사람을 보니 악한 것이 없도다. 혹 영이나 혹 천사가 그에게 말하였으면 어찌하겠느냐."

난리도 그런 난리가 없었다. 얼마 전까지 바울과 다투던 사람들이 이제는 자기들끼리 다투기 시작했다. 다툼이 얼마나 심했던지 '이러다가는 바울의 몸이 저들에게 찢기겠다' 싶었다. 천부장은 바울을 다시 영내로 들어가게 했다. 그리고 그날밤에 예수님께서 바울을 찾아오셨다.

> "담대하라. 네가 예루살렘에서 나의 일을 증언한 것같이 로마에서도 증언하여야 하리라"(행 23:11).

바울이 가이사랴로 이송되다

:: 행 23:12-26:32 ::

하나님의 계획은 언제나 순조롭게 진행된다. 때때로 답답하게 느껴지는 까닭은 우리들이 그 과정을 다 알지 못하기 때문이다. 그래서 믿음이 필요하다. 뒷날 아침 바울의 조카가 영내(營內)로 그를 찾아왔다. 그리고 유대인들의 음흉한 계략을 알려주었다. 40여 명의 유대인들이 바울을 죽이기 전에는 먹지도 마시지도 않겠다고 동맹했다는 소식이었다. 그들은 지도자들이 바울을 한 번 더 공회로 초청하면 길에 매복했다가 그를 죽이겠다고 했다. 실제 그 시간에 암살자들이 매복해 있었다. 이 소식을 들은 바울은 천부장에게 생질을 보내어 그 정보를 들려주었다.

상황이 급하게 돌아갔다. 로마 시민이 재판도 받지 않는 상태로 유대인들에게 암살을 당한다면 보통 큰 문제가 아니었다. 그런 사고가 자기 관할 지역에서 일어나면 안 되었다. 천부장은 백부장 둘을 불러 밤 제3시(저녁 9시)에 가이사랴까지 내려갈 보병 이백 명과 기병 칠십 명과 창병 이백 명을 준비하게 했다. 자기 휘하 부대의 거의 절반이다. 그 중에 보병은 67km 떨어진 안드리바스(현재의 Tel Afek National Park)까지만 바울을 호송하고 나머지는 기병들이 담당하게 했다. 총독의 행차도 그 정도는 아니었다. 천부장은 바울을 태워 총독 벨릭스에게 보낼 짐승도 준비하게 했다. 그리고 벨릭스 총독에게 다음과 같은 편지를 보냈다.

> "글라우디오 루시아는 총독 벨릭스 각하께 문안하나이다. 이 사람이 유대인들에게 잡혀 죽게 된 것을 내가 로마 사람인 줄 들어 알고 군대를 거느리고 가서 구원하여다가 유대인들이 무슨 일로 그를 고발하는지 알고자 하여 그들의 공회로 데리고 내려갔더니 고발하는 것이 그들의 율법 문제에 관한 것뿐이요 한 가지도 죽이거나 결박할 사유가 없음을 발견하였나이다. 그러나 이 사람을 해하려는 간계가 있다고 누가 내게 알려 주기로 곧 당신께로 보내며 또 고발하는 사람들도 당신 앞에서 그에 대하여 말하라 하였나이다" (행 23:26-30).

편지를 읽고 난 총독은 고발하는 자들이 오면 바울의 말을 듣겠다며 그를 헤롯의 궁에 연금해 두었다. (바울의 편에서 보면 로마로 가는 길에 잠시 가이사랴에 들렀을 뿐이다. 그런데 그 '잠깐'이 2년이나 지체되었다.) 닷새 후에 대제사장 아나니아와 장로들이 변호사 더둘로와 함께 예루살렘에서 내려왔다. 그러나 그들의 고소는 공허했다.

> "우리가 보니 이 사람은 전염병 같은 자라. 천하에 흩어진 유대인을 다 소요하게 하는 자요 나사렛 이단의 우두머리라. 그가 또 성전을 더럽게 하려 하므로 우리가 잡았사오니 당신이 친히 그를 심문하시면 우리가 고발하는 이 모든 일을 아실 수 있나이다"(행 24:5-8).

오히려 바울의 변명이 훨씬 더 견고했다. 그는 예루살렘에 도착한 지 겨우 열이틀밖에 되지 않았고 그동안 누구와 다투거나 소동을 일으킨 적도 없었다. 그는 율법과 선지자들의 글에 기록된 내용을 다 믿으며 의인과 악인의 부활에 대한 소망을 가지고 있었다. 바울은 아주 중요한 이야기를 덧붙였다. '나는 그들이 이단이라 하는 도를 따라' 그렇게 믿었다고 했다. 예수 그리스도를 통하여 그런 믿음을 가지게 되었다는 말이다. 그리고 이번에 예루살렘을 방문한 목적은 민족을 돕기 위한 구제물을 가져온 것이요 결례를 행하고 제물도 드리기 위함이라고 했다. 바울은 그가 고소당하는 이유를 한 마디로 요약했다.

> "오직 내가 그들 가운데 서서 외치기를 내가 죽은 자의 부활에 대하여 오늘 너희 앞에 심문을 받는다고 한 이 한 소리만 있을 따름이니이다"(행 24:21).

고소하는 변호사의 논리보다 반론하는 바울의 논리가 더 분명했다. 그래서 1차 재판은 싱겁게 끝나고 말았다. 벨릭스 총독은 바울에게 친구들을 만날 수 있는 자유를 주며 연금상태로 지내게 했다. 그리고 아내 드루실라(유대인이며 헤롯 아그립바 1세의 딸)와 함께 자주 바울을 불러서 예수 그리스도에 대한 가르침을 들었다. 벨릭스는 잔인함과 탐욕으로 소문난 사람이었다. 그는 남의 아내였던 드루실라를 빼앗아다가 세 번째 아내로 삼았다. 한번은 바울이 '의와 절제와 심판'에 대한 이야기를 하자 다음에 듣겠다면서 자리를 떴다. 저지른 악행에 대한 심판이 두려웠기 때문이다. 그 후에도 혹시나 뇌물을 받을까 싶어서 바울을 자주 불러 이야기했다. 그렇게 2년 동안 바울을 잡아두고 있던 벨릭스는 새로운 총독 보르기오 베스도가 부임하자 그 사건을 인계하고 떠나버렸다.

사도행전 22장에서 바울은 동족들에게 자신이 예수님을 만난 간증을 들려주었다. 24장에서는 총독 벨릭스 앞에서 자신을 변명했다. 그리고 25장에서는 로마 황제에게 직접 상소(上訴)한다. 곁에서 바울의 상황을 안타깝게 지켜보는 사람들과 달리 바울 자신은 이 상황을 하나의 기회로 받아들이고 있었다. 로마의 권세자들 앞에서도 이렇게 주 예수 그리스도를 증거할 수 있다면 얼마나 좋은 일인가.

베스도는 유대의 총독으로 부임한 지 사흘 후에 예루살렘을 방문했다. 유대교의 지도자들은 새 총독에게 바울을 고소하며 예루살렘에서 재판해 달라고 부탁했다. 만일 바울을 가이사랴에서 데려올 수만 있다면 도중에 암살할 수 있을 것이다. 그러나 베스도는 신중한 사람이었다. 바울을 고소하려면 자기와 함께 가이사랴로 내려가자고 설득했다. 십여 일 후에 가이사랴에서 2차 재판이 열렸다. 지도자들이 여러 가지로 고소했지만 역시 합당한 증거가 없었다.

바울은 "유대인의 율법이나 성전이나 가이사에게 내가 도무지 죄를 범하지 아니하였다"고 강변했다. 베스도는 유대인의 환심을 사기 위해 바울에게 예루살렘에서 재판받기를 원하느냐고 물었다. 그러자 바울은 로마의 황제에게 상소했다. 그것은 모든 로마 시민들에게 부여된 특권이었다.

며칠 후에 아그립바 왕과 그의 여동생 버니게가 새로 부임한 총독 베스도를 축하하기 위해 방문했다. 아그립바는 아그립바 1세(야고보를 죽인, 행 12:1-2)의 아들이요 헤롯 대제의 증손자다. 30대 초반인 그는 이스라엘 동북부 지역을 다스리는 분봉왕으로서 대제사장을 임면(任免)할 수 있는 권리를 로마 황실로부터 부여받았다. 마침 바울 때문에 난처한 입장에 처해 있던 베스도가 아그립바 왕에게 말했다.

> "내가 살피건대 죽일 죄를 범한 일이 없더이다. 그러나 그가 황제에게 상소한 고로 보내기로 결정하였나이다. 그에 대하여 황제께 확실한 사실을 아뢸 것이 없으므로 심문한 후 상소할 자료가 있을까 하여 당신들 앞 특히 아그립바 왕 당신 앞에 그를 내세웠나이다. 그 죄목도 밝히지 아니하고 죄수를 보내는 것이 무리한 일인 줄 아나이다"(행 25:25-27).

베스도는 천부장 루시아와(행 23:29) 직전의 총독 벨릭스처럼(행 24:2-24) 바울이 무죄하다는 사실을 잘 알고 있었다. 그러나 바울이 로마의 황제에게 항소했기 때문에 석방할 수가 없었다. 혹시 석방했다가 유대의 과격주의자들이 로마인인 바울을 암살하기라도 하면 문제가 더 복잡해질 수도 있기 때문이다. 그렇다고 막무가내로 바울을 로마로 압송할 수도 없었다. 그러기에는 확실한 죄가 없었다. 그래서 아그립바 왕의 조언을 구하기로 했다.

바울은 다메섹으로 가는 길에서 경험한 일을 아그립바 왕 앞에서 다시 증언했다. 22장에 이어 두 번째 증언이다. 바울은 먼저 부활에 관한 질문으로 시작했다.

> "당신들은 하나님이 죽은 사람을 살리심을 어찌하여 못 믿을 것으로 여기나이까?"(행 26:8).

그 한 마디로 주객이 전도되었다. 바울이 영적인 재판장의 자리에 앉고 그 쟁쟁한(?) 권력자들이 피고인의 자리에 섰다. 이제 그들은 왜 예수님의 부활을 믿지 못하는지 대답해야 한다. 지금도 모든 불신자들에게 주어진 질문이다. 뒤이어 바울은 첫 번째 증언에 없었던 내용 몇 가지를 첨가했다.

> "나도 나사렛 예수의 이름을 대적하여 많은 일을 행하여야 될 줄 스스로 생각하고… 그 일로 대제사장들의 권한과 위임을 받고 다메섹으로 갔나이다. 왕이여 정오가 되어 길에서 보니 하늘로부터 해보다 더 밝은 빛이 나와 내 동행들을 둘러 비추는지라. 우리가 다 땅에 엎드러지매 내가 소리를 들으니 히브리 말로 이르되 사울아 사울아 네가 어찌하여 나를 박해하느냐. 가시채를 뒷발질하기가 네게 고생이니라. 내가 대답하되 주님 누구시니이까. 주께서 이르시되 나는 네가 박해하는 예수라"(행 26:9, 12-15).

들려왔던 소리가 히브리 방언이었다는 점, "가시채를 뒷발질하기가 네게 고생이니라"는 말씀은 여기에만 나온다. 가시채는 짐승을 다룰 때 사용하는 농부의 채찍이다. 가시채를 뒷발질한다는 속담은 농부의 명령을 거역하는 짐승의 어리석은 행동을 의미한다. 주께서 이미 바울을 그의 종으로 부르셨다. 바울이 언제부터 그런 의식을 가졌을까? 아마도 스데반이 순교하는 장면을 보면서 자신의 신념에 대한 의구심이 들었을지 모른다. 자기 신념이 강한 사람일수록 그 신념이 흔들리면 오히려 더 과격한 반응을 보이는 법이다. 바울이 다메섹까지 성도들을 잡으러 간 행동도 그런 유형이었으리라. 그래서 '가시채를 뒷발질하는 고생'은 바울만 이해할 수 있는 특별한 말씀이었다. 바울은 훗날 하나님께서 그를 모태(母胎)로부터 부르셨다고 갈라디아서에서 고백했다.

> "내가 이전에 유대교에 있을 때에 행한 일을 너희가 들었거니와 하나님의 교회를 심히 박해하여 멸하고 내가 내 동족 중 여러 연갑자보다 유대교를 지나치게 믿어 내 조상의 전통에 대하여 더욱 열심이 있었으나 그러나 내 어머니의 태로부터 나를 택정하시고 그의 은혜로 나를 부르신 이가 그의 아들을 이방에 전하기 위하여 그를 내 속에 나타내시기를 기뻐하셨을 때에…"(갈 1:13-16).

바울은 왜 하나님께서 그를 부르셨는지 아그립바 왕에게 설명했다.

> "일어나 너의 발로 서라. 내가 네게 나타난 것은 곧 네가 나를 본 일과 장차 내가 네게 나타날 일에 너로 종과 증인을 삼으려 함이니 이스라엘과 이방인들에게서 내가 너를 구원하여 그들에게 보내어 그 눈을 뜨게 하여 어둠에서 빛으로, 사탄의 권세에서 하나님께로

돌아오게 하고 죄 사함과 나를 믿어 거룩하게 된 무리 가운데서 기업을 얻게 하리라 하더이다"(행 26:16-18).

하나님께서 바울을 그의 종과 증인으로 삼으셨다. 바울이 평생토록 증언한 내용은 '죄인을 구원하시기 위해 죽으시고 부활하신 하나님의 아들 예수 그리스도'였다. 한 번도 그 진리에서 벗어난 적이 없었다. 그가 증언할 때마다 사람들이 어둠에서 빛으로 나왔고 사탄의 권세에서 하나님께로 돌아왔으며, 죄 사함을 받고 믿음으로 거룩하게 되었다. 이 일로 인하여 바울이 받은 축복은 무엇인가? 구원받은 성도들 가운데 자신도 포함되어 있다는 사실이다. 그것이 그에게 주어진 기업(基業)이었다.

바울의 말을 듣던 베스도가 "바울아 네가 미쳤도다. 네 많은 학문이 너를 미치게 한다"고 소리쳤다. 헬라와 로마인에게 부활 사건은 이해하기 어려운 난제였기 때문이다. 그러나 바울은 물러서지 않고 오히려 아그립바 왕을 압박했다.

"왕께서는 이 일을 아시기로 내가 왕께 담대히 말하노니 이 일에 하나라도 아시지 못함이 없는 줄 믿나이다. 이 일은 한쪽 구석에서 행한 것이 아니니이다. 아그립바 왕이여 선지자를 믿으시나이까? 믿으시는 줄 아나이다"(행 26:26-27).

복음을 받아들일 가능성이 총독 베스도보다는 아그립바 왕에게 더 있다고 생각했을까. 적어도 아그립바에게는 이스라엘의 피가 조금이라도 흐르고 있었으니까. 그러자 아그립바 왕은 "네가 적은 말로 나를 권하여 그리스도인이 되게 한다"며 손사래를 쳤다. 그것은 바울이 기대했던 반응이기도 했다.

> “바울이 이르되 말이 적으나 많으나 당신뿐만 아니라 오늘 내 말을 듣는 모든 사람도 다 이렇게 결박된 것 외에는 나와 같이 되기를 하나님께 원하나이다 하니라”(행 26:29).

이보다 더 강렬한 증언이 없다. 모든 그리스도인들의 증언도 ‘당신이 나와 같이 되기를 하나님께 원하나이다’라고 끝을 맺어야 한다. 청문회가 끝나자 왕을 비롯한 모든 사람들이 이구동성으로 말했다.

> “이 사람은 사형이나 결박을 당할 만한 행위가 없다 … 이 사람이 만일 가이사에게 상소하지 아니하였더라면 석방될 수 있을 뻔하였다”(행 26:31-32).

그들은 이 모든 일들이 성령님의 섭리 아래 있다는 사실을 그들은 모르고 있었다.

> “담대하라. 네가 예루살렘에서 나의 일을 증언한 것같이 로마에서도 증언하여야 하리라”(행 23:11).

바울을 로마로 보내신 분은 왕이나 총독이나 천부장이 아니고 바로 성령님이셨다.

바울이 로마로 압송되다

:: 행 27:1-31 ::

누가는 다시 한 번 '우리'라는 표현을 사용했다. 그가 여전히 바울과 함께 동행하고 있다는 말이다.

> "우리가 배를 타고 이달리야에 가기로 작정되매 바울과 다른 죄수 몇 사람을 아구스도대의 백부장 율리오란 사람에게 맡기니 아시아 해변 각처로 가려 하는 아드라뭇데노 배에 우리가 올라 항해할새 마게도냐의 데살로니가 사람 아리스다고도 함께 하니라"(행 27:1-2).

아구스도대(隊)는 황제의 근위대로서 로마와 점령지역을 연결하는 역할을 했다. 백부장 율리오는 성경에 나오는 다른 백부장들처럼 좋은 편으로 묘사되고 있다. 데살로니가 사람 아리스다고는 바울이 마게도니아를 떠날 때부터 로마에 도착할 때까지 동행한 신실한 성도였다. 백부장은 누가와 아리스다고가 바울을 돌볼 수 있도록 허락했다. '아드라뭇데노'는 드로아에 가까운 곳의 지명이다. 백부장은 그 배를 타고 가다가 적당한 곳이 이르면 로마로 가는 배로 옮겨 탈 계획이었다.

누가는 왜 로마로 압송되어 가는 과정을 두 장에 걸쳐 이토록 세밀하게 기록했을까. 바울을 택하신 하나님께서 그의 뜻하신 바를 반드시 이루신다는 점을 강조하기 위해서였다. 아울러 극심한 풍랑 속에서도 바울이 보여준 놀라운 믿음과 영적 리더십을 기억하고 싶었을 것이다. 또한 '구원의 여망마저 사라진' 극한상황에서 바울 일행을 보호하시고 구원하시는 하나님의 신실하심과 능력도 증언하고 싶었다. 그 시절 벌써 교회가 환난의 소용돌이 속으로 빨려 들어가고 있었다. 누가는 풍랑에서 건져내신 하나님의 능력을 의지하며 교회도 당당하게 그 환난을 이겨내기를 원했다.

바울이 탄 배는 시돈에서 하룻밤을 보낸 후 아드라뭇데노를 향해 떠났다. 그리고 구브로 해안을 의지하고 서북쪽으로 올라가 터키 남해안에 있는 무라항에 이르렀다. 지금의 안탈리야 서쪽에 있는 항구다. 그곳에 마침 이탈리아로 가는 알렉산드리아 배가 있었다. 당시에는 애굽에서 곡물을 싣고 지중해를 건너오는 배들이 많았다. 백부장 율리오가 죄수들을 그 배로 옮겨 태웠다. 그러나 바람이 없으므로 여러 날 후에 250여 km 떨어진 니도(Knidos)에 겨우 도착했다. 이곳에서 서쪽으로 직진하면 무사히 이탈리아에 도착할 수 있었다. 그러나 벌써 북서쪽에서 계절풍이 불어오기 시작했다. 겨울 항해는 위험했다. 그래서 그레데 섬에서 그 겨울을 나기로 하고 서남쪽으로 뱃머리를 돌렸다.

그레데는 동서가 255km이고 폭이 10-50km에 이르는 섬으로 그리스 본토에서 100km 정도 남쪽에 있었다. 배는 그레데 해안을 오른 편에 끼고 북서풍을 피한 채 조심스럽게 서쪽으로 항해했다. 그러나 더 이상 풍세(風勢)가 허락하지 않아 미항(Fair Havens)에 정박할 수밖에 없었다. 미항은 시설이 초라해 겨울나기가 불편한 항구였다. 배 안에 탄 사람들의 의견이 갈렸다. 일부는 계절풍이 곧 불어 닥칠 것이니 불편하더라도 그곳에 머물자고 했다. 바울도 이미 금식 기간(10월 초, 속죄일)이 지났으므로 겨울 폭풍이 올 수 있다며 항해를 반대했다.

"여러 날이 걸려 금식하는 절기가 이미 지났으므로 항해하기가 위태한지라. 바울이 그들을 권하여 말하되 여러분이여 내가 보니 이번 항해가 하물과 배만 아니라 우리 생명에도 타격과 많은 손해를 끼치리라 하되"(행 27:9-10).

그러나 대다수는 항만(港灣)이 넓고 시설이 좋은 뵈닉스(Phoenix)에서 겨울을 보내자고 했다. 뵈닉스는 미항에서 서쪽으로 60여km 떨어진 곳에 있는데 마침 남풍이 부드럽게 불어오고 있었다. 백부장은 선장과 선주의 의견을 따라 뵈닉스로 가기로 결정했다. 항해가 중간쯤 이르렀을 때였다. 갑자기 섬의 동북쪽으로부터 유라굴로라는 광풍이 불어오기 시작했다. 선원들이 배의 방향을 잡기 위해 노력했지만 속수무책이었다. 배는 바람에 밀려 남쪽으로 떠밀려 가다가 35km쯤 남쪽에 있는 작은 섬 가우다에 이르렀다. 섬이 바람을 막아주는 사이 선원들은 잽싸게 배 끝에 매달려 있던 거룻배(육지와 배 사이를 연결하는 작은 배)를 끌어올렸다. 그리고 선채를 튼튼하게 하기 위해 밧줄로 감았다. 모래톱에 걸릴까 두려워 배에 있는 모든 연장들도 바다에 던져버렸다. 배의 무게를 좀 더 가볍게 하기 위해서였다. 이튿날에는 배 안의 짐들을 바다에 풀어버렸다. 사흘째 되는 날에는 배의 기구들까지 버렸다. 이제는 태풍이 멈추어도 항해할 연장과 기구가 없었다. 누가는 그때의 상황을 이렇게 기록하고 있다.

"여러 날 동안 해도 별도 보이지 아니하고 큰 풍랑이 그대로 있으매 구원의 여망마저 없어졌더라"(행 27:20).

밤새워 뱃멀미를 해본 사람들은 이해할 것이다. 나는 50여 년 전 제주도에서 부산으로 가는 철선(鐵船, 당시에는 큰 배를 그렇게 불렀다)에서 그런 경험을 했다. 그것도 겨우 하룻밤이었다. 그런데 바울이 탄 목선(木船)은 무려 14일 동안 파도 위에서 춤을 추고 있었다. 모든 가능성이 사라졌다. 이런 광풍 속에 누가 와서 구조해 준다는 말인가. 다른 배들은 이미 안전한 항구에서 겨울을 지내고 있었다. 성난 파도가 바다 위로 내려앉은 먹장구름의 자락을 두드리고 있었다. 이제는 구원의 여망마저 사라졌다. 바로 그때 바울이 앞으로 나서며 말했다.

> "여러 사람이 오래 먹지 못하였으매 바울이 가운데 서서 말하되 여러분이여 내 말을 듣고 그레데에서 떠나지 아니하여 이 타격과 손상을 면하였더라면 좋을 뻔하였느니라. 내가 너희를 권하노니 이제는 안심하라. 너희 중 아무도 생명에는 아무런 손상이 없겠고 오직 배뿐이리라. 내가 속한 바 곧 내가 섬기는 하나님의 사자가 어제 밤에 내 곁에 서서 말하되 '바울아 두려워하지 말라. 네가 가이사 앞에 서야 하겠고 또 하나님께서 너와 함께 항해하는 자를 다 네게 주셨다' 하였으니 그러므로 여러분이여 안심하라. 나는 내게 말씀하신 그대로 되리라고 하나님을 믿노라. 그런즉 우리가 반드시 한 섬에 걸리리라"(행 27:21-26).

누가 그 말을 믿을 수 있을까. 바울의 동행을 제외하면 '내가 속한 바, 곧 내가 섬기는 하나님의 사자', 이런 말은 듣기에도 생소했을 것이다. 그러나 물에 빠지면 지푸라기라도 잡고 싶은 법이다. 사자(천사)가 전해주었다는 말, "그런즉 우리가 반드시 한 섬에 걸리리라"

는 말은 반신반의(半信半疑)하는 중에도 적잖은 위로가 되었다. 그래서 아무도 바울의 말을 반박하지 않았다.

바울이 "나는 내게 말씀하신 그대로 되리라고 하나님을 믿노라"고 확언했다. 바울이라고 탈진하지 않았을까? 두렵지 않았을까? 이전에도 선교 가는 길에서 세 번이나 파선을 경험한 적이 있었다(고후 11:25). 그런데 바울과 다른 사람들 사이에 차이점이 하나 있다. 바울에게는 풍랑 가운데서 살아남아야 할 분명한 이유가 있었다. 그래서 바울은 기도했다. 로마의 황제 앞에 서서 복음을 전하게 되리라는 하나님의 약속을 붙들고 기도했다. 그 약속이 이루어지기 전에는 절대로 바다에서 죽는 일이 없을 것이라고 확신하며 기도했다. 자신뿐만 아니라 배 안에 타고 있는 사람들의 구원을 위해서도 기도했다. 그래서 천사가 "하나님께서 너와 함께 항해하는 자를 다 네게 주셨다"고 말했던 것이다. 바울은 천사가 전해준 하나님의 말씀을 믿었다. 기도했기 때문에 믿을 수 있었다.

희망을 잃어버린 사람은 살아도 죽은 목숨이다. 그러나 희망을 붙들고 있는 사람은 고난을 넉넉히 이길 수 있다. '삶의 의미'에 관해 주옥같은 글들을 남겼던 심리학자 빅토르 프랭클(Victor Emil Frankl, 1905-1997) 박사는 이런 말을 했다.

"사람에게서 끝까지 빼앗아 갈 수 없는 것이 있다면 그것은 '자유'이다. 주어진 어떤 상황 속에서도 자신의 태도를 선택할 수 있는 자유, 자신의 방식을 선택할 수 있는 '자유' 말이다. (Everything can be taken from a man but one thing: the last of human freedoms - to choose one's attitude in any given set of circumstances, to choose one's own way.)"

빅토르 박사는 아우비츠 수용소에 갇혀 있었다. 그는 어느 겨울 새벽에 중노동을 하러 가는 길에 있었던 경험을 이렇게 회상했다.

“찢어진 신발 때문에 발이 아파서 거의 울다시피 수 킬로미터를 추운 새벽에 나는 나의 불쌍한 삶의 고통스러운 문제들을 생각하면서 걷고 있었다. 오늘 저녁에는 무엇을 먹게 될까? 만일 소시지 조각이 여분으로 나온다면 빵조각과 바꾸어 먹을까? 지난번 받은 담배 한 개비로 비누 한 조각을 바꿀까? 떨어진 구두끈을 대신할 끄나플을 어디서 구할 수 있으면 좋겠는데…. 항상 만나는 사람들과 오늘도 함께 일하게 될까? 오늘 감시병은 사납지 않을까? 이런 생각을 하다가 그렇게 자질구질한 일들을 매일 매시간 생각한다는 것이 진절머리가 났다. 그래서 나는 내 생각을 억지로 다른 곳으로 돌렸다. 갑자기 나는 옷을 잘 차려 입고 강단 위에 서있었다. 내 앞에는 진지한 회중들이 강의실 의자에 앉아있었고 나는 그들에게 수용소에서 경험한 나의 심리학을 강의하고 있었다. 그러자 그때까지 나를 짓눌러오던 모든 것들이 객관화되고 지금 당하고 있는 고통스런 일들이 멀리 학문적인 차원에서 묘사되기 시작했다. 이렇게 하는 동안 나는 수용소의 고통에서 벗어났고 이미 그 고통은 과거의 일처럼 보였다.”

바울이 끝까지 붙들었던 ‘자유’는 기도하는 자유였다. 바울은 기도하면서 천사의 방문을 받았고 하나님의 메시지를 전달 받았다. 그런데 그와 함께 항해하는 모든 자들을 바울에게 다 주셨다는 말씀은 무슨 뜻일까? 그들의 생명뿐만 아니라 영혼까지 다 주셨다는 말씀이었을까? 이보다 더 좋은 소식이 어디 있겠는가. 바울의 말 속에 그런 기쁨이 담겨 있었다. 바울이 했던 말, “그러므로 여러분이여 안심하라”에서 ‘안심’(εὐθυμέω)은 ‘기뻐하라’(be merry)는 뜻이다.

그리고 며칠이 지나갔다. 풍랑은 여전했지만 배에 타고 있던 276명의 마음에는 구원의 여망이 밝아오고 있었다. 어느새 배의 지도자는 선장도 선주도 백부장도 아닌 바울이 되었다. 사람들은 바울만 바라보았다. 열나흘째 되던 날 밤, '육지에 가까워지고 있다'는 기쁜 소식이 갑판으로부터 들려왔다. 파도가 바위 곶에 철석거리며 부딪히는 소리도 들려왔다. 칠흑같은 밤이지만 사공들의 청각과 후각은 예민했다. 물의 깊이를 재어보니 36미터였다. 조금 더 가서 재어보니 27미터였다. 이런 속도로 가다가는 암초에 걸릴 위험이 있었다. 그래서 날이 샐 때까지 네 개의 닻을 배 뒤로 던지고 기다렸다. 그 사이에 사공들이 거룻배를 내려 도망치려고 했다. 바울의 귀띔을 받은 백부장이 군인들을 시켜 거룻배의 줄을 끊어버렸다(바울은 다만 선원들이 도망치지 못하게 하라고 부탁했다. 거룻배의 줄을 끊어버린 것은 군인들의 필요없는 오버 액션이었다). 날이 새어갈 무렵 바울은 배에 탄 모든 사람들에게 아침 식사를 권했다.

> "날이 새어 가매 바울이 여러 사람에게 음식 먹기를 권하여 이르되 너희가 기다리고 기다리며 먹지 못하고 주린 지가 오늘까지 열나흘인즉 음식 먹기를 권하노니 이것이 너희의 구원을 위하는 것이요 너희 중 머리카락 하나도 잃을 자가 없으리라 하고 떡을 가져다가 모든 사람 앞에서 하나님께 축사하고 떼어 먹기를 시작하매 그들도 다 안심하고 받아 먹으니 배에 있는 우리의 수는 전부 이백칠십육 명이더라"(행 27:33-37).

'축사'는 '감사'를 의미한다. 배에 있던 이방인들이 하나님께 감사드리는 기도에 동참했다. 식사 후에는 배를 가볍게 하기 위해 남은 양식들을 모두 바다에 버렸다. 날이 밝아오자 멀리 경사진 해안이 보였다. 배 앞 쪽에 작은 돛을 올리고 해안을 향해 가다가 배가 멈추어 섰다. 해안의 갯펄에 배의 앞부분이 박힌 것이다. 그러자 강한 파도가 배의 뒤편을 깨뜨리기 시작했다. 갑자기 군인들이 죄수들을 죽이려고 했다. 한 사람이라도 도망치면 그 죗값을 대신 받아야 하기 때문이었다. 그러자 백부장은 바울을 구원하기 위해 그들을 막았다. 그리고 헤엄칠 줄 아는 사람으로부터 시작하여 무엇인가 의지하며 육지로 건너가게 했다. 그렇게 해서 한 사람도 남김없이 모두 살아남았다. 바울이 믿음으로 선포한 하나님의 약속이 다 성취되는 순간이었다.

그 섬의 이름은 멜리데(Malta)였다. 처음 광풍을 만난 곳으로부터 직선거리로 1,000km 가량 떨어진 섬이다. 순풍을 만났더라면 나흘만에 도착할 수 있는 거리를 14일 동안이나 정처 없이 헤매었다. 그래도 감사한 것은 풍랑 가운데서도 로마가 있는 쪽으로 배가 밀려갔다는 사실이다. 알렉산드리아 쪽으로 갔더라면 훨씬 더 고통스러웠을 것이다. 지금도 멜리데 섬의 동북쪽에는 '성 바울 만'(灣, St. Paul's Bay)이 있다. 바울이 탄 배가 착륙했다고 전해오는 곳이다.

섬의 원주민들은 친절했다. 조난당한 일행을 위해 불을 피워주었다. 추운 바다에서 헤엄쳐 나온 그들에게 따뜻한 불보다 더 큰 선물이 없었다. 바울이 나무 한 묶음을 불에 넣는 순간 뜨거움을 견디지 못한 독사가 나와서 그의 손을 물고 있었다. 이것을 보고 놀란 원주민들은 바울을 살인자로 오해했다. 요행히 바다에서는 살아남았지만 마침내 공의(公義)가 그를 심판한다고 생각했다. 그러나 바울이 독사를 불에 떨어버리니 아무 일도 일어나지 않았다. 이번에는 원주민들이 그를 신이라고 생각했다.

이런 일이 있고 난 후 그 섬의 추장 보블리오가 자기의 영지(領地)로 바울 일행을 초청하여 사흘 동안 친절히 머물게 했다. 마침 그의 아버지가 열병(말라리아)과 이질에 걸려 누워 있었다. 바울은 그에게 안수하고 기도하여 낫게 해주었다. 소문이 나자 섬에 사는 많은 병자들이 찾아와서 고침을 받았다. 아마도 바울은 보블리오의 집에 계속 머물며 융숭한 대접을 받았을 것이다. 그리고 석 달 후, 바울 일행 276명은 그 섬에서 겨울을 보낸 알렉산드리아 배에 올라 이탈리아로 떠났다. 고맙게도 섬사람들은 바울 일행이 쓸 것을 후하게 배에 실어주었다.

바울이 탄 배는 시실리 섬의 동쪽에 있는 수라구사(Syracuse) 항구에 이르러 사흘 동안 머물렀다. 그리고 건너편에 있는 레기오(Reggio Calabria)에서 하루를 지난 후 이튿날 보디올(Pozzuoli, 나폴리의 외항)에 도착했다. 레기오에서 보디올까지는 340km의 바닷길이다. 남쪽에서 순풍이 불어오니 그 먼 길을 하루 만에 끝낼 수 있었다. 바울은 보디올에서 형제들을 만나 일주일 동안 머물렀다. 율리오 백부장의 일정에 맞추다 보니 그렇게 되었을 것이다. 보디올에서 로마까지는 육로로 220km다. 잘 닦여진 길을 따라가면 5일 후에 로마에 도착할 수 있었다. 바울이 온다는 소식을 듣고 로마에 사는 형제들이 압비오와 트레이스 타베르네(세 개의 여관)까지 마중을 나왔다. 압비오 광장은 로마에서 65km, 그리고 '세 개의 여관'은 50km 정도 떨어진 곳에 있다. 적어도 두 그룹의 형제들이 바울을 맞으러 나왔다는 말이다. 바울이 여러 해 전 고린도에서 로마의 형제들에게 보낸 편지에 "어떻게 하든지 이제 하나님의 뜻 안에서 너희에게로 나아갈 좋은 길 얻기를 구하노라"고 썼는데 마침내 그의 소원이 이루어졌다(롬 1:10).

백부장 율리오가 바울을 인수인계하면서 특별한 부탁을 했을까? 인계받은 부대도 바울에게 군인 한 사람을 붙여주며 자유롭게 지

내게 했다. 굉장한 배려였다. 바울은 사흘 후 유대인 가운데 중요한 사람들을 자기 거처로 초청한 후에 이렇게 말했다.

> "여러분 형제들아 내가 이스라엘 백성이나 우리 조상의 관습을 배척한 일이 없는데 예루살렘에서 로마인의 손에 죄수로 내준 바 되었으니 로마인은 나를 심문하여 죽일 죄목이 없으므로 석방하려 하였으나 유대인들이 반대하기로 내가 마지 못하여 가이사에게 상소함이요 내 민족을 고발하려는 것이 아니니라. 이러므로 너희를 보고 함께 이야기하려고 청하였으니 이스라엘의 소망으로 말미암아 내가 이 쇠사슬에 매인 바 되었노라"(행 28:17-20).

바울은 자기가 황제에게 동족을 고소했다는 오해를 받을까 싶어 미리 상황을 설명했다. 그러나 유대인 지도자들은 금시초문이라는 표정이었다. 다만 바울의 사상에 대해 좀 더 알고 싶어 했다. 바울이 가는 곳마다 유대인들의 반대를 받고 있다는 소식을 들었기 때문이다. 그들은 다시 날짜를 정하고 바울을 찾아왔다. 바울은 그들에게 아침부터 저녁까지 '하나님의 나라를 증언하고 모세의 율법과 선지자의 말을 가지고' 예수님을 전했다. 아마도 그날의 주제는 '이스라엘의 소망, 예수 그리스도!'였을 것이다. 바울의 말이 끝나자 언제나처럼 믿는 사람과 믿지 않는 사람들로 나누어졌다. 서로 의견이 갈리어 흩어질 무렵, 바울은 마지막으로 이렇게 말했다.

> "성령이 선지자 이사야를 통하여 너희 조상들에게 말씀하신 것이 옳도다. 일렀으되 이 백성에게 가서 말하기를 너희가 듣기는 들어도 도무지 깨닫지 못하며 보기는 보아도 도무지 알지 못하는도다. 이

백성들의 마음이 우둔하여져서 그 귀로는 둔하게 듣고 그 눈은 감았으니 이는 눈으로 보고 귀로 듣고 마음으로 깨달아 돌아오면 내가 고쳐 줄까 함이라 하였으니 그런즉 하나님의 이 구원이 이방인에게로 보내어진 줄 알라. 그들은 그것을 들으리라"(행 28:25-28).

바울이 인용한 이사야의 글(사 6:9-10)은 하나님께서 이스라엘의 완악함을 책망하시는 말씀이다. 마지막 구절, "그런즉 하나님의 이 구원이 이방인에게로 보내어진 줄 알라. 그들은 그것을 들으리라"는 바울이 덧붙인 말이다. 유대인들은 복음을 거절하지만 이방인들은 받아들일 것이다. 유대인들은 하나님께서 그들을 고쳐주실까 싶어 일부러 귀를 막고 눈을 감았다. 참 어리석은 백성들이다. 그들의 어리석음 때문에 구원의 복음이 이방인이었던 우리의 귀에까지 전파되었다. 이사야서의 이 구절은 신약성경에 다섯 번이나 더 인용되었다. 그 중에 네 번은 예수님께서 인용하셨고(마 13:14-15; 막 4:12; 눅 8:10; 요 12:40), 한 번은 로마서에서 바울이 인용했다(롬 11:8). 우리 성경에는 29절이 생략되어 있지만 다른 사본에는 "그가 이 말을 마칠 때에 유대인들이 서로 큰 쟁론을 하며 물러가더라"는 구절이 있다.

누가복음과 사도행전, 그 길고도 자세한 내용을 누가는 간단한 두 구절로 마무리지었다.

"바울이 온 이태를 자기 셋집에 머물면서 자기에게 오는 사람을 다 영접하고 하나님의 나라를 전파하며 주 예수 그리스도에 관한 모든 것을 담대하게 거침없이 가르치더라"(행 28:30-31).

바울은 연금 상태로 2년 동안 로마에 머물렀다. 그 후에 무죄 석방되어 2년 동안 더 복음을 전하다가 주후 64년에 네로에 의해 순교당했다. 그러나 누가는 바울의 순교에 대하여 한 마디도 언급하지 않았다. 이 말은 그가 바울이 아직 연금 상태에 있을 때에 사도행전 집필을 끝냈다는 뜻이다. 그런데 누가가 마지막 구절에서 사용한 두 분사구문이 특이하다. 하나는 '전파하며'(κηρύσσων)이고 다른 하나는 '가르치더라'(διδάσκων)이다. 바울이 연금 상태로 지낸 2년 동안 (계속하여) 하나님의 나라를 전파했고, (계속하여) 주 예수 그리스도에 관한 모든 것을 담대하게 거침없이 가르쳤다는 말이다. 누가가 사도행전을 마무리 짓는 순간까지 바울이 오직 그 두 가지 일만 하며 지냈다는 강조형이다. 이 두 분사들의 시제(時制, tense)는 현재형이다. 그렇다면 사도행전은 끝난 것이 아니고 계속되는 진행이다.

누가는 바울이 순교했을 때 사도행전의 끝부분을 과거형으로 바꿀 마음이 없었을까? 또 주후 70년에 예루살렘이 로마의 디도대장에게 함락 당했을 때 그 이야기를 부록으로 넣고 싶은 마음은 없었을까? 절대로 그럴 생각이 없었을 것이다. 사도행전 28장의 끝마무리는 다른 식으로 대체할 수가 없었다. 복음전파가 아직 끝나지 않았기 때문이다. 바울의 순교가 끝이 될 수 없었다. 누가 자신의 죽음도 끝이 될 수 없었다. 자신을 포함하여 바울과 다른 모든 주의 종들은 구원의 역사를 구성하는 작은 증인들에 불과했다. 주님이 다시 오시는 날에야 사도행전이 끝날 것이다. 그때까지 누가는 하나님의 나라와 복음 전파를 현재진행형으로 남겨두었다. 그리고 남은 사명을 우리에게 부탁하고 있다. 그래서 사도행전의 끝은 아름답고 장렬하며 거룩하기까지 하다. 마치 마태복음의 마지막 구절들처럼….

"그러므로 너희는 가서 모든 민족을 제자로 삼아 아버지와 아들과 성령의 이름으로 세례를 베풀고 내가 너희에게 분부한 모든 것을 가르쳐 지키게 하라. 볼지어다. 내가 세상 끝날까지 너희와 항상 함께 있으리라"(마 28:19-20).

아멘.

가슴으로 읽는 성경 6 누가복음·사도행전
이방인이 만난 예수

1판 1쇄 인쇄 _ 2021년 8월 10일
1판 1쇄 발행 _ 2021년 8월 20일

지은이 _ 김영길
펴낸이 _ 이형규
펴낸곳 _ 쿰란출판사

주소 _ 서울특별시 종로구 이화장길 6
편집부 _ 745-1007, 745-1301~2, 747-1212, 743-1300
영업부 _ 747-1004, FAX 745-8490
본사평생전화번호 _ 0502-756-1004
홈페이지 _ http://www.qumran.co.kr
E-mail _ qrbooks@gmail.com / qrbooks@daum.net
한글인터넷주소 _ 쿰란, 쿰란출판사
페이스북 _ www.facebook.com/qumranpeople
인스타그램 _ www.instagram.com/qrbooks
등록 _ 제1-670호(1988.2.27)
책임교열 _ 김영미

© 김영길 2021 ISBN 979-11-6143-587-9 94230
979-11-6143-143-7 (세트)

책값은 뒤표지에 있습니다.
이 출판물은 저작권법에 의해 보호를 받는 저작물이므로 무단 복제할 수 없습니다.
파본(破本)은 구입처에서 교환해 드립니다.